KB218592

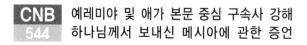

CNB
544
예레미야 및 애가 본문 중심 구속사 강해
하나님께서 보내신 메시아에 관한 증언

예레미야 · 예레미야 애가

이 광 호

2022년

교회와성경

지은이 | 이광호

영남대학교와 경북대학교대학원에서 법학과 서양사학을 공부했으며, 고려신학대학원(M.Div.)과 ACTS(Th.M.)에서 신학일반 및 조직신학을 공부한 후 대구 가톨릭대학교(Ph.D.)에서 선교학을 위한 비교종교학을 연구하였다. '홍은개혁신학연구원'에서 성경신학 담당교수를 비롯해 고신대학교, 고려신학대학원, 영남신학대학교, 브니엘신학교, 대구가톨릭대학교, 숭실대학교 등에서 학생들을 가르쳤으며, 이슬람 전문선교단체인 국제 WIN선교회 한국대표를 지냈다. 현재는 실로암교회에서 담임목회를 하면서 한국개혁장로회신학교 교장을 맡고 있으며 부경신학연구원에서 강의하고 있다.

저서

- 성경에 나타난 성도의 사회참여(1990)
- 갈라디아서 강해(1990)
- 더불어 나누는 즐거움(1995)
- 기독교관점에서 본 세계문화사(1998)
- 세계 선교의 새로운 과제들(1998)
- 이슬람과 한국의 민간신앙(1998)
- 아빠, 교회 그만하고 슈퍼하자요(1995)
- 교회와 신앙(2002)
- 한국교회 무엇을 개혁할 것인가(2004)
- 한의 학제적 연구(공저)(2004)
- 세상속의 교회(2005)
- 한국교회의 문제점과 극복방안(공저)(2005)
- 교회, 변화인가 변질인가(2015)
- CNB 501 에세이 산상수훈(2005)
- CNB 502 예수님 생애 마지막 7일(2006)
- CNB 503 구약신학의 구속사적 이해(2006)
- CNB 504 신약신학의 구속사적 이해(2006)
- CNB 505 창세기(2007)
- CNB 506 바울의 생애와 바울서신(2007)
- CNB 507 손에 잡히는 신앙생활(2007)
- CNB 508 아름다운 신앙생활(2007)
- CNB 509 열매 맺는 신앙생활(2007)
- CNB 510 웨스트민스터 신앙고백(2008)
- CNB 511 사무엘서(2010)
- CNB 512 요한복음(2009)
- CNB 513 요한계시록(2009)
- CNB 514 로마서(2010)
- CNB 515 야고보서(2010)
- CNB 516 다니엘서(2011)
- CNB 517 열왕기상하(2011)
- CNB 518 고린도전후서(2012)
- CNB 519 개혁조직신학(2012)
- CNB 520 마태복음(2013)
- CNB 521 히브리서(2013)
- CNB 522 출애굽기(2013)
- CNB 523 목회서신(2014)
- CNB 524 사사기, 룻기(2014)
- CNB 525 옥중서신(2014)
- CNB 526 요한 1, 2, 3서, 유다서(2014)
- CNB 527 레위기(2015)
- CNB 528 스코틀랜드 신앙고백서(2015)
- CNB 529 이사야(2016)
- CNB 530 갈라디아서(2016)
- CNB 531 잠언(2017)
- CNB 532 욥기(2018)
- CNB 533 교회헌법해설(2018)
- CNB 534 사도행전(2018)
- CNB 535 소선지서(I)(2018)
- CNB 536 소선지서(II)(2019)
- CNB 537 시대 분별과 신학적 균형(2019)
- CNB 538 역대상,하(2019)
- CNB 539 누가복음(2020)
- CNB 540 신명기(2021)
- CNB 541 아가서(2021)
- CNB 542 베드로전후서(2021)
- CNB 543 전도서(2021)

역서

- 모슬렘 세계에 예수 그리스도를 심자(Charles R. Marsh, 1985년, CLC)
- 예수님의 수제자들(F. F. Bruce, 1988년, CLC)
- 치유함을 받으라(Colin Urquhart, 1988년, CLC)

홈페이지 http://siloam-church.org

예레미야 · 예레미야 애가

CNB 544

예레미야 • 예레미야 애가

A Study on the Book of Jeremiah / Lamentations
by Kwangho Lee
Copyright ⓒ 2022 by Kwangho Lee

Published by the Church & Bible Publishing House

초판 인쇄 | 2022년 1월 15일
초판 발행 | 2022년 1월 22일

발행처 | 교회와성경
주소 | 평택시 특구로 43번길 90 (서정동)
전화 | 070-4894-7722
등록번호 | 제2012-03호
등록일자 | 2012년 7월 12일

발행인 | 문민규
지은이 | 이광호
편집주간 | 송영찬
편집 | 신명기
디자인 | 조혜진

총판 | (주) 비전북출판유통
주소 | 경기도 고양시 일산구 장항동 568-17호 (우) 411-834
전화 | 031-907-3927(대)   팩스 031-905-3927

저작권자 ⓒ 2022 이광호

이 책의 저작권은 저자에게 있습니다.
내용의 일부를 발췌 및 배포할 경우
서면에 의한 저자와 출판사의 허락을 받으십시오.

값은 표지에 있습니다.
파손된 책은 구입처나 출판사에서 교환해 드립니다.
ISBN 978-89-98322-42-7   93230

Printed in Seoul of Korea

CNB카페 | http://cafe.daum.net/C.N.B.(교회와 성경)

CNB 시리즈
서 문

CNB The Church and The Bible 시리즈는 개혁신앙의 교회관과 성경신학적 구속사 해석에 근거한 신·구약 성경 연구 시리즈이다.

이 시리즈는 보다 정확한 성경 본문 해석을 바탕으로 역사적 개혁 교회의 면모를 조명하고 우리 시대의 교회가 마땅히 추구해야 할 방향을 제시함으로써 교회의 삶과 문화를 창달하는 것을 그 목적으로 하고 있다.

따라서 이 시리즈는 진지하게 성경을 연구하며 본문이 제시하는 메시지에 충실하고 있다. 그렇다고 이 시리즈가 다분히 학문적이거나 또는 적용이라는 의미에 국한되지 않는다. 학구적인 자세는 변함 없지만 궁극적으로 하나님의 나라를 지향함에 있어 개혁주의 교회관을 분명히 하기 위해 보다 더 관심을 가진다는 의미이다.

본 시리즈의 집필자들은 이미 신·구약 계시로써 말씀하셨던 하나님께서 지금도 말씀하고 계시며, 몸된 교회의 머리이자 영원한 왕이신 그리스도께서 지금도 통치하시며, 태초부터 모든 성도들을 부르시어 복음으로 성장하게 하시는 성령께서 지금도 구원 사역을 성취하심으로써 창세로부터 종말에 이르기까지 거룩한 나라로서 교회가 여전히 존재하고 있음을 그 무엇보다도 중요하게 여기고 있다.

아무쪼록 이 시리즈를 통해 계시에 근거한 바른 교회관과 성경관을 가지고 이 땅에 진정한 그리스도인의 삶과 문화가 확장되기를 바라는 바이다.

시리즈 편집인

송영찬 목사, 교회와성경 편집인, 샤로수교회, M.Div.
이광호 목사, 한국개혁장로회신학교 교장, 실로암교회, Ph.D.

예레미야 • 예레미야 애가

2022년

교회와성경

머 리 말

세상이 걷잡을 수 없이 급속하게 변해가고 있다. 현대 기독교에서는 하나님의 말씀을 통해 영원한 진리를 찾아 발견하려는 간절한 마음이 사라진 지 이미 오래다. 타락한 인간들은 자기의 두뇌와 손끝의 산물인 과학 문명의 진보를 자랑스러운 것인 양 여긴다. 그로 말미암아 모든 것이 변질되어 근본이 철저히 파괴되어 간다는 사실을 간과하고 있다.

지상 교회 안에는 과학주의로 무장된 비신앙적 유신 진화론이 침투해 들어와 성경의 교훈과 하나님의 능력을 멸시하고 있다. 나아가 동성애나 동성결혼과 같이 인간의 기본 질서를 파괴하는 무서운 현상들이 교회 내부로 들어와 어린 교인들을 미혹하고 있다. 눈에 보이지 않는 코로나-19 바이러스 앞에서 벌벌 떠는 인간들이 우주 만물을 창조하신 무한한 능력의 하나님을 향해 고개를 빳빳이 든 채 덤벼들고 있다.

이처럼 우리 시대는 기독교에서조차 하나님의 말씀을 외면한 채 세상의 악한 가치 규범을 받아들임으로써 모든 것들이 망가져 가고 있다. 성경을 절대진리로 믿는 순수한 성도들이 도리어 비뚤어진 신학자들과 목사들에 의해 냉소적인 비난을 받는다. 천상에 계신 하나님으로부터 계시된 진리를 가감 없이 그대로 받아들이면 오히려 심한 비난을 감수해야 하는 지경에 이르게 된 것이다.

거기다가 이미 우리 시대를 장악하기 시작한 '4차 산업혁명'은 걷 잡을 수 없는 속도로 어두운 미래를 향해 달음질치고 있다. 인간들을 능가하는 인공지능(AI)과 가상현실 세계의 메타버스(Metaverse) 등은 급 기야 교회를 중심으로 하여 활동을 펼치기 시작했다. 다수의 사람들은 그로 말미암은 순기능을 앞세우지만 그 이면에는 교회를 어지럽히고 해체하는 무서운 역기능이 도사리고 있다는 사실을 인식하지 못하고 있다.

나아가 우리 시대에는 신뢰가 파괴된 상태에서 일어난 무서운 배신 행위가 기승을 부리고 있다. 자기의 욕망에 어긋나면 모든 신뢰를 저버 린다. 하나님과 이웃에 대한 배신을 일삼는 자들은 자신의 악행에 대한 인식조차 없다. 죄로 물든 타락한 세상은 원래부터 그런 속성을 지니고 있다고 할지라도 하나님의 은혜로 살아가는 성도들은 그와는 달라야 한다.

예수 그리스도의 순결한 신부여야 할 지상 교회가 더욱 심하게 부패 해 가는 현실은 슬프지 않을 수 없다. 눈물의 선지자 예레미야가 예언 할 당시 배도자들이 예루살렘을 중심으로 분주하게 활동했던 것처럼 우리 시대에도 동일한 양상이 일어나고 있다. 그런 자들은 기독교 가운 데서 온갖 감언이설(甘言利說)을 동원하여 어리석은 사람들을 기만하며 속이고 있다. 그들은 종교를 앞세워 개인적인 욕망을 추구하기에 급급 할 따름이다.

안타깝게도 눈에 보이지 않는 미세한 바이러스로 인해 지상 교회가 해체의 위기에 직면해 있으며 인간들이 만든 과학 문명으로 말미암아 교회가 근본적으로 변질되어 가고 있다. 그 가운데 살아가는 다수의 교 인들은 성경에 기록된 참 진리에 관심을 기울이기를 거부한다. 이런 극한 위기의 상황에서 교회는 본질적인 신앙을 회복하여 유지하려는 노력을 기울이지 않으면 안 된다.

이 책을 마무리하면서 고마운 분들의 얼굴이 떠오른다. 실로암교회 성도 여러분들과 한국개혁장로회신학교 학생들은 늘 큰 힘이 된다. 또한 미리 독서하며 교정을 본 연로하신 부모님이신 이재일 장로님과 김옥금 권사님, 아내 정정희, 교정에 참여한 김재석 선생과 송명순, 최은숙, 추경화 자매에게도 고마운 마음을 전한다. 그리고 늘 그렇듯이 친구 송영찬 목사님께 큰 빚을 지고 있어 고마운 마음을 남긴다.

2021년 늦겨울
실로암교회 서재에서
이광호 목사

차 례

[예레미야] / 15

[예레미야 애가] / 471

예레미야

〈예레미야〉

서 론

선지자 예레미야는 이른바 '눈물의 선지자'로 알려져 있다. 그가 눈물의 선지자였던 것은 그의 성격이 감성적이거나 원래 눈물이 많은 인물이었다는 것과는 다르다. 그가 많은 눈물을 흘렸던 것은 지극히 타락하여 패망을 앞둔 언약의 백성들이 그에 대한 상황을 전혀 인식하지 못한 채 여호와 하나님을 욕되게 하며 배도의 길을 가면서 오히려 세상에 빠져 살아가고 있었기 때문이다.

예레미야 시대는, 북 이스라엘 왕국이 앗수르 제국에 의해 완전히 패망한 상태에서, 남 유다 왕국은 절체절명의 위기상황 가운데서도 아직 정신을 차리지 못하고 있었다. 앗수르는 유다 왕국을 집어삼키기 위해 호시탐탐 계략을 꾸미고 있는 터에 유다 백성들은 오히려 더러운 죄악에 빠져 있었다. 그들은 여호와 하나님을 의지하는 것이 아니라 주변의 다른 나라들과의 외교 관계를 통해 나라를 유지하려고 했다.

그러다 보니 당시 유다 왕국의 정치인들은 앗수르와 애굽 사이에서 외세의 눈치를 보아야 했다. 따라서 배도자들은 하나님의 뜻에 배치되는 이방 문물들을 끌어들였으며 이방 종교사상이 변형된 채 언약의 자손들 가운데 유입되어 크게 작용하게 되었다. 그들 가운데 혼합된 신앙들이 기세를 떨치고 있었으며 그것을 주창하는 자들이 도리어 세력을 펼치고 있었다. 하나님께서는 그런 상황을 결코 그냥 두고 보시지는 않는다.

앗수르 제국이 점차 쇠약해져 가고 신흥 바벨론 제국이 역사의 전면에 두각을 나타내기 시작할 무렵 유다 왕국에는 요시야 왕(BC 640–609년경 재위)이 8세의 어린 나이에 최고 통치권을 이어받았다. 당시는 유다 왕국 전역이 엄청난 혼란에 빠져 있었다. 요시야 왕은 나이 20세가 되던 해인 재위 12년에 우상을 파괴하고 가증한 이방 종교인들의 예배를 금지하는 대개혁을 단행했다. 그리고 재위 18년경에는 예루살렘 성전 수리 과정에서 하나님의 율법책을 발견하게 되었다.

선지자 예레미야는 요시야 왕이 개혁을 시작한 시기 어간인 BC 627년 경 선지자로서 하나님의 소명을 받은 것으로 보인다. 그는 BC 587년 예루살렘 성과 하나님의 성전이 파괴되고 BC 586년 시드기야 왕이 두 눈알이 뽑힌 채 바벨론으로 사로잡혀 간 후 일정 기간까지 하나님의 말씀을 예언했던 것으로 보인다. 그가 예언하던 시대 후반기에 해당되는 때 곧 아직 유다 왕국이 완전히 패망하기 전이었던 BC 605년과 BC 598년 두 차례에 걸쳐 이미 유력한 많은 백성들이 바벨론으로 사로잡혀 갔었다.

바벨론 제국의 느부갓네살이 왕위에 오르던 해인 BC 605년에는 소년 다니엘이 사람들과 함께 바벨론 지역으로 끌려갔으며 BC 598년에는 에스겔이 포로가 되어 잡혀갔다. 그들은 나중 언약의 백성 가운데 하나님의 말씀을 전하는 중요한 예언자로서 활동하게 된다. 그들보다 훨씬 이전부터 예언을 했던 선지자 예레미야는 그 모든 상황을 직접 목격하며 이스라엘 백성들을 향해 하나님의 뜻을 전했던 것이다.

하나님의 강력한 경고의 말씀에도 불구하고 배도에 빠진 백성들은 그에 대한 깨달음이 없었다. 도리어 거짓 선지자들과 거짓 제사장, 거짓 정치인들이 백성들에게 거짓 평화를 선포하면서 본질을 흐리기를 되풀이했다. 어리석은 자들은 그들의 거짓된 주장을 의존하며 잘못된 믿음에 빠져 있었다.

선지자 예레미야는 그와 같은 형편 가운데서 백성을 향해 하나님의 말씀을 계시받아 선포했다. 하지만 거짓 종교인들은 그에게 심한 고통을 주며 억압을 가했다. 그들은 하나님의 선지자를 도리어 거짓 선지자로 몰아붙이기를 예사로 여겼다. 그리하여 어리석은 백성들은 하나님의 뜻을 철저히 거부했다.

그런 상황에서 예루살렘이 이방인들에 의해 공격을 당하게 되고 거룩한 성전은 파괴를 눈앞에 두고 있었다. 극도로 혼란스러운 중에 선지자는 하나님의 말씀을 전했으나 거부당하기 일쑤였다. 그와 같은 백성들을 보며 선지자는 눈물을 흘리지 않을 수 없었다. 그때 하나님께서는 선지자를 통해 애가를 계시로 허락하셨다. 그것은 슬픈 민족의 노래가 되었다.

예레미야가 눈물의 선지자로 불린 것은 감성적인 그의 성품 때문이 아니라 언약의 백성을 안타까워하는 그의 간절한 심정에 근거하고 있다. 그는 무려 40년이 넘는 긴 세월 동안 언약의 자손들에게 예언의 말씀을 전했다. 그가 구두로 백성들에게 예언하며 전한 내용은 엄청나게 많겠지만 우리는 그 모두를 다 알 수 없다. 하지만 하나님께서 허락하신 기록 계시가 구약시대는 물론 오늘날 신약시대 교회 가운데 그대로 남아 있다.

그리고 예레미야서는 유다 왕국과 이스라엘 민족이 패망하는 중에 이스라엘의 구출에 관한 하나님의 약속을 기록하고 있다. 특히 예레미야서의 맨 마지막 부분인 52장 31-34절에 기록된, 바벨론 포로로 잡혀 간 여호야긴 왕이 감옥에서 석방된 사건은 매우 중요한 의미를 지니고 있다. 선지자적 기능을 가진 제사장 회의에서 특별히 계시받은 그 말씀은 유다 백성들의 귀환에 대한 구체적인 소망이 되었을 것이기 때문이다.

우리가 기억해야 할 바는 선지자 예레미야는 한자리에 앉아 그 모든 계시의 말씀을 받아 기록한 것이 아니라는 점이다. 그가 오랜 세월 동안 계시받은 것을 하나의 책으로 엮어 기록 계시로 남겼던 것이다. 물론 우리는 그 정확한 과정을 다 알지 못한다. 하지만 당시 제사장 회의에서 선지자 예레미야의 기록 계시를 하나님으로부터 허락된 진리의 말씀이란 사실을 확증하여 언약의 백성들에게 남기게 된 것은 분명하다.

우리는 예레미야서에 기록된 말씀을 통해 이땅에 메시아를 보내시고자 하는 하나님의 놀라운 뜻을 보게 된다. 그리고 배도한 백성들 가운데 드러나는 하나님의 신실하심과 그의 궁극적인 사랑을 깊이 느낄 수 있다. 이 말씀이 수천 년 전에 기록된 말씀이지만 우리는 그 내용을 단순히 옛 믿음의 선배들에게만 주어진 것이 아니라 오늘날 우리 시대 교회에 주어진 소중한 교훈이란 사실을 기억해야 한다.

제1장

하나님의 소명을 받은 예레미야

(렘 1:1-19)

1. 예레미야를 선지자로 부르심 (렘 1:1-3)

예레미야는 예루살렘에서 북쪽으로 그리 멀지 않은 지역인 아나돗 (Anathoth)에서 제사장 직무를 감당하던 힐기야의 아들로서 아론 지파 가문에 속한 인물이었다. 이는 그가 중요한 사명을 가진 좋은 신앙의 집안에서 성장했음을 말해주고 있다. 예레미야는 하나님을 진정으로 경외하는 신실한 인물이었다. 그는 제사장 사역을 감당할 수 있는 기본 요건을 갖추고 있었다. 하지만 그가 스스로 선지자가 되고자 하는 의도 를 가지고 있지는 않았다.

하나님께서는 유다 왕국의 후기 통치자에 해당하는 요시야 왕이 BC 640년 최고 통치자로 즉위한 지 십삼년이 되던 해 즉 BC 627년경에 예 레미야를 불러 선지자의 사명을 맡기셨다. 예레미야가 예언하는 시기 동안 유다 왕국에는 대를 바꾸어 새로운 통치자들이 등장했다. 요시야 왕의 아들 여호야긴 시대와 또 다른 아들 시드기야의 즉위 십일년 말까지 그에게 하나님의 예언이 임했다.

시드기야 왕은 그해 곧 BC 586년 오월에 많은 백성과 함께 바벨론 지역으로 사로잡혀가는 신세가 되었다.1) 그로 말미암아 다윗 왕조는 완전히 패망하게 되어 그동안 이어져 오던 왕들의 계보가 끊어지게 되었다. 그 사건은 유다 왕국에 속한 백성들뿐 아니라 모든 이스라엘 자손들에게 충격적인 사건이 아닐 수 없었다.

북 이스라엘 왕국이 BC 722년 앗수르 제국에 의해 패망하고 많은 백성이 포로로 잡혀갔을 때도 예루살렘 성읍과 거룩한 성전은 하나님의 철저한 보호 아래 있다는 믿음을 가지고 있었다. 그들은 살아계신 하나님의 집인 성전이 이방인의 세력에 의해 파괴되리라고는 전혀 생각지 않았었다. 그런 터에 예루살렘과 성전이 파괴되고 많은 성물이 이방 지역으로 옮겨가 더러운 신당에 내던져지게 되었다. 그와 더불어 다윗 왕의 혈통을 지닌 시드기야 왕은 눈알이 뽑힌 채 포로가 되어 이방 지역으로 사로잡혀 가고 그곳에서 처참하게 생을 마감하게 되었을 때 그 충격은 이루 말할 수 없었다.

유다 왕국이 하나님의 말씀을 떠나 배도에 빠지고 극한 위기에 처한 모든 상황과 더불어 완전히 패망할 때까지 선지자 예레미야는 언약의 백성들을 향해 끊임없이 하나님의 예언을 전했다. 그의 예언은 현실적인 상황을 포함하고 있는 동시에, 그 가운데는 메시아에 대한 약속이 들어 있었다. 따라서 하나님을 경외하여 그 말씀을 듣고 깨달아 순종하는 자들은 고통 중에도 복이 있는 자들이었다. 하지만 그 말씀을 거부하는 자들은 하나님의 무서운 심판이 가미된 그 처참한 상황을 피할 수 없었다.

---

1) 예루살렘 성전은 BC 587년에 파괴되었으며, 그 이듬해인 BC 586년 다수의 이스라엘 자손이 바벨론의 포로가 되어 사로잡혀 간 것으로 보인다.

2. 예레미야를 향한 하나님의 뜻과 약속 (렘 1:4-10)

여호와 하나님의 말씀이 선지자 예레미야에게 임했다. 그것은 선지자의 간절한 요청에 의한 것이 아니라 순수한 하나님의 뜻 가운데 이루어진 일이었다. 하나님께서는 자기 자녀를 태중에 조성하신 분은 자신이라는 사실을 먼저 선포하셨다(렘 1:5). 즉 하나님께서 친히 예레미야를 태중에 존재케 하신 사실을 말씀하셨다('I formed you in the womb'). 부부 사이에서 출생하는 자식이지만 모든 언약의 자녀들은 근본적으로 하나님께서 그 창조자가 되신다는 것이다.

이에 대해서는 모든 하나님의 자녀들이 분명히 깨달아야만 한다. 창세 전에 하나님으로부터 특별히 선택받아 예정된 성도들은 하나님의 직접적인 관여로 조성된 존재라는 사실을 기억해야 한다. 참된 인간들이 존엄성을 띠게 되는 것은 하나님에 의해 직접 창조되었기 때문이다.

그리고 하나님께서는 예레미야를 태중에 짓기도 전에 벌써 저를 알았을 뿐 아니라 그가 어미의 태에서 출생하기 전에 이미 저를 따로 구별했다는 사실을 언급하셨다. 이는 예레미야가 나중의 역사적 환경이나 개인적인 결단에 의해 선지자가 된 것이 아니라는 사실을 말해준다. 이미 오래전에 하나님께서 직접 그를 따로 구별하여 열방의 선지자로 세웠다는 것이다. 그는 물론 아무도 모르는 사이 하나님께서는 원대한 계획을 세워두고 때에 따라 그 모든 일을 실행해 가셨다.

하지만 인간들의 눈에는 그 모든 것들이 철저한 비밀에 가려져 있다. 주변 사람들뿐 아니라 부모와 당사자도 그것을 알지 못했다. 따라서 예레미야는 하나님께서 저를 열방의 선지자로 세웠음을 말씀하시자 자기는 그 뜻을 받들어 순종할 만큼 유능한 인물이 되지 못해서 슬프다고 고백했다. 자기는 미숙한 아이에 지나지 않아 무슨 말을 해야 할지도 모른다는 것이다. 그의 고백은 나름대로 순수하고 겸손한 내용이라 말할 수 있을지 모르지만, 하나님의 계획과는 전혀 달랐다.

예레미야의 말을 듣게 된 여호와 하나님께서는 저를 향해 다시금 말씀하셨다. "너는 아이라 하지 말고 내가 너를 누구에게 보내든지 너는 가며 내가 무엇을 명하든지 너는 말할찌니라 너는 그들을 인하여 두려워하지 말라 내가 너와 함께 하여 너를 구원하리라"(렘 1:7,8). 이 말씀 가운데는 매우 중요한 의미들이 복합적으로 담겨 있다.

이 말씀에는 선지자는 자기의 개인적인 능력에 의존하지 말아야 한다는 사실이 내포되어 있다. 이는 아이일 때뿐 아니라 나중 어른이 되어서도 동일하게 받아들여 적용되어야 할 교훈이다. 원리적인 측면에서 볼 때 선지자는 스스로 어디든 가서 자기 판단에 따라 말하는 자가 아니다. 그는 하나님께서 가라고 명하시는 곳으로 가야 하며 그분이 요구하시는 말을 해야 한다. 그것은 선지자로서 가기 좋은 지역에 가서 사람들이 듣고 싶어하는 말을 골라 하는 것과는 거리가 멀다.

그러므로 사람들은 자신이 원하는 것과는 다른 선지자의 예언을 받아들이려 하지 않는다. 그들은 도리어 자신의 소원에 반하는 예언을 하는 선지자를 위협하거나 협박하게 된다. 저들이 듣기 싫어하는 말을 선지자의 입술을 통해 전달받고 싶지 않기 때문이다. 하나님께서는 선지자 예레미야에게 장차 그런 일이 발생할지라도 두려워하지 말라고 당부하셨다. 이는 그가 두려움에 빠지지 않는다는 것이 아니라 그럴 경우라 할지라도 하나님께서 항상 저와 함께 계시며 지켜 보호하여 구출해 주시리라는 점을 말해주고 있다.

하나님께서는 그 말씀과 더불어 손을 내밀어 예레미야의 입술에 갖다 댔다. 여기서 하나님께서 손을 내밀어 입술에 갖다 댔다는 말은 그것이 구체적으로 일어난 사실이라는 점을 강조하고 있다. 그는 선지자를 향해 '보라 내가 내 말을 네 입에 두었노라'(렘 1:9)고 말씀하셨다. 하나님께서 선지자를 불러 열방 만국 위에 세우고 그 나라를 뽑기도 하고 무너뜨리기도 하고 멸망시키기도 하며 헐어버리기도 할 것이며 세우기도 하고 심을 수도 있는 권한을 주시겠다는 것이다(렘 1:10).

이 말씀의 내용은 일반적인 예언의 성격을 넘어 메시아 예언으로 이해해야 한다. 그 말씀을 통해 중요한 권한을 위임받게 된 예레미야는 그에 대한 실제적인 권한을 행사하거나 실현한 적이 없기 때문이다. 따라서 이 말씀은 선지자를 통해 장차 임하게 될 메시아와 그의 궁극적인 예언에 연관되어 있는 것이다.

그러므로 오늘날 우리도 이에 대한 말씀을 귀담아 들어 적용할 수 있어야 한다. 우리 시대는 이미 메시아가 오셔서 모든 사역을 완성하신 상태에 놓여 있다. 우리가 특히 염두에 두어야 할 점은 하나님께서 믿음의 자녀들을 각기 태중에 짓고 여러 가지 소명을 주신 사실이다. 우리는 선지자의 입술을 통해 선포된 그 본질적인 내용과 그에 연관된 정신자세를 유지해야만 하는 것이다.

3. 환상을 통한 하나님의 계시

1) '살구나무 막대기' 2) 환상(렘 1:11,12)

하나님께서는 예레미야에게 살구나무 막대기를 환상으로 보여주셨다. 그것을 통해 자신의 뜻을 전하고자 하셨기 때문이다. 따라서 하나님은 그에게 지금 보고 있는 것이 무엇이냐고 물어보셨다. 선지자는 그에 대한 답변으로 살구나무 막대기를 보고 있다고 답변했다. 그가 살구나무 막대기를 알아보는 것은 매우 자연스러운 일이었다.

---

2) 한글 성경에서 '살구나무 가지'로 번역된 것은 온전한 번역이라 할 수 없다. 대다수 한글 성경들은 그렇게 번역하고 있다(개역한글, 개역개정, 공동번역, 새번역, 현대인의 성경 등). 그렇게 되면 그 문구를 대하는 자들이 땅에 심어진 살구나무와 그 가지를 연상하게 될 것이기 때문이다. 본문에서 말하는 것은 '살구나무로 된 막대기'(a rod of an almond tree, KJV. NASB)를 의미한다. 이는 동물을 칠 때 사용할 수 있는 관리 막대기로서 일종의 지휘봉 같은 역할을 하기도 한다.

예레미야로부터 그 답변을 들으신 하나님께서는 그를 향해 그가 올바르게 잘 보았다고 말씀하셨다. 그리고는 하나님께서 스스로 하신 말씀을 지켜 그대로 이루려 한다고 하셨다. 즉 '살구나무'를 본 사실과 자기의 의도대로 '지키시겠다'라는 말씀을 중첩해 언급하신 것이다. 우리는 이 본문을 한글 성경이나 다른 번역본들만 참고하여 보게 되면 앞뒤의 대화 문맥이 제대로 연결되지 않는 것처럼 보인다. 하지만 히브리어 성경 본문을 염두에 두면 그것은 쉽게 이해될 수 있는 내용이다.

'살구나무'는 히브리어로 שָׁקֵד(쇠케드)이다. 그 단어 자체의 의미는 또한 '지킨다'라는 말과 유사하다. 즉 '살구나무'와 '지킨다'는 단어는 שָׁקֵד(쇠케드)라는 동일한 자음으로 같은 발음을 가지고 있다. 즉 사람들 앞에서 그 단어만을 이야기한다면 어떤 사람들은 '살구나무'를 머리에 떠올릴 것이며 또 다른 사람은 '지킨다'는 말을 생각할 것이다. 하나님께서는 이 단어와 연관지어 중요한 메시지를 전달하시고자 했던 것이다.

선지자 예레미야는 '살구나무 막대기'를 환상으로 보면서 그 나무 이름인 שָׁקֵד(쇠케드)를 생각했을 것이 지극히 당연하다. 그런데 하나님께서는 그 나무 이름이 가진 단어의 다른 의미인 '지킨다'라는 말로 자신의 뜻을 드러내셨다. 따라서 하나님께서는 살구나무 막대기 환상을 보여주시면서 자신이 한 말씀을 반드시 지켜 그대로 이루리라고 하셨던 것이다. 물론 '살구나무 막대기'와 그것을 도구로 삼아 '지킨다'는 의미가 동시에 내포된 것으로 이해할 수도 있다.

언어적인 측면에서 이를 쉽게 이해하기 위해서 우리말의 한 경우를 예로 들어 생각해 볼 수 있다. 이는 누군가 다른 사람에게 먹는 과일인 '사과'를 보여주면서 특정한 사안에 대한 '사과'를 요구하는 것과 유사하다. 과일 '사과'와 '사과한다'는 용어 사이에 '사과'라는 동일 단어가 들어 있지만, 그 자체로는 상호 아무런 관계가 없다. 그런데도 사람들은 그 의미를 연상하게 된다. 이처럼 히브리어에서 '살구나무'

와 '지킨다'는 것은 상호간에 아무런 연관성이 존재하지 않지만, 그 단어로 인해 연상작용이 일어남으로써 하나님께서는 살구나무 막대기 환상을 통해 그 깨달음을 주시고자 했던 것이다.

2) 끓는 가마 환상(렘 1:13-16)

선지자 예레미야에게 또다시 하나님의 말씀이 임했다. 하나님께서는 그에게 환상을 보여주시면서 지금 무엇을 보고 있느냐고 물어보셨다. 그러자 선지자는 물이 끓는 가마솥을 보고 있노라고 답변했다. 그런데 물이 담긴 그 가마솥이 북쪽에서부터 남쪽으로 기울어져 있다고 했다. 물론 예레미야는 그것이 무엇을 의미하는지 알 수 없었다.

그때 하나님께서는 선지자에게 그에 연관된 의미를 설명해 주셨다. 그 환상은 무서운 재앙이 북방에서 일어나 남쪽에 있는 그 땅의 거민들에게 임하게 될 것을 보여준다는 것이다. 이는 일반적인 국제 관계의 상황에서 발생하는 것이 아니라 여호와 하나님에 의해 그 일이 시행된다고 하셨다.

하나님께서 직접 북방에 있는 여러 족속을 남쪽으로 불러들일 것이며 그들이 와서 예루살렘 성을 침공하여 성문 어귀에 진을 치게 되리라고 말씀하셨다. 그리하여 성의 사면에 세워진 성벽과 주변의 유다 모든 성읍을 치게 된다는 것이다. 이는 하나님이 그 사건을 통한 심판에 직접 개입하신다는 사실을 의미하고 있다.

그와 같은 끔찍한 일이 발생하게 되는 것은 언약의 자손이라 일컫는 유다 백성들이 하나님을 버리고 배도에 빠졌기 때문이다. 그들은 여호와 하나님을 배신하고 이방 신들 앞에서 저를 섬기며 분향하는 것을 아무렇지 않게 생각했다. 따라서 자기들이 만든 더러운 우상 앞에서 그것을 숭배하기에 열중했다.

이와 같은 배도 행위는 하나님의 무서운 진노를 불러일으키게 되었다. 그런데도 어리석은 자들은 그 사실을 전혀 깨닫지 못하고 있었다. 그러므로 하나님께서는 선지자 예레미야를 통해 언약의 백성을 향해 그에 대해 엄중한 경고를 하게 되었다. 여호와 하나님께서 자신의 심판을 베풀어 반드시 저들의 모든 죄악을 징계하리라는 것이었다.

우리가 기억해야 할 바는 언약의 백성들을 향한 하나님의 경고 말씀은 그의 놀라운 사랑에 기초하고 있다는 점이다. 저들에게 강한 경고의 메시지를 전하는 데는 이제 악한 자리에서 돌아오라는 의미가 담겨 있었다. 물론 그 깊은 내면에는 이땅에 약속된 메시아를 보내고자 하는 하나님의 깊은 의도가 담겨 있다. 즉 장차 오실 메시아를 거부한 채 이방 신들을 끌어들이고 우상들을 제작해 섬기면서 더러운 종교 사상에 빠진 저들을 무자비한 북방의 민족을 불러와 심판하시고자 했던 것이다.

3) 유다 백성들을 향한 하나님의 경고(렘 1:17-19)

하나님께서는 선지자 예레미야에게 영적으로 단단히 무장하고 이스라엘 백성들을 향해 예언의 말씀을 전하라고 명령하셨다. 하지만 그것은 저에게 엄청난 고통을 안겨 줄 수 있는 문제였다. 그렇게 하면 많은 사람이 하나님의 말씀을 듣고 그를 환호하는 것이 아니라 도리어 심하게 겁박하게 될 것이었기 때문이다.

그러므로 하나님께서는 저에게 그와 같은 험한 상황이 발생한다고 할지라도 사람들로 인해 두려워하지 말라는 당부를 하셨다. 하나님을 떠난 배도자들을 두려워할 필요가 전혀 없다는 것이다. 하나님은 오히려 선지자가 약한 마음을 먹어 저들 앞에서 두려워하게 될까 봐 염려스럽다고 말씀하셨다.

따라서 이스라엘의 온 땅에 있는 자들과 유다 왕들과 그 족장들과 그 제사장들이 모두 힘을 합쳐 달려든다고 할지라도 그들을 두려워할 필요가 없다고 말씀하셨다. 하나님이 선지자를 그 땅의 백성들 앞에서 견고한 성읍, 쇠기둥, 놋 성벽처럼 강력한 존재로 세워주실 것이기 때문이다. 이는 그 원수들을 대항해 싸우는 자는 선지자 개인이 아니라 그와 함께 계시는 하나님이라는 것이었다.

선지자 예레미야에게 그 말씀을 하신 하나님은 오늘날 우리가 믿는 하나님과 동일한 분이다. 우리 역시 하나님의 편에 서게 되면 많은 대적자를 만날 수 있다. 저들의 부당한 공격으로 인해 상당한 고통을 당할지라도 우리는 하나님의 자녀로서 저들을 두려워할 필요가 전혀 없다. 우리와 함께 계시는 여호와 하나님께서 우리를 지키시며 저들을 엄중히 심판하실 것이기 때문이다.

제2장

사랑의 하나님과 배도에 빠진 백성

(렘 2:1-37)

1. 예루살렘 거민을 향한 하나님의 사랑 (렘 2:1-4)

여호와 하나님의 말씀이 선지자 예레미야에게 임하여 중대한 명령을 내리셨다. 예루살렘으로 올라가서 그곳 주민들의 귀에 분명히 외쳐 말하라는 것이다. 그 백성들은 거룩한 성 중앙에 우뚝 선 거룩한 하나님의 성전을 날마다 바라보며 살아가고 있으면서도 하나님을 철저히 외면하고 있었다.

하나님께서는 그 백성이 오래전 과거에는 매우 신실한 자세로 살아갔으며 마치 신부가 남편을 사랑하듯이 언약의 자손으로서 하나님을 진심으로 사랑했다는 사실을 언급하셨다. 하나님은 지금도 당시의 그 모든 형편을 잘 기억하고 있다고 하셨다. 그 백성들은 곡물을 재배할 수 없는 메마르고 거친 광야에서 극한 어려움을 겪으면서도 자기를 따르던 저들의 삶의 자세를 잊지 않았다는 것이다.

하나님께서 과거 저들이 가졌던 신실한 삶의 자세를 기억하는 것은 순전히 저들을 위해서였다. 하나님께서는 여전히 그 관계가 회복되기를 기다리고 계셨다. 하지만 그와 같은 하나님과 그 백성 사이에 존재했던 원만한 관계가 지금 와서 완전히 허물어져 버린 것이다.

그리고 이스라엘 자손은 영적인 의미에서 원래 하나님의 거룩한 성물 곧 하나님께서 수확하신 소산 중에 처음 열매가 되었다는 사실을 언급하셨다. 여기에는 나중 그 언약의 자손들을 통해 이방에 흩어진 하나님의 백성들을 불러 모으시게 될 것에 대한 예언적 의미가 담겨 있다. 이는 곧 언약의 백성인 이스라엘 자손이 감당해야 할 직무가 얼마나 크고 소중한가 하는 점을 말해주고 있기도 하다.

그러므로 이방 왕국들 가운데 이스라엘 민족을 삼키는 무리가 있다면 그들은 모두 징벌을 받아 심한 재앙을 면치 못하게 된다는 사실을 언급하셨다. 하나님의 것을 건드리면 무서운 심판을 면할 수 없게 된다는 것이다. 하나님께서는 그 말씀을 통해 이스라엘 자손으로 하여금 저들에게 맡겨진 구속사적 책무의 중요성을 깨닫게 하시고자 했다. 따라서 야곱의 집과 이스라엘 집 곧 남북 이스라엘에 속한 모든 언약의 백성들을 향해 하나님의 음성을 들으라고 촉구하셨다.

2. 배도에 빠진 백성들의 상황을 책망하시는 하나님 (렘 2:5-8)

하나님께서는 지난날 성실한 자세로 살아가다가 이제 와서 배도에 빠진 백성들을 향해 강하게 책망하셨다. 그런데 하나님은 당대에 살고 있던 자들만 책망한 것이 아니라 이미 오래전에 죽은 저들의 조상들까지 질책하셨다. 그들이 과거 하나님으로부터 어떤 불의한 것을 보았기에 거룩한 하나님을 멀리하고 헛된 것들을 따라 사악한 짓을 행했느냐는 것이다.

하나님께서는 오래전 섭리에 따라 언약의 백성들을 압제받던 애굽 땅에서 이끌어내셨다. 그리고는 메마른 광야 곧 사막과 구렁이 패여 있고 땅이 건조하며 음산한 환경으로 인해 사람들이 살거나 다니지 않는 시내 광야를 통과하도록 인도하셨다(렘 2:6). 그것은 하나님의 놀라운 사랑과 은혜로 말미암아 진행된 일이었다. 그럼에도 불구하고 배도에 빠진 사악한 자들은 하나님께서 베풀어 주신 은혜에 대하여 아무런 관심을 기울이지 않았다는 것이다.

하나님께서는 그후 언약의 자손들을 인도하여 기름진 땅 가나안으로 들어가 거기에서 나는 과일과 풍요로운 식물을 먹도록 해 주셨다. 배도에 빠진 자들은 그 약속의 땅에 들어와서도 여호와 하나님께 감사하기는커녕 도리어 더러운 욕망에 사로잡혀 사악한 행위를 되풀이했다. 그들은 하나님께서 허락하신 약속의 땅을 더럽혔으며 하나님께서 삶의 터전으로 허락하신 소중한 영역을 가증한 곳으로 만들어버렸다.

그렇게 되어 제사를 담당한 제사장들이 더 이상 여호와 하나님을 찾지 않게 되고 배도에 빠진 종교 행위를 되풀이하기를 좋아했다. 그리고 하나님의 율법을 읽고 해석하여 그에 순종해야 할 율법사들은 그 법을 주신 하나님을 멀리했으며 백성들을 통치하는 공직자들은 하나님의 뜻에 저항하고 있었다. 뿐만 아니라 거짓 선지자들은 이방인들이 믿는 풍요의 신 바알의 이름을 앞세워 예언하고 무익한 것들을 추구했다.

우리는 여기서 하나님께서 왜 그 조상들의 불의와 배도를 당대에 살던 백성들 앞에서 강하게 책망하셨는가 하는 점을 기억해야 한다(렘 2:5). 예레미야 시대 많은 언약의 자손들이 하나님을 떠나 사악하게 된 가장 중요한 이유 가운데 하나는 그 조상들로부터 이방 종교와 혼합된 사상을 물려받았기 때문이다. 즉 올바른 신앙을 후손들에게 상속해 주어야 할 자들이 오히려 사악한 이방 종교적 풍조를 물려주었던 것이다.

이에 대해서는 오늘날 우리 역시 여간 주의깊게 생각하여 교훈을 받지 않으면 안 된다. 그것은 먼저 우리 자신이 조상들로부터 잘못된 신앙을 물려받았을 가능성이 없지 않다는 사실을 기억하는 일이다. 그래서 그런 것들이 있지 않은지 말씀을 통해 철저히 검증함으로써 악을 제거해야 할 필요성이 있다. 물론 그것은 인간적인 감정이나 윤리를 기준으로 삼아 그렇게 해서는 안 된다. 성경과 성령 하나님의 도우심과 믿음의 선배들의 가르침을 통해 그 일을 해낼 수 있어야 한다.

그와 더불어 우리는 다음 세대를 이어갈 후손들에게 올바른 신앙을 물려주기 위해 최선의 노력을 기울여야 한다. 우리 시대에 이방 종교의 풍조나 비신앙적인 요소를 교회 가운데 편만하게 받아들인다면 그것은 당대의 사람들뿐 아니라 다음 세대 후손들에게 치명적인 위해를 가하게 될 것이기 때문이다. 따라서 참된 교회를 세워가기 위해 최선의 노력을 기울여야 하는 것은 당대뿐 아니라 다음 세대를 위한 직무란 사실을 결코 잊어서는 안 된다. 하나님께서는 선지자 예레미야의 예언을 통해 그점을 명확하게 보여주고 있다.

3. 극한 진노를 드러내 보이시는 하나님 (렘 2:9-13)

하나님께서는 언약의 백성들이 영원한 참된 진리를 버리고 배도에 빠진 것을 보시며 크게 진노하셨다. 배도한 자들에 대해서는 반드시 하나님의 무서운 심판과 응징이 가해지게 된다. 그러므로 하나님은 당시 그 백성들을 징벌하실 것이며 그 후손들에게도 그렇게 하실 것이라고 말씀하셨다. 이는 배도에 빠진 자들이 자신의 잘못된 신앙과 사상을 그 후손들에게 그대로 상속해 주게 되는 사실과 연관되어 있다.

선지자를 통해 선포되는 하나님의 메시지는 저들의 신앙 행태가 율법을 떠난 채 이방인들의 더러운 종교 행태와 혼합되어 있다는 사실을 지적하는 것이었다. 따라서 당장이라도 그 사실을 확인해보라고 말씀하셨다. 당시 지중해 연안에 위치한 깃딤(Kittim) 섬들에 건너가 보고, 유목민들이 살고 있는 아라비아반도 북쪽의 게달(Kedar) 지역에도 사람들을 보내보라고 하셨다. 그리하면 저들이 행하는 이방 종교적인 행태가 약속의 땅 가운데 얼마나 난무하고 있는지 잘 알 수 있게 되리라는 것이었다.

나아가 그 이방 종교인들조차도 자기가 믿는 신을 다른 종족의 신사상과 아무렇게나 섞거나 뒤바꾸지 않는다고 하셨다. 하지만 하나님께 속한 언약의 백성이라 주장하면서 배도에 빠진 자들은 그 이방인들보다 훨씬 못하다는 사실을 지적하셨다. 그들은 자신에게 허락된 놀라운 영광을 버리고 자기의 더러운 욕망에 따라 무익한 것과 뒤바꾸어버렸다는 것이다.

그와 같은 종교적인 행태는 하나님의 무서운 심판과 재앙을 초래하는 역할을 했다. 따라서 하나님께서는 배도자들을 향해 우주만물과 더불어 그 놀라운 일로 말미암아 심히 놀라서 떨며 크게 두려워하리라는 경고를 하셨다. 언약의 자손이라고 주장하면서 하나님의 율법을 버린 채 자신의 욕망에 따라 이방 종교사상을 받아들이는 것은 하나님을 크게 진노케 하는 일이었기 때문이다.

오늘날 우리는 이 말씀을 통해 자신의 모습을 돌아보며 깊은 주의를 기울여 생각해 볼 수 있어야 한다. 현대 기독교인들이 그리스도의 신부로서 순결해야 할 교회 가운데 이방 신 혹은 이방 종교들로부터 끌어들여 편만하게 된 반신앙적 사상과 행태들이 존재하는지 살펴보지 않으면 안 된다. 성숙한 성도들은 하나님의 말씀을 통해 그것을 면밀히 살피면서 철저히 제거할 수 있어야 하는 것이다.

그리고 이방인들조차도 자신들의 신사상에 다른 종교적인 사상이나 행태들을 가져오지 않는다고 한 성경의 기록에 귀를 기울여야 한다(렘 2:11). 이는 오늘날 우리 시대에도 동일한 현상으로 나타나고 있다. 악한 현대 기독교 지도자들이 다른 종교들의 행태를 교회 내부로 가지고 들어오는 행위는 이미 어느 정도 보편화되었다고 해도 과언이 아니다. 그런데 복음이 없는 이방 종교들, 곧 이슬람교나 힌두교 심지어는 무속종교들에서조차 기독교를 비롯한 다른 종교의 행태를 가져가지 않으려고 애쓰는 모습을 보이고 있다. 우리는 이에 대한 바른 자세를 회복하지 않으면 안 된다.

또한 하나님께서는 본문 말씀 가운데서 배도에 빠진 언약의 백성이 크게 두 가지 악행을 저질렀음을 지적하셨다(렘 2:13). 하나는 그들이 생명수의 근원 즉 참 생명의 근거가 되는 여호와 하나님을 버린 일이었다. 그리고 또 다른 하나는 아무런 의미 없는 상황에서 힘들여 헛된 웅덩이를 판 행동이었다. 그곳에서 물을 얻고자 하여 웅덩이를 팠지만 그것은 모양만 그럴듯했을 뿐 물이 고이지 않는 웅덩이에 지나지 않았다. 그 백성은 생명을 유지 보존하는 물이 없는 웅덩이를 파며 헛고생을 했을 따름이다. 이는 하나님으로부터 임하는 직접적인 징벌과 생활 현상 가운데 발생한 재앙을 동시에 보여주는 의미를 지니고 있다.

4. 반성할 줄 모르는 사악한 백성 (렘 2:14-19)

하나님께서는 이스라엘 자손이 이미 당한 심판에 관한 언급을 하셨다. 이스라엘은 원래부터 노예가 아니었으며 집에서 태어난 종도 아니었다. 그런데 어찌하여 이방 왕국의 포로가 되어 잡혀가서 원수들의 노예가 되었느냐는 것이다. 어리석은 자들은 저들이 그와 같은 비참한 상황에 놓이게 된 근본 원인조차 파악하지 못하고 있었다.

그런 자들은 자기가 속한 나라가 단순히 상대국보다 힘이 약해서 그렇게 되었다든지 지도자들이 무능해서 그렇게 된 것으로 생각했을 뿐 그것이 자신의 악행에 대한 하나님의 심판이라는 사실을 깨닫지 못하고 있었다. 하지만 그것은 하나님으로 말미암은 심판의 결과였다. 즉 하나님께서는 자신을 떠난 배도자들을 심판하시기 위해 맹렬한 사자(獅子)들을 보내 저들을 향해 으르렁거리며 부르짖도록 하셨다. 그리고 저들의 땅을 황무한 상태가 되도록 하셨다. 또한 저들이 쌓은 성읍들을 불태워 거민들이 살 수 없게 만들어 버리셨다.

그리고 애굽 지역에 위치한 놉(Noph) 곧 멤피스(Memphis)와 다바네스(Tahpanhes)에 살고 있던 이방인들의 자손들도 배도에 빠진 언약의 자손들을 쳐서 그 정수리를 크게 상하게 했다. 따라서 이스라엘 자손은 사면초가(四面楚歌)에 빠진 것처럼 주변의 모든 세력으로부터 침략을 받는 신세가 되었던 것이다. 그들이 그와 같은 위기의 상황에 빠지게 된 것은 여호와 하나님께서 인도해 가실 때 그들이 하나님의 뜻을 배척했기 때문이다.

어리석은 자들은 그런 형편 중에 애굽에 있는 강인 시홀(Shihor)의 물을 마시기 위해 그 주변을 서성거렸다. 즉 그들은 배도에 빠져 있으면서 이스라엘이 위기에 처한 상황을 느끼게 되자 하나님께 의지하지 않고 이방의 애굽 지역을 살피며 배회했다. 또 어떤 이들은 앗수르 변방을 서성거리며 그곳의 강물을 마시고자 했다.

그와 같은 모든 행동은 여호와 하나님을 배신하는 악행에 지나지 않았다. 그 배신이 하나님으로부터 징계를 받는 원인이 되었으며 저들의 패악이 스스로 자신을 책망하도록 만들었다. 따라서 그들이 여호와 하나님을 멸시하고 배도에 빠져 하나님을 경외하는 마음을 버린 것 자체가 곧 사악한 행위이며 고통이었던 것이다. 하나님께서는 선지자를 통해 그점을 분명히 말씀하셨다.

이에 대해서는 오늘날 모든 성도들이 귀담아 들어야 한다. 사람들이 일반적으로 생각하는 현상적인 죄보다 훨씬 무서운 것은 하나님을 신뢰하는 마음을 버리고 그를 진정으로 경외하지 않는 오만한 태도이다. 그럼에도 불구하고 어리석은 자들은 그것이 얼마나 무서운 죄악인 줄 인식하지 못하고 있다. 그러면서 자신은 남을 해치는 악한 행동을 저지르지 않았으므로 마치 정당한 인물이라도 되는 양 착각에 빠져 있는 것이다.

5. 이방 신에 물든 사악한 종교성 (렘 2:20-25)

하나님께서는 언약의 자손을 향해 저들의 사악한 행위에 대하여 말씀하셨다. 그들은 오래전부터 하나님의 뜻을 아랑곳하지 않고 제멋대로 살아가고 있었다. 그 배도자들은 고삐를 끊어버리고 멍에를 부러뜨린 채 날뛰는 말과 같이 행동했다는 것이다. 이는 그들이 하나님의 뜻을 멸시하고 이방 종교를 끌어들여 제멋대로 신앙생활을 하는 것에 대한 지적이다.

그리하여 그들은 여호와 하나님의 뜻을 거부하며 배도의 길에 들어서 있었다. 그 배도자들은 높은 언덕 위에 무성하게 자란 나무와 모든 푸른 풀숲 아래서 더러운 음행을 저질렀으며 우상을 섬기는 행위를 되풀이했다. 그들은 이방 신 앞에서 자기의 몸을 조아리며 하나님께 속한 언약 자손의 지위를 망각한 채 이방 신들을 섬겼던 것이다. 그것은 결코 있을 수 없는 사악한 행동이었다.

하나님께서는 맨 처음 그들을 약속의 땅에 인도하여 두실 때는 그렇지 않았음을 언급하셨다. 그래서 그가 직접 언약의 자손들을 순전한 참 종자 곧 귀한 포도나무로 그곳에 심으셨다는 사실을 말씀하셨다. 그런데 이제 와서 그들은 하나님을 저버린 채 이방 신들을 위한 포도나무가 되어 사악한 가지로 변해버렸다. 하나님은 저들을 향해 어떻게 그럴 수 있느냐고 반문하시며 책망하셨다.

이방 신들에 의해 더럽혀진 자들로서 다시금 깨끗하게 되는 것은 저들 스스로는 이제 불가능한 일이 되어 버렸다. 그들이 잿물로 씻어내고 많은 비누를 풀어 씻을지라도 결코 그들의 죄악이 깨끗해지지 않는다는 것이다. 따라서 그들의 더러운 죄악은 거룩한 하나님 앞에 그대로 드러날 수밖에 없다.

그럼에도 불구하고 배도자들에 의해 기만당한 어리석은 백성들은 스스로 더럽힌 적이 없으며 바알을 좇지 않았다고 주장한다. 이는 그들이 이방 신과 우상을 섬기면서도 그것이 여호와 하나님을 섬기는 한 방편이 될 것이라 착각하고 있었기 때문이다. 그런 자들은 생명 없는 헛된 신들과 우상을 섬기면서 그것이 마치 여호와 하나님을 섬기는 행위인 양 여기고 있었던 것이다.

그러나 하나님께서는 저들을 향해 그동안 저지른 추악한 흔적들을 되돌아보라고 하셨다. 산골짜기 깊숙이 들어가 보면 그 자취들이 아직도 그대로 남아 있지 않느냐는 것이다. 그들은 발 빠른 젊은 낙타가 향방 없이 내달리는 것같이 행동했으며 광야에 살아가는 들 암나귀가 발정기가 되어 제멋대로 돌아다니는 것 같았다. 발정이 나게 되면 아무도 그 거친 행동을 막을 수 없으며 그때 수컷이 암컷을 만나 힘을 합친 것과 같이 더욱 심한 배도 행위가 지속되었다.

하나님께서는 당시 그런 자들을 향하여 강한 경고를 하셨다. 신을 벗어 던진 채 목이 타도록 헤매면서 더러운 이방 신들을 찾아 나서는 행위를 그만두라고 일렀던 과거의 말씀을 상기시키셨다. 하지만 그들은 하나님의 요구를 전혀 듣지 않았다. 그 대신 하나님께서 선포하신 말씀을 멸시하여 헛된 것으로 여기고 자기는 이방 신 곧 자기가 원하는 신들을 사랑하므로 그를 따라가겠노라고 한다는 것이었다.

이는 그 배도자들이 머리로는 여호와 하나님을 섬긴다고 주장하면서 실상은 제멋대로 종교생활을 하며 개인적인 욕망을 추구하는 것에 연관되어 있다. 이에 대해서는 오늘날 우리 역시 동일한 환경에 빠져있다. 예수 그리스도와 하나님을 섬기노라고 주장하면서 실상은 자기가 원하는 다른 신적인 대상들을 만들어놓고 제 맘대로 신앙생활을 하는 경우가 많은 것이다. 이에 대해서는 우리 모두가 여간 조심하지 않으면 안 된다.

6. 하나님을 대적하는 백성들 (렘 2:26-34)

하나님께서는 이스라엘을 두고 그들이 마치 도둑과 같다고 말씀하셨다. 몰래 남의 것을 훔치는 도둑이 자기의 악행이 드러나 붙잡히게 되면 사람들로부터 수치를 당하게 된다. 그동안 여러 곳을 돌아다니며 좋은 사람인 양 행세하면서 주변의 많은 이웃들 앞에서 그럴듯한 웃음을 띠고 살아왔는데 그 추한 실상이 드러나면 부끄럽지 않을 수 없다.

이스라엘 민족의 기득권층 지도자들은 몰래 남의 물건을 자기의 것으로 만드는 도둑처럼 살아가고 있었다. 당시 언약의 백성들을 다스리는 왕들과 족장들, 제사장들, 선지자들은 순진한 백성들의 소유를 몰래 빼돌리는 도둑과 같은 존재에 지나지 않았다. 사람들 앞에서는 열심히 하나님을 섬기는 훌륭한 자로 행세했지만 실상은 전혀 그렇지 않았다.

배도에 빠진 자들은 여호와 하나님을 버린 채 산 위에 서 있는 나무가 저들의 생명의 근원이라도 되는 듯 그것을 향해 '아비'라 부르며 그럴듯한 바윗덩어리가 삶의 근원이라도 되는 양 그 앞에서 주저 없이 종교적인 행위를 했다. 그런 자들은 하나님으로부터 등을 돌리고 배도에 빠져있으면서 도리어 만족스럽게 여기며 살아갔다. 그들은 자신의 행위를 우상숭배라고 생각하지 않았던 것이다.

그들은 이방인들의 종교 사상을 그대로 받아들여 하나님을 믿는 언약 신앙과 혼합시켰다. 그리고는 어리석은 백성들을 향해 그렇게 하는 것이 마치 성의를 다해 하나님을 섬기는 방편이라도 되는 양 가르쳤다. 그들은 열성적인 종교 행위와 더불어 자신을 의로운 자로 치장하며 어리석은 백성들에게 왜곡된 헌신과 봉사를 요구하며 더러운 이득을 취했던 것이다.

하지만 그것은 순진한 백성들의 것을 착취하는 도둑질에 지나지 않았다. 따라서 하나님께서는 그들이 도둑과 같이 수치를 당하게 되었음을 언급하고 있다. 그런 중에 견디기 어려운 힘든 환경을 만나게 되면 그제야 하나님께 도움을 요청하게 되리라고 말씀하셨다. 저들이 하나님의 뜻을 벗어나 자신의 종교적인 욕망을 추구하며 행하는 모든 신앙 행위는 하나님을 욕되게 하는 허사라는 것이었다.

그와 같은 상황을 잘 알고 계시는 하나님께서는 그동안 저들이 만들어 섬기던 신이 과연 어디 있으며 그 우상들이 환난을 당하는 백성을 구원할 수 있느냐고 말씀하셨다. 하나님께서는 저들에게 만일 그것을 확인할 수 있다면 당장 자리에서 일어나 증거해 보라고 요구하셨다. 또한 어리석은 유다 백성들이 그동안 받아들인 이방 신들에 연관된 우상의 숫자는 저들의 성읍 수와 같다고 말씀하셨다.

이는 그들이 제각기 자신의 취향에 맞는 신들을 만들어 섬기기를 즐겼다는 사실을 말해주고 있다. 하나님께서는 저들의 종교 행위가 단순히 개인적인 판단에 따른 사적인 부정이 아니라 하나님을 향해 저항하는 사악한 행위이며 하나님께 범죄하는 것이라고 말씀하셨다(렘 2:29). 나아가 그들의 악행은 자기만 파멸에 빠뜨릴 뿐 아니라 저들의 자녀들인 다음 세대에도 그 악영향을 그대로 미치게 된다는 사실을 언급하셨다.

그러므로 하나님께서 나중에 태어나게 될 저들의 자녀를 응징하여 치는 것조차 무익하게 되리라는 사실을 말씀하셨다. 이는 사실 여간 두려운 말이 아닐 수 없었다. 그 자녀들은 악을 행하는 부모로부터 받은 나쁜 영향으로 인해 하나님의 무서운 진노조차도 제대로 받아들이지 않게 되리라는 것이었다.

또한 하나님께서는 사나운 짐승인 사자가 하나님이 보내신 선지자들을 해치듯이 이제 그 악한 배도자들의 날카로운 칼이 하나님의 종들을 집어삼켜버렸다고 하셨다. 배도에 빠진 자들은 하나님께서 보내신 선지자들이 전하는 하나님의 말씀을 귀담아 듣기는커녕 오히려 그들을 죽이기까지 했던 것이다.

그럼에도 불구하고 하나님의 부르심을 입은 선지자들은 위험을 무릅쓰고 그 악한 배도자들을 향해 하나님의 말씀을 전했다. 그들은 하나님의 사랑과 공의를 선포했던 것이다. 하나님께서 언제 언약의 자손들이 살아가는 땅을 황량한 사막이나 깜깜한 흑암의 영역이 되게 하여 저들을 괴롭혔느냐며 다그쳐 물었다. 또한 언약의 백성들이 하나님의 은혜로 말미암아 해방되어 자유롭게 신앙생활을 할 수 있게 된 상태에서 무슨 까닭으로 다시는 주께로 돌아가지 않겠다며 고집을 피우느냐고 따졌던 것이다.

또한 다른 예를 들면서 혼인하지 않은 처녀들은 자기의 귀중한 보석을 결코 잊어버리지 않으며 갓 결혼한 신부가 자신의 고운 옷을 기억하고 있는 것은 지극히 당연한 일이 아니냐고 하셨다. 그들은 자기의 값지고 소중한 것이 무엇인지 잘 알고 있다. 그런데 언약의 백성들은 그보다 근본적으로 소중한 여호와 하나님을 버렸다고 탄식하셨다. 그들은 이미 오래전 옛날부터 자신을 잊어버렸다는 것이다.

그러면서도 배도에 빠진 자들은 마치 외간 남자를 홀리기 위해 겉모습을 화려하게 꾸미고 추파를 던지는 부정한 여인처럼 되어 사악한 행위를 되풀이하고 있었다. 그런데 그들의 수법이 현란하여 나쁜 경험이 많은 창녀들조차도 저들에게 가서 한 수 배우고자 할 만큼 사악하게 되어 있었던 것이다. 이는 배도에 빠져 하나님을 떠나 악에 익숙한 자들의 그럴듯한 모습을 보고 이방인들조차 저들로부터 그 사악한 행동을 배우게 된다는 것이었다.

또한 저들의 옷에는 죄 없는 가난한 자들이 억울하게 죽어 흘린 피가 가득 묻어있다고 말씀하셨다. 그들은 자기의 욕망과 목적을 달성하기 위해서는 죄없고 힘없는 자들을 자신의 먹이로 생각하여 피해를 주는 것을 예사로 여겼다. 그들은 순박한 사람들이 담벼락에 구멍을 뚫고 자기 집 내부로 침입해 들어오는 것이 아님에도 불구하고 저들을 향해 그런 모진 악행을 저질렀던 것이다.

7. 어리석은 자들의 주관적인 신앙과 무지에 의한 착각 (렘 2:35-37)

미련하고 어리석은 자들은 자기의 욕망에 빠져 죄에 대한 아무런 감각이 없어지게 된다. 그들은 하나님 보시기에 끔찍한 죄악을 저지르고도 그것이 별다른 죄가 되지 않는다고 생각한다. 배도에 빠진 이스라엘의 기득권층 인사들 가운데는 그런 자들이 숱하게 많이 있었다. 어리석은 자들은 하나님의 무서운 진노가 장차 자기에게 임하게 되리라는 사실에 관하여 관심을 두지 않았다.

인간들에게 있어서 가장 무서운 죄는 배도의 길에 빠져있으면서 아무런 죄가 없다고 여기며 자신의 의를 주장하는 것이다. 그러므로 하나님께서는 그들이 스스로 죄를 범치 않았다고 하기 때문에 저들을 더욱 엄히 심판하리라고 말씀하셨다. 그런 자들 가운데는 자기의 종교적인 행위로 말미암아 장차 많은 상급을 받게 될 것이라 여기며 왜곡된 믿음을 가진 자들이 많이 있었다.

하나님께서는 심각한 배도에 빠진 백성들을 향해 어찌하여 저들이 하나님을 버리고 마땅히 가야 할 길을 가지 않고 다른 악한 길을 선택하여 부지런히 돌아다니느냐고 책망하셨다. 하나님은 과거 이스라엘 백성이 앗수르 제국으로 인해 자기가 원하는 바 이득을 보고자 했으나 오히려 수치를 당한 사실을 언급하셨다. 그처럼 당시 언약의 자손들이 하나님을 떠나 외세를 의지하게 되면 더 큰 수치를 당하게 되리라고 하셨다.

결국 외세를 의지하는 자들은 심한 창피를 당하여 얼굴을 들지도 못한 채 그곳으로부터 쫓겨나게 되리라고 말씀하셨다. 이는 그들이 진정으로 의지해야 할 여호와 하나님과 그가 보내신 선지자들을 버렸으므로 그들로부터 아무런 도움을 받지 못하게 될 것이기 때문이다. 설령 애굽 사람들이 최선을 다해 저들을 도와준다고 할지라도 그와 같은 것들은 언약의 자손들이 진정으로 형통하게 되는 데 아무런 도움이 되지 못한다는 것이다.

우리는 여기서 현대 교회가 받아들여야 할 중요한 교훈이 있음을 기억해야 한다. 예레미야 시대 하나님을 버리고 이방인들의 외세에 의존하던 자들은 패망의 길에 빠질 수밖에 없었다. 그런데 오늘날 우리에게는 그와 같은 '외세'가 존재하지 않는가? 현대의 어리석은 자들 가운데는 하나님과 그의 말씀이 아니라 타락한 세상의 것들에 지나친 관심을 두는 자들이 많이 있다. 하지만 성숙한 신앙인들은 영원한 하나님 나라를 추구하는 참된 지혜를 가지게 된다.

제3장

음녀가 된 백성을 돌아보시는 하나님

(렘 3:1-25)

1. 음녀가 된 이스라엘 백성 (렘 3:1-5)

하나님께서는 본문 가운데서 세상의 일상적인 삶에 연관된 내용을 비유로 말씀하셨다. 만일 어떤 사람이 자기 아내를 버렸는데 그후 그 여인이 다른 남자의 여자가 되었다고 할 때 과연 그가 그 여성을 다시금 아내로 받아들이겠느냐고 하셨다. 어느 누구도 그렇게 하지 않으리라는 것이다.

그리고 그와 같은 한심한 일이 발생하게 된다면 그 땅이 크게 더러워진다는 점을 언급하셨다. 여기서 우리가 귀담아 들어야 할 바는 그런 일로 인해 옛 남편이나 그 여자가 더러워진다고 말하는 대신에 '그 땅'이 더러워진다고 한 점이다. 만일 그렇게 되면 그 부정한 여자는 당연히 더욱 더러워지게 되고 그 옛 남편도 함께 더러워질 수밖에 없다.

그런데 왜 하나님께서는 그 당사자인 사람이 더러워진다고 하시는 대신 그 땅이 더러워진다고 말씀하셨을까? 우리는 여기서 매우 중요한 교훈을 배우지 않으면 안 된다. 그것은 인간들이 저지르는 모든 부정과 죄악은 범죄를 저지르는 당사자뿐 아니라 그 땅 곧 그 주변 지역을 더럽게 물들인다는 점을 말해주고 있기 때문이다.

이에 대해서는 오늘날 우리 시대 역시 그와 동일한 관점에서 적용되어야 한다는 사실을 기억해야 한다. 한 사람의 범죄행위는 개인적인 과오에 머물지 않는다. 그것은 악한 누룩이 되어 엄청난 파급력을 가짐으로써 주변 사람들에게 부정적인 영향을 끼쳐 전체 환경을 더럽게 하는 기능을 하게 되는 것이다.

하나님께서는 예레미야 시대 당시 언약의 자손들을 향해 그들이 많은 무리와 더불어 행음하고 나서 이제야 자기에게 돌아오려 하느냐고 언급하셨다. 눈을 들어 나무가 없어진 벌거숭이 산을 한번 보라고 하셨다. 입술로는 언약의 백성이라고 줄기차게 주장해오면서도 이방 종교사상을 받아들여 우상숭배를 하지 않는 곳이 어디 있느냐며 질책하셨다.

그들은 그동안 여호와 하나님을 버린 채 어리석은 백성들을 미혹하기 위해 길가에 자리잡고 앉아 더러운 손길을 외부로 뻗치기를 되풀이해 왔다. 그들은 마치 요단 강 건너 이방 지역의 아라바(Arabah) 사람들과 같이 음란한 행위를 지속함으로써 약속의 땅을 더럽혔다. 배도에 빠진 유다 자손들은 이방인들의 종교 사상을 내부로 유입하여 저들의 신앙과 혼합시켰다. 그것이 결국 하나님께서 허락하신 약속의 땅을 더럽게 만들었던 것이다.

우리는 현대 기독교 기득권층 인사들 가운데 그런 자들이 많다는 사실을 기억해야 한다. 그들은 이방 신 사상을 지상 교회 내부로 가지고 들어와 마치 우상을 섬기듯이 하나님을 섬기도록 요구하며 어리석은 교인들을 미혹하고 있기 때문이다. 그들은 입술로는 항상 하나님을 언급하면서 신앙을 강조하고 있지만 결국 하나님의 교회를 더럽히는 일에 열중하는 것과 다르지 않다.

그러므로 하나님께서는 선지자 예레미야를 통해 그 땅에 엄중한 심판을 내리게 되었음을 언급하셨다. 백성들은 봄에 내리는 단비와 늦은 비가 적절히 내리지 않아 농작물 재배에 큰 어려움을 겪지 않을 수 없게 되었다. 그럼에도 불구하고 그들은 마치 몸을 파는 창녀가 부끄러움을 모르듯이 자기의 수치를 전혀 인식하지 못한 채 하나님 앞에서 회개하는 자세를 보이지 않았다.

하나님의 자녀들에게 있어서 가장 중요한 것은 자신의 죄악과 수치를 올바르게 깨닫는 것이다. 그래야만 하나님 앞에서 낮아져 참된 회개를 할 수 있게 된다. 그것을 통해 하나님을 진정으로 의지하는 자세를 소유하게 되는 것이다.

하나님께서는 그들이 그와 같은 상태에서 이기적인 의도를 가지고 하나님이 저들의 근원자인 아버지이며 어릴 때의 보호자라는 점을 내세우게 된다고 하셨다. 그와 더불어 하나님께서 언제까지 그 무서운 진노를 내리실 것이며 언제 그 고통이 끝나겠느냐고 물어본다는 것이었다. 그들은 입술로는 그렇게 말하면서 실제로는 여전히 더러운 죄악을 떠나지 않고 자기 욕망을 채우기 위해 급급하다는 것이다. 이는 그들이 하나님의 말씀에 순종하기를 거부하고 그를 핑계대어 자기 욕심을 채울 목적으로 배도에 빠진 종교 행위에 열중할 따름이라는 사실을 말해 주고 있다.

오늘날 우리 시대에도 말로만 하나님에 대한 충성을 드러내고자 하는 위선자들이 많이 있다. 그들은 자기가 하나님을 진심으로 사랑한다고 내세우지만 실상은 전혀 그렇지 않다. 하나님의 말씀에 따라 진정으로 그를 경외하며 순종하려는 마음이 없다면 올바른 신앙이라 할 수 없다. 우리는 이에 대하여 여간 깊은 주의를 기울이지 않으면 안 된다.

2. 경고를 두려워하지 않는 백성들 (렘 3:6-10)

요시야 왕의 통치 시기에 여호와 하나님의 계시가 선지자 예레미야에게 임했다. 하나님께서는 그를 향해 배도에 빠진 이스라엘이 저지른 악행의 흔적을 보았느냐고 말씀하셨다. 북쪽 지역의 이스라엘 자손들은 모든 높은 산에 올라가 푸른 나무들 아래서 온갖 음란한 행위를 다 저질렀기 때문이다.

배도자들의 악행에도 불구하고 사랑의 하나님은 저들을 오랫동안 참고 인내하셨다. 그리고 하나님께서는 북쪽 이스라엘 백성들이 저지른 모든 더러운 행위를 버리고 자기에게 돌아오기를 간절히 기다리셨다. 하지만 그 백성들은 자신의 악행을 뉘우치지 않고 여전히 그 짓을 되풀이했다. 문제는 그 모든 광경을 남쪽 지역의 유다 백성들이 그대로 목격하게 되었다는 사실이다.

결국 하나님께서는 저들을 향해 크게 진노하셨다. 배역한 이스라엘 자손이 더러운 간음을 했으므로 그들을 언약의 땅에서 쫓아내기에 이른 것이다. 그들은 이방 민족이 세운 앗수르 제국의 세력에 의하여 완전히 패망하여 포로로 잡혀가게 되었다. 성경은 이를 두고 하나님께서 저들에게 이혼증서를 주어 관계를 단절했다는 표현을 하고 있다.

그런데 보다 심각한 문제는 남쪽의 유다 백성들조차 이러한 하나님의 진노와 심판을 보고도 두려워하는 마음을 가지지 않았다는 사실이다. 그들은 오히려 북 이스라엘 백성의 더러운 악행을 본받아 그 음란한 행위를 따라 하기를 즐겨했다. 남쪽 유다 백성들마저 하나님의 말씀에 순종하기보다 자기의 종교적인 욕망을 채우기에 급급했던 것이다.

그들은 여호와 하나님을 버리고 돌과 나무를 향해 저지르는 영적 간음을 가볍게 여기고 행음하기를 되풀이했다. 그 더러운 행위를 통해 거룩해야 할 언약의 땅을 더럽히게 되었다. 그러면서도 패역한 유다 백성은 진심으로 여호와 하나님께 돌아서기를 거부했다. 그 대신 입술로만 하나님을 섬긴다고 주장하면서 거짓된 본성을 그대로 드러내며 어리석은 백성들을 기만하기를 지속했던 것이다.

3. 인내하시는 하나님의 사랑 (렘 3:11-18)

하나님께서는 선지자 예레미야를 향해 매우 특별한 계시의 말씀을 주셨다. 그것은 북 이스라엘 지역의 백성들이 더러운 배도에 빠졌으나 남쪽 유다 지역 백성들의 사악한 태도보다 오히려 낫고 저들 가운데 신실함이 나타난다는 것이었다. 이는 그들이 하나님 보시기에 참 신실하다는 것이 아니라 남쪽 유다 백성들보다는 더 나은 것으로 이해할 만하다는 의미로 받아들일 수 있다.

그렇다면 이 말은 구체적으로 어떤 사실을 내포하고 있는가? 물론 북쪽 지역의 백성들이 신실하다고 한 것은 절대적 개념과 더불어 이해할 수 있는 문제가 아니다. 하지만 본문이 그와 같이 언급했으므로 어떤 의미가 담겨 있는 것은 분명하다. 이는 아마도 북 이스라엘 지역의 백성들은 예루살렘 성전과 참 제사장이 존재하지 않은 상태에서 악한 기득권층으로부터 기만당해 배도에 빠진 것에 연관되는 것으로 이해할 수 있을 것이다.

그에 반해 남 유다 왕국에 속한 백성들은 예루살렘 성전이 저들의 중심에 존재하고 있었다. 그리고 율법에 따른 제사장들이 성전을 통해 정당한 직분을 감당했다. 뿐만 아니라 언약의 왕 다윗의 뒤를 이은 왕들이 통치하고 있었다. 따라서 그들은 그 모든 상황들을 올바르게 직시하여 하나님의 말씀에 순종해야만 했다. 하지만 그들은 사악하게 되어 도리어 하나님을 모독하는 행위를 되풀이했다. 그것은 북쪽 지역의 이스라엘 백성들의 악행에 비교되지 않게 직접적인 배도와 연관되었던 것으로 이해할 수 있다.

그러므로 하나님께서는 선지자 예레미야에게 북쪽 백성들을 향해 자신의 뜻을 선포하라고 명하셨다. 그것은 배도에 빠진 이스라엘 자손으로 하여금 여호와 하나님께로 돌아오라는 요구이다. 자신의 모든 죄를 회개하고 돌이키면 더 이상 저들에게 진노하지 않으리라고 하셨다. 하나님은 자기가 긍휼이 많은 분이기 때문에 자기 자녀들에 대해서는 진노를 한없이 품지 않는다고 말씀하셨다.

따라서 선지자는 이제 저들의 모든 죄를 자복하고 회개하도록 요청했다. 그동안 여호와 하나님을 배반하고 자신의 욕망에 따른 길로 달려가 모든 푸른 나무 아래서 이방 신을 섬기고 하나님의 음성을 듣지 않았으나 그 죄를 자복하면 하나님께서 용서해 주시리라는 것이었다. 하나님께서는 언약의 범주 안에 존재하는 백성들과 근본적인 화해를 원하셨던 것이다.

하나님께서는 이 말씀을 하시면서 자기가 배도에 빠진 언약 백성들의 남편이라는 사실을 언급하셨다(렘 3:14). 따라서 이제 돌이키면 그들의 각 성읍들 가운데서 한 사람과 종족 중에서 두 사람을 택하여 시온으로 데려오리라고 하셨다. 이는 북 왕국 전체를 영적으로 회복해 주시고자 하는 하나님의 뜻을 상징적으로 드러내 보여주고 있는 것이다.

그리고 하나님께서는 자신의 마음에 합하는 목자들을 저들에게 보내주실 것에 대해 약속하셨다. 그들이 참된 지식과 명철로 언약의 백성을 양육하게 되리라는 것이다. 이는 하나님의 선지자들과 그의 뜻에 온전히 순종하는 신실한 종들의 사역에 연관된 예언으로 보아야 한다.

또한 하나님께서는 본문 가운데서 매우 중요한 예언의 말씀을 하셨다. 그것은 장차 그 백성이 약속의 땅에서 번성하여 수가 많아질 때가 되면 사람들이 다시는 여호와의 언약궤에 대하여 말하지 않을 것이며 그것을 생각하거나 기억하지 않을 뿐더러 찾거나 만들지 않으리라고 하셨다.

그때는 예루살렘이 사람들에 의해 여호와의 보좌라 일컬음을 받을 것이며 열방이 그리로 모여든다는 것이다. 즉 여호와의 이름으로 인해 예루살렘에 모이고 다시는 그들의 악한 마음에서 나오는 강퍅한 태도로 행치 않을 것이라고 했다. 또한 그때가 되면 유다 족속이 이스라엘 족속과 동행하여 북에서부터 나와서 하나님께서 저들의 조상에게 유업으로 준 땅에 함께 이르리라고 하셨다.

이 말씀은 장차 이땅에 오시게 될 메시아에 연관된 예언으로 이해해야 한다. 즉 예수 그리스도가 이땅에 임하시게 됨으로써 메시아 예언을 위한 언약궤의 모든 기능과 사명이 완성된다. 그것은 이스라엘 열두 지파를 통한 메시아 예언이 성취된다는 사실을 말해주며 열방이 하나님의 도성 예루살렘에 모여 하나님께서 허락하신 상속을 받게 된다는 사실을 선포하고 있다. 이는 예수님의 십자가 사역으로 인한 결과로서 주어지는 특별한 하나님의 은총과 연관되어 있는 말씀이다.

4. 언약을 기억하시는 하나님과 배도자들 (렘 3:19-21)

하나님께서는 언약의 자손들에 대하여 가진 자신의 뜻에 관한 언급을 하셨다. 그는 이스라엘 자손을 자기 자녀들 가운데 두며 아름다운 산업인 가나안 땅을 저들에게 주시리라 하셨다는 것이다. 이는 구약시대 언약의 자손들을 창세 전부터 선택받아 구원의 은혜를 입은 무리 가운데 두시고자 한다는 사실에 연관되어 있다.

그리하여 그 백성이 자신을 아버지라 부르고 저들로 하여금 자기에게서 떠나지 말도록 당부한 사실을 언급하셨다. 하나님께서 친히 저들의 보호자가 되어 지켜주시고자 했다는 것이다. 그것이 언약의 자손들이 안전하게 살아갈 수 있는 유일한 방편이 된다.

그럼에도 불구하고 이스라엘 족속들은 하나님을 거부하고 그의 뜻을 받아들이지 않았다. 그들은 마치 아내가 자기 남편을 속이고 스스로 떠나간 것처럼 감히 여호와 하나님을 속였다. 입술과 행동으로는 하나님을 섬기는 듯이 했지만 실상은 전혀 그렇지 않았기 때문이다. 그 배도자들은 하나님을 떠나 이방 신들과 우상들을 섬기면서 영적 간음을 행했던 것이다.

그러므로 선지자를 통해 저들의 부패한 형편을 살펴보라고 하셨다.

벌거벗은 민둥산 위에서 이스라엘 자손이 애곡하며 간구하는 소리가 들리지 않느냐는 것이다. 그들은 우상 앞에서 이방인들이 하듯 종교 행위를 하면서 자기 욕망을 채우고자 했지만 그렇게 되지 않으므로 인해 애곡할 수밖에 없었다.

그들은 원래 걸어가야 할 하나님을 향한 길을 버렸다. 그리하여 길을 굽게 만들어 크게 비틀거릴 수밖에 없는 형편에 놓이게 되었다. 그들은 여호와 하나님과 그의 숭고한 뜻을 잊어버린 채 자신의 욕정에 따라 이방 신을 섬기며 종교적인 욕심을 채우고자 했다. 따라서 그들은 하나님을 떠나 처참한 상태에서 살아갈 수밖에 없었다.

5. 자신의 수치를 돌아보는 백성들 (렘 3:22-25)

하나님께서는 오랫동안 인내하시는 가운데 배도에 빠진 백성들을 향해 회개하고 돌아오라고 촉구하셨다. 죄를 뉘우치고 돌아온다면 그가 저들의 더러운 질병을 고쳐주시겠다는 것이다. 범죄한 인간들에게는 하나님께 나아가지 않고 스스로 자신을 치유할 수 있는 방법이 존재하지 않는다.

하나님의 말씀을 듣고 난 백성들은 그제야 자신의 추악한 모습을 돌아볼 수 있게 되었다. 그들은 이제 주님 앞으로 돌아왔으니 저들의 모든 죄악을 용서하고 고쳐달라는 간청을 했다. 비로소 여호와가 저들의 하나님이라는 사실을 고백하게 되었던 것이다.

배도에 빠졌던 언약의 백성들은 지난날 자신이 저질렀던 모든 죄악을 뉘우쳤다. 그들은 크고 작은 산들 위에서 외쳐 떠드는 무리의 종교적 행위가 더러운 악행일 뿐 아무런 의미가 없다는 사실을 알게 되었다. 언약의 자손인 이스라엘 백성을 위한 구원은 오직 여호와 하나님께 달려 있다는 사실을 깨닫게 된 것이다.

그들은 저들의 과거에 여호와 하나님을 떠나 욕망을 추구하던 부끄러운 시절이 있었음을 말했다. 그들이 어렸을 때부터 조상으로부터 물려받은 산업인 양 떼와 소 떼, 나중에는 심지어 아들들과 딸들 등 그 자녀들조차 욕망으로 인해 삼켜버린 바 된 사실을 언급했다. 모든 소중한 것들을 헛된 일을 위해 갖다 바친 어리석음이 저들에게 있었다는 것이다.

따라서 그들은 자신의 죄로 말미암아 부끄러움 가운데 누울 수밖에 없었으며 그와 같은 행위는 수욕을 당하게 될 것이라고 말했다. 그들은 옛날 조상들이 소싯적부터 시작하여 그때까지 여호와 하나님께 범죄를 저질러 왔음을 감추지 않았다. 그리하여 그동안 배도에 빠진 상태에서 여호와 하나님의 음성을 귀담아 듣지 않고 불순종하는 자리에 있었다는 사실을 자복했던 것이다.

제4장

하나님의 경고와 징계

(렘 4:1-31)

1. "내게로 돌아오라" (렘 4:1-4)

여호와 하나님께서는 언약의 자손들을 향해 자기에게 돌아오라고 하셨다. 이는 그들의 다양한 종교적인 행위에도 불구하고 하나님으로부터 멀리 떠나 있다는 사실을 말해주고 있다. 그들 가운데 다수는 자신의 욕망을 위해 의도적 악행을 저지른 자들이 있었는가 하면 무지로 인해 종교적 기만을 당한 자들도 많이 있었다.

그런데 하나님께서는 자기에게 돌아오기 위한 중요한 조건을 언급하셨다. 즉 배도에 빠진 상태를 유지한 채 그냥 돌아오면 되는 것이 아니라 그동안 하나님 보시기에 가증하게 행했던 모든 것들을 버리고 오라고 하셨다. 하나님 앞으로 돌아오면서 그 가증한 것들을 몸과 삶에 지닌 채 나아올 수는 없었던 것이다.

그러므로 그 과정에서 마음이 동요하지 말아야 한다는 사실을 말씀하셨다. 또한 진실과 공평과 정의로써 살아계신 여호와 하나님을 가리켜 맹세하라고 하셨다. 그것은 윤리적인 생활을 강조하는 것이 아니라 하나님의 진리를 마음속에 그대로 받아들이라는 의미를 지니고 있다.

그렇게 하면 그들이 하나님으로 말미암아 허락되는 복을 받을 것이며 하나님으로 인해 자랑할 거리들이 생겨난다는 것이다.

하나님께서는 유다 지역과 예루살렘에 거하는 자들을 향해 묵은 땅을 기경하여 식물을 심도록 요구하면서 가시덤불 속에 씨앗을 파종하지 말라고 하셨다. 이는 하나님을 떠나 배도한 상태의 모든 잔여물들을 갈아 없애고 나와야 하며 과거의 잘못된 사상에 빠져 하나님을 섬기려는 어리석음을 범치 말라는 의미를 지니고 있다. 이방 신 사상에 물든 것들을 유지한 채 여호와 하나님을 섬기는 것은 도리어 그를 욕되게 하는 것이었기 때문이다.

따라서 하나님은 저들을 향해 스스로 할례를 행하여 저들의 마음 가죽을 베고 여호와 하나님께 속하라는 요구를 하셨다. 이는 저들의 육체적 할례를 우선적으로 언급하는 것이 아니다. 그들은 이미 몸에 할례의 흔적을 지니고 있었을 것이 분명하다. 주님께서는 지금 그 백성들에게 몸의 할례가 근본적으로 중요한 것이 아니라 그것을 통해 심령의 할례를 받는 것이 더욱 중요하다는 사실을 언급하셨던 것이다.

만일 그렇게 하지 않는다면 하나님께서는 저들에게 크게 분노하시겠다고 말씀하셨다. 배도에 빠진 추한 상태를 청산하지 않는 것은 여전히 하나님 앞에 악행을 지속하는 것과 마찬가지였기 때문이다. 하나님께서 저들에게 긍휼과 은혜를 베풀어 주심에도 불구하고 그에게로 온전히 돌아오지 않는다면 하나님의 불같은 진노를 끌 자가 아무도 없으리라는 사실을 분명히 말씀하셨던 것이다.

2. "나팔을 불라" (렘 4:5-9)

하나님께서는 자신의 뜻을 깨닫고 있는 자들을 향해 유다와 예루살렘을 향해 나팔을 불어 공포하도록 명하셨다. 모든 사람들이 명확하게 들을 수 있도록 크게 외치면서 선포하라고 요구하셨던 것이다. 그 내용은 온 백성이 함께 모여 견고한 성 시온으로 들어가자고 권면하라는 것이다.

즉 참 생명을 부지하여 살고자 원하는 자들은 시온을 향하여 기호를 세우고 지체하지 않고 그곳으로 도피하는 방법밖에 없었다. 하나님께서 북방으로부터 몰고 오는 큰 재앙이 저들로 하여금 멸망에 이르게 할 것이기 때문이다. 이는 바벨론 제국의 군대를 불러 배도에 빠진 이스라엘 자손을 엄하게 심판하시겠다는 하나님의 의도와 연관되어 있다.

열방의 나라들을 멸망시키는 세력을 지닌 사나운 맹수와 같은 바벨론 군대가 약속의 땅을 황폐하게 하려고 숲속으로부터 올라왔다. 그 병사들은 이미 오래전에 멀리 북방에서 가나안 땅을 향하여 떠난 상태였다. 그들이 이스라엘의 성읍들을 허물어버리면 그곳에 거주하던 백성들이 자취를 감추게 된다. 이는 그들의 패망이 눈앞에 바짝 다가왔다는 사실을 말해주고 있다.

그러므로 하나님께서는 패망을 앞둔 백성들을 향해 굵은 베옷을 두른 채 애곡하라고 하셨다. 여호와 하나님의 맹렬한 분노가 돌이키지 않고 저들을 향하고 있었기 때문이다. 하나님께서는 그점을 상기시키면서 머잖아 그 두려운 심판의 날이 이르게 되면 유다 왕국의 왕과 방백들은 혼비백산할 수밖에 없으리라고 하셨다.

그때가 되어서야 그동안 거짓 평화를 외치던 제사장들과 선지자들은 깜짝 놀라게 된다. 한편 그런 중에도 하나님의 말씀을 귀담아 듣고 깨어있는 자들은 함께 고통스러운 상황에 부닥치게 될지라도 여전히 복된 자들이라 할 수 있다. 하지만 그렇지 못한 자들은 외형적으로 벌어지는 상황 이상으로 중한 멸망의 길을 피할 수 없게 된다.

3. "네 마음의 악을 버리라" (렘 4:10-18)

선지자 예레미야는 하나님의 엄한 경고의 말씀을 듣고 깊은 슬픔에 잠겨 고했다. 그는 하나님 앞에서 극단적인 표현을 사용하며 하나님께서 이 백성과 예루살렘을 크게 속이셨다고 했다. 이는 그전에 하나님께서 평강을 약속하셨는데 도리어 생명을 위협하는 칼이 저들에게 미치게 되었다는 것이다.

하나님께서는 선지자를 향해 자기가 친히 그 일을 진행시키고 계신다는 사실을 분명히 말씀하셨다. 그때가 이르면 모든 백성들과 예루살렘을 향하여 무서운 심판자가 들이닥치게 된다는 것이다. 그로 말미암아 소용돌이치는 열풍이 사막으로부터 불어와 그 백성들 위를 덮치게 되리라는 것이었다. 그 세찬 바람은 곡식을 키질하도록 하는 바람이나 알곡을 가려내도록 부는 좋은 바람이 아니다.

그 강한 바람은 하나님께서 저들에게 보내시는 것으로서 배도에 빠진 백성들을 심판하는 도구로 사용하신다. 그 심판을 위한 세력은 검은 구름처럼 몰려오며 군인들이 탄 병거는 회리바람 같고 말들은 독수리보다 빠르게 달린다. 그 광경을 두 눈으로 목격하는 백성들은 자기에게 두려운 화가 미쳐 멸망하게 되리라는 사실을 감지하게 된다는 것이다.

그러므로 하나님께서는 언약의 자손들을 향해 이제라도 더러운 죄악으로부터 돌이키라고 요구하셨다. 예루살렘의 중심에 남아있는 악을 버리면 그 위기로부터 벗어날 수 있다는 것이다. 저들의 마음속에 사악한 생각이 장기간 머물도록 방치하는 것은 지극히 어리석은 행위에 지나지 않았다.

북쪽 지역에 위치한 단(Dan)에서 전령이 달려오고 에브라임 산에서 재앙이 선포되는 상태에 이르렀다. 따라서 그 사실을 모든 지역에 알리고 먼 땅으로부터 달려온 대적들이 유다 성읍을 향해 외치는 소리가 얼마나 큰지 예루살렘으로 하여금 알게 하라고 했다. 그들은 농사짓는 농부가 자기 밭에 있듯이 마치 그 땅의 주인이라도 되는 양 행세하며 예루살렘 전체를 포위하고 있다는 것이다.

하나님께서는 그 모든 상황이 발생한 까닭은 언약의 백성이 여호와 하나님을 거역하고 배도에 **빠졌기** 때문이라고 말씀하셨다. 반역의 길을 걷고 여호와 하나님을 진심으로 경외하지 않는 사악한 태도가 포악한 대적을 불러들였다는 것이다. 그로 말미암아 주어지는 고통은 외적인 상황뿐 아니라 저들의 심령에까지 미치게 된다는 사실이 언급되고 있다.

4. 안타까워하시는 하나님 (렘 4:19-22)

선지자 예레미야는 자기의 고통스럽고 슬픈 마음을 감추지 않고 그대로 드러내 보였다. 마음이 답답하여 도저히 잠잠할 수 없었기 때문이다. 이는 자기 심장과도 같이 소중한 언약 백성이 전쟁과 심판의 나팔소리와 경보를 듣게 된 사실과 밀접하게 연관되어 있다.

멀리서 온 대적들이 약속의 땅을 침범함으로써 되풀이되는 파괴가 발생했으며 저들의 온 땅이 약탈당하게 되었다. 그 재난으로 인해 선지자 자신의 생활공간인 천막과 정체성을 드러내 보여주는 휘장이 갈기갈기 찢어진다고 했다. 언약의 자손들이 소유한 모든 것이 일순간에 훼멸되는 순간을 눈앞에 두고 있었던 것이다.

따라서 모든 상황을 정확하게 파악하고 있던 선지자는 적군의 깃발과 전쟁을 알리는 나팔소리를 듣는 것이 괴롭지 않을 수 없었다. 더욱 심각한 문제는 눈과 귀로 그 모든 것을 직접 목격하면서도 그 상황을 제대로 파악하지 못하는 어리석은 백성들이었다. 그들은 자기 앞에 벌어지고 있는 상황에 대한 제대로 된 인식이 없었던 것이다.

그들은 하나님께서 보내신 선지자를 알아보지 못하는 기본적인 어리석음에 **빠져**있었다. 따라서 선지자가 전해주는 중대한 경고의 메시지를 귀담아 듣지 않았다. 그 백성은 하나님의 진리에 대해서는 아무런 지각이 없는 지극히 미련한 자들이었다. 배도에 **빠져** 악을 행하는 일에 대하여 예민한 지각을 가진 자들이 하나님께서 원하시는 선을 행하는 일에 대해서는 철저히 무지했던 것이다.

5. 하나님의 엄중한 징계 (렘 4:23-31)

하나님의 계시를 받은 선지자 예레미야는 당시의 급박한 상황을 충분히 감지하고 있었다. 그것은 사람들에게 뿐 아니라 자연 가운데서도 그 분위기가 드러나게 되었다. 따라서 땅을 본즉 혼돈하고 공허하며 하늘을 우러러본즉 빛이 사라진 채 어두움을 드리우고 있다는 표현을 했다. 또한 길거리에 사람들의 인적이 끊겼으며 공중의 새들조차 어디론가 날아가버려 눈에 띄지 않는다고 했다.

뿐만 아니라 비옥한 땅은 없어져 황무지가 되었으며 모든 성읍이 여호와 하나님의 맹렬한 진노로 인해 훼파되었다. 그렇게 된 것은 그전에 이미 하나님에 의해 선포된 바와 같았다. 한편 하나님께서는 장차 이스라엘 온 땅이 황폐케 될 것이지만 그 백성을 완전히 끊어버리지는 않으리라고 말씀하셨다.

장차 그 남은 자들은 황폐한 땅으로 인해 깊은 슬픔에 잠기게 될 것이며 하늘은 빛을 잃고 어두움에 휩싸이게 된다. 그것은 하나님께서 이전부터 이미 작정하고 계신 바였다. 따라서 하나님께서는 그와 같은 일이 발생하는 것에 대하여 결코 후회하지 않을 것이며 자신의 생각을 돌이키지도 않을 것이라고 말씀하셨다.

강력한 나라의 말 탄 기병과 활 쏘는 군대가 큰 소리로 부르짖으며 맹렬한 공격을 퍼붓게 되면 성읍 안에 있던 모든 백성들은 그곳으로부터 도망쳐 숲속으로 들어가 바위 뒤에 몸을 숨길 수밖에 없다. 그로 인해 북적이던 성읍들은 텅 빈 채 더 이상 사람들이 거하지 않게 된다. 이는 그들이 원수들에 의하여 점령당하게 된다는 사실을 말해주고 있다.

하나님께서는 적군에 의해 성읍이 훼파됨으로써 목숨을 부지하기 위해 멀리 도망친 백성들을 향해 말씀하신다. 모든 것이 파괴된 상태에서 이제 어떻게 하겠느냐는 것이다. 그런 위급한 상황 가운데서도 붉은 색깔의 화려한 옷을 입고 금장식으로 몸을 단장하며 그것을 자랑으로 삼겠느냐고 말씀하셨다. 눈썹을 검게 그리고 얼굴에 짙은 화장을 한다고 할지라도 그 모든 것은 아무 쓸모없는 헛된 노력에 지나지 않는다.

오히려 그동안 그들이 잘 보이기 위해 애쓰면서 연인으로 여기던 자들이 도리어 저들을 멸시하고 저들의 생명을 노리게 된다. 고통에 빠져 괴로워하는 백성들의 소리는 마치 처음 아기를 출산하는 여인이 고통을 견디지 못해 부르짖는 것과 같다. 그것은 언약의 자손이라 주장하며 시온에 살아가는 자들의 처절한 절규이다. 그들은 몸부림치며 신음하면서 손을 펴들고 자기에게 화가 미친 사실을 언급하며 생명을 위협하는 가운데 칼을 휘두르는 자들로 인해 자기의 심령이 극도로 피곤하게 된 형편을 토로하게 된다.

제5장

유다 백성에 대한 하나님의 심판 예언

(렘 5:1-31)

1. 소돔과 고모라 성 사람들보다 악한 유다 백성 (렘 5:1,2)

하나님께서는 선지자와 그를 따르는 자들을 향해 예루살렘 거리로 나가 좁은 골목길과 넓은 거리 여기저기를 부지런히 다녀보라고 말씀하셨다. 사람들이 과연 무엇을 추구하며 어떤 태도로 살아가는지 눈여겨보라는 것이다. 그렇게 하면 하나님을 떠난 배도자들의 사악한 형편을 쉽게 알 수 있을 것이었기 때문이다.

하나님께서는 거룩한 성 예루살렘에서 활보하는 자들 가운데 의인이 없다는 사실을 말씀하셨다. 따라서 예루살렘에 거주하는 자들 가운데 하나님의 공의를 행하며 진리를 추구하는 자가 한 사람이라도 있으면 그 성의 악을 용서해 주겠노라고 하셨다. 이는 하나님을 떠난 저들이 전체적으로 배도에 빠져 악을 행하고 있다는 사실을 말해주고 있다. 우리는 이 말씀 가운데서 당시 예루살렘이 과거 소돔과 고모라 성보다 더 악했다는 점을 알 수 있다.

성경은 오래전 하나님께서 아브라함에게 소돔과 고모라 성에 관한 형편을 말씀하던 내용이 기록되어 있다(창 18:20-33). 당시 아브라함은 그 성읍 가운데 상당수 의인이 있을 것이란 막연한 생각을 하고 있었다. 어쩌면 소돔과 고모라 성에 살던 사람들 가운데 겉보기에 그럴듯한 신앙생활을 하는 자들이 많이 있었을지 모른다.

그러나 하나님의 평가는 그와 전혀 달랐다. 인간들은 서로간 속이게 될지라도 하나님은 어떤 경우라도 인간들에 의해 속지 않으시는 분이다. 따라서 당시 예루살렘 백성들이 살아계신 여호와 하나님의 이름을 핑계대며 맹세하면서 자기의 신앙을 드러내 보이려 하지만 실상은 그 모든 것이 거짓이라고 말씀하셨던 것이다.

이에 대해서는 오늘날 우리 역시 주의를 기울여 생각해 보아야 한다. 오늘날 우리 시대에는 과연 의인이 얼마나 있을까? 물론 여기서 말하는 의인이란 행위를 통한 윤리적 의인이 아니라 계시된 말씀에 따라 하나님을 진정으로 경외하는 성도들을 말하고 있다. 우리는 세상에 살아가면서 의인이 많이 있을 것이란 막연한 생각을 하고 있으나 하나님 보시기에는 그와 전혀 다를 수 있다는 사실을 염두에 두지 않으면 안 된다.

2. 거만한 자들에 대한 하나님의 심판 (렘 5:3-6)

하나님의 말씀을 들은 선지자 예레미야는 그에게 간구하며 자신의 안타까운 심경을 토로했다. 그동안에도 하나님께서 친히 진실한 자들을 찾고 계신 사실을 알고 있다는 것이다. 그가 배도에 빠진 백성들이 돌아오도록 채찍질을 해도 그들은 정신을 차리지 않았으며 그들을 패망의 자리로 몰아가는데도 어리석은 자들은 하나님의 교훈을 받기를 거부했다.

배도자들은 자신의 얼굴을 바윗돌보다 굳게 한 채 그 고집을 꺾지 않았다. 그들이 생명을 유지하고 살아남을 수 있는 유일한 길은 하나님의 말씀을 들어 순종하는 것이었음에도 불구하고 그 가르침과 징계를 받아들이지 않았다. 이는 그 백성이 하나님께로 돌아서지 않고 사악한 길을 고집함으로써 결국 죽음에 이르게 될 수밖에 없음을 말해준다.

선지자 예레미야는 그와 더불어 그 백성이 비천하고 미련한 자들이라는 사실을 언급했다. 그들은 지극히 어리석어서 여호와 하나님의 길과 그의 율법을 알지 못한다는 것이다. 그 결과 자기의 종교적인 욕망에 따라 살아가면서도 그것이 하나님 보시기에 얼마나 사악한 행위인지 모르고 있다는 것이다.

그러므로 선지자는 이제 저들의 지도자들에게 가서 하나님의 뜻을 전하겠다고 말했다. 이는 여전히 언약의 백성들에 대한 연민과 안타까움이 남아있다는 사실을 말해주고 있다. 배도에 빠진 자들이라 할지라도 형식적으로는 여호와의 길과 그의 법을 어느 정도 알았을 것이며 그들 또한 그런 식으로 주장하고 있었다.

하지만 그들은 자신의 욕망을 채우기 위해 종교적인 행위를 좋아했다. 그들은 마치 굴레 벗은 말이 고삐를 끊고 날뛰듯이 하나님의 율법에서 떠나 제멋대로 행동했다. 그와 같은 태도는 하나님의 뜻에 저항하는 사악한 행위가 될 수밖에 없었다.

그러므로 숲속으로부터 뛰쳐나온 맹수인 사자가 저들을 잡아 죽일 것이며 사막의 이리와 사나운 표범이 저들을 멸망으로 내몰게 된다. 결국 성읍에 거주하던 자들이 밖으로 나오게 되면 맹수들에게 찢기듯이 갈기갈기 찢겨 죽게 된다. 이는 하나님을 버린 그 백성들의 허물이 크고 그 패역이 심하기 때문에 저들에게 내리는 하나님의 무서운 심판이다.

3. 배은망덕한 자들에 대한 하나님의 진노 (렘 5:7-13)

하나님께서는 선지자를 향해 배도의 길에 빠져 자신의 율법을 버린 백성을 어떻게 용서하겠느냐고 말씀하셨다. 여호와 하나님이신 자기를 버리고 참 신이 아닌 거짓 신들과 더러운 우상들 앞에서 맹세하는 배도자들을 결코 용서할 수 없다는 것이다. 그들은 하나님의 뜻을 버리고 그의 자비를 전혀 기억하지 않고 있었다.

하나님께서 그동안 백성들을 배불리 먹이셨으나 그들은 하나님의 은혜를 저버리고 음란한 창기의 집에 모여 행음하기를 즐겨했다. 배도에 빠진 자들은 살이 쪄서 여기저기 날뛰는 숫말 같이 각기 이웃의 아내를 몰래 넘보고 따라다니며 부르짖기를 지속했다. 그들의 관심은 오직 자기의 더러운 욕망을 채우는 일에 있었던 것이다.

그러므로 하나님께서는 저들에 대한 자신의 뜻을 말씀하셨다. 하나님께서 어찌 그와 같은 사악한 상황을 벌하지 않겠느냐는 것이다. 불의를 용납하지 않는 공의의 하나님이 그와 같은 사악한 자들에게 보응하는 것은 지극히 당연한 일이기 때문이다.

하지만 하나님께서는 예루살렘을 침략하여 멸망시킬 자들을 향해 모든 것을 완전히 파괴하지는 말라고 하셨다. 즉 병사들이 성으로 들어가 성벽을 훼파하되 다 훼파하지 말고 나무의 가지만 꺾듯이 가지에 해당하는 것들만 파괴하도록 요구하셨다. 그 가지는 이제 하나님의 것이 아니므로 잘라버려도 좋다는 것이다.

하나님께서는 또한 언약의 자손인 이스라엘 족속과 유다 족속 곧 남북 지역에 존재하는 모든 백성들이 여호와 하나님 앞에서 심히 부패했다고 하셨다. 그들은 여호와 하나님의 존재를 인정치 않으면서도 저들에게 재앙이 임하지 않을 것이라 생각하고 있었다. 나아가 외세에 의한 무력이나 자연재해로 인한 기근을 보지 않을 것이라 여겼다.

그런 생각을 하는 자들은 하나님께서 보내신 선지자들의 경고를 철저히 무시했다. 그들은 선지자들이 전하는 예언의 말씀을 듣고 그것은 공연히 지껄이는 허풍에 지나지 않는다고 간주했던 것이다. 선지자들이 전하는 메시지는 하나님의 의도와 아무런 상관이 없으므로 그들이 예언한 심판과 재앙은 도리어 그런 말을 하는 당사자들이 당하게 될 것이라고 주장하며 조소했다.

4. 하나님의 무서운 심판에 대한 예고 (렘 5:14-21)

만군의 하나님 여호와께서는 선지자를 통해 자신의 의도를 더욱 분명히 드러내 보이셨다. 백성들이 하나님의 뜻을 멸시하는 말과 행동을 했으므로 이제 선지자의 입에 주어진 자신의 말씀으로 심판의 불이 되게 하고 백성으로 하여금 나무가 되게 하리라고 하셨다. 그리하여 하나님의 입술에서 나오는 그 불이 나무들을 살라버리게 될 것이었다.

하나님께서는 이어서 이스라엘 족속을 향해 또 말씀하셨다. 자기가 먼 지방으로부터 한 나라를 저들에게 보내신다는 것이다. 그 군대는 세력이 막강하고 오랜 전통을 지니고 있다. 이스라엘 자손은 그들이 사용하는 언어를 알지 못하며 귀로 들어도 그 내용을 이해하지 못한다. 즉 그 군대가 저들에 대항하여 어떤 작전을 펼친다고 해도 그에 대응할 수 없다는 것이다.

그들의 화살통은 마치 열린 묘실과 같아서 그곳으로부터 날카로운 화살이 끊임없이 날아오게 된다. 그 병사들은 매우 용맹해서 아무도 그들을 막아내지 못한다. 그들이 언약의 자손들이 먹을 추수 곡물과 양식을 가로채 먹으며 저들의 양 떼와 소 떼를 취하여 잡아먹게 된다. 또한 포도나무와 무화과나무에 열린 열매들을 취하여 먹는다. 그리하여 이스라엘 자손들이 의지하는 견고한 성읍들을 칼로 파멸시키게 된다. 하지만 하나님께서는 그때도 그 백성을 완전히 진멸하지는 않으리라고 말씀하셨다.

그런 위급한 환경에 처한 백성들이 여호와 하나님께서 어찌하여 그와 같은 끔찍한 일을 행하셨는지 선지자에게 묻거든 그에 대해 답변을 해 주라고 하셨다. 그 이유는 그들이 여호와 하나님을 버리고 약속의 땅에서 이방 신들을 섬기면서 배도에 **빠졌기** 때문이라는 사실을 분명히 전하라는 것이다. 따라서 그들이 이제 하나님께서 허락하신 약속의 땅에서 쫓겨나 이방인들의 땅에서 이방 신을 섬기게 된다는 것이다.

하나님께서는 그에 관한 사실을 야곱 족속과 온 유다에 공포하도록 선지자 예레미야에게 명하셨다. 그 백성이 지극히 어리석고 아무런 지각이 없어서 눈이 있어도 정확하게 보지 못하고 귀가 있어도 올바르게 듣지 못한다는 사실을 전하라는 것이다. 즉 그들은 하나님의 말씀을 통해 모든 것을 보고 듣는 것이 아니라 자기의 경험적 욕망에 따라 행동하기 때문에 하나님의 진정한 뜻을 알지 못한다는 것이다.

5. 배도에 빠진 백성과 오만한 지도자들 (렘 5:22-31)

하나님께서는 오만한 이스라엘 자손들을 향해 자신이 두렵지도 않느냐고 말씀하셨다. 무지에 빠진 그 백성은 하나님 앞에서 떨리는 모습을 전혀 보이지 않았기 때문이다. 하나님을 경외하지 않고 두려워하지 않는 자들은 욕망에 따라 제멋대로 살아갈 수밖에 없다.

여호와 하나님께서는 자기가 모래로 바다의 경계선을 만들어 물이 넘치지 않도록 해 놓았음을 언급하셨다. 비록 바닷물이 출렁이며 큰 파도가 몰아친다고 해도 그 경계선을 넘어설 수 없다는 것이다. 하나님은 이를 통해 자신이 전능한 조물주라는 사실을 말씀하셨던 것이다.

그러나 어리석은 이스라엘 백성들은 감히 경계선을 넘어 하나님을 배반하며 패역한 태도를 보였다. 그들은 배도에 빠져 제멋대로 행동하고 있었다. 나아가 때에 따라 이른 비와 늦은 비를 내려 주시며 저들을 위해 추수 기한을 정해주신 여호와 하나님에 대한 경외감을 아예 가지지 않았다. 그들은 모든 삶이 하나님으로 말미암아 유지 보존된다는 사실을 인정하기를 거부했던 것이다.

그와 같은 자들의 오만한 태도가 여호와 하나님께서 제공하시는 은
총을 물리치는 결과를 가져왔다. 그리고 저들의 죄악이 하나님으로부
터 허락되는 좋은 것들을 가로막는 역할을 했다. 그 백성들 가운데는
악인들이 있어서 전체적으로 나쁜 영향을 끼치고 있었던 것이다.

그런 자들은 마치 사냥꾼이 덫을 놓아 새를 잡듯이 몰래 매복해 있으
면서 올무를 놓아 어리석은 사람들을 잡으려 한다. 그리하여 조롱에 새
들이 가득 잡힌 것처럼 저들의 집에는 남을 속여서 빼앗은 재물로 가득
차 있다. 그들은 그것을 통해 부당한 세도를 부리며 부자가 되어 사람
들 위에서 행세하기를 좋아했다.

그로 말미암아 그들은 살이 피둥피둥 찌고 윤택한 생활을 했으며 더
많은 재물을 모으기 위해 혈안이 되어 그 행위가 더욱 악해져 갔다. 그
리하여 개인적인 이익을 추구하며 일반적인 송사나 고아나 가난한 빈
민 등 불쌍한 자들의 송사까지도 공정하지 않게 처리하여 판결을 내렸
다. 그들은 자기의 욕망을 위해서는 수단과 방법을 가리지 않았던 것
이다.

하나님께서는 기득권층의 그런 행위를 어찌 벌하지 않겠느냐고 말씀
하셨다. 또한 공의의 하나님께서 그와 같은 악행을 예사롭게 저지르는
나라에 대하여 보응하지 않을 수 있겠느냐는 언급을 하셨다. 하나님께
서는 언약에 속한 연약한 백성을 짓밟는 자들을 결코 좌시하지 않는다
는 사실을 밝히셨던 것이다.

당시 약속의 땅 전역에는 결코 있을 수 없는 기괴하고 놀라운 일들이
여기저기서 발생하고 있었다. 선지자들은 제 맘대로 거짓을 예언하며
제사장들은 하나님을 멀리 한 채 자기 권력으로 백성을 다스리기를 좋
아했다. 그들은 입술로는 하나님의 이름을 끊임없이 떠올렸으나 실상
은 그 하나님을 욕되게 하는 일에 열중하고 있었다.

그럼에도 불구하고 어리석고 무지한 백성들은 오히려 그들의 거짓을
믿으며 그것을 좋게 받아들였다. 선지자는 저들을 향해 그렇게 하다가

하나님으로부터 임하게 될 무서운 심판을 어떻게 감당하겠느냐고 경고
했다. 거기에는 속히 여호와 하나님 앞으로 돌아오라는 중요한 메시지
가 담겨 있었다.

제6장

예루살렘에 대한 하나님의 경고와 심판 선언

(렘 6:1-30)

1. 예루살렘을 향한 하나님의 권고 (렘 6:1-8)

하나님께서는 유다 지역에 거주하는 베냐민 자손들을 향해 예루살렘에서 피난하라고 촉구하셨다. 그리고 베들레헴 남쪽 지역에 위치한 요새인 드고아에서 나팔을 불고 예루살렘 남쪽 지역을 방어하는 요새인 벧학게렘에서 깃발을 올리라고 했다. 이는 북방에서 임하는 재앙과 큰 파멸이 눈앞에 닥치고 있었기 때문이다.

시온은 원래 하나님 보시기에 아름답고 우아한 성읍이었으나 저들의 배도 행위로 인해 멸망시켜버리겠다고 하셨다. 그리하여 그 성은 더 이상 사람들이 살아가기 위한 좋은 장소의 기능을 상실당하게 된다. 즉 장차 그 성읍은 양치기들이 양 떼를 몰고 와서 그 사면에 천막을 치게 됨으로써 동물에게 짓밟히는 땅으로 전락할 수밖에 없다는 것이다.

그러므로 하나님께서 베냐민 자손들을 향해 배도에 빠진 예루살렘을 칠 준비를 갖추라고 요구하셨다. 병사들에게 일어나 한낮에 공격하라고 하셨다. 하지만 날이 거의 저물어 저녁이 되어가서 공격을 할 수 없어 아쉬워하게 된다고 했다. 그리하여 그들은 밤에 일어나 예루살렘을 공격해 궁전을 허물어버리고자 한다는 것이다.

여호와 하나님께서는 예루살렘에 대하여 매우 분노하고 계셨다. 따라서 베냐민 자손을 향해 나무를 베어서 예루살렘 성 안으로 들어가기 위한 목책을 만들어 공격을 준비하도록 하셨다. 그 성은 징벌을 받아 마땅한 성이라는 것이다. 그 가운데 존재하는 모든 것들은 하나님을 떠나 있는 포악한 것들밖에 없다.

하나님께서는, 마치 샘이 물을 솟구쳐 내듯이 예루살렘 성은 더러운 죄악을 솟구쳐 낸다고 하셨다. 그 도성에서는 폭력과 파괴의 소리밖에 들리지 않는다는 것이다. 하나님께서는 자기가 보시기에 그곳은 항상 병들고 상처 입은 사람들의 아우성이 가득 차 있을 따름이라고 말씀하셨다.

그러므로 하나님은 예루살렘을 향해 지금이라도 자신의 훈계를 받으라고 권면하셨다. 그의 뜻을 거부하면 하나님께서 저들을 증오하게 되리라는 사실을 언급하셨다. 그렇게 되면 예루살렘은 하나님의 심판을 받아 황무하게 되어 더 이상 사람이 살지 못하는 땅이 될 수밖에 없다. 이는 배도에 빠진 예루살렘을 향한 하나님의 거룩한 선포이다.

2. 자비를 거부하는 배도자들에 대한 하나님의 심판 계획 (렘 6:9-15)

선지자 예레미야는 만군의 하나님 여호와의 말씀을 백성들에게 전했다. 조만간 적군들이 들이닥치면 이스라엘의 남은 자들을 포도를 딸 때처럼 샅샅이 찾아내리라고 했다. 하나님께서는 예레미야를 향해 아직 시간이 남아있으니 그런 중에 백성들을 최대한 구출해 내라고 말씀을 하셨다. 선지자의 입술을 통해 선포되는 예언을 듣고 자기에게로 돌이키는 자들이 있기를 원하셨던 것이다.

그 말씀을 들은 예레미야는 도리어 탄식하듯이 반응했다. 하나님의 강한 권면을 백성들에게 일러준들 그것을 들을 사람이 없으리라는 것이었다. 그들은 귀를 틀어막고 듣기를 거부하며 오히려 하나님의 말씀을 자기를 향한 욕으로 생각하며 달갑게 여기지 않는다는 것이다.

따라서 선지자는 여호와 하나님의 분노가 자기 맘속에 이글거려 견디기 힘들다는 사실을 고백했다. 하나님께서는 그 진노를 거리에 돌아다니는 아이들과 여기저기 모여 있는 청년들에게 쏟아부으리라고 말씀하셨다. 그렇게 하면 젊은이들뿐 아니라 결혼한 어른들인 남편과 부녀자, 그리고 나이 든 남녀 노인들이 다 잡혀가게 되리라는 것이었다.

여호와 하나님께서는 예루살렘에 대한 선지자의 말을 듣고 그 사실을 그대로 인정하셨던 것이다. 따라서 자기가 직접 그 땅 거민들에게 심판의 손길을 펼쳐 저들의 집과 농지와 아내를 전부 타인의 소유로 이전시키겠노라고 말씀하셨다. 이는 그들이 어린 자들부터 노인에 이르기까지와 지위가 낮은 자부터 높은 자까지 모두가 탐심이 가득했기 때문이라고 하셨다.

하나님의 말씀을 온전히 전하고 증거해야 할 선지자들은 추한 욕망을 위해 거짓 예언을 일삼았으며 하나님 앞에서 제사하여 섬겨야 할 제사장들은 어리석은 백성들을 기만하며 거짓을 행하는 것을 예사로 여겼다. 그들은 언약 자손들의 상처를 고쳐준다고 하면서 평화를 외치지만 실제로는 아무런 평화가 약속되지 않은 기만을 행하는 술수에 지나지 않았다.

그들은 하나님 보시기에 가증한 일들을 행하면서도 부끄러워하는 마음이 전혀 없었다. 나아가 그들은 지극히 뻔뻔하여 수치로 느끼지 않았으며 얼굴이 붉어지지도 않았다. 이는 저들에게 하나님 앞에서 가져야 할 가장 기본적인 양심마저도 없었다는 사실을 말해주고 있다.

그러므로 그들은 장차 임할 하나님의 심판을 면하지 못한다. 적군들이 침략해 오면 그들은 주변의 사람들과 함께 엎드러져 패망당할 수밖

에 없게 된다. 하나님께서는 자기가 친히 이방 세력을 끌고 와서 예루
살렘에 거하는 배도자들에게 엄벌을 내리실 것이기 때문에 그대로 거
꾸러지게 된다는 사실을 말씀하셨던 것이다.

3. 옛적 길 곧 선한 길로 가기를 요구하시는 하나님 (렘 6:16-21)

사랑의 하나님께서는 선지자 예레미야를 통해 언약의 자손들을 권고
하셨다. 먼저 걸어가던 길을 멈추고 서서 주변을 한번 살펴보라고 하셨
다. 그리고 오래전부터 있었던 옛길 곧 선한 길이 어디 있는지 알아보
고 그리로 행하라고 말씀을 하셨다. 그러면 저들의 마음 가운데 하나님
으로 말미암는 참된 평강을 얻으리라는 것이었다.

우리는 이 말씀 가운데서 매우 중요한 교훈을 얻게 된다. 그것은 '옛
길 곧 선한 길'에 관한 의미 때문이다. 인간들은 늘 시대와 환경의 변천
에 따른 새로운 길을 추구하기를 좋아한다. 신앙에 있어서도 원래의 가
르침을 벗어나 세상의 조건에 맞추려는 경향이 있다.

하나님의 자녀들은 변천하는 시대적 환경에 신앙의 기준을 맞출 것
이 아니라 성경에서 언급한 진리에 맞추도록 애써야 한다. 즉 우리가
소유해야 할 신앙의 원리는 시대에 따라 바뀌지 않는다. 세상이 아무리
변해도 참된 신앙의 근거는 오직 하나님의 말씀에 있으며 그 기준은 절
대로 변하지 않는 것이다.

그러나 타락한 인간들은 하나님께서 계시를 통해 허락하신 원천적
교훈을 따르고자 하지 않는다. 당시 백성들은 선지자 예레미야의 권면
을 듣고도 옛길 곧 선한 길로 행하지 않겠노라고 대꾸했다. 그들은 시
대적 변화에 발맞추고자 하여 옛날에 주어진 영원한 진리를 버리고 새
로운 종교적 유행을 추구했던 것이다.

선지자는 하나님의 고유한 진리를 거부하는 백성들을 향해 저들 위
에 파수꾼을 세워두었으니 그 나팔소리를 들으라고 요구했다. 그러나

그들은 선지자가 권면하는 말을 듣지 않겠노라는 반응을 했다. 그것은 선지자를 향한 저항이었을 뿐 아니라 하나님에 대한 배도와 불순종이 었다.

그러므로 하나님께서는 온 세계 열방 가운데 흩어져 살아가는 백성들을 향해 장차 그들에게 임하게 될 엄중한 심판에 대하여 언급하셨다. 하나님께서 그 땅의 백성들에게 무서운 재앙을 내리시리라는 것이었다. 그것은 저들이 저지른 사악한 범죄와 하나님의 말씀을 귀담아 듣지 않고 그의 율법을 버린 결과로 말미암는 것이다.

그런데 어리석은 자들은 하나님과 그의 뜻에 대한 근본적인 오해를 하고 있었다. 그들은 시바에서 유향을 가져오고 멀리서 향품을 가져와 여호와 하나님께 드리고자 했다. 그들이 정성을 다해 멀리서 구해온 그와 같은 값비싼 귀중품을 하나님께서 좋아하실 것으로 착각하고 있었기 때문이다.

그러나 하나님은 그들이 가져오는 예물을 결코 받지 않으시리라고 말씀하셨다. 율법을 떠나 진실한 마음이 없는 상태에서 바치는 번제와 희생제물은 가증하기 때문에 그것을 기쁘게 받지 않으신다는 점을 분명히 밝히셨다. 따라서 백성들 앞에 장애물이 되는 걸림돌을 두실 것이라고 말씀하셨다. 그렇게 되면 배도에 빠진 아비와 아들이 거기 걸려 넘어질 것이며 그 이웃과 친구들이 함께 패망하게 된다는 것이다.

4. 바벨론 군대의 위력 앞에 놓인 언약의 자손들 (렘 6:22-26)

선지자 예레미야는 언약의 백성들을 향해 구체적인 하나님의 메시지를 전했다. 한 민족이 북방으로부터 이스라엘을 향해 내려오며 큰 나라가 땅끝에서 일어나 진격을 준비하고 있다는 것이다. 그들은 손에 활과 창을 잡고 있으며 인간미가 전혀 없는 잔인한 자들이라고 했다. 그들은 바닷물이 심하게 파도치는 것과 같은 큰 소리와 두려운 위엄을 지니고 있다.

그 군대가 날랜 말을 타고 대열을 가다듬은 채 시온 곧 예루살렘을 치기 위해 몰려오고 있다는 것이다. 그들은 당시 최강국이었던 바벨론 군대로서 어느 나라도 그 앞에서 저항하지 못했다. 하물며 이미 북 이스라엘 왕국이 패망하고 남 유다 왕국에 속한 자들마저 하나님을 떠나 지리멸렬하게 된 상태에서 그 강국 앞에서 속수무책일 수밖에 없었다.

그러므로 하나님의 경고 메시지와 함께 그들이 쳐들어온다는 소문을 들은 이스라엘 백성은 기운을 완전히 상실한 패닉(panic) 상태에 빠졌다. 그들은 엄청난 고통을 겪게 되므로 해산하는 여인처럼 심한 불안에 놓이게 되었던 것이다. 하나님의 도우심 이외에는 아무것도 기대할 수 없음에도 불구하고 그들은 하나님께로 돌아서기를 거부하는 어리석음에 빠져있었다.

따라서 선지자는 그 백성들을 향해 곧 무서운 세력이 몰려오게 된다는 사실을 강조하며 경고했다. 이제는 씨앗을 뿌리고 곡식을 거두기 위해 밭으로 나가지도 말고 사람들이 붐비는 길로 걸어가지도 말라고 했다. 저들의 생명을 노리는 적군의 칼들이 곳곳에 깔려 있으므로 사방이 두려움의 대상이 된다는 것이다.

그런 상황에서 선지자 예레미야는, 스스로 언약의 백성이라 내세우던 자들이 깊은 슬픔에 빠져 굵은 베옷을 입고 재를 뒤집어쓴 채 그 위에서 뒹굴게 되리라고 했다. 그들은 마치 하나밖에 없는 외아들을 잃은 자들이 슬퍼하듯이 통곡할 것이라 말했다. 예루살렘을 멸망시킬 군대가 홀연히 몰려와 저들을 궤멸시킬 것이기 때문이다.

5. 배도자들의 결말에 대한 예언 (렘 6:27-30)

하나님께서는 선지자 예레미야에게 매우 특수한 임무를 맡기셨다. 이스라엘 백성 가운데서 그를 시금석으로 삼아 백성들을 면밀히 살펴고 시험하도록 하셨던 것이다. 그들이 진정으로 하나님을 믿고 의지하는지 아니면 자신의 욕망을 위해 하나님을 이용하고자 하는지 살펴보도록 하시겠다는 것이다.

이는 하나님이 저들의 배도 행위를 몰라서 그에게 이러한 특수 직무를 맡기신 것이 아니라 선지자의 책망을 통해 하나님의 뜻을 알아가게 하도록 하려는 의도 때문이었다. 그들은 이미 심히 패역한 상태에 놓여 있었으며 이곳저곳 다니며 부당한 비방을 일삼고 있었다. 그들은 마치 놋이나 철처럼 심령이 굳어 있었던 것이다.

풀무질을 아무리 세게 한다고 할지라도 도가니가 제 기능을 원활하게 하지 못하면 납이 녹지 않아 불순물이 제거되지 않는다. 그렇게 되면 제련하는 자의 모든 수고가 헛될 수밖에 없다. 이처럼 하나님을 떠난 배도자들의 굳은 마음은 그 집단성으로 인해 쉽게 부드러워지지 않는다. 즉 선지자가 강한 연단을 한다고 해도 아무런 소용이 없으며 그들은 죄악에서 떠나지 않고 그 자리에 그대로 머물게 된다.

하나님의 진리를 깨달아 아는 백성들은 그들을 '내버려진 은' (rejected silver)이라 부르게 된다. 그들은 오만한 태도를 가지고 욕망에 빠져 살아가면서 여호와 하나님과는 아무런 상관이 없는 존재가 되고 만다. 하나님께서 배도의 길을 걸어가는 자들을 내치셨으므로 그들의 삶은 처참한 지경에 놓일 수밖에 없게 되는 것이다.

제7장

배도자들에 대한 하나님의 심판 예언

(렘 7:1-34)

1. '여호와의 집'의 진정한 의미와 '여호와의 전'을 앞세운 배도자들의 헛된 구호 (렘 7:1-7)

선지자 예레미야에게 하나님의 계시가 임했다. 여호와의 집 문 앞에 서서 모든 백성을 향해 자신의 말을 선포하라는 것이다. 여호와 하나님 께 경배하기 위해 그 문으로 들어가는 모든 유다 백성들은 그 말씀을 들어야만 했다. 그것은 이스라엘의 하나님이신 여호와의 뜻이기 때문 에 거절할 수 없었다.

그 내용은 저들의 길과 행위를 올바르게 하라는 것이었다. 그리하면 하나님께서 저들로 하여금 그곳에 거하게 해 주시리라고 했다. 이 말은 저들에게 일반 윤리적인 요구를 하는 것이 아니라 하나님의 진리와 밀접하게 연관되어 있다. 즉 참된 길과 행위는 인간들의 관습이나 환경에서 나오지 않으며 또한 종교적인 활동에 의해 발생하지 않는다.

다수의 배도자들과 어리석은 자들은 예루살렘 성전의 진정한 의미를 알지 못한 채 입술로만 '여호와의 전'이라고 되풀이하여 말했다. 하지만 그것은 진정성이 전혀 없는 헛된 구호에 지나지 않았다. 따라서 하나님께서는 언약의 백성들을 향해 배도자들의 마음에 없는 거짓말을 믿지 말라고 하셨다. 그와 같은 태도는 순진한 백성들을 혼란케 하는 악행이므로 그에 속지 말아야 하며 그로부터 돌이켜야 한다.

그러므로 하나님께서는 저들의 말에 속아 넘어간 자들을 향해 말씀하셨다. 그들이 만일 자신의 잘못 들여놓은 길과 비뚤어진 행위를 곧게 하여, 이웃들 사이에서 공의를 행하며 이방인과 고아와 과부를 압제하지 않으며 무죄한 자들의 피를 거룩한 영역에서 흘리지 않고 더러운 이방 신들을 좇아 스스로 해하지 않으면 하나님께서 저들을 그곳에 거하게 해주시리라고 했다. 그곳은 원래 저들의 조상에게 영원한 상속으로 주어진 거룩한 땅이었다.

2. 하나님의 성전을 '도적의 소굴'로 만든 자들의 착각 (렘 7:8-11)

배도에 빠진 자들은 백성들을 속이기 위해 온갖 방법을 다 동원한다. 사악한 인간들은 자신의 욕망을 충족하기 위해 남의 것을 도적질하고 살인을 저지르는 일을 예사로 여긴다. 그리고 더러운 간음을 일삼으며 거짓 맹세를 하며 자신의 신앙을 훌륭한 것인 양 치장하여 드러내 보이려고 한다.

또한 그들은 이방인들이 섬기는 바알 신 사상을 약속의 땅으로 가지고 들어와 그 앞에서 분향한다. 뿐만 아니라 다양한 이방 신들을 앞세워 그것을 추종하기를 좋아한다. 그들은 입술로는 여호와 하나님의 이름을 일컬으면서 실상은 더러운 이방 신을 섬겼던 것이다.

그들은 철저한 배도에 빠진 상태에서 예루살렘 중앙에 세워진 하나님의 성전에 들어가 입술에 발린 종교적인 언어를 끊임없이 쏟아낸다. 그들은 성전 앞에 서서 자기가 마치 하나님으로부터 엄청난 구원의 은총을 입은 자인 양 말하고 행동한다. 하지만 그것은 하나님을 욕되게 하는 가증스러운 행위에 지나지 않는다.

하나님께서는 저들의 위선적인 행동과 더러운 입술에서 나오는 거짓 고백을 가증한 것으로 보신다. 그들은 순진한 백성들을 속이며 하나님의 뜻에 저항하기 위해 더욱 큰 악을 예비하게 된다. 저들에게는 율법을 통해 하나님을 경외하는 마음이 전혀 없었으므로 오로지 성전을 더럽히는 데 열중했을 따름이다.

배도자들은 하나님의 성전을 도적 떼의 소굴로 만들려고 하는 사악한 속성이 있다. 그들은 그 성전을 이용해 자신을 위한 종교적 선전을 꾀하면서 사사로운 유익을 추구하기에 급급했다. 그러면서도 아무런 양심의 가책 없이 동류와 더불어 욕망을 좇아 거룩한 하나님의 집을 자기 목적을 위한 전당으로 만들어버렸던 것이다.

이에 대해서는 예수님께서 이땅에 오셨을 때도 그대로 재현되었다. 마귀에게 속해 있으면서 스스로 하나님의 일을 도모한다는 착각에 빠져있던 바리새인들과 서기관들이 그러했다. 그들은 백성들 가운데 종교적인 지도자 행세를 했으나 실상은 하나님을 욕되게 하는 사악한 자들에 지나지 않았다. 따라서 예수님께서는 저들을 향해 강한 책망을 하셨다.

> "저희에게 이르시되 기록된 바 내 집은 기도하는 집이라 일컬음을 받으리라 하였거늘 너희는 강도의 굴혈을 만드는도다 하시니라"(마 21:13; 막 11:17; 눅 19:46)

배도에 빠진 악한 자들은 하나님의 성전을 강도의 소굴로 만든다. 그

들은 하나님과 교제하는 곳이자 그를 향해 기도하는 집인 거룩한 성전
을 자기의 욕망을 채우기 위한 도구로 만들어버린다. 그러면서 순진한
백성들 앞에서 자기가 마치 하나님을 열심히 섬기는 자로 포장하기를
좋아한다.

그로 말미암아 어리석은 자들은 저들의 사악한 거짓말에 속아 넘어
가 그것을 의지하게 된다. 하지만 하나님과 참된 하나님의 자녀들은 결
코 그에 속아 넘어가지 않는다. 오늘날 우리 시대에도 여전히 사악한
종교인들이 활개치고 있으므로 그에 대한 분명한 깨달음을 가지지 않
으면 안 된다.

3. 실로(Shiloh)에서 있었던 하나님의 진노와 예루살렘 심판 계획
(렘 7:12-15)

하나님께서는 언약의 자손들을 향해 가나안 땅에서 처음으로 자기
의 이름을 둔 처소였던 실로에 가보라고 말씀하셨다. 그곳에서 이스라
엘 자손들이 하나님 앞에서 악행을 행한 사실을 언급하시면서 당시 하
나님께서 어떻게 저들을 심판하셨는지 확인해보라는 것이다. 배도에
빠진 이스라엘 자손들로 인해 그 도성은 완전히 폐허된 상태가 되어
있었다.

솔로몬에 의해 예루살렘 성전이 세워지기 전 하나님의 성막과 법궤
는 예루살렘 북쪽 지역에 위치한 실로에 있었다. 사사시대 말기 엘리
대제사장 때 블레셋에 의하여 법궤를 빼앗기기 전 그곳이 이스라엘의
중앙 성소 역할을 감당했다(삼상 4:3). 하지만 당시 백성들은 배도에 빠
져 귀를 막은 채 하나님의 율법을 듣고자 하지 않았다.

오랜 세월이 흘러 예루살렘이 다시금 바벨론 제국에 의해 패망의 위
기에 빠진 상태에도 악한 인간들은 그와 같은 행동을 하고 있었다. 그
들은 하나님을 욕보이면서도 자기는 마치 훌륭한 신앙을 가지고 있는

양 행세하기를 좋아했다. 이스라엘 왕국의 설립을 앞둔 왕국 초기 시대와 이제 그 왕국의 패망을 앞둔 시기에 유사한 배도의 물결이 일렁였던 것이다.

하나님께서는 언약의 백성들을 향해 저들이 악행을 저지르는 것을 보며 새벽부터 부지런히 일깨우고자 했으나 귀담아 듣지 않았다는 사실을 언급하셨다. 여기서 새벽부터 그리하셨다는 말은 그들이 깨어있는 동안 지속해서 그 메시지를 주셨음을 의미한다. 그것은 언약의 자손들이 뉘우치고 돌이키기를 간곡히 원하시는 하나님의 사랑에 기인했다.

그러나 그 백성이 하나님의 요청에 응하지 않았으므로 이제 하나님께서 과거 실로에 징벌을 내리셨듯이 그들의 조상들에게 허락하신 성읍과 하나님의 이름으로 일컬어지는 예루살렘 성전을 심판하시겠노라고 하셨다. 그전에 에브라임 지파에 속한 온 자손을 쫓아내었듯이 이제 언약의 땅에서 배도에 빠진 자들을 그곳으로부터 쫓아내시겠다는 것이다. 하나님께서는 선지자 예레미야를 향해 그 메시지를 백성들에게 전하도록 하셨다.

4. 하나님의 무서운 진노 (렘 7:16-20)

하나님께서는 선지자 예레미야를 향해 이제는 배도에 빠진 그 백성을 위해 더 이상 기도하지 말라고 하셨다. 아무리 간곡히 기도한다고 할지라도 그것을 듣지 않으리라는 것이다. 이는 하나님의 가장 무서운 심판이 아닐 수 없다. 그들을 긍휼의 대상으로 보시지 않는다는 무서운 선포이기 때문이다.

스스로 언약의 백성이라 주장하며 유다 성읍들과 예루살렘 거리에서 내지르는 저들의 배도의 소리는 가증스럽기 이를 데 없었다. 온 가족이 힘을 합해 이방 신을 섬기며 하나님을 모독하는 예들이 허다했다. 그 자식들은 나뭇가지를 주워오고 아비들은 제물을 위해 불을 피우고 부녀들은 가루를 반죽하여 제물로 쓸 특별한 과자를 만들었다.

배도자들은 그것들을 존재하지도 않는 허상인 하늘의 황후(the Queen of Heaven)에게 제물로 바쳤다. 그리고 다른 이방 신들을 위해 전제(drink offerings)를 부어 제사를 지냈다. 그와 같은 사악한 행동은 저들에게 종교적인 즐거움이 되었으나 여호와 하나님의 진노를 격동시키는 사악한 행위에 지나지 않았다.

여호와 하나님께서는 그들의 배도 행위를 보시고 왜 저들에게 긍휼을 베풀고자 하는 자기를 격노케 하느냐고 말씀하셨다. 그와 같은 행동이 자기의 얼굴을 치욕스럽게 만드는 짓거리가 아니냐는 것이다. 그들은 마음에 일어나는 더러운 종교적 욕정으로 인해 저들의 얼굴에 오물을 뒤집어쓰면서도 그것을 전혀 인식하지 못하고 있었던 것이다.

배도에 빠진 자들은 여호와 하나님을 욕되게 하면서도 오히려 그것을 자랑스럽게 여겼다. 그것으로 말미암아 생겨나는 추한 종교적 만족감 때문이었다. 따라서 하나님께서는 저들을 향해 자신의 진노와 분한을 그 위에 쏟아부으리라고 말씀하셨다. 배도자들뿐 아니라 저들 가운데 있는 짐승들과 식물들과 땅에서 생산되는 모든 소산물 위에 부어 다 불살라버리겠다는 것이다. 또한 그 불은 저들이 완전히 패망할 때까지 꺼지지 않는 무서운 불이 되리라고 말씀하셨다.

5. 제사와 순종 (렘 7:21-26)

하나님께서는 예레미야의 입술을 통해, 혼합주의에 빠져 잘못된 제사를 드리는 사악한 자들을 향해 말씀하셨다. 하나님께서 근본적으로 원하시는 것은 원래부터 제사 제물 자체가 아니었다. 하지만 배도자들은 자신의 종교적인 욕망을 충족시키는 수단으로써 그렇게 했을 따름이다. 따라서 그들은 번제물을 태워 하나님 앞에 바치고 다른 제물은 저들이 먹는다고 주장하면서 스스로 합리화시키기를 좋아했다.

하지만 그것은 하나님께서 원하시는 진정한 제사가 될 수 없었다. 하나님께서는 결코 그 더러운 제물들을 받으시지 않는다. 그럼에도 불구하고 어리석은 자들은 악행을 되풀이하면서도 그것이 마치 하나님을 위한 제사인 양 착각했다. 그들은 율법을 떠나 제멋대로 제사를 더럽히면서 그만하면 하나님이 기뻐할 것이라 여겼던 것이다.

그와 같은 종교 행위는 도리어 하나님을 심각하게 모독하는 것에 지나지 않았다. 따라서 선지자는 번제에 사용한 고기든 다른 혼합 종교사상에 물든 제사에 사용한 고기든 무엇이든지 하나님의 이름을 핑계 대지 말고 제 욕망에 따라 먹고 싶은 대로 다 먹으라는 말을 전했다. 어차피 하나님께서는 그 가증스러운 제물을 원하지도 받지도 않을 것이었기 때문이다.

하나님께서 이스라엘 자손들을 애굽으로부터 구출해 내실 때 번제와 희생에 대하여 먼저 말씀하시지 않았다. 그는 제물 자체를 원하시는 대신 자신의 말씀을 들어 순종하라는 요구를 하셨다. 그리하면 하나님으로부터 복을 받게 되리라는 것이었다. 이에 대해서는 사무엘서에도 그대로 기록되어 있다. 사무엘은 올바른 신앙 자세를 떠난 상태에서 번제와 제사를 드리고자 하는 사울 왕을 향해 말했다.

> "사무엘이 가로되 여호와께서 번제와 다른 제사를 그 목소리 순종하는 것을 좋아하심 같이 좋아하시겠나이까 순종이 제사보다 낫고 듣는 것이 수양의 기름보다 나으니 이는 거역하는 것은 사술의 죄와 같고 완고한 것은 사신 우상에게 절하는 죄와 같음이라 왕이 여호와의 말씀을 버렸으므로 여호와께서도 왕을 버려 왕이 되지 못하게 하셨나이다"(삼상 15:22, 23)

사악한 인간들의 공통점은 하나님의 말씀에 순종하는 대신 자기의 종교적 행위를 통해 하나님을 섬기고자 한다. 하지만 그것은 하나님의 기쁨이 되는 것이 아니라 도리어 심각한 모독행위가 된다. 이처럼 예레미야 시대의 배도에 빠진 자들 역시 하나님의 말씀을 청종하기는커녕 그에 귀를 기울이지도 않았다. 그들은 악한 마음을 품고 인간들의 술수를 꾀하며 강퍅한 태도로 종교 행위를 지속했다. 배도에 빠진 자들은 하나님을 향해 그 얼굴을 바라보지 않고 그로부터 완전히 등을 돌리고 있었던 것이다.

하나님께서는 언약의 백성들이 애굽 땅에서 해방되어 나온 때부터 그날에 이르기까지 저들을 위해 여러 선지자를 끊임없이 보내 주셨다. 하지만 그들은 귀를 막고 하나님의 말씀을 들으려 하지 않았다. 그들은 목이 굳게 되어 심각한 배도에 빠졌던 저들의 조상들보다 더 크고 악한 죄악을 저질렀던 것이다.

6. 배도에 빠진 예루살렘 거민들 (렘 7:27-29)

하나님께서는 선지자 예레미야를 향해, 그가 백성들에게 하나님의 모든 말씀을 전할지라도 배도자들이 그 메시지를 듣지 않을 것이라고 말씀하셨다. 그들을 간절히 불러도 악에 익숙한 자들은 귀와 입술을 굳게 닫고 아무런 반응을 보이지 않으리라는 것이었다. 그들은 선지자를 외면함으로써 하나님으로부터 완전히 돌아서게 되었던 것이다.

그러므로 하나님께서는 선지자에게 이제 하나님과의 모든 관계가 단절된다는 사실을 선포하도록 하셨다. 하나님의 말씀을 귀담아 듣지 않고 그 교훈을 받아들이지 않는 자들에게는 진리가 없다는 것이다. 따라서 저들의 입술에서는 참 하나님에 대한 고백이 끊어질 수밖에 없다는 사실을 선포하도록 하셨다.

이제 배도에 빠진 그 백성은 여호와 하나님으로부터 완전히 버림을 당하게 된다. 따라서 그 처참한 상황에서 머리털을 밀어버리고 나무가 없는 민둥산 위에 올라가 큰 소리를 지르며 슬피 울라고 했다. 그들에게 모든 소망이 사라져 버렸기 때문이다. 이처럼 진노하신 여호와 하나님께서 배도에 빠진 그 세대를 끊어버리시게 되는 것이다.

7. 배도자들에 대한 하나님의 심판 (렘 7:30-34)

하나님께서는 배도에 빠진 백성들에 대한 탄식과 진노를 쏟아내셨다. 유다 자손이 하나님의 눈앞에서 그의 이름으로 일컬음 받는 거룩한 성전 안에 가증한 것들을 놓아두고 더럽혔기 때문이다. 그들은 또한 예루살렘 성 남서쪽에 위치한 힌놈의 골짜기에 도벳 사당을 지어 우상숭배의 중심지로 삼았다.

배도자들은 그곳에 화려한 신당을 건축하고 끊임없이 몰려들었으며 거기서 자기 자녀들을 불사르는 행위마저 서슴지 않는 자들도 있었다. 그것은 여호와 하나님을 경멸하는 사악한 행위로서 일반적으로는 상상조차 할 수 없는 일이었다. 하지만 그들은 그와 같이 율법을 떠나 가증스러운 행위를 하며 하나님을 욕보이면서도 그에 대한 깨달음이 전혀 없었다.

그러므로 하나님께서는 장차 그곳을 힌놈의 골짜기라거나 도벳이라 칭하지 않고 '살육의 골짜기'라 불릴 것이라고 말씀하셨다. 더럽고 가증스러운 종교 행위로 인해 죽임을 당한 자들이 그곳에 가득 묻혀 있기 때문이다. 그렇게 죽임을 당한 자들은 하나님 앞에서 범죄를 저지르며 사람들을 극단적으로 이용하면서 자기 욕망을 추구하기에만 급급했던 것이다.

하나님의 심판이 임하게 되면 그 땅에 살아가던 백성들이 죽음의 징벌을 받게 된다. 그 시체는 공중의 새와 땅에 살아가는 짐승들의 먹이가 된다. 하지만 그 새와 짐승들을 쫓아내 줄 사람들이 없다. 그렇게 되면 예루살렘과 유다 모든 성읍이 죽음의 도시로 변해간다. 거리에서는 기뻐하는 자들의 소리, 즐거워하는 소리, 신랑 신부의 소리가 완전히 끊어질 것이기 때문이다. 이는 장차 그들이 처하게 될 처참한 상황에 대한 두려운 예언의 말씀이다.

제8장

무서운 재앙과 번뇌에 빠지는 자들

(렘 8:1-22)

1. 근원에 대한 하나님의 심판 (렘 8:1-3)

여호와 하나님께서는 이스라엘 자손들을 향해 장차 일어나게 될 처참한 상황에 대하여 말씀하셨다. 심판의 때가 이르면 분노한 자들이 사악한 행위를 일삼던 배도자들의 시신을 무덤 밖으로 끌어낸다는 것이다. 사람들은 유다 왕들과 권력을 행사하던 정치 지도자들의 뼈를 끄집어낼 것이며 제사장들과 선지자들의 뼈 그리고 예루살렘 거민들의 뼈를 묘실에서부터 끄집어내게 된다.

그들은 언약의 백성들 위에 군림하여 무소불위(無所不爲)의 권력을 행사하고 종교적인 지도자 노릇을 하면서 사악한 행위들을 일삼았다. 어리석은 백성들 앞에서 하나님의 이름을 들먹이며 충성을 요구했지만, 실상은 하나님을 욕되게 했을 따름이다. 거짓 선지자들은 제멋대로 지껄이면서 그것이 하나님의 말씀인 양 주장하며 연약한 백성들을 기만하기에 열중했다.

나아가 예루살렘에 살아가던 자들은 거룩한 성읍의 거민으로서 그릇된 자부심과 함께 날마다 성전의 외양을 보고 생활하는 것을 자랑으로 여겼다. 하지만 하나님께서는 나중 분노하는 자들이 기득권자들의 시신을 무덤에서 다시 끌어내게 되리라고 말씀하셨다. 사실 그것은 치욕적인 일이 아닐 수 없다. 상식적인 사고로는 죽은 시신이 땅에 묻힌 채 그대로 잠들어 있는 것이 최상이라고 할 수 있다.

그런데 그 시체와 뼈들이 무덤 밖으로 끄집어 나온 바 됨으로써 저들의 치욕스러운 과거를 그대로 드러낸다. 그들이 과거에 경배하던 해와 달과 하늘의 뭇별들 아래 내동댕이쳐지게 되는 것이다. 과거 그들은 거짓 종교 활동을 하면서 참람한 우상들을 섬기고 그에 순복하기를 좋아했으나 그것들을 향해 경배하며 간구하던 자들이 저지른 치명적인 악행이 만천하에 드러나게 되는 것이다.

그로 말미암아 과거에 기고만장한 삶을 살면서 언약의 백성들 위에 군림하며 저들의 신앙을 짓밟고 재물을 늑탈하던 자들의 배도 행위가 온 세상에 드러나게 된다. 그와 같은 하나님의 심판이 없다면 그들은 인간들의 역사 가운데 훌륭한 인물로 남아있을 것이며 그들이 행한 거짓 치적들이 어리석은 인간들에 의해 크게 높임을 받을지도 모른다.

하지만 그들의 뼈는 과거 우상으로 섬기던 해와 달과 많은 별들 아래 그대로 내던져지는 운명에 처할 수밖에 없다. 이제 그 뼈는 아무도 거두어주지 않을 것이며 땅에 다시 묻어주는 자가 존재하지 않는다. 그 뼈들은 땅 위에서 티끌이나 분토같이 나뒹굴게 될 따름이다. 이는 저들이 저주 아래 놓여 있음을 말하는 것과 동일한 의미를 지니고 있다.

문제는 그와 같은 악행을 저지른 자들의 신앙 행태를 이어받은 자들이 존재한다는 사실이다. 그들은 하나님으로부터 쫓겨나 여러 지역에 흩어져 살아가게 된다. 하나님께서는 그런 자들이 장차 심한 고통을 받을 것이기 때문에 그것을 견디지 못해 살아있는 것보다 차라리 죽기를 원하게 되리라고 말씀하셨다.

2. 하나님을 버린 백성들 (렘 8:4-7)

하나님께서는 또한 백성들을 향해 한 비유를 들어 말씀하셨다. 사람이 넘어지게 되면 당연히 다시 일어나게 된다는 것이다. 그리고 사람이 길을 떠나면 반드시 집으로 되돌아오는 것이 자연스러운 이치라고 하셨다. 그와 같은 일은 특별한 것이 아니라 지극히 마땅한 일이라는 것이다.

그런데 스스로 하나님을 중심에 둔 언약의 자손들이라 내세우면서 실상은 배도에 빠진 자들은 전혀 그렇지 않다고 말씀하셨다. 예루살렘에 거주하는 백성들은 이방인들의 영향을 받아 하나님을 떠나 엉뚱한 길로 나아갔다. 그 사람들은 거짓된 사상을 고집하며 하나님께 돌아오기를 거부했다. 그들은 일반 상식에 비추어보아도 결코 있을 수 없는 사악한 행동을 되풀이하고 있었다.

하나님께서는 저들의 모든 악행을 소상히 지켜보고 계신다는 사실을 언급하셨다. 그들은 거짓에 익숙하여 신실하고 정직한 말을 하기에 인색했다. 나아가 자기의 악행을 뉘우치기는커녕 자신이 하나님 앞에서 저지른 죄악에 대한 깨달음조차 없었다. 그들은 마치 전쟁터를 향해 질주하는 말처럼 자기가 가고 싶은 데로 막무가내 달려갈 따름이었다.

그런 자들은 하나님의 율법과 그의 뜻에 관해서는 아무런 관심이 없었다. 공중에 날아다니는 새들도 철을 알고 있다. 두루미와 제비 같은 조류들도 계절에 따라 돌아올 시기를 안다. 그러나 하나님의 백성이라는 자들은 안타깝게도 하나님의 규례를 알지 못한 채 주님께 돌아올 때를 철저히 무시하고 있다.

3. 번번스러운 배도자들의 착각 (렘 8:8-12)

배도자들은 하나님과 순박한 백성들 앞에서 뻔뻔한 모습을 보였다.

그들은 풍부한 지식과 지혜를 가지고 있는 듯이 주장하며 여호와의 율법을 따르고 있는 양 내세우기를 좋아했다. 이는 하나님의 말씀을 왜곡하는 서기관들의 거짓된 글들이 백성들 사이에서 거짓을 양산해 내고 있었기 때문이다(렘 8:8).

그러므로 거짓 가르침을 지식과 지혜로 착각하고 있는 자들은 결국 치욕을 당하게 된다. 그들은 공포에 질린 채 이방인들에 의해 낯선 땅으로 사로잡혀 가게 된다. 이는 그 백성이 장차 바벨론 땅으로 포로가 되어 끌려간다는 사실에 연관된 예언이다.

언약의 백성이라 주장하던 자들이 그런 치욕스러운 일을 당하는 것은 저들이 여호와 하나님의 말씀을 버렸기 때문이다. 그들에게는 하나님으로부터 온 어떤 참된 지혜도 없었다. 율법을 버린 백성들이 욕망 추구를 위해 짜낸 꾀는 외관상 아무리 그럴듯하게 치장할지라도 더러운 배도 행위에 지나지 않는다.

하나님께서는 그와 같은 사악한 행위를 되풀이하는 자들을 엄히 심판하신다. 따라서 그들의 아내는 타인에게 주어진 바가 된다고 했다. 이는 가정이 해체되는 위기에 직면하게 될 경고로서 매우 중대한 의미를 지니고 있다. 저들의 모든 사악한 행위는 가정에서부터 시작된다는 의미를 지니고 있기 때문이다. 가장인 남편이 배도에 빠져 악행을 저지르면 그 아내도 자기 남편을 따라가기에 십상이다.

이 말은 집안의 가장인 남편 개인뿐 아니라 온 가족이 하나님께 저항하는 공동체적 성격을 지니고 있음을 말해주고 있다. 따라서 하나님께서는 회개하고 돌이키기를 거부하는 그런 자들의 가정을 해체하리라고 말씀하셨다. 아내를 타인에게 내어줌으로써 저들의 죄악을 심판하시겠다는 것이다.

또한 그들이 경작하던 밭은 다른 사람들이 차지하도록 내어주겠다고 하셨다. 백성들 가운데는 지위고하(地位高下)를 막론하고 남의 것들을 수탈하기에 혈안이 되어 있는 자들로 가득했다. 또한 선지자들로부터 제사장들에게 이르기까지 한결같이 속임수를 쓰기에 익숙해 있었다. 그들은 이땅에서의 욕망을 쟁취하기 위해 약은꾀를 쓰기를 좋아했지만 그 결과는 철저한 패망이 기다리고 있었을 따름이다.

그런 극단적인 위기 상황을 눈앞에 두고 있으면서도 거짓 신앙인들은 어리석은 백성들을 기만하기에 열중했다. 그들의 정신적, 영적 위중한 상처를 보면서도 대수롭지 않은 듯이 '평온하다'는 말을 되풀이 했다. 하지만 백성들은 결코 진정으로 평온한 상태에 놓여 있지 않았다. 단지 그런 말을 함으로써 백성들을 안심시킨 후 자기들의 욕심을 채우고자 했던 것이다.

배도에 빠져 기득권을 행사하는 자들은 가증한 일을 행하면서도 전혀 부끄러워하는 마음을 가지지 않았다. 그들은 수치심을 느끼기는커녕 얼굴조차 붉어지지 않을 만큼 뻔뻔스러운 태도를 보이고 있었다. 그들에게는 백성들을 진정으로 위하는 마음이나 하나님에 대한 경외감이 전혀 없었다.

그러므로 여호와 하나님을 전혀 알지 못하는 악한 자들에 대한 심판이 있을 때 그들도 함께 멸망하게 된다. 즉 하나님께서 악한 불신자들을 벌하시면서 율법을 버린 자들도 같이 멸망시키신다. 그에 대한 두려움이 없는 자들은 자기의 죄악을 돌이키고자 하는 마음을 가지는 대신 되풀이하여 더러운 죄악을 행하게 되는 것이다.

4. 무서운 재앙과 긴장하는 백성 (렘 8:13-17)

여호와 하나님께서는 장차 배도자들을 진멸하시리라고 말씀하셨다. 그 때가 이르게 되면 포도나무에 포도가 열리지 않고 무화과나무에서도 열매가 맺히지 않는다. 나무 잎사귀가 말라버려 열매를 얻지 못하게 되는 것이다.

그런 힘든 상황이 이르면 그들은 함께 모여 견고한 성읍 안으로 들어

가서 거기서 멸망하는 것이 차라리 낫다고 여긴다. 그냥 자기 자리에 가만히 앉아 그 고통을 견뎌내기 어려웠기 때문이다. 그들은 여호와 하나님께 죄를 범했으므로 그가 저들을 멸망시키기 위해 독이 든 사약(死藥)을 내리신다고 했다. 하지만 그 악한 자들은 진정으로 뉘우치고 회개하기보다는 고통스러운 위기 상황에 대해 푸념을 했을 따름이다.

그들은 이땅에서 평화롭게 살기를 바랐으나 그와 같은 때가 이르지 않았으며 모든 상처가 치유되기를 원했지만 더욱 심해져 갔다. 나아가 예기치 못한 일들이 발생했다. 적군의 군대가 모는 말들의 울음소리가 북쪽의 단에서부터 들려왔기 때문이다. 그리하여 재빠르고 힘센 말들의 우는 소리가 온 천지에 진동하게 되었다.

그로 말미암아 약속의 땅 가나안이 적군에 의해 지배를 당했으며 사악한 원수들이 백성의 소유와 성읍들과 그 안에 거주하던 자들을 삼켜버렸다. 그것은 배도자들로 인해 언약의 백성이 완전히 패망한 사실을 말해주고 있다. 진노한 하나님의 무서운 심판이 배도의 길을 걷고 있는 백성들 위에 임했던 것이다.

하나님께서는 또한 장차 저들에게 뱀과 독사를 보내시겠다고 말씀하셨다. 그 뱀과 독사는 마술사들의 술법으로 제어할 수 없는 것들이었다. 독을 품은 뱀들이 배도에 빠진 자들을 물게 되면 그들은 치명적인 상처를 입어 생명을 유지할 수 없게 된다. 이 말은 하나님께서 막강한 이방 군대를 보내 저들을 완전히 멸망시키겠다는 사실에 대한 예언의 말씀이다.

5. 번뇌에 빠진 백성들 (렘 8:18-22)

하나님께서는 언약 백성들의 배도로 인해 근심이 매우 크다는 사실을 언급하셨다. 달리 위로를 받을 수 없을 만큼 자기의 중심이 크게 번뇌한다는 것이다. 그것은 이스라엘 백성이 바벨론에 의해 이방의 포로로 잡혀가는 사실에 연관되어 있었다.

그와 같은 상황이 전개되는 것은 언약의 자손이라 일컬어지던 자들이 낯선 이방인의 땅인 바벨론에서 부르짖는 소리 때문이었다. 포로로 잡혀 간 그 백성은 여호와 하나님이 시온에 계시지 않느냐고 외쳐댔다. 그리고 유다의 왕이 그 가운데 계시지 않느냐고 소리질렀다. 이 말은 하나님이 예루살렘에 계신다면 저들이 왜 이방의 포로로 잡혀가게 되었느냐고 하는 원성과 연관되어 있다.

그들이 외치는 소리를 들으신 하나님께서는 오히려 저들의 죄악을 강하게 책망하셨다. 어찌하여 나무로 깎아 만든 신상과 이방인들의 헛된 것들을 두고 자신을 격노케 했느냐는 것이다. 이스라엘 자손이 이방인의 포로가 되어 멀리 사로잡혀 가게 되는 것은 여호와 하나님을 부인하고 그에게 저항한 사악한 죄 때문이라는 것이다.

포로로 잡혀 간 이스라엘 자손들은 하나님의 말씀을 듣고 여름이 지나고 추수 때도 끝났지만 구출의 기미가 전혀 보이지 않는다고 했다. 그러자 하나님께서는 자신의 백성, 자신의 딸이 채찍을 맞아 크게 상하였기 때문에 자신의 마음도 큰 상처를 입었으며 슬픔과 공포가 자신을 사로잡는다고 말씀하셨다.

그리고 길르앗에는 훌륭한 약효를 가진 유향이 많이 있으며 그곳에는 상처를 치유해줄 의사가 있지 않느냐고 하셨다. 그런데 왜 언약의 백성이 그곳에서 치료를 받지 못했느냐며 한탄하는 표현을 하고 있다. 이 말 가운데는 언약의 자손들이 배도에 빠져 하나님의 말씀을 버렸기 때문에 스스로 그와 같은 엄청난 고통을 당하게 된 사실을 말해주고 있다.

제9장

하나님의 탄식과 배도에 빠진 백성들

(렘 9:1-26)

1. 배도에 빠진 백성들로 인한 슬픔 (렘 9:1,2)

선지자는 자기의 슬픔을 드러내 사실적으로 고백하고 있다. 자기의 눈물이 끊어지지 않을 만큼 고통스럽다는 것이다. 누가 자기 머리에 물을 가득 채워 준다면 그것이 눈물이 되어 다 흘러내릴 때까지 그 슬픔이 지속될 것이라고 했다.

그가 깊은 슬픔에 잠긴 까닭은 원수들에 의해 살육당한 하나님의 딸인 언약의 백성 때문이었다. 그 백성은 배도에 빠짐으로써 하나님의 징계를 받은 것이었지만 괴로움이 너무 커서 밤낮으로 눈물을 흘리지 않을 수 없다고 했다. 배도의 길을 걷는 백성들의 사악한 행위로 인한 것이었으나 그 슬픔은 막을 길이 없다는 것이다.

선지자는 또한 이제 더 이상 그들 가운데 살아갈 수 없을 만큼 힘들다는 사실을 말했다. 차라리 사람들이 살지 않는 광야로 나가 나그네가 유할 만한 한적한 처소를 구해 거기서 살기를 원한다고 했다. 그렇게 함으로써 하나님을 버리고 배도에 빠진 그 백성을 떠나고 싶다는 것이다. 그들은 영적인 간음을 일삼고 패역한 무리가 되어 있었기 때문이다.

2. 사악한 배도자들 (렘 9:3-6)

하나님께서는 당시 이스라엘 백성들의 극도로 부패한 삶에 대해 지적하셨다. 선지자가 그 백성들이 처한 실상을 바라보며 깊은 슬픔에 잠긴 것과는 크게 대조적인 모습이었다. 하나님께서는 자기를 떠나 배도에 빠진 인간들이 얼마나 사악한지를 일컬으셨던 것이다.

그들은 마치 활을 잡아당기듯이 혀를 놀려 듣기에 그럴듯한 팽팽한 거짓말을 늘어놓았다. 배도자들은 그렇게 함으로써 이땅에서 강성하여 자기가 원하는 바를 성취한 듯이 보였으나 진실한 면이 전혀 없었다. 그 사람들은 사악한 행위를 되풀이하며 자기의 욕망을 채워나갔을 따름이다. 그들의 마음에는 하나님과 그의 뜻을 알고자 하는 마음이 아예 없었던 것이다.

그러므로 하나님께서는 순진한 언약의 자손들을 향해 각기 주변 사람들을 조심하고 이웃과 형제를 믿지 말라는 당부를 하셨다. 그들은 서로간 속이기를 좋아하고 여기저기 돌아다니며 다른 사람들을 비방하는 행동을 서슴지 않았기 때문이다. 배도자들은 하나님을 경외하는 신실한 삶을 거부한 채 제멋대로 말을 만들어 내기를 좋아했다.

그들은 또한 어리석은 자들에게 말한 자기의 거짓말을 다른 사람들에게 전하도록 요구하며 세뇌하는 작업을 했다. 할 수 있는 모든 악행을 저지르면서도 오직 자기의 욕망을 채우는 것이 저들의 유일한 목적이 되어 있었기 때문이다. 그러면서도 하나님의 율법을 멸시하는 가운데 그것이 마치 정당한 것인 양 주장하기를 되풀이했다.

그러므로 하나님께서는 순박한 자기 백성들을 향해 진실이 없고 서로 속이면서 남을 기만하는 자들이 활개치는 사악한 세상을 제대로 파악하라는 당부를 했다. 그런 자들의 입술은 거짓말하는 것에 익숙하여 진실한 삶으로 돌이킬 생각을 하지 않는다. 이는 타락한 세상은 하나님의 자녀들이 살아가기에 매우 힘든 영역이라는 사실을 말해주고 있다.

3. 언약의 자손들을 연단하시는 하나님 (렘 9:7-9)

하나님께서는 자기를 멸시하는 배도자들에 대하여 무서운 심판을 행하시게 된다. 그렇게 되면 그들 가운데 살아가는 참 언약의 자손들도 저들과 함께 징계를 받을 수밖에 없는 경우가 생긴다. 그것은 분명한 고통이지만 거기에는 언약의 자손들을 단련하시고자 하는 하나님의 심오한 뜻이 포함되어 있다.

하나님은 자기 백성을 마치 금속을 제련하듯이 단련하며 시험해 보겠다고 말씀하셨다. 그리고 죄악 세상에 빠져 있는 가련한 백성들을 연단하기 위한 어떤 다른 방법이 있겠느냐고 하셨다. 사악한 자들에 대한 심판과 연관된 그와 같은 징계가 자기 자녀들을 정결한 백성으로 훈련하는 소중한 방편이 되리라는 것이었다.

사악한 배도자들의 마음속에는 하나님과 사람들 앞에서 진실한 자세라고는 없었다. 그들의 혀는 다른 사람을 죽이는 독 묻은 화살과 같아서 항상 거짓말을 되풀이할 따름이었다. 그들은 또한 입술로는 이웃을 향해 그럴듯한 평화를 외치고 있었으나 그 중심에는 다른 사람 앞에 덫을 놓아 해칠 생각을 하고 있었다.

그러므로 하나님께서는 저들의 그와 같은 악행을 인하여 무서운 징벌을 내릴 수밖에 없었다. 공의로운 하나님께서 그런 자들을 반드시 보응하시게 된다는 것이다. 하나님께서는 배도에 빠진 악한 자들을 심판하시면서 그중에 함께 고통을 당하고 있는 자기 자녀들을 정결하게 단련시키고자 하셨던 것이다.

4. 예루살렘에 대한 하나님의 심판 (렘 9:10, 11)

하나님께서는 배도자들에 대한 엄중한 심판을 행하셨다. 따라서 선지자는 약속의 땅이 극도로 오염된 상태를 보며 애통하지 않을 수 없었다. 그는 황폐하게 된 산들로 인하여 크게 애곡하며 부르짖었던 것이다. 또한 광야의 초목이 시들어 말라버린 것을 목격하며 깊은 슬픔에 빠지게 되었다.

약속의 땅으로 일컬어지는 지역 안의 모든 것들은 하나님의 무서운 심판을 받아 맹렬한 불에 의하여 다 타버렸다. 그곳을 지나다니던 사람들이 사라졌으며 모든 가축들의 움직임과 울음소리도 더 이상 들리지 않게 되었다. 나아가 공중에 날아다니던 새들이나 산과 들에 다니던 짐승들도 다 멀리 사라진 상태가 되어 버렸다.

이 모든 상황은 하나님께서 이미 배도자들로 인해 경고하고 예언하신 바와 같이 된 것이다. 하나님은 줄곧 율법을 버린 자들이 돌이키지 않으면 거룩한 성 예루살렘을 황폐케 하고 폐허더미로 만들어버리시겠노라고 말씀해 오셨다. 거룩해야 할 예루살렘에 거민들이 사라져 여우 떼의 굴혈로 변모하게 되리라는 것이었다. 그곳은 더 이상 사람들이 살지 않고 야생 동물들이 득실거리는 버려진 장소가 된다는 것이다.

5. 하나님의 탄식 (렘 9:12-16)

하나님께서는 이스라엘 백성 가운데 율법에 근거한 참된 지혜를 가지고 하나님의 뜻을 온전히 깨달은 자가 없는 것을 보며 깊이 탄식하셨다. 여호와 하나님의 입술에서 나온 말씀을 받아 백성들을 향해 선포할 자가 아무도 없다는 것이다. 배도에 빠진 자들의 관심은 오로지 이땅에서 자기의 욕망을 채우는 일에 치중해 있었다.

약속의 땅에서 하나님의 말씀이 사라지는 것은 언약의 자손들에게 엄청난 비극이 아닐 수 없었다. 그로 말미암아 약속의 땅 가나안이 완전히 불타서 황량한 광야처럼 되어버렸다. 따라서 폐허가 된 거리에는 지나다니는 사람들을 찾아보기 어려웠다. 그곳은 아무런 쓸데없는 척박한 땅으로 바뀌어버렸던 것이다.

여호와 하나님께서는 그들이 처참한 상황에 직면한 까닭은 하나님의 율법을 버렸기 때문이라고 하셨다. 그들은 하나님의 음성을 귀담아 듣지 않았으며 그에 온전히 순종하지도 않았다. 배도자들은 마음이 강퍅하여 하나님의 율법을 멸시하고 그의 뜻을 저버린 조상들의 길을 따르기를 좋아했다. 그들은 배도에 빠진 조상들로부터 배워 익힌 이방 사상을 가지고 더러운 바알을 좇았던 것이다.

그러므로 하나님께서 저들에게 쓴 쑥을 먹이며 독한 물을 마시게 하리라고 하셨다. 또한 그들의 조상과 그들 자신도 알지 못하던 여러 나라들 가운데 저들을 해치는 자들이 등장하게 된다. 그들은 언약의 백성을 진멸하기까지 맹렬한 공격을 멈추지 않는데 하나님이 그 뒤로 날카로운 칼을 보내시리라고 하셨다. 이는 이방 왕국의 세력을 보내 저들을 심판하고 징계하시는 분은 여호와 하나님이라는 사실을 말해주고 있다.

6. 회개를 촉구하는 하나님과 백성들의 처참한 상황 (렘 9:17-22)

하나님께서는 언약의 백성을 향해 회개를 촉구하셨다. 자신의 추악한 모습을 돌이켜 보는 가운데 잘 생각하여 곡하는 부녀를 부르고 사람들을 보내 지혜로운 부녀를 불러오라고 하셨다. 그들로 하여금 빨리 와서 고통당하는 백성들을 위해 애곡하게 하라는 것이다. 그리하여 백성들의 눈에서 눈물이 떨어지게 하며 저들의 눈꺼풀에서 물이 쏟아지게 하라고 하셨다. 이는 저들에게 철저한 회개를 촉구하는 의미를 지니고 있다.

이는 시온에서 크게 울부짖는 소리가 퍼져나가는 것과 연관되어 있다. 백성들은 언약의 왕국이 완전히 패망하여 큰 수욕을 당하고 있으므로 인해 엄청난 고통 가운데 살아갈 수밖에 없었다. 결국 백성들이 그 땅에서 떠나가게 된 것은 원수들의 군대가 저들의 주택을 허물어버렸기 때문이다.

그러므로 선지자는 특히 부녀들을 향해 하나님의 말씀을 들으라고 말했다. 여호와의 입에서 나오는 말씀을 귀담아 들으라는 것이다. 또한 저들의 딸들에게 애곡(哀哭)을 가르치며 각각 그 이웃에게 애가(哀歌)를 가르치도록 요구했다. 그들은 전문적인 자격을 갖춘 자들로서 공적으로 그 일을 감당해야만 했다.

당시의 실상을 올바르게 파악하고 있는 자들이라면 그렇게 하지 않을 수 없었다. 내부로는 사망이 창문 너머와 궁실 안으로 들어오며 집 밖과 거리에서는 어린 자녀들과 청년들을 멸절하려는 세력이 기승을 부리고 있었다. 이는 언약의 자손들이 이어갈 모든 상속을 끊어버리려는 원수들의 사악한 의도와 연관되어 있다.

따라서 하나님께서는 선지자에게 그 사실을 백성에게 전하도록 명령하셨다. 사람들의 시체가 마치 썩은 흙처럼 들판에 떨어지며 추수하는 자의 뒤에도 떨어지리라는 것이었다. 그렇게 되면 미처 거두지 못한 짚단처럼 내버려지게 되리라는 말씀을 하셨다.

7. 하나님을 아는 지식과 그의 사역 (렘 9:23,24)

타락한 인간들은 본성적으로 자기의 것을 남에게 자랑하기를 좋아한다. 그것을 통해 자기의 삶이 명예롭다는 점을 내세우고자 하기 때문이다. 그와 같은 삶에 익숙한 자들의 행동은 이 세상의 가치에 집착하는 것과 마찬가지다. 비록 그 자랑이 사실이라고 할지라도 긍정적으로 받아들일 수 없다.

그러므로 하나님께서는 누구든지 참 지혜로운 자라면 세상의 지혜를 자랑치 말라고 하셨다. 또한 용사는 자기의 용맹을 자랑치 말고 부자는 자신의 부를 자랑치 말도록 요구하셨다. 인간들이 소유한 지혜와 용맹과 부는 궁극적인 가치를 가지지 못하기 때문이다.

그 대신 굳이 무언가를 자랑하려면 하나님으로부터 주어진 명철을 통해 허락된 참된 지식 곧 여호와를 아는 것을 자랑하라고 하셨다. 또한 여호와 하나님이 인애와 공평과 정직을 이 세상 가운데서 행하시는 분임을 깨닫는 것이 진정으로 자랑할 만한 것이라고 말씀하셨다. 이는 하나님께서 그와 같은 것들을 기뻐하시는 분이기 때문이다. 즉 하나님이 기뻐하시는 것이라면 우리도 그것을 자랑할 수 있지만 그렇지 않고 그것이 타락한 인간들에게서 발생한 것이라면 그 어떤 것이라 할지라도 진정한 자랑거리가 되지 못하는 것이다.

8. 하나님의 심판 대상 (렘 9:25,26)

하나님께서는 때가 이르러 그 날이 되면 반드시 저들을 심판하시리라는 말씀을 하셨다. 그 대상 가운데는 할례받은 자들과 할례받지 못한 자들이 포함되어 있다. 이는 언약의 민족이라 할지라도 무조건 구원의 대상이 되는 것이 아니라는 사실을 드러내 보여준다. 즉 신체적 할례를 받은 여부가 구원의 근거가 되지 못한다는 것이다.

물론 유대 백성들뿐 아니라 당시 최강의 국력을 자랑하던 이방인의 나라인 애굽도 심판의 대상이 된다. 그리고 언약의 백성들 주변에서 저들을 미혹하던 에돔과 암몬, 모압 자손도 하나님의 심판을 받게 된다. 나아가 광야에 거하며 머리털을 짧고 모지게 깎은 자들도 하나님의 심판을 면할 수 없다. 하나님을 멸시하는 모든 인간들이 심판의 대상이 되는 것이다.

여호와 하나님을 알지 못하던 이방인들은 하나님께서 요구하시는 할

례의 의미를 알지 못하여 할례를 받지 않았기 때문에 무서운 심판을 받게 된다. 한편 하나님께서는 이스라엘 자손들 가운데서 육체의 할례를 받았으나 마음의 할례를 받지 못했으므로 심판을 피할 수 없는 자들이 많이 있다고 하셨다. 형식적인 할례가 아니라 진정한 마음의 할례를 받는 것이 본질적으로 중요했던 것이다.

제10장

언약의 자손과 전능하신 하나님

(렘 10:1-25)

1. 이방인들의 가르침을 거부해야 할 언약의 자손들 (렘 10:1-5)

모든 인간은 타락한 이 세상에서 죄인으로 살아갈 수밖에 없다. 하나님을 알지 못하는 자들은 모든 것을 죄에 빠진 인간의 이성과 경험에 의존한다. 그에 반해 하나님께 속한 백성들은 그렇지 않고 하나님의 율법과 그의 가르침을 근본으로 하여 이 세상을 해석하며 살아가게 된다.

하지만 신앙이 나약한 백성들은 하나님의 말씀보다 인간의 이성과 경험을 배경으로 하는 세상의 가르침을 귀담아 듣기를 좋아한다. 죄에 익숙한 인간들은 그것이 더 매력적인 것으로 들리기 때문이다. 그리하여 타락한 세상 사람들로부터 제시된 교훈을 귀담아 듣고 그들의 관행을 따라 살아가는 것을 자연스럽게 여긴다.

그러므로 하나님께서는 선지자 예레미야를 통해 자신의 뜻을 전하셨다. 그것은 언약의 자손들로 하여금 열방의 길을 배우거나 따르지 말라는 강력한 명령이었다. 여기서 열방이란 온 세상에 존재하는 이방인들과 저들이 구축한 모든 영역을 포함하고 있다.

하나님을 알지 못하는 이방인들은 인간의 영역 밖이라 여기는 하늘의 징조를 두려워한다. 그들은 하늘의 태양과 달 그리고 뭇별들을 보며 그것들로부터 나타나는 징조를 경외의 대상으로 판단하며 살아간다. 하늘에서 쏟아지는 엄청난 양의 비와 홍수, 심한 가뭄과 기근, 추운 한파로 인한 고통 등은 전부 그와 연관되어 있다.

그렇지만 하나님의 자녀들은 그와 같은 것들을 두려워할 필요가 전혀 없다. 세상의 모든 자연 현상은 하나님의 관할 아래 있기 때문이다. 따라서 자연 현상으로 인한 어떤 어려움이 닥친다면 그것은 자연발생적인 재앙이 아니라 하나님으로부터 임한 징계이자 심판으로 이해해야만 하는 것이다.

이방인들이 스스로 만들어 지키는 모든 규례는 헛된 것이다. 설령 그것이 윤리적인 가치가 있는 것으로 비친다고 할지라도 그에 궁극적인 의미를 부여할 수 없다. 인간 사회에 존재하는 모든 규례와 일반적인 윤리는 상대적일 뿐 결코 영원하지 않다. 특정 시대와 지역의 규례가 합리적인 듯이 보일지라도 다른 지역, 다른 시대에는 전혀 그렇지 않을 수 있기 때문이다.

특히 종교적인 면에 있어서는 더욱 그렇다. 그들이 우상으로 만들어 섬기는 것들은 산에서 베어낸 나무이며 우상을 만드는 기술자들이 손도끼로 만든 종교적인 물건에 지나지 않는다. 그 기술자들은 나무로 제작한 그 우상의 겉 부분에 번쩍이는 은과 금을 덧입혀 꾸미고 못과 망치로 그것을 든든하게 하여 움직이지 않게 세워두게 된다.

하지만 그것은 나무 둥치에서 잘라낸 조각 기둥과 같아서 인격이 없으며 말을 할 줄도 모른다. 물론 스스로 움직일 수도 없으며 걸어 다니지도 못한다. 그 우상 덩어리는 인간들의 손에 의해 이리저리 옮겨지기도 하고 한 곳에 고정되어 놓여 있기도 한다. 따라서 그것들이 인간들에게 복을 주거나 화를 입힌다는 것은 말도 되지 않는다.

그럼에도 불구하고 어리석은 인간들은 우상으로 세워진 그 물건들을 두려워하며 그 앞에서 숭배하기를 좋아한다. 문제는 나무 조각을 다듬어 은과 금으로 덧입힌 그 우상을 섬기는 자들의 행위가 신앙이 나약한 언약의 자손들에게 매력적으로 보일 수 있다는 것이다. 그들은 눈으로 볼 수 없는 하나님보다 눈에 보이는 가시적인 신을 섬기는 것이 더 실제적이라 여기고 있기 때문이다.

그러나 선지자는 그것이 얼마나 위험한 판단이며 잘못된 행동인가를 말하고 있다. 부패한 인간들의 눈에 그럴듯하게 보이는 것들이 오히려 하나님을 욕되게 하는 배도의 방편이 된다. 이에 대해서는 오늘날 우리에게는 더욱 다양한 모습으로 다가와 있는 실정이다. 하나님을 섬긴다고 하면서 유무형의 다양한 대상들을 만들어 그것을 삶의 중심에 두는 것은 그와 같은 우상의 한 형태가 되는 것이다. 하나님의 자녀들에게는 이 세상의 어떤 것이라 할지라도 의지할 만한 대상이 될 수 없다.

2. 영원한 왕이신 전능자 하나님 (렘 10:6-10)

선지자 예레미야는 여호와 하나님처럼 온전한 주님이 계시지 않는다는 사실을 고백하고 있다. 그는 이 세상의 어떤 것과도 비교할 수 없이 크고 위대하신 분이다. 그가 행하시는 권능으로 말미암아 그의 위대한 이름이 만천하에 드러나게 된다.

선지자는 열방의 왕 곧 만왕의 왕이신 주님을 향해 감히 그를 경외치 않아도 될 자가 어디 있느냐고 말했다. 피조물인 인간으로서 조물주이신 여호와 하나님을 경외하는 것은 지극히 당연한 일이다. 이 세상에 아무리 지혜로운 자라 할지라도 그와 같은 자가 없으며, 세상을 호령하는 왕들 가운데 주님과 같은 존재가 없기 때문이다.

하지만 세상에서 하나님을 알지 못한 채 자기를 뽐내는 자들은 한결같이 무지하고 어리석은 자들에 지나지 않는다. 따라서 그런 자들은 거짓 신들과 우상으로부터 가르침을 받고자 한다. 그들이 거짓 신들을 염두에 두고 높이 받들어 섬기는 우상들은 실상 아무것도 아닌 나무 조각들에 지나지 않는다.

당시 그 우상들에 덧입힌 얇은 은박은 다시스(Tarshish)에서 수입해온 최상의 품질을 자랑하는 것이었으며 우바스(Uphaz)에서 가져온 금 또한 최고의 것이었다. 뛰어난 기술을 자랑하는 기능공과 장인들은 그것들을 더욱 정교하게 꾸며 우상을 화려하게 장식했다. 그리고 청색, 자색 등 아름다운 천으로 의상을 만들어 우상에게 걸쳐 입혔다. 하지만 그것은 인간들이 종교적인 욕망을 위해 제작한 생명 없는 헛되고 가증스러운 물건에 지나지 않았다.

그러므로 선지자는 여호와 하나님만이 유일한 참 하나님이요 살아계시는 하나님으로서 영원한 왕이라는 사실을 선포했다. 전능하신 하나님께서는 자기를 멸시하고 더러운 우상을 만들어 섬기는 자들에 대하여 크게 진노하시는 분이다. 그로 인해 엄한 심판이 임하여 땅이 흔들려 진동하게 되면 배도자들과 세상에 존재하는 이방 종족들은 그 무서운 진노를 능히 감당해내지 못한다.

3. 거짓 신들의 결말과 전능하신 하나님 (렘 10:11-16)

하나님께서는 선지자 예레미야를 향해 천지 만물을 지으신 여호와 이외의 다른 모든 거짓 신들은 이 세상에서 망하게 된다는 사실을 선포하라고 하셨다. 여호와 하나님께서 그의 고유한 권능으로 땅을 지으셨으며 그의 지혜로 온 세계를 세우셨음을 전하라는 것이다. 그리고 그의 명철로 하늘들을 펼치셨음을 언급하셨다.

또한 하나님께서 목소리를 발하여 말씀하시자 하늘의 궁창 위에 많은 물들이 생겨났으며 땅 끝에서부터 구름이 몰려오게 되었다. 뿐만 아니라 번개를 동반하는 큰 비를 내리셨으며 그의 곳간에서 바람을 내어 보내셨다. 그와 같은 모든 상황은 인간들이 마음대로 할 수 있는 일이 아니다.

그럼에도 불구하고 하나님의 말씀을 모르기 때문에 어리석고 무식한 자들은 그 놀라운 일을 행한 존재를 엉뚱한 것에 돌렸다. 그들은 거짓 신과 우상들이 그렇게 한 것인 양 여기고 있었던 것이다. 따라서 금을 세공하는 기술로 우상을 조각한 자들은 장차 그것으로 인해 큰 수치를 당하게 된다. 그들이 정성을 다해 만들어 섬기는 우상은 거짓된 것으로서 그 가운데 생명이 존재하지 않기 때문이다.

거짓 신들을 가시적인 것으로 제작한 우상들은 헛된 것일 뿐 아니라 무가치한 경멸의 대상에 지나지 않는다. 따라서 하나님께서 징벌하실 때 그 모든 것들이 함께 멸망할 수밖에 없다. 어리석은 자들은 그 허망한 우상을 대상으로 하여 섬기기를 좋아하지만 참 언약의 자손들은 결코 그렇게 하지 않는다.

야곱의 자손들을 위한 상속자가 되시는 하나님은 그런 거짓 신이 아니다. 그는 우주만물을 조성하신 분으로서 전능하신 하나님이시다. 따라서 그로부터 특별한 선택을 받은 언약의 자손들은 그에게 속한 특별한 소유가 되었다. 그들을 자기 자녀로 삼으신 분이 곧 만군의 하나님 여호와이신 것이다.

4. 배도자들에 대한 하나님의 심판 (렘 10:17-22)

하나님께서는 선지자의 입술을 통해 배도자들을 향해 말씀하셨다. 성읍이 완전히 포위되었으니 속히 짐을 싸서 그 땅에서 나갈 준비를 갖추라고 했던 것이다. 이번에는 그 지역에 살아가는 사악한 자들을 멀리 내던져버릴 것이라고 하셨다. 그와 더불어 백성들이 심한 괴로움을 당하는 중에 잘못된 죄악을 깨닫게 되리라는 말씀을 하셨다.

하지만 그들은 엄청나게 큰 상처를 입어 어찌할 바를 모르게 된다. 매우 심하게 다쳐 그 상처가 나을 것 같지 않아 보여 깊은 시름에 잠길 것이기 때문이다. 자기에게 임한 그 고통을 참고 견뎌내 보고자 했으나 그렇게 할 수 없었다.

이제 저들이 거하는 장막이 파괴되고 그 거처를 잡아주고 있던 줄도 모두 끊어져버렸다. 그리고 모든 자녀도 그곳을 떠나가버리고 아무도 남아 있지 않게 되었다. 따라서 그들이 거처할 장막을 세우고 휘장을 칠 수 있는 자가 없었다.

양을 기르는 목자들은 어리석음에 빠져 자기가 처한 위기를 헤쳐나 가지 못한다. 그들에게는 여호와 하나님을 찾아 그에게 의지하고자 하 는 마음이 없었다. 그 결과 모든 것이 형통하지 못해 심한 고통을 당하 며 그들이 치던 양 떼들은 흩어져버리게 된다.

하나님께서는 혼탁한 상황에 부닥친 그 백성을 향해 경고의 메시지 를 주셨다. 북방으로부터 이방인의 군대가 떠들썩하고 요란한 소리를 내며 몰려오게 된다는 것이다. 그들은 유다의 모든 성읍을 파괴함으로 써 여우 떼들의 소굴로 만들어버린다. 폐허가 된 그곳에는 더 이상 사 람들이 살지 않아 성읍의 역할을 하지 못하게 되는 것이다.

5. 자기 자녀들을 인도하시는 여호와 하나님 (렘 10:23-25)

선지자 예레미야는 여호와 하나님께 자신의 모든 사정을 고백했다. 자기는 인생의 길이 개인적인 판단에 달려 있지 않다는 사실을 깨달아 안다는 것이다. 그리고 사람들이 걸음을 떼고 길을 걸어가는 것이 단순 히 개인의 생각과 계획에 따른 것이 아니라는 사실을 알고 있음을 말했 다. 사람이 자의로 행하는 것 같지만 실상은 모든 것이 하나님의 인도 하심에 달려 있다는 것이다.

이는 당시 이스라엘 백성이 처한 모든 위기의 상황이 하나님의 뜻에 밀접하게 연관되어 있다는 사실에 대한 고백이다. 따라서 그에 대한 모 든 책임을 자기가 져야 한다고 말하면서 자기를 징계해 달라는 당부를 했다. 그러나 무서운 진노를 내리시지 말고 너그럽게 대해 달라는 간구를 했다.

주님께서 진노하시면 자기가 완전히 없어지게 될까 두렵다는 것이다. 이는 배도에 빠진 이스라엘 백성에게 하나님의 예언을 전하고 저들을 하나님 앞으로 인도하기 위해서 자기의 역할이 있음을 말해주고 있다. 그의 주된 관심은 자기 자신이 아니라 언약의 백성에게 있었던 것이다.

선지자는 그와 더불어 하나님을 알지 못하는 열방과 주님의 이름으로 기도하지 않는 족속들에게 주님의 진노를 쏟아부으시도록 간구했다. 그 이방인들은 야곱의 자손들을 집어삼켜 멸망시키는 자들이다. 그들은 하나님께서 약속하신 가나안 땅을 황폐케 하는 악한 짓을 행하는 무자비한 자들인 것이다.

제11장
하나님의 언약과 메시아 관련 예언

(렘 11:1-23)

1. 하나님의 언약과 젖과 꿀이 흐르는 땅 (렘 11:1-5)

선지자 예레미야에게 또다시 하나님의 예언이 임했다. 하나님께서 주시는 언약의 말씀을 듣고 유다 지역에 사는 백성들과 예루살렘 거민들에게 전하라는 것이다. 이는 당시 이스라엘 자손들이 하나님의 뜻에 대하여 무지했다는 사실을 보여주고 있다.

그 말씀 가운데는 우선, 특별한 의도에 따라 이스라엘 민족을 조성하신 여호와 하나님께서 자기가 허락한 언약의 말씀에 순종하지 않는 자들에게 저주를 내리시겠다는 선포였다. 그 언약은 기록된 문서에 의해 백성들에게 명시적으로 주어진 내용이었다. 그들의 조상들이 쇠를 녹이는 용광로와 같은 애굽 땅에서 노예가 되어 엄청난 고통을 당하고 있을 때 하나님께서 그들을 약속의 땅으로 인도해 내면서 구체적으로 명령하셨다. 그 율법은 매우 중요한 언약의 내용을 담고 있었다.

> "너희는 내 목소리를 순종하고 나의 모든 명령을 따라 행하라 그리하면
> 너희는 내 백성이 되겠고 나는 너희의 하나님이 되리라"(렘 11:4; 레
> 26:12)

이스라엘 자손은 항상 하나님으로부터 주어진 이 말씀을 마음속 깊이 담아두고 살아가야만 했다. 그들의 사명은 하나님의 말씀을 들어 순종하고 그의 명령을 따라 행하는 것이었다. 그렇게 함으로써 그들은 하나님의 백성이 되고 그는 저들의 하나님이 되는 관계가 확인되었던 것이다.

이는 만일 그들이 하나님의 요구를 거부하여 온전히 청종하지 않은 채 제멋대로 살아간다면 하나님과 무관한 자가 된다는 사실을 말해주고 있다. 그것은 곧 무서운 저주 아래 놓이게 되는 것과 마찬가지였다. 따라서 하나님께서는 선지자를 통해 그에 대한 자신의 입장을 분명히 말씀하셨다.

하나님께서 저들의 조상들에게 허락하신 맹세는 그들에게 젖과 꿀이 흐르는 땅을 주시겠다는 것이었다. 그 언약은 하나님의 율법에 순종하는 백성들 가운데서 반드시 이루어지게 된다. 그리하여 그 백성이 하나님께서 약속하신 그 땅에서 살아가게 되었던 것이다.

하나님께서는 선지자를 향해 그에 대한 실체적인 증언이 이루어지고 있음을 이스라엘 자손들에게 전하라는 말씀을 하셨다. 선지자는 그 명령을 기꺼이 받아들여 백성들에게 전하리라고 응답했다. 하나님께 속한 언약의 자손으로서 그에 대해 명확한 이해를 하는 것이 무엇보다 중요하기 때문이다. 이에 대해서는 지구상에 살아간 역사상 모든 언약의 자손들과 오늘날 우리에게도 원천적인 효력이 있음을 기억해야만 한다.

2. 언약에 불순종하는 유다와 예루살렘 거민들 (렘 11:6-8)

여호와 하나님께서는 계속하여 선지자를 향해 말씀하셨다. 자기가 전하는 모든 말을 유다 성읍들과 예루살렘 거리에서 그대로 선포하라는 것이다. 그 내용은 언약의 말씀을 귀담아 듣고 순종하여 지키라는 요구를 포함하고 있었다.

하나님은 먼저 그들의 조상을 애굽 땅에서 인도하여 낸 날부터 자기의 목소리를 들어 순종하도록 간절히 요구한 사실을 언급하셨다. 이는 이스라엘 자손이 하나님과 언약이 맺어진 상태로 존재한 사실을 말해 주고 있다. 그리하여 그 시점에 이르기까지 그 명령을 지켜 순종하도록 끊임없이 당부해 온 사실을 말씀하셨다.

그러나 어리석은 자들은 하나님의 율법을 버리고 사악한 길을 걸어가기를 좋아했다. 그들은 하나님을 멸시한 채 그의 요구에 순종하는 삶을 거부했다. 심지어는 그의 말씀을 듣는 것조차 싫어하여 귀를 틀어막고 있던 상황을 지적하셨다.

따라서 배도에 빠진 자들은 사악한 마음을 가지고 완악한 행동을 일삼았다. 그들은 하나님의 요구를 배척한 채 그의 율법을 들으려고 하지 않았다. 따라서 그 불순종으로 말미암아 언약 가운데 담겨 있는 모든 규정에 따라 그 조상들에게 무서운 징벌을 내리셨다는 것이다. 당시에도 그들은 이방인들에 의해 엄청난 고난을 받고 있었다. 앗수르 제국에 의한 박해를 넘어 바벨론 제국으로부터 강압적인 억압을 당하고 있던 것이다.

3. 이방 신들을 따르는 배도자들 (렘 11:9-13)

하나님께서는 또다시 선지자 예레미야를 향해 유다인과 예루살렘 거민들 가운데 반역 행위가 존재한다는 사실을 언급하셨다. 그들이 오래

전 저들의 조상이 저질렀던 사악한 행위를 그대로 따라 하고 있다는 것
이다. 즉 그들은 조상들이 하나님의 율법을 버린 채 더러운 이방 신들
을 따라 섬겼듯이 그대로 행하기를 좋아했다.

어리석은 백성들은 그렇게 함으로써 여호와 하나님을 능멸하며 자기
의 욕망을 추구하면서 살아가기를 좋아했다. 당시 언약의 자손이라 일
컬음 받는 자들이 소중한 본분을 버린 채 하나님께서 이스라엘과 유다
집을 대상으로 맺은 언약을 파기하게 되었다. 하나님께서 세우신 언약
을 배도자들이 일방적으로 멸시했던 것이다.

그러므로 하나님께서 그 백성들 위에 무서운 재앙을 내리시리라는
사실을 언급하셨다. 배도에 빠진 인간들이 하나님으로부터 내려질 재
앙을 피하는 것은 불가능했다. 그런 가운데 고통에 처한 자들이 살아남
기 위해 여호와 하나님을 향해 큰 소리로 부르짖을지라도 하나님께서
는 언약을 깨뜨린 배도자들의 소리에 응답하지 않으실 것이라고 했다.

그와 같이 고통스러운 상황 중에도 그들은 하나님 앞에서 진정으로
뉘우치는 자세를 가지지 않는다. 그들이 하나님을 향해 부르짖었던 것
은 자신의 죄를 진정으로 뉘우치고 회개하는 마음이 있었기 때문이 아
니다. 그들이 원하는 것은 단지 그 고통에서 벗어나고자 하는 욕망밖에
없었다.

따라서 그들은 다른 이방 신들을 향해 그 고통을 없애 달라는 간구를
하게 된다. 물론 그렇게 한다고 해서 존재하지 않는 거짓 신들이 저들
의 부르짖음에 응답할 리 만무하다. 그것들은 결코 고통 중에 빠진 백
성들을 구출해 내지 못한다. 그와 같은 사악한 종교 행위는 하나님으로
하여금 더욱 진노케 할 따름이다.

참된 하나님을 버린 배도자들은 자신의 욕망을 위한 신들을 끊임없
이 양산해 낸다. 하나님께서는 유다 백성들을 향해 저들의 신들이 무수
히 많아 저들의 성읍의 수와 같다고 말씀하셨다. 나아가 그들은 이방
신 종교로 인해 거룩한 성 예루살렘을 더럽히는 것을 예사로 여겼다.

예루살렘의 각 거리에는 그 수치스러운 우상 제단들이 즐비하게 널려 있었다. 그것들은 풍요를 기원하는 대상인 바알에게 분향하는 제단이었다.

이처럼 어리석은 자들은 젖과 꿀이 흐르는 약속의 땅에 온갖 잡다한 종교적 사상들을 끌어들여 오기를 되풀이했다. 그들이 원하는 것은 하나님의 말씀과 그의 뜻이 아니라 풍요로운 삶을 살고자 하는 욕망 충족이었다. 그들은 더러운 이방 신들을 섬기면서도 동시에 여호와 하나님을 섬기고자 하는 이중적 태도를 지니고 있었다. 그렇게 하면 이 세상에서 더욱 풍요롭게 살게 되리라는 생각을 하고 있었던 것이다.

4. 배도자들에 대한 하나님의 분노 (렘 11:14-17)

하나님께서는 배도에 빠진 백성들의 그런 사악한 태도를 보시며 그들을 위해 기도하지 말라고 하셨다. 나아가 그들을 위해 부르짖거나 간구할 필요조차 없다는 사실을 언급하셨다. 그들이 하나님의 심판에 의한 고난으로 말미암아 하나님을 향해 부르짖는다고 할지라도 저들의 간구를 듣지 않으시리라는 것이었다.

우리는 여기서 기도에 연관된 한 가지 중요한 사실을 생각해 볼 수 있다. 그것은 하나님께서 모든 사람을 위해 기도하라고 요구하신 성경의 기록이 있기 때문이다(딤전 2:1,2). 그런데 예레미야서 본문에 나타난 교훈을 살펴볼 때 기도하지 말아야 할 내용도 존재한다는 사실을 기억해야 할 필요가 있다.

사도 바울이 디모데에게 보내는 편지에서 모든 사람을 위해 기도하라고 요구한 것은 하나님께 속한 언약의 자녀들을 위해서였다. 즉 이 세상에 살아가는 모든 인간을 위해 기도하라는 의미와는 다른 것이다. 설령 세상의 위정자들을 비롯한 불신자들을 위하여 기도한다고 할지라도 그것은 어디까지나 하나님의 자녀들이 그 중심에 있는 것이다.

하나님께서는 또한 자기가 사랑하는 유다 백성이 행음하며 사악한 음모를 꾸미면서 무슨 의도로 하나님의 성전에 들어와 살찐 동물을 제물로 바치는 행위를 하느냐고 말씀하셨다. 즉 그렇게 한다고 해도 무서운 재앙을 피할 수 없으리라는 것이었다. 또한 그와 같은 가증스러운 종교 행위를 통해 죄를 용서받아 구원의 기쁨을 누리지 못한다고 하셨다.

여호와 하나님께서는 그전에 유다를 일컬어 잎이 무성한 아름다운 나무 같다고 말씀하셨다. 좋은 열매를 맺는 푸른 감람나무라 칭하셨던 것이다. 그러나 하나님은 이제 과거에 아름다웠던 그 나무에 큰 우렛소리를 동반하는 벼락을 내려 잎들을 불사르고 그 가지를 꺾어버리겠다고 말씀하셨다.

언약의 자손이던 유다 백성들이 하나님의 두려운 진노의 대상이 되었던 까닭은 그들이 여호와 하나님을 버리고 이방 신 사상을 가지고 들어와 바알 앞에서 분향하기를 좋아했기 때문이다. 그와 같은 배도 행위가 이스라엘 집과 유다 집에 하나님의 분노를 불러일으키게 되었다. 따라서 그들의 사악한 행동으로 말미암아 하나님께서 자신을 위해 세우신 그 백성에게 재앙을 선언하셨던 것이다.

5. 선지자를 죽이려는 자들에 대한 하나님의 심판 예언 (렘 11:18-23)

선지자 예레미야는 하나님께서 장차 일어나게 될 실상을 자기에게 계시해 주셨기 때문에 그 모든 것을 알게 되었음을 고백했다. 그때 하나님께서는 사악한 자들의 행위를 드러내 보여주셨음을 언급했다. 그것은 선지자인 자기에게 일어날 사건으로서 장차 임할 메시아 예언과 어느 정도 연관된 것으로 볼 수 있다.

선지자는 본문 가운데서 '나는 도살장으로 끌려가는 순한 어린 양과 같다'(렘 11:19)는 표현을 했다. 또한 사악한 자들이 선지자에게 해를 가하기 위해 '저 나무를 열매가 달린 그대로 죽여버리자 우리가 이 땅에서 그의 생명을 끊어버리고 다시는 아무도 그를 기억하지 못 하게 하자'(렘 11:19)고 말하면서 음모를 꾸몄다. 하지만 자기는 그에 관한 사실을 알지 못하고 있었다고 언급했다.

우리는 이 말씀을 메시아 예언에 밀접하게 연관된 것으로 이해할 수 있다. '도살장으로 끌려가는 순한 어린 양'이란 표현은 '십자가를 지시기 위해 형장으로 나아가시는 하나님의 어린 양 예수 그리스도'를 기억나게 한다. 또한 사악한 자들이 그를 죽여버림으로써 다시는 그의 이름을 기억하는 자가 없게 하자고 말한 것 역시 우선은 선지자에게 연관되어 있으나 장차 오실 메시아에 관한 예언으로 이해할 수 있다.

그리고 선지자 예레미야는 만군의 하나님 여호와를 향해 자신의 원통함을 그에게 아뢴 사실을 언급했다. 하나님은 공의로 판단하시는 분으로서 사람의 마음을 항상 정확하게 감찰하고 계신다. 따라서 하나님께서 악행을 저지르는 자들에게 보복하시는 모습을 보게 되리라는 사실을 말했다. 이는 장차 오실 메시아가 심한 고난을 받아 결국은 죽기까지 하겠지만 하나님께서 그를 영원히 높이시는 사실과 연관된 것으로 볼 수 있다.

선지자의 말을 들은 여호와 하나님께서는 그에게 아나돗 사람들에 관한 말씀을 하셨다. 아나돗은 예루살렘 북동쪽 4km 정도 떨어진 베냐민 지파에 속한 성읍으로서 선지자 예레미야의 고향이기도 하다(렘 1:1). 그곳 사람들이 고향 출신인 자기의 생명을 찾아 죽이려고 한다는 것이다. 그들은 '너는 여호와의 이름으로 예언하지 말라 그렇지 않으면 우리 손에 죽을 것이라'(렘 11:21)고 협박하며 그의 일을 가로막게 된다고 했다. 이 또한 고향에서 배척당하시는 예수님과 연관된 메시아 예언으로 이해할 수 있다(마 13:57, 참조).

그러므로 만군의 하나님 여호와께서는 선지자를 향해 장차 아나돗 사람들에게 무서운 재앙이 내려질 것이라고 말씀하셨다. 하나님이 직접 그들을 벌하시게 되면 젊은 청년들은 날카로운 칼에 의해 죽임을 당할 것이며 그 어린 자녀들은 기근으로 말미암아 죽음을 맞게 되리라는 것이었다. 그렇게 되면 하나님의 은혜가 사라진 그곳에서 살아남을 자가 아무도 없으리라고 말씀하셨던 것이다.

제12장

하나님의 섭리와 악한 세상을 이기는 굳건한 신앙

(렘 12:1-17)

1. 예레미야의 호소 (렘 12:1-4)

선지자 예레미야는 하나님이 항상 의로운 존재라는 사실을 잘 알고 있었다. 따라서 스스로 자기가 옳다고 착각하며 하나님을 향해 따지면서 쟁론하는 모습을 보일 때조차도 언제나 하나님이 옳다는 사실이 입증되어 왔음을 고백했다. 인간은 주관성에 빠져 모든 것을 생각하기를 좋아하지만 하나님은 결코 그렇지 않다는 것이다.

이처럼 악한 인간들은 항상 이기적인 판단을 버리지 못한 채 제 갈 길을 가고 있음을 말했다. 그들은 선한 자들에게 백해를 가하며 자기 목적을 추구하기 위해 온갖 힘을 다 쏟는다. 선지자는 지금도 자기는 그런 자들로 인해 심한 어려움에 직면해 있다는 사실을 언급했다. 거기

에는 악한 자들에 의해 부당하게 억울한 일을 당하는 것이 견디기 어렵
고 고통스럽다는 의미가 내포되어 있다.

그리하여 또다시 하나님께 질문을 하고자 했다. 그것은 하나님을 진
정으로 따르는 자들은 심한 고통을 당하는 데 반해 사악한 자들의 삶이
형통한 것이 도무지 이해할 수 없다는 것이다. 하나님께 저항하며 반역
하는 자들이 평안한 인생을 살아가는 까닭이 무엇인지, 일반적인 안목
으로 본다면 그와 반대되는 삶이 주어져야 하지만 현실은 전혀 그렇지
않았기 때문이다.

언약의 자손인 이스라엘 백성은 하나님께서 특별히 조성하여 약속의
땅에 심어진 자들이다. 그들이 그곳에 심겨 뿌리를 내리고 성장하여 많
은 열매를 맺게 되었다. 그런 가운데 배도에 빠진 자들은 하나님의 이
름을 끊임없이 되뇌면서 그 마음은 하나님으로부터 완전히 떨어져 있
다는 것이다. 그런 악한 자들이 형통한 삶을 누리는 것을 받아들이기란
결코 쉽지 않은 문제였다.

그에 반해 선지자 예레미야는 지금껏 자기가 하나님을 진정으로 경
외하는 삶을 살아오고 있다는 사실을 고백적으로 언급했다. 또한 그를
따르는 많은 백성들 역시 그와 같은 인생을 살아가고자 힘을 기울이고
있었다. 하지만 신앙을 지키고자 애쓰는 그 성도들은 악한 자들에 의해
심한 고통을 당하며 어려운 삶을 이어갈 수밖에 없었다.

그러므로 선지자는 하나님께서 자기의 속마음과 주님을 향한 삶의
모든 형편을 훤하게 꿰뚫고 계신다는 사실을 언급했다. 그런 신앙을 소
유하고 살아가는 자기가 원수들로부터 견디기 어려운 큰 고통을 당하
고 있으니 이제 도움을 달라는 것이었다. 그 모든 것을 감찰하시는 하
나님께서 도살할 양을 우리에서 끌어내듯이 그 악한 자들을 심판하실
날을 정하여 따로 구별해 달라고 간구했다.

선지자 예레미야는 당시 악이 가득하고 불공평한 상황으로 인해 거
룩해야 할 약속의 땅이 깊은 슬픔에 잠겨 있다고 했다. 모든 밭에 채소

들이 마르고 들의 짐승들과 공중에 날아다니는 새들도 멸절하게 되었다는 것이다. 그 땅에 살아가며 배도에 빠진 악한 자들은 현실에 치중하여 나중에 일어나게 될 일을 생각지 않고 추한 욕망을 추구하며 살아가기에 급급했다. 그런 가운데 참 하나님의 백성들은 심한 고통을 당하고 있었던 것이다.

2. 선지자에게 굳건한 자세를 요구하시는 하나님 (렘 12:5,6)

하나님께서는 선지자 예레미야의 탄식을 들으신 후 그에 대한 구체적인 설명을 하셨다. 그에게 분명한 현실적 깨달음과 함께 참된 지혜를 허락하시고자 했던 것이다. 어쩌면 그 답변이 선지자에게는 상당한 아쉬운 점이 있었을지 모르지만 그것이 진정한 신앙인들이 가져야 할 삶의 자세였다.

하나님은 선지자를 향해, 만일 걸어가는 사람과 같이 달려도 피곤을 느낀다면 어떻게 건강한 말과 경주를 하겠느냐고 말씀하셨다. 이는 먼저 달릴 수 있는 기본 체력을 보강해야 한다는 사실을 말해주고 있다. 즉 사람이나 말과의 경주는 생각이나 기대를 통해서가 아니라 실제적인 체력과 능력을 갖추어야 하는 것이다.

하나님께서 예레미야에게 그 말씀을 하신 까닭은 험한 이 세상에 살아가면서 인내와 더불어 굳건한 신앙인으로 단련되어야 한다는 사실을 교훈하시기 위해서였다. 그리하여 예기치 못한 위기가 갑작스럽게 들이닥친다면 어떻게 그에 대처하겠느냐는 말씀을 하셨다. 하나님의 자녀들이 굳건한 신앙 자세를 갖추게 될 때 어떤 어려움이 임한다고 할지라도 능히 그것을 이겨낼 수 있게 된다.

이 사실을 설명하시기 위해 하나님께서는 하나의 예를 들어 말씀하셨다. 안일한 자세로 살아간다면 평안한 땅에서는 별 어려움 없이 안전하게 살아갈 수 있을지 모른다. 하지만 요단강물이 범람하여 위기가 닥칠 때는 어떻게 하겠느냐는 것이다. 그런 일이 발생하면 평상시 그에 대한 대응 능력을 갖추어야만 당황하지 않고 그 문제에 잘 대처할 수 있다는 것이다. 이처럼 세상에 살아가는 동안 예기치 못한 일이 발생할 경우, 하나님의 자녀들은 그에 올바른 대처를 하기 위해 평상시 영적으로 무장되어 있어야 한다는 사실을 말해주고 있다.

하나님의 자녀들 주변에는 항상 그들을 미혹하며 위협하는 음험한 세력이 존재한다. 비록 형제들과 자기 집안에서라 할지라도 그와 같은 문제는 언제든지 발생할 수 있다. 가장 신뢰할 수 있을 것 같은 가족들이 하나님의 말씀에 수종드는 선지자를 속일 것이며 등 뒤에서 온갖 모함을 다 할 수 있는 것이다.

그러므로 하나님께서는 가족마저도 믿을 만한 대상이 되지 못한다는 사실을 분명히 언급하셨다. 설령 그들이 겉보기에 좋은 말을 하는 것 같이 여겨질지라도 저들의 속내를 믿지 말라는 것이다. 이는 서글프기 그지없는 형편이지만 선지자에게 그와 같은 교훈이 주어졌다. 우리는 여기서 타락한 세상이 얼마나 이기적이며 사악한 영역인지 생각해 보지 않을 수 없다.

3. 하나님의 진노와 심판 (렘 12:7-13)

하나님께서는 여기서 놀랍게도 언약의 자손들이 당하고 있는 고통스러운 형편이 하나님 자신으로 말미암은 것이란 사실을 말씀하셨다. 즉 그와 같은 상황은 우연히 발생한 일이 아니라는 것이다. 배도자들 위에 임한 심판 가운데는 사람들이 쉽게 분별할 수 없는 하나님의 놀라운 경륜이 작용하고 있었던 것이다.

그러므로 하나님께서 친히 자기가 세운 언약의 집을 버렸으며 자기에게 속했던 모든 소유를 내던져버렸다고 말씀하셨다. 자기가 그동안 마음으로 사랑하던 것들을 원수들의 손에 넘겨주었다는 것이다. 하나님의 소유였던 언약의 자손들이 마치 숲속에 숨은 사자 같은 맹수로 변해 자기를 향해 소리를 내며 덤벼들었으므로 저들을 미워하지 않을 수 없었기 때문이다.

하나님의 소유가 되었던 언약의 자손들은 마치 반점이 있는 새들과 같이 보였다. 그들은 사나운 매 떼로부터 사방이 둘러싸인 것 같은 신세가 되어 있었다. 이제 주변에 있던 사나운 들짐승들까지 몰려들어 그들을 공격하여 집어삼키도록 하리라는 것이었다. 이는 그들에게 무서운 심판이 임하게 되리라는 사실을 말해주고 있다.

하나님께서는 사악한 목자들이 자신의 포도원을 헐고 모든 소유물을 짓밟았으며 그 땅을 황무지로 만들어버렸다는 사실을 언급하셨다. 그들이 하나님이 기뻐하시는 땅을 황폐하게 바꾸었으므로 그 땅이 하나님을 향해 슬프게 부르짖는다고 하셨다. 온 땅이 그토록 황무하게 된 것은 그곳이 여호와 하나님의 소유라는 사실을 마음에 두는 자들이 없었기 때문이라는 것이다.

그리하여 약속의 땅을 침략하는 자들이 주변의 광야로부터 몰려들었다. 그들은 나무가 없는 민둥산 위에 이르러 모든 것을 파괴해 나갔다. 그들의 모든 행위는 배도자들을 심판하시고자 하는 하나님의 경륜에 따라 발생한 일이었다. 여호와 하나님으로 말미암은 칼날이 온 땅을 집어삼키게 되었으므로 진정한 평안을 누리는 사람들이 없었다.

그런 상태에서 주민들이 밭에 밀을 심어도 곡식을 거두지 못했으며 먹을 수 없는 가시풀만 무성하여 땅에 가득했다. 그들이 수고하여 땀 흘린 데 대한 아무런 보람 없이 소산을 전혀 거두지 못했다. 그로 말미암아 백성들은 소득 없이 스스로 심한 수치를 당하게 될 수밖에 없었다. 그것은 배도자들이 하나님의 율법을 버리고 자신의 추한 욕망을 따라감으로써 하나님을 분노케 했기 때문이었다.

4. 여호와 하나님의 구원 계획과 심판 (렘 12:14-17)

하나님께서는 또한 자기가 언약의 백성인 이스라엘 자손에게 유산으로 남겨주신 소유물에 손을 대는 이방 세력을 향해 경고하셨다. 그것들에 손을 대는 사악한 자들을 향해 자신의 분명한 뜻을 밝히셨던 것이다. 하나님께서 배도에 빠진 선택한 민족을 벌할지라도 그들을 과도하게 짓밟는 이방인들을 그냥 두지 않으신다는 것이었다.

하나님께서는 결국 침략자들을 그 땅으로부터 쫓아내실 것이며 멀리 이방 지역으로 사로잡혀 간 유다 집안을 저들의 압제로부터 구출해 내시리라고 말씀하셨다. 그들에게 긍휼을 베풀어 주심으로써 이방 지역에서 뽑아낸 후 다시금 각 사람을 원래 저들의 기업으로 돌아가게 하신다는 것이다. 이는 언약의 자손들을 가나안 땅으로 인도해 들이겠다는 하나님의 의도를 보여주고 있다. 이 말은 이스라엘 백성들이 바벨론의 포로가 되어 잡혀갔다가 페르시아에 의해 다시금 본토로 귀환할 것에 대한 예언의 말씀이다.

약속의 땅으로 되돌아온 언약의 백성들은 하나님의 율법에 기록된 도를 부지런히 배우게 되리라고 하셨다. 그전에는 사악한 이방인들이 하나님의 백성으로 하여금 바알 신에게 맹세하도록 가르쳤다. 하지만 이제 그 이방인들이 과거의 모든 것을 청산하고 살아계신 여호와 하나님의 이름으로 맹세하는 일이 발생하게 된다. 그리하여 그들도 하나님의 백성 가운데 세움을 입어 참된 번영을 누리게 된다는 것이다.

이 말씀은 장차 있게 될 예언적 성격을 지니고 있다. 하나님께서는 유다 집안을 일으켜 본토로 돌아오게 하셔서 그 가운데 메시아를 보내시고자 하는 뜻을 보이고 있기 때문이다. 언약의 자손이 이방의 포로가 된 상태에서 끝나지 않고 다시금 약속의 땅 가나안으로 그들을 인도하시는 궁극적인 목적은 메시아와 연관되어 있었다.

그리고 하나님의 복음이 혈통적 유대인들에게 머물지 않고 이방인들에게 개방된다는 의미 또한 그와 밀접하게 연관되어 있었다. 하나님께서는 메시아에 대한 소망을 창세 전에 택하신 모든 사람에게 주셨다. 그것은 민족주의적 혈통을 중시하는 것이 아니라 메시아를 통한 복음이 만방에 개방되는 성격을 지니고 있었던 것이다.

제13장

이방 세력에 의한 유다 왕국의 패망

(렘 13:1-27)

1. '허리띠'에 대한 명령 (렘 13:1-5)

하나님께서는 선지자 예레미야에게 매우 특별한 명령을 내리셨다. 그것은 지금 나가서 베로 만든 띠를 사고 그것을 허리에 두르라고 하셨다. 그리고 그 띠가 물에 적셔지지 않도록 하라고 말씀하셨다. 선지자는 그 영문을 알 수 없었으나 그 명령에 순종하여 베로 된 띠를 사서 허리에 동여매었다.

그러자 여호와 하나님께서 그에게 허리에 그 띠를 맨 채 유프라테스 강으로 가라고 하셨다. 거기에 도착하면 그 띠를 풀어 바위틈에 숨기라고 하셨다. 이는 사실 매우 어려운 일이었다. 우선 가나안 땅에서 유프라테스 강은 매우 멀리 떨어진 곳에 위치해 있었다. 그리고 하필 그 먼 곳에 가서 바위틈에 숨기라고 한 말씀도 이해하기 쉽지 않았다.

만일 하나님께서 선지자 예레미야를 통해 교훈을 주시려고 한다면 그렇게 먼 길을 가지 않아도 말씀으로 하든지 다른 방법으로 할 수도 있을 것이다. 그런데 하나님께서는 그와 같은 명령을 내리셨다. 하지만 선지자는 아무런 대꾸를 하지 않고 그대로 순종했다. 하나님의 명령에 따라 먼 길을 걸어가 유프라테스 강가에 있는 바위틈에 베로 된 그 띠를 숨겼다. 그후 그는 다시 자기 집으로 돌아왔다.

2. '썩은 허리띠' (렘 13:6-11)

선지자 예레미야가 유프라테스 강가로 가서 베로 된 허리띠를 숨겨 두고 돌아온 지 상당한 세월이 흘렀다. 어느 날 하나님께서는 선지자를 불러 일어나 유프라테스 강으로 가서 그전에 명한 대로 바위틈에 숨겨 둔 그 띠를 가져오라고 명하셨다. 이때도 그는 분명한 이유도 모르는 채 하나님께서 명령하시니 그에 따랐을 따름이다.

유프라테스 강가에 도착한 선지자는 오래 전 자기가 베로 된 띠를 숨겨두었던 곳을 팠다. 그는 그것을 가지고 돌아왔다. 하지만 그 띠는 썩어서 더 이상 사용할 수 없게 되었다. 어떻게 보면 그가 먼 길을 고생스럽게 가서 썩은 띠를 가져온 것은 의미 없는 행동처럼 보일 수 있었다. 하지만 그는 아무런 불평 없이 하나님의 뜻을 알고자 했다.

그와 같은 상황에서 선지자에게 하나님의 말씀이 임했다. 여호와 하나님께서 유다의 교만과 예루살렘의 큰 교만을 그와 같이 썩게 하리라고 말씀하셨다. 그 악한 백성들은 하나님의 말씀을 듣기를 거부하고 저들의 완악한 마음에 따라 행했다. 그들은 이방인들이 섬기는 다른 신들을 섬기며 그에 경배하기를 좋아했다. 따라서 예레미야의 띠가 썩어서 쓸 수 없게 된 것처럼 못쓰게 될 것이라고 했다.

하나님께서는 띠가 사람의 허리를 동여매어 주는 것으로서 꼭 필요한 역할을 한다는 사실을 먼저 언급하셨다. 그처럼 이스라엘 온 집과 유다 자손들을 하나님께 속하게 하여 자기 백성이 되도록 하셨다고 했다. 그리하여 하나님의 거룩한 이름과 명예와 영광이 되게 하려고 하셨다는 것이다. 그런데 그 백성이 하나님을 떠나 그가 주신 말씀을 들어 순종하기를 거부했다고 하셨다.

하나님께서는 이스라엘 자손에게 이 말씀을 전하시기 위해 예레미야를 불러 베로 된 띠를 사서 유프라테스 강까지 두 차례 오가는 힘든 일을 시키셨다. 일반적으로 생각할 때 굳이 그렇게 하지 않아도 얼마든지 그의 뜻을 전할 수 있을 것 같이 여겨진다. 그런데 하나님께서는 그와 같은 방법을 사용하셨다.

하나님께서 선지자로 하여금 굳이 행위 예언에 연관된 그런 힘든 과정을 거치도록 하신 것은 이스라엘 백성에게 자신의 확고한 뜻을 전하기 위해서였다. 단순히 언어적 예언만 하신다면 악한 인간들이 자기 마음대로 판단할지 모른다. 하지만 선지자를 통한 구체적인 행위가 동반된 예언이었기 때문에 누구나 명확하게 받아들일 수밖에 없었다.

3. 포도주가 찬 가죽 부대들 (렘 13:12-14)

하나님께서는 선지자를 향해 백성들에게 그 상징적인 의미와 더불어 또 다른 메시지를 전하라고 하셨다. 그것은 이스라엘의 하나님 여호와께서 모든 술 가죽 부대에 포도주로 가득 채우시리라는 것이었다. 그들이 선지자의 말을 듣게 되면 술 가죽 부대에 포도주가 찰 줄을 우리가 왜 모르겠느냐는 식으로 반응하리라고 하셨다. 즉 그에 대해서는 당연히 잘 알고 있다는 듯이 말한다는 것이다.

그러면 다시 그들에게 그 진정한 의미를 전하라고 하셨다. 하나님께서 그 땅의 모든 백성과 다윗의 왕위를 이어받은 왕들과 제사장들과 선지자들과 예루살렘의 모든 주민으로 하여금 잔뜩 취하게 하리라는 것이었다. 또한 그들 상호간에 피차 충돌하여 상하도록 한다는 말씀을 전하도록 하셨다. 이와 같은 양상은 심지어 집안에서 발생하며 부자(父子) 사이에도 그와 같은 일이 일어나게 된다고 하셨다.

하나님께서는 그런 자들을 불쌍히 여기지 않고 사랑하지 않을 것이라고 하셨다. 그리고 그들을 아끼지 않고 멸망시키리라고 말씀하셨다. 배도에 빠진 자들은 하나님과 그의 율법을 버린 채 포도주에 취하여 삶의 방향을 잃게 된다. 결국 그들은 하나님의 심판을 받아 멸망하게 되는 것이다.

그럼에도 불구하고 하나님의 선지자가 저들에게 포도주가 넘쳐나리라고 했을 때 어리석은 자들은 그것이 마치 풍요로움을 언급하는 것으로 오해했다. 포도주를 넘치게 마시고 일시적인 즐거움을 누리는 것이 패망의 길임에도 불구하고 그것이 마치 성공한 것인 양 착각했던 것이다. 이에 대해 올바른 이해를 하는 것이 성도들이 가져야 할 기본 자세였지만 하나님을 떠난 그들은 그렇지 못했다.

4. 백성들의 교만에 대한 경고 (렘 13:15-17)

하나님의 율법을 떠난 자들은 교만이 하늘을 찌를 듯 했다. 따라서 선지자는 여호와께서 하신 말씀을 귀를 기울여 듣고 교만하지 말라고 경고했다. 하나님 앞에서 교만하다는 것은 그의 분노를 자아내어 심판을 재촉하는 것과 마찬가지였다.

주님께서 날을 어둡게 하시기 전, 저들의 발이 앞이 보이지 않는 산 속에서 실족하기 전, 그리고 그가 저들이 바라던 빛을 캄캄한 흑암으로 바꾸시기 전에 정신을 바짝 차리라고 말씀하셨다. 즉 하나님의 무서운 진노가 임하기 전에 사악한 태도를 돌이키라는 것이다. 자신의 죄악을 속히 뉘우치고 하나님께 참된 영광을 돌리는 것이 생명을 보존할 수 있는 유일한 조건이 될 수 있기 때문이다.

선지자는 배도에 빠진 백성들에게 강력한 경고의 메시지를 보냈다. 만일 그들이 하나님의 말씀을 듣지 않으면 선지자 자신의 심령이 저들의 교만한 태도로 말미암아 은밀한 곳에서 눈물을 흘리며 울 것이라고

했다. 그리고 여호와 하나님의 양 떼가 사로잡힘으로 인해 크게 통곡하
리라고 했다.

5. 왕궁의 권력자를 향한 경고 (렘 13:18-24)

하나님께서는 또다시 선지자 예레미야를 향해 명령하셨다. 왕궁으로
들어가 왕과 왕후를 향해 스스로 옥좌에서 내려와 앉으라고 전하라는
것이다. 이제 더 이상 버틸 수 없는 지경에 이르렀다는 것이다. 이는 저
들의 머리에 쓰였던 영광스러운 면류관이 벗겨지게 되었음에 대한 선
포였다.

이제는 네겝 곧 남쪽 지역의 성읍들이 봉쇄되었음(렘 13:19)을 말씀하
셨다. 닫힌 그 성문을 열 사람이 없어져버렸다는 것이다. 이 말은 바벨
론의 세력이 북쪽 지역으로부터 유다 왕국을 공격해 들어오지만 세력
을 완전히 상실한 유다 왕이 남쪽의 애굽에 지원을 요청해 볼지라도 그
들의 도움을 받을 수 없다는 사실을 말해주고 있다. 결국 그들은 패망
하여 북쪽의 이방 왕국에 포로로 사로잡혀 가게 된다.

하나님께서는 그와 더불어 눈을 들어 북방에서 몰려오는 자들을 보
라고 말씀하셨다. 하나님께서 그 왕에게 맡기셨던 양 떼 곧 아름다운
양 떼인 언약의 자손들이 지금 어디 있느냐는 것이다. 이는 그 백성이
하나님을 떠나 배도에 빠진 사실에 대한 언급이다. 그가 손수 육성한
군사들이나 동맹을 맺어온 나라의 군대가 오히려 저를 역습하고 지배
하게 된다면 그 심정이 어떻겠느냐는 것이다. 그런 일이 발생하면 그가
해산하는 여인처럼 엄청난 고통을 겪지 않겠느냐고 말씀하셨다.

이제 하나님께서는 유다 왕국과 동맹 관계를 유지해 온 자를 저들의
우두머리로 삼아 통치하게 만드시리라고 하셨다. 그런 당황스러운 문
제가 발생하게 되면 유다 지도자들은 어떻게 그럴 수 있느냐며 의아해
하겠지만 그것은 피할 수 없는 국면이 된다. 결국 여호와 하나님을 버

리고 배도의 길을 걷던 유다 왕국의 통치자와 그 백성은 이방인들에 의해 엄청난 시련을 겪게 되는 것이다.

유다 왕국의 패망은 하나님에 대한 저들의 죄악과 배신행위 때문에 발생하게 된다. 그들은 여인이, 자기가 입고 있던 치마를 쳐들리는 것처럼 끔찍한 수모를 당하게 되며 저들의 발뒤꿈치는 큰 상처를 입게 된다. 그로 말미암아 그들은 자유롭게 달리지 못해 적군의 공격을 받아도 아무런 대응을 할 수 없는 형편에 처한다.

그러므로 하나님께서는 배도에 빠진 백성들의 사악한 행위를 강하게 책망하셨다. 그리고 피부색이 검은 구스 곧 에디오피아 사람들이 그 피부를 흰색으로 바꿀 수 없으며 표범이 그 몸의 반점을 원하는 다른 문양으로 바꾸는 것이 불가능하다는 사실을 언급하셨다. 만일 그것이 가능하다면 죄악에 익숙한 그들도 선을 행할 수 있을지 모른다고 하셨다.

이 말은 배도의 길을 걸어가는 자들은 그 상태에서 참된 선을 행할 수 없다는 사실을 의미하고 있다. 이는 하나님께서는 더 이상 저들로부터 진정한 선을 행하는 것을 기대하지 않는다는 사실에 연관되어 있다. 따라서 하나님께서는 자신을 버린 그 악한 백성들로 하여금 사막의 세찬 바람에 불려가는 검불처럼 약속의 땅에서 내보내 멀리 흩어버리시겠노라는 말씀을 하셨던 것이다.

6. 하나님의 심판 (렘 13:25-27)

여호와 하나님께서 선지자를 향해 다시 말씀하셨다. 언약의 백성이라는 자들이 끔찍한 고통의 자리로 나아가게 되는 것은 하나님께서 저들에게 정하여 주신 것으로서 반드시 치러야 할 대가라는 것이다. 그와 같은 일이 발생한 까닭은 그 백성이 하나님을 잊어버리고 배도에 빠져 거짓된 신들을 의지했기 때문이라고 하셨다.

그러므로 하나님께서 여성으로 묘사되는 그 백성의 치마를 걷어 올려 얼굴까지 들춰서 저의 수치를 만방에 드러내시리라는 것이었다. 하나님께서는 자기가 저들의 간음과 사악한 소리와 더불어 들판의 작은 산들 위에서 행한 음란과 그와 연관된 모든 가증한 것들을 목격했다고 말씀하셨다. 따라서 하나님은 저들을 향해 저주와 심판을 선포하셨다.

그런데 하나님께서는 놀랍게도 예루살렘을 완전히 버리지는 않으실 것임을 시사하셨다. 오랜 세월이 흐르고 때가 이르러 저들이 배도의 길로부터 돌이키면 다시금 저들을 정결케 해 주시겠다는 뜻을 보이셨기 때문이다. 나중에 파괴된 예루살렘을 회복하시고자 하신 하나님의 중요한 목적 가운데는 그곳을 통해 세상을 구원하실 메시아를 보내시고자 하는 그의 놀라운 뜻이 담겨 있었다.

제14장

거짓 예언자들에 대한 하나님의 진노

(렘 14:1-22)

1. 자연을 통한 하나님의 심판 (렘 14:1-6)

오늘날 우리 시대에는 과연 하나님의 심판으로서 자연적 재앙이 존재하지 않는가? 즉 현대의 모든 재해는 일반적인 현상에 지나지 않는 것인가? 현대인들은 기독교인이라 할지라도 모든 재해를 자연적인 현상으로 돌릴 뿐 그것이 하나님의 심판이라는 생각을 하지 않는 경향이 짙다. 우리는 이점에 대하여 여간 주의깊게 생각하지 않으면 안 된다.

선지자 예레미야에게 가뭄과 기근에 대한 여호와 하나님의 말씀이 임했다. 유다 백성들이 슬퍼하며 성문의 무리가 힘들어하며 땅 위에서 크게 애통하므로 예루살렘의 부르짖음이 하늘 위로 치솟아 오른다는 것이다. 이는 백성들이 극한 어려움에 부닥쳐 연명해 가고 있음을 말해 주고 있다.

그 기근은 지위와 신분에 상관없이 모든 사람에게 일반적으로 임하게 되었다. 귀족들은 자기 사환들을 보내 물을 길어오도록 시키지만 그들이 우물에 가도 물을 얻을 수 없다. 그들은 결국 빈 물동이로 돌아와서 상전을 볼 면목이 없으므로 스스로 낙심하게 되어 어찌할 바를 모르게 된다.

비가 내리지 않으면 땅이 갈라져 농사를 짓지 못한다. 밭을 가는 농부들은 마음을 애태우며 땅이 꺼지도록 한숨만 지을 따름이다. 그것은 단순히 힘든 상황에 부닥친 것이 아니라 하나님의 징벌로 인하여 발생한 문제로서 생명 보존에 직접 연관되기 때문에 아무런 대책을 강구할 수 없게 된다.

그와 같은 상황은 일반 농작물뿐 아니라 다른 동물들에게도 심각한 영향을 끼치게 된다. 들과 산으로 돌아다니는 암사슴은 새끼를 낳아도 뜯어먹을 풀이 없으므로 제대로 키우지 못한다. 들 나귀들은 벌거벗은 산 위에 서서 아무런 대책 없는 여우처럼 목말라 헐떡일 따름이다. 그 짐승들은 먹을 목초가 없으므로 몸이 쇠약해져 제 몸을 가누지 못하며 앞을 보는 것조차 힘들어한다. 이는 기근으로 인해 인간들뿐 아니라 모든 식물과 동물들까지 극한 상황에 이르러 피폐하게 됨으로써 소망이 끊어져 가는 상황을 말해주고 있다.

그럼에도 불구하고 어리석은 백성들은 그와 같은 기근이 자연 현상일 뿐 하나님의 심판이라는 사실을 간과하고 있었다. 악한 부자들 가운데는 그것을 단순한 자연 현상으로 여기며 시간이 지나면 해결될 것으로 여겼던 것이다. 하지만 그것은 하나님의 심판으로서 그에 대한 올바른 깨달음을 가지고 자신의 죄를 뉘우치는 자들이 참 지혜로운 자들이었다.

이에 대해서는 오늘날 우리 시대 역시 마찬가지다. 하나님께서는 때로 지상 교회와 연관하여 저질러지는 인간들의 사악함을 심판하시기 위해 자연을 통한 심판을 내리신다. 그럼에도 불구하고 어리석은 인간들은 그것을 자연 현상으로만 간주할 뿐 하나님의 징계와 심판이라는 사실을 모르고 있다. 따라서 우리는 주변에서 발생하는 기상 이변을 비롯한 다양한 현상을 보며 그것이 살아계신 하나님의 심판 성격이 얼마나 밀접하게 작용하고 있는지 주의깊게 생각할 수 있어야만 한다.

2. '주님'이신 여호와 하나님을 향한 선지자의 간구 (렘 14:7-9)

예레미야는 죄악에 얼룩진 백성들의 모습과 그로 인한 무서운 심판에 직면하여 하나님께 간구했다. 그와 더불어 저들의 더러운 죄악이 스스로 증언하고 있다는 사실을 고백했다. 겉으로 드러나지 않는다고 할지라도 그 속은 완전히 썩어 있는 상태였기 때문이다.

그와 같은 상황에서도 선지자는 하나님께 간절히 호소했다. 인간들의 죄악이 엄청나게 넘쳐나고 있지만 '주님의 이름을 위하여'(렘 14:7) 하나님의 거룩한 사역을 멈추지 말아 달라는 것이다. 즉 죄인들의 악행으로 인해 하나님의 일이 중단되거나 방해받는 것을 원치 않는다고 했다.

이는 하나님의 구속 사역에 연관되는 것으로 이해하는 것이 자연스럽다. 즉 여기서 하나님께서 '주님의 이름을 위하여' 일하신다는 것은 창세 전에 택하신 자기 자녀들을 죄악 세상으로부터 구원하는 일에 밀접하게 연관되어 있다. 인간들의 죄악 상태의 여부보다 중요한 것은 구원에 연관된 하나님의 사역이다.

선지자 예레미야는 그 말을 고백적으로 언급하면서도 자기를 하나님 앞에서 의로운 자로 내세우지 않았다. 그는 도리어 자기를 죄인들 가운데 하나로 이해하고 있었다. 그는 자기를 범죄한 백성들에 포함해, '우리의 타락함이 크고 우리가 주께 범죄했다'는 사실을 고백한 것이다(렘 14:7).

그러므로 예레미야는 그 말을 통해 이스라엘의 소망은 오직 여호와 하나님 한 분밖에 없다는 사실을 선포하고 있다. 그가 언약의 자손들이 고난을 당한 때의 진정한 구원자가 되신다고 한 것이다. 그것은 일시적인 상황이 아니라 영원한 삶에 연관되어 있다.

그럼에도 불구하고 하나님께서 마치 지나가는 나그네가 이땅에서 일시적으로 행하듯이 하지 말아 달라고 간구했다. 그리고 하룻밤을 유숙하기 위해 잠시 들른 낯선 행인처럼 보지 말아 달라고 했다. 또한 왜 놀란 군인이 고통에 빠진 자를 구출해 내지 못하는 것처럼 하나님께서 언약의 자손들을 대하시는지 물어보았다. 즉 죄를 지은 백성이긴 하지만 하나님께서 긍휼을 베풀어 적극적으로 힘을 실어 달라는 것이다.

선지자는 여호와 하나님이 항상 언약의 자손들 가운데 살아계시는 분임을 강조했다. 그리고 그의 백성은 주님의 이름으로 일컬음을 받고 있다는 사실을 언급했다. 그러므로 저들의 하나님이신 여호와께서 그들을 버리지 말고 구출해 달라는 간구를 했던 것이다.

3. 배도자들의 고집과 하나님의 심판 (렘 14:10-12)

예레미야의 간구를 들은 여호와 하나님께서는 그에 대해 응답을 하셨다. 그것은 선지자의 입장에서 볼 때 긍정적인 반응이라기보다 부정적인 답변이라 할 수 있다. 그가 조만간 그 징계와 심판을 풀어주겠다고 말씀하신 것이 아니라 심판을 지속할 것이라고 하셨기 때문이다. 물론 그것은 사악한 백성들이 자신의 죄를 전혀 뉘우치지 않은 태도에 직접 연관되어 있었다.

하나님께서는 그 백성들이 모세 율법을 떠나 자신을 배반하고 어그러진 길로 가기를 좋아하면서 사악한 발걸음을 멈추지 않는다는 사실을 지적하셨다. 그런 자들에게 징계와 심판을 풀어주어 용서할 수 없었다. 악행을 중단하고 하나님께 돌아올 때 비로소 하나님의 긍휼을 기대할 수 있는 것이다.

그러므로 여호와 하나님께서는 배도자들을 받아들이지 않으신다고 했다. 오히려 이제 저들의 사악한 죄를 기억하고 그 죄를 단연코 벌하시리라고 말씀하셨다. 하나님을 멸시하고 배도에 빠진 상태에서는 그로부터 용서를 기대할 수 없었던 것이다.

그와 더불어 선지자 예레미야에게 하신 하나님의 요구는 더 이상 배도에 빠진 그 백성을 위하여 복을 구하지 말라는 것이었다. 설령 그들이 종교적인 외형상 그럴듯한 모습을 보이며 백성들을 기만할 수 있을지언정 하나님은 결코 그에 속지 않으신다는 것이다. 즉 그들이 금식하며 하나님을 향해 애절한 듯 종교적 치장을 한 채 크게 외칠지라도 그 부르짖음을 듣지 않으시겠다고 하셨다.

그리고 그들이 하나님 앞에서 번제와 소제를 드린다고 해도 하나님은 그것을 받지 않으신다고 했다. 그들은 자신의 죄악을 회개하지 않은 채 종교적인 행위를 통해 하나님을 기쁘게 할 수 있을 것처럼 착각하고 있다. 하지만 그것은 온갖 종교적인 방법을 동원해 하나님을 기만함으로써 그를 욕되게 할 따름이었다.

따라서 하나님께서는 칼과 기근과 전염병을 그 땅에 보내 그들을 멸망시킬 것이라고 말씀하셨다. 이는 저들에게 다양한 방법의 심판이 행해진다는 사실을 시사해주고 있다. 칼의 심판이란 전쟁과 연관되어 있으며 기근이란 자연 현상을 통한 심판으로써 백성들이 먹고 마실 음식과 물이 없는 외부적인 고통을 말해주고 있다. 그리고 전염병이란 인간들의 몸에 생겨나는 질병으로 인해 엄청난 고통에 빠지는 상황을 예고하고 있다. 이와 같은 총체적인 심판으로 인해 배도에 빠진 백성들은 멸망으로 치달을 수밖에 없는 것이다.

4. 거짓 선지자들과 하나님의 심판 (렘 14:13-18)

하나님의 말씀을 들은 선지자 예레미야는 자신의 슬픈 마음을 그대로 드러냈다. 그것은 율법을 왜곡하는 거짓 선지자들의 사악한 행태로 말미암은 것이었다. 그들은 감언이설로 어리석은 백성들을 미혹하기를 되풀이했다. 하나님을 욕되게 하는 그럴듯한 종교적인 행위를 하면서 그것이 마치 축복의 근원이라도 되는 듯 선전했기 때문이다. 선지자는 하나님께 그런 자들의 사악한 행태를 좌시하지 말라는 간구를 했다.

그 거짓 종교인들은 어리석고 순진한 백성들을 향해 장차 그들이 결코 이방인들의 칼날에 휘둘리는 전쟁을 보지 않을 것이며 배고픈 기근의 때가 이르지 않으리라고 했다. 즉 이스라엘 자손이 그 땅에서 확실한 평강을 누리게 될 것이라 선전했던 것이다. 그런 기만은 백성들로 하여금 죄의 자리에 그대로 머물도록 했으며 자신의 사악한 모습을 직시하지 못하도록 가로막았다.

선지자 예레미야의 간곡한 말을 들은 여호와 하나님은 그 모든 것을 이미 잘 알고 있다는 사실을 언급하셨다. 국가 위정자들의 악한 권력에 빌붙어 있던 선지자들은 욕망에 가득 차 하나님의 이름을 거짓으로 빗대어 엉터리 예언을 되풀이하고 있었다. 하지만 그들은 하나님으로부터 보냄을 받은 자들이 아니었다. 하나님께서 저들에게 어떤 명령을 내리거나 예언을 주시지 않았기 때문이다.

그럼에도 불구하고 사악한 자들은 거짓 계시와 점술과 헛된 것과 자기 마음의 허탄한 것들로 백성들을 향해 거짓된 예언을 했다. 하나님께서 보내지 않았어도 하나님의 이름을 빗대어 예언하면서 그 백성들에게 칼과 기근이 그 땅에 이르지 않는다고 주장했던 것이다. 그들은 하나님을 핑계대고 거짓으로 예언하면서도 그것이 백성들에게 안정감을 주는 것이라 생각하며 스스로 위안으로 삼았을 것이 분명하다.

하지만 하나님께서는 배도에 빠져 있으면서 그 길로부터 돌이키지 않는 백성들과 거짓 선지자들을 결코 그냥 두시지 않으리라고 하셨다. 전쟁과 기근이 결코 닥치지 않는다며 외치고 다니는 그 거짓 선지자들에게 바로 그 끔찍한 재앙을 내리시겠다는 것이다. 그리하여 그들은 결국 멸망에 이를 수밖에 없게 되는 것이다.

그들로부터 거짓된 예언을 받아들여 믿고 있던 자들은 기근과 칼로 인해 예루살렘 거리에서 내침을 당해 비참한 죽음을 맞게 된다. 하지만 그들을 무덤에 장사해 줄 사람마저 없다. 또한 그들의 아내와 아들과 딸들도 그렇게 될 것이라고 하셨다. 이는 하나님께서 저들이 저지른 악을 저들 위에 부으시기 때문이라는 것이다.

그러므로 하나님께서는 선지자 예레미야를 향해 저들에게 자기의 엄중한 말씀을 전하라고 명하셨다. 선지자는 앞으로 자기가 밤낮으로 많은 눈물을 흘리게 될 것인데 이는 하나님의 처녀 딸의 신분을 지닌 언약의 백성이 큰 파멸과 중한 상처로 말미암아 망할 것이기 때문이라는 것이었다. 선지자는 자기가 들로 나가본즉 칼에 죽은 자들이 가득했으며 성읍 안에 들어간즉 기근으로 시달리는 자들과 병든 자들로 가득 찼다는 것이다. 이는 예언적인 의미로 배도에 빠진 백성들을 향해 선포된 말씀이다.

장차 그들은 또한 선지자들이나 제사장들조차 알지 못하는 낯선 땅으로 쫓겨나게 된다고 했다. 그 백성은 나라를 잃은 채 그곳에서 헤매게 된다. 이는 예루살렘이 바벨론 군대에 의해 침공을 받아 배도에 빠진 이스라엘 자손이 멀리 이방 지역으로 포로가 되어 잡혀가는 것에 연관되어 있다. 그로 인해 거룩한 성 예루살렘이 훼파되고 하나님의 성전이 파괴되는 심판을 받게 되는 것이다.

5. 선지자의 간절한 애통 (렘 14:19-22)

배도에 빠진 이스라엘 자손에 대한 하나님의 용서 없는 무서운 심판이 예언되자 선지자는 당혹감에 휩싸이지 않을 수 없었다. 그래서 이제 유다를 완전히 버리시려는지 물어보았다. 주님께서 진정 시온(Zion)을 싫어하시는지 어찌하여 언약의 자손들을 후려치시고 치료해 주지 않으시는지 탄식하며 말했다.

참 하나님을 경외하는 자들은 진정한 평강을 바라고 있으나 하나님으로부터 그에 대한 약속이 주어지지 않았다. 또한 심하게 입은 상처를 치유받기 위해 간절한 마음으로 기다려 보지만 하나님의 자비가 베풀어지지 않는다고 했다. 그들에게는 장래에 대한 두려움만 가득 차 있다는 것이다.

선지자 예레미야는 그와 더불어 하나님 앞에 지은 모든 죄악을 드러내 고백하며 용서를 빌었다. 저들의 사악한 행위와 그 조상들이 저지른 죄악을 전부 인정했다. 그들 모두가 여호와 하나님 보시기에 추악한 죄악을 저질렀다는 것이다. 그러니 자기의 뉘우침을 보시고 하나님의 진노를 돌이켜 달라는 간구를 했다.

선지자는 또한 그와 더불어 본질에 연관된 매우 중요한 사실을 언급했다. 그것은 언약 자손들의 죄악을 심판하는 일보다 더욱 소중한 것은 하나님의 영광이라는 것이다. 따라서 재앙을 당하게 될 백성들이 아니라 오직 '하나님의 이름을 위하여' 그 백성을 미워하지 말아 달라고 했던 것이다.

그러므로 배도에 빠진 악한 죄인들로 인해 주님의 영광스러운 보좌를 욕되게 하는 일이 발생하지 않도록 해달라는 간구를 했다. 과거에 주님께서 언약의 백성과 세우신 언약을 기억하시고 그것을 폐하지 말아 달라고 간청했던 것이다. 이스라엘 자손이 잘못을 저질렀지만, 그로 말미암아 거룩한 성 예루살렘과 거룩한 성전이 훼파당하는 일이 발생하게 되면 그것이 하나님께 영광이 되지 못한다는 것이다.

선지자의 이와 같은 본질적 고백은 매우 중요한 의미를 지니고 있다. 그는 오직 여호와 하나님 한 분만이 전지전능하신 참 하나님이라는 사실을 고백했다. 이방인들이 받드는 신들은 실제적인 신이 아니라 더러운 우상에 지나지 않으며 그 가운데 능히 기근을 끊고 비를 내리게 해줄 수 있는 인격적인 존재가 없다. 하나님의 심판에 연관하여 그의 허락 없이는 하늘도 가뭄과 기갈을 해소하기 위하여 스스로 소나기를 내리게 해 줄 수 있는 존재가 없음을 말했던 것이다.

선지자 예레미야는 그와 같이 놀라운 일을 실행할 수 있는 분은 오직 여호와 하나님 한 분밖에 존재하지 않는다는 사실을 잘 알고 있었다. 따라서 참 언약의 자손은 그 모든 것을 지으신 하나님을 앙망할 따름이라고 했다. 하나님과 그의 백성 사이에는 그와 같은 분명한 언약의 관계가 성립되어 존재하고 있었던 것이다.

제15장
하나님의 심판 선언과 구원 약속

(렘 15:1-21)

1. 하나님의 단호한 심판 선언 (렘 15:1-4)

여호와 하나님께서 선지자 예레미야에게 말씀하셨다. 설령 모세와 사무엘이 하나님 앞에 서 있다고 할지라도 자기의 마음은 그 백성을 향할 수 없다는 것이다. 모세는 이스라엘 민족을 애굽에서 탈출시킨 중요한 지도자였으며 사무엘은 그 민족이 가나안 땅에 들어온 이후 다윗 왕이 그 약속의 땅을 최종 점령하는 일에 중요한 역할을 한 인물이다.

하나님께서는 그와 같은 대표적인 믿음의 사람들이 간구한다고 할지라도 예레미야 당시 이스라엘 민족에 대한 자기의 뜻을 결코 돌이키지 않으시겠다고 했다. 이는 배도에 빠져 율법을 버리고 언약을 멸시한 자들을 용서할 수 없다는 것이다. 하나님 앞에서 악을 행하는 그 백성을 반드시 그곳으로부터 쫓아내시리라고 하셨던 것이다.

하나님의 심판을 감지한 자들이 선지자를 향해, 이제 저들이 어떻게 해야 하며 어디로 가야 할지 묻거든 자신의 뜻을 분명히 전하라고 말씀을 하셨다. 그들은 하나님 앞에서 더러운 죄악을 뉘우치고 진정으로 회개하는 것이 아니라 저들의 일상적인 욕망 추구에만 관심을 가지고 있던 터였다. 배도에 빠진 상태 그대로는 하나님의 자비와 용서를 기대할 수 없었다.

그러므로 사망에 빠진 자들은 죽임을 당하게 되며 칼에 맞을 자들은 그 형벌을 받게 된다. 또한 기근을 당할 자들은 그로 인해 굶주리게 되며 포로가 될 자들은 멀리 이방 지역으로 사로잡혀 가게 된다는 것이다. 그들은 스스로 욕망에 가득 차 추구하던 모든 것들을 상실한 채 고통을 맛보아야 했다.

하나님께서는 그와 더불어 그들을 '네 가지 방법'으로 징벌하리라는 사실을 언급하셨다. 그것은 죽이는 칼과 찢는 개와 삼켜 멸하는 공중의 새와 땅의 짐승 등 네 가지이다. 하지만 이는 단순히 숫자상으로 네 가지 종류로 배도에 빠진 자들을 징계한다는 의미가 아니다.

하나님의 그 말씀은 오히려 그 백성들을 철저히 멸망시킨다는 의미를 지니고 있다. 즉 네 가지 방법을 점진적으로 사용해 저들을 완전히 삼켜버린다는 것이다. 전쟁에서 칼에 의해 죽임을 당한 시체를 개들이 끌고 다니며 찢을 것이고 그후에는 공중의 새들이 몰려와 그 고기를 쪼아먹게 된다. 그리고 그 남은 것은 들짐승들이 흔적도 없이 먹어 치우도록 하신다는 것이다.

이는 하나님의 무섭고도 단호한 심판 선언이 아닐 수 없다. 그 백성이 그렇게 된 것은 유다 왕 히스기야의 아들 므낫세가 유다 왕국의 패망을 수십 년 앞두고 예루살렘에서 저지른 악행에 그 근거를 두고 있다고 했다. 므낫세 왕은 여호와 하나님에 대한 믿음을 저버리고 친 앗수르 정책을 펼치면서 가증한 이방 문화와 종교적 제의들을 받아들였다(왕하 21:1-9).

그리하여 예루살렘 성전 앞마당에는 일월성신 곧 해, 달, 별의 신들을 위한 제단이 세워지게 되었다. 그로 말미암아 여호와 하나님을 믿는 신앙이 약화되고 미혹하는 점술가들과 무당들이 판을 치게 되었으며, 바알 신과 아세라 신을 비롯한 온갖 이방 종교 사상이 혼합된 신앙 행태가 극심하게 번져나갔다. 그와 같은 가증한 종교 행위가 하나님의 무서운 진노를 불러일으키게 되었던 것이다.

악한 므낫세 왕이 의존하며 가까이 지내던 앗수르 제국은 결국 바벨론에 의해 멸망당한다. 예레미야 선지자가 예언하던 시기는 그와 같은 사악한 풍조가 예루살렘에 만연해 있을 때였다. 당시 배도에 빠진 종교 지도자들은 모세 율법을 버리고 하나님을 떠나 백성들을 유린하고 기만하기에 혈안이 되어 있었다.

2. 하나님의 심판 아래 놓인 예루살렘과 유다 땅 (렘 15:5-9)

선지자 예레미야는 예루살렘을 향해 깊은 탄식을 했다. 패망해가는 예루살렘을 불쌍히 여길 자가 없으며 그를 위해 울 자가 아무도 없었기 때문이다. 그 도성이 어떤 형편에 놓여 있는지 앞으로 어떻게 될지 안부조차 묻는 사람이 없었다. 그와 같이 버려진 상태에 놓인 것은 하나님의 진노로 인한 것이었다.

여호와 하나님께서는 예루살렘을 그처럼 심판하시는 이유를 말씀하셨다. 그가 하나님을 버렸으며 그로부터 멀리 떠났기 때문이었다. 그러므로 하나님께서 그를 향하여 진노의 손을 내밀어 심판하여 멸망시키게 되었던 것이다. 하나님께서는 이제 저들을 긍휼히 여겨 돌이키려고 애쓰는 것도 신물이 난다고 하셨다.

하나님께서는 그와 더불어 그 땅의 모든 성문 앞에서 자기 백성을 키질하여 흩어버릴 것이라고 말씀하셨다. 그렇게 되면 모두 자식을 잃고 완전히 망하게 된다는 것이었다. 이는 그들이 제멋대로 그릇된 길로 행하면서 그 악으로부터 돌이키지 않았기 때문이다.

하나님께서는 그로 말미암아 자기 앞에 바다의 모래알과 같이 많은 과부가 생겨난다고 하셨다. 이는 전쟁과 연관되는 문제이다. 하나님께서 한낮에 침략자들을 끌어들여 급작스럽게 예루살렘을 공격하게 하고 동시에 젊은이들과 그들의 부모를 치게 함으로써 모두가 놀라 두려워 떨게 되리라는 것이었다.

일곱 명의 아들을 둔 어미가 자기의 모든 자식이 죽어가는 것을 보고 졸도하게 되리라고 했다. 마치 하늘의 태양처럼 믿고 의지하던 아들을 잃고 나서는 심각한 수치와 근심을 당하게 된다. 그들은 힘을 상실하고 마음이 실성하여 온전한 생활을 할 수 없다. 그들이 가지고 있던 모든 소망이 일순간에 완전히 끊어져버리는 것이다.

그와 같은 극악한 상황을 피해 남은 자들 역시 하나님에 의해 그 원수의 손에 붙여지게 된다. 이는 하나님께서 반드시 저들을 심판하신다는 사실을 말해주고 있다. 언약의 자손으로서 거룩한 율법을 버리고 배도에 빠져 하나님을 욕되게 하는 자들은 결코 살아날 수 없는 것이다.

3. 메시아 예언에 연관된 말씀과 하나님의 분노 (렘 15:10-14)

선지자 예레미야는 여호와를 향한 기도 중 자신에 관하여 탄식하며 말했다. 자기에게 무서운 재앙이 미친 것을 언급하며 어머니께서 왜 자기를 낳으셨는지 생각하면 원통한 마음이 든다고 했다. 그리고 온 세상 사람들이 다 자기에게 시비를 걸고 싸움을 걸어온다는 사실을 언급했다. 또한 자기는 아무에게도 빚진 일이 없고 빚을 준 일도 없는데도 불구하고 사람들은 자기를 저주한다고 했다(렘 15:10).

그의 탄식을 들은 하나님께서는 그에게 응답하셨다. 자기가 분명히 선한 목적을 위해 저를 강하게 할 것이며 어려운 고통 중에서 구원하여 복을 누리게 해주시리라는 것이다. 그가 승리를 거두게 되면 그를 대적하던 자들이 극한 재앙을 당하여 환난과 궁지에 빠지게 되며 도리어 저에게 살려달라고 간청하게 된다는 것이다(렘 15:11).

이는 그와 대적하는 배도자들이 처한 형편에 엄청난 반전이 일어난다는 사실을 말해주고 있다. 그가 처음에는 아무런 이유 없이 원수들에 의해 비난을 받고 저주를 당하지만, 나중에는 저들을 제압하고 궁극적인 승리를 거두게 된다는 것이다. 그렇게 하여 궁지에 몰린 그 악한 대적자들이 찾아와 도움을 간청하도록 해 주실 것이라고 하셨다.

이 말씀 가운데는 메시아 예언적 의미가 담겨 있는 것으로 이해할 수 있다. 나중에 오실 메시아는 아무런 이유 없이 사악한 인간들에 의해 온갖 수모와 비난을 받으시게 된다. 하지만 성부 하나님께서 그로 하여금 최종 승리를 거두게 하신다. 그렇게 되면 악한 원수들이 짓밟혀 완전한 패망을 당할 수밖에 없다.

하나님께서는 자기의 도움을 구하지 않는 배도에 빠진 백성들의 어리석음을 책망하셨다. 북방으로부터 철과 놋과 같이 강한 군대가 쳐들어오면 누가 저들을 꺾겠느냐는 것이다. 그와 같은 위기가 발생하는 것은 저들이 저지른 온갖 죄악에 기인하고 있었다. 즉 율법을 멸시한 그 죄악으로 말미암아 유다 왕국의 국경 안에 존재하는 모든 재산과 보물들이 허망하게 탈취당하게 된다는 것이다.

결국 하나님께서는 그 과정을 통해 배도에 빠진 그 백성을 약속의 땅에서 쫓아내신다. 그들은 북방의 원수들 곧 바벨론 군대의 포로가 되어 알지 못하는 낯선 땅으로 끌려가게 되는 것이다. 이는 여호와 하나님께서 진노의 맹렬한 불을 내려 저들을 살라버리려 할 것이기 때문이다.

4. 선지자의 고통과 하나님의 경륜 (렘 15:15-18)

선지자는 여호와 하나님께 간구했다. 주님께서 자기를 기억하여 돌보아 주셔서 자기를 박해하는 자들에 대한 보복을 서둘러 주시도록 간청했던 것이다. 너무 오랫동안 저들에 대한 주님의 진노가 임하지 않아 자기가 저들의 손에 죽임을 당하는 일이 발생하지 않도록 해 달라는 것이다. 그는 또한 자기가 악한 자들에 의해 모욕을 당하는 까닭은 오로지 주님을 위한 마음과 참된 신앙 자세로 인한 것이란 점을 고백적으로 언급했다.

선지자 예레미야는 그와 더불어 여호와 하나님을 향해 자기는 주님의 이름으로 일컬음 받는 자라는 사실을 강조했다. 그는 주님의 말씀을 얻어먹었으며 그 말씀이 자기의 심령에 진정한 기쁨과 즐거움이 되고 있다는 점을 말했다. 이는 주님께서 허락하시는 말씀이 자기에게 유일한 진리가 된다는 사실을 말해주고 있다.

그러므로 선지자는 자기감정에 따라 흥겹게 놀며 떠드는 자들의 모임에 나가지 않으며 그들과 함께 즐거움을 취하지 않는다고 했다. 그것은 오히려 심히 분개할 만한 것이라는 사실을 말했다. 따라서 자기는 오직 주님의 손에 붙들린 바 되어 홀로 외롭게 앉아 있으면서 저들에 대한 분노의 마음을 가지고 있음을 언급했다.

우리는 여기서 선지자가 하나님을 떠난 자들과 어울려 자기의 기쁨을 추구하는 일을 경계했다는 사실을 알 수 있다. 악한 자들의 즐거움은 하나님으로부터 허락된 것이 아니라 인간들의 욕망에서 발생하게 된다. 이에 대해서는 오늘날 지상 교회에 속한 성도들도 되새겨 보아야 할 문제이다. 하나님의 자녀들은 타락한 세상의 것들을 받아들이면서 자기의 만족을 추구하는 행위를 멀리해야만 하는 것이다.

그럼에도 불구하고 선지자 예레미야는 자기의 고통이 지속되며 악한 자들에 의해 입은 상처들이 매우 깊어 쉽게 낫지 않는 것에 대하여 언급했다. 이제 그 고통에서 해방될 수 있도록 도와달라는 것이다. 그러면서 주님은 시냇물이 넘쳤다가 말랐다가 하는 것처럼 자기에게 어떻게 해 주실는지 종잡을 수 없다는 말을 했다.

이는 하나님께서 언제 자신의 고통을 덜어주실지 짐작조차 할 수 없다는 사실에 연관되어 있다. 선지자는 하나님이 자기를 사랑하시며 진정한 평안을 주신다는 사실을 분명히 알고 있었다. 하지만 지금 당장 고통 가운데 신음하는데 언제 그 현상적인 어려움을 해결해 주실지 알지 못해 안타깝다는 마음을 드러내 보여주고 있다.

모든 것이 제한적일 수밖에 없는 인간들은 하나님의 뜻과 그 모든 계획을 다 알 수 없다. 하지만 분명한 점은 하나님께서 자기 자녀들을 사랑하신다는 사실과 때가 이르면 저들의 모든 고통을 완전히 제거해 주신다는 것이다. 그러나 그와 같은 일이 언제 완전히 이루어질지에 대해서는 인간들이 정확하게 알지 못한다.

그런 가운데서도 오직 여호와 하나님 한 분을 바라보며 그에게 진정한 소망을 두고 살아가는 것이 모든 성도들의 신앙 자세가 되어야 한다. 하나님께서 여러 면에서 오래 참고 인내하시는 것은 자기 자녀들을 위해서라는 점은 틀림없는 사실이다. 따라서 성숙한 성도들은 고통중에 인내하며 하나님의 전체적인 경륜을 볼 수 있는 안목을 가지게 된다.

5. 하나님의 사랑과 구원 약속 (렘 15:19-21)

선지자의 간구와 모든 생각을 듣게 된 하나님께서는 그에 응답하셨다. 만일 선지자가 자기에게서 돌이키면 하나님이 저를 다시금 이끌어 자기 앞에 세우실 것이라고 하셨다. 즉 헛된 것들을 버리고 귀한 것을 말한다면 그로 하여금 하나님의 입이 되게 하시리라는 것이었다. 이는 그가 어려운 상황 가운데서 잠시 백성들의 편에서 이해하고자 하는 마음을 가지고 하나님의 뜻을 벗어났다는 사실에 연관되어 있다. 타락한 백성들에 대한 선지자의 지나친 배려가 오히려 하나님의 말씀을 멀리 하도록 했던 것이다.

그러므로 하나님께서는 저에게 돌아오도록 요구했으며 그렇게 하면 그 백성이 선지자 예레미야에게로 돌아오게 될지 모른다고 하셨다. 하지만 선지자가 다시금 저들의 편으로 돌아가서는 결코 안 된다는 사실을 강조하셨다. 이는 모든 참된 진리는 하나님으로 말미암게 되며 그가 세우신 선지자의 입술을 통해 백성들에게 전달된다는 사실을 말해주고 있다. 즉 백성들이 판단하는 다수의 생각이 올바른 것이 될 수 없다는 것이다.

하나님께서는 선지자 예레미야로 하여금 백성들 앞에 견고한 놋 성벽이 되게 해주시리라고 말씀하셨다. 그렇게 되면 악한 자들이 아무리 맹렬하게 그를 공격하여 친다고 할지라도 결코 이겨내지 못할 것이라고 하셨다. 이는 하나님께서 항상 그와 함께하셔서 어떤 위급한 상황에서도 저를 구해낼 것이기 때문이다.

하나님께서는 그와 더불어 선지자를 악한 자의 손에서 건져내시며 두려움이 되는 자들의 손에서 구원하시리라는 약속을 하셨다. 이 말 가운데는 하나님의 보내심을 받은 선지자가 악한 자들에게 둘러싸여 있다는 사실을 시사하고 있다. 따라서 하나님의 일을 맡은 사명자로서 어떤 경우에도 여호와 하나님을 바라보며 그에게 의존하는 신앙을 소유하는 것이 매우 중요하다. 이와 같은 신앙 원리는 오늘날 우리에게도 그대로 적용되어야 한다.

제16장

배도자들에 대한 엄중한 심판과 하나님의 약속

(렘 16:1-21)

1. 미래에 대한 끔찍한 예언 (렘 16:1-4)

여호와 하나님의 말씀이 또다시 선지자 예레미야에게 임했다. 그 땅
에서 아내를 맞이하지 말며 자녀를 두지 말라는 것이다. 이는 약속의
땅과 유다 백성들에게 언약의 상속이 지속되지 않을 것에 관한 의미를
담고 있다.

하나님께서는 그와 더불어 그에 연관된 구체적인 언급을 하셨다. 그
것은 희망이 담긴 긍정적인 메시지가 아니라 무서운 재앙이 닥치는 걱
정스러운 미래에 연관되어 있었다. 그 땅에서 낳은 자녀들과 그곳에서
그들을 출산한 부모에 대하여 부정적인 말씀을 하셨기 때문이다.

앞으로 그들이 낳은 자식들을 비롯한 많은 백성이 독한 질병으로 말
미암아 죽임을 당하게 된다고 했다. 그렇지만 주변에 존재하는 어느 누
구도 그 사실에 대하여 슬퍼해 주는 자가 없을 것이다. 또한 그들의 시
체를 땅에 묻어주는 사람이 없기 때문에 마치 땅 위에 뒹구는 거름 덩

어리처럼 되리라는 사실을 언급했다.

그처럼 배도에 빠진 인간들은 칼과 기근에 의해 패망하리라고 했다. 그것은 군인들에 의해 일어나는 전쟁과 자연적인 재해가 동시에 임하게 될 것을 말해주고 있다. 그로 말미암아 죽은 자들의 시체는 공중의 새와 땅의 짐승의 밥이 되리라는 것이었다. 이는 장차 유다 백성들에게 닥칠 고통이 얼마나 끔찍한가 하는 점을 보여주고 있다.

2. 각박한 사회의 도래 (렘 16:5-7)

하나님께서는 또한 선지자에게 매우 특별한 요구를 하셨다. 그것은 초상집에 들어가서 애곡하지 말며 그들을 위해 위로하지도 말라고 하셨다. 하나님께서 저들로부터 진정한 평강을 빼앗았으며 인자와 사랑을 제거해버렸기 때문이라는 것이다. 그런 상태에서 저들을 위해 슬퍼하며 애곡하는 것은 아무런 의미가 없다는 것이었다.

그 땅에서는 지위가 높은 사람이나 낮은 사람이나 할 것 없이 한 가지로 처참한 죽음을 맞게 된다. 하지만 그들의 시체를 땅에 묻어 줄 자들이 없고 그들의 죽음으로 인해 애곡해 줄 만한 사람도 존재하지 않는다. 나아가 그들의 죽음으로 말미암아 자신의 몸에 상처를 내고 슬픔에 잠기거나 머리를 밀어 애도할 자들도 없다는 것이다.

물론 그와 같은 형태의 슬픔과 애도의 표시는 올바른 신앙인들이 취할 수 있는 행동이 아니다. 그런 풍조는 이방인들의 퇴락한 문화와 종교적 관습으로부터 들어온 것이다. 그럼에도 불구하고 그 풍습이 중단되어 실행되지 않는 실상이 보여주는 것은 저들의 죽음에 대하여 사람들이 무관심하고 둔감해진다는 것을 말해준다. 그것은 당시 심판에 이른 자들의 삶이 얼마나 피폐한가 하는 점을 보여주고 있다.

즉 그들 가운데는 죽은 자로 말미암아 슬퍼하는 자와 서로 음식을 나누며 위로하는 자가 아무도 없다. 설령 그들의 부모가 죽는다고 할지라도 저들에게 위로의 잔을 주어 마시게 할 자들이 존재하지 않는다. 이는 장차 자기의 욕망에 관한 관심 이외에 다른 사람들의 삶에 신경을 쓰거나 위로하는 일이 사라져버리는 극도로 각박한 상황이 도래하리라는 사실을 말해주고 있다.

3. 기쁨과 즐거움이 사라진 시대의 도래 (렘 16:8, 9)

하나님께서는 또한 선지자 예레미야를 향해 잔칫집에 들어가서 그들과 함께 앉아서 먹거나 마시지 말라고 하셨다. 이는 많은 사람이 잔칫집에 가서 배불리 먹고 마시며 즐긴다는 사실을 전제하고 있다. 어리석은 자들은 일시적인 욕망에 팔려 더 소중하고 값진 것들을 보지 못한다.

따라서 많은 사람이 즐거워하는 자리라고 할지라도 그에 무분별하게 동화되어서는 안 된다. 이는 선지자로서 확실한 분별력을 가져야 한다는 말과 통한다. 그렇게 함으로써 잔칫집에서 먹고 마시는 것이 일시적인 만족을 주게 될 뿐 오래 지속되지 못한다는 사실을 알 수 있게 되는 것이다.

그러므로 하나님께서는 선지자 예레미야에게 장차 유다 백성들에게 임하게 될 비극적인 상황에 관하여 말씀하셨다. 저들 가운데 기뻐하는 소리와 즐거워하는 소리가 사라져버린다는 것이다. 잔칫집에서 신랑과 신부가 행복해하는 모습도 완전히 끊어지게 된다.

유다 백성들 가운데 그와 같은 비극적인 상황이 발생하는 것은 하나님의 심판과 연관되어 있다. 그것은 아주 먼 미래에 일어날 일이 아니라 목전에 임박한 상황이다. 즉 선지자 예레미야가 예언하는 시대 예루살렘에서부터 그와 같은 일이 발생한다. 그 백성들에게서 모든 기쁨과 즐거움이 끊어지게 되는 것이다.

4. 본질을 벗어난 어리석은 자들 (렘 16:10-13)

하나님께서는 선지자에게 그 모든 말씀을 언약의 자손들에게 전하라고 요구하셨다. 그러면 그들이 그것을 받아들이지 않고 저에게 반항하듯 말할 것이라고 하셨다. 그들은 마치 아무런 잘못이 없으며 억울하다는 듯이 따져 물으리라는 것이었다.

"우리의 죄악이 무엇이며 우리가 우리 하나님 여호와께 범한 죄가 무엇이냐?"(렘 16:10). 배도에 빠져있으면서도 무지한 그들은 당당하기까지 했다. 그들이 그런 태도를 보인 것은 단순히 위선적인 마음 때문이 아니라 '부패한 진심'이 저들 가운데 내재하고 있었기 때문이다. 즉 그들은 깊은 죄악에 빠져 있으면서도 그것이 마치 하나님께 충성하는 것처럼 착각하고 있었던 것이다.

이와 같은 양상은 지나간 기독교 역사 가운데 항상 나타났으며 오늘날 우리 시대 역시 마찬가지다. 예수님 당시의 사악한 배도자들이었던 바리새인과 산헤드린 공회원들이 그랬다. 그들은 감히 하나님께 저항하며 예수님에게 흉기를 들이대면서도 그것이 정의인 양 착각하고 있었던 것이다. 현대 기독교 가운데도 사악한 죄악을 저지르면서 그것이 마치 하나님에 대한 충성인 양 여기는 자들이 많이 있다.

하나님께서는 선지자 예레미야를 향해 그와 같이 반응하는 자들에게 자신의 엄중한 뜻을 전하라고 하셨다. 그들의 조상이 여호와 하나님을 버렸으며 이방인들의 신들을 추종하여 섬기며 그들에게 절하기를 서슴지 않았음을 상기시키셨다. 그들은 하나님을 버렸으며 모세가 전한 율법을 멸시했다는 것이다.

그런데 이제 그들의 자손인 유다 백성이 그 조상들보다 더욱 큰 죄악을 저지르고 있다는 사실을 말씀하셨다. 그들이 각기 마음의 완악한 상태를 따라 행하면서 여호와 하나님의 뜻에 불순종했다는 것이다. 그것은 하나님과 맺어진 언약이 완전히 파기된 사실을 말해주고 있다.

그러므로 하나님께서는 저들을 약속의 땅에서 쫓아내버릴 것이라고 말씀하셨다. 즉 그들을 저들의 조상이 알지 못하던 낯선 땅으로 사로잡혀 가게 하실 것이라고 하셨다. 쫓겨난 그 백성들은 그 이방 지역에서 다른 신들을 섬기며 처참한 형편에 처하게 된다는 것이다. 이는 하나님께서 더 이상 저들에게 은혜를 베풀지 않기 때문에 발생하는 문제이다.

5. 포로가 된 자들에게 주어진 하나님의 약속 (렘 16:14,15)

여호와 하나님께서는 선지자에게 말씀하셨다. 그것은 장차 정해진 날이 이르게 되면 놀라운 변화가 나타난다는 사실에 연관되어 있다. 그것은 이스라엘 백성이 오래전 저들의 조상을 애굽 땅에서 인도해 내신 여호와 하나님의 살아계심에 대한 옛 기억을 두고 맹세하지 않는다는 것이다. 즉 오랜 과거가 아니라 이제는 저들의 현실에 연관하여 살아계신 하나님을 두고 맹세하게 되리라는 것이다.

다시 말하자면, 이 말은 그들이 더 이상 하나님 앞에서 맹세하지 않는다는 것이 아니라 맹세할 만한 새로운 사건이 발생한다는 사실을 의미하고 있다. 이는 하나님께서 바벨론의 포로가 되어 사로잡혀 간 언약의 백성들을 다시금 본토로 인도하신다는 사실에 연관되어 있다.

오래전 애굽의 노예 상태에서 조상들을 끌어내신 하나님을 두고 맹세하기보다 최근에 하나님께서 바벨론 땅으로부터 구출해 내신 사건이 현실적으로 더 실감나게 여겨질 것이기 때문이다. 따라서 이스라엘 자손들은 북방의 노예 신분에서 해방시켜 주신 하나님의 살아계심을 두고 맹세하게 되리라는 것이었다.

이처럼 하나님께서는 배도로 말미암아 북방 이방의 여러 지역으로 쫓겨난 자들을 다시금 가나안 본토로 인도해 들일 것을 약속하셨다. 하지만 어리석은 자들은 그에 대한 하나님의 말씀조차 귀담아 듣기를 거부한다. 그에 반해 참된 하나님의 자녀들은 포로가 되어 배도에 빠진 다른 자들과 함께 이방 지역에서 고통을 당하지만 선지자의 입술을 통해 선포된 하나님의 약속을 바라보며 살아가게 되는 것이다.

6. 배도자들에 대한 심판 (렘 16:16-18)

하나님께서는 또다시 예레미야에게 말씀하셨다. 언약의 자손이라 주장하면서 배도에 빠진 자들을 당장은 용납하지 않으시리라는 것이었다. 즉 그들을 적극적으로 심판하시겠다고 말씀하심으로써 하나님의 분명한 의지를 보여주고 있다.

이제 곧 많은 어부를 불러서 물고기 낚듯 그들을 낚게 할 것이라고 하셨다. 그후에는 많은 포수를 불러 모든 산과 언덕에 풀 것이며 바위 틈에 숨어 있는 짐승을 찾아내듯 그들을 철저히 사냥하게 할 것이라고 하셨다. 이는 악한 자들을 남기지 않고 찾아 심판하시고자 하는 하나님의 의도를 보여주고 있다.

하나님께서 그렇게 하시는 까닭은 그의 빈틈없는 눈이 저들의 모든 악행을 철저히 살펴보고 계시기 때문이다. 그들이 아무리 숨어서 남몰래 나쁜 짓을 행한다고 할지라도 하나님을 속이지는 못한다. 그들의 모든 죄악이 하나님의 목전에 그대로 드러나게 되기 때문이다.

그럼에도 불구하고 사악한 자들은 여호와 하나님을 속이고 자기의 더러운 욕망을 추구하기에 급급하다. 나아가 어리석은 백성들 앞에서 자기가 마치 훌륭한 신앙인이라도 되는 듯 선전하기를 좋아한다. 그렇게 함으로써 신앙이 어리거나 어리석은 자들을 미혹하여 자기의 범죄에 끌어들이기를 되풀이하는 것이다.

배도자들은 그런 식으로 살아가는 것이 자기의 욕망과 풍요를 추구하는 지름길이라 여긴다. 하지만 하나님께서는 저들의 죄악에 대하여 몇 배로 갚아 주시리라고 말씀하셨다. 이는 그들이 죽은 시체와 같이 생명 없는 우상으로 언약의 땅을 더럽히고 그곳에 악하고 가증한 것들로 가득 채웠기 때문이다. 배도자들은 그런 것들을 통해 종교적인 즐거움을 누렸으나 하나님께서는 그로 말미암아 엄청난 모독을 당하셨던 것이다.

7. 예레미야의 기도와 하나님의 응답 (렘 16:19-21)

선지자 예레미야는 여호와 하나님을 자신의 힘이자 요새이며 환난 날에 피할 피난처라고 묘사했다. 이는 하나님만이 그의 유일한 도움이 되시며 진정한 보호자가 되신다는 사실을 말해주고 있다. 그가 도와주지 않으시면 무기력한 자가 되어 무서운 환난을 피할 수 없다는 것이다.

바로 그 하나님을 향해 선지자가 말씀드렸다. 온 세상에 흩어진 언약의 자손들이 탄식하며 외치게 된다는 것이다. 그들의 조상이 계승해 준 것은 참된 신앙이 아니라 허망하고 거짓되고 무익한 것들밖에 없다고 했다.

그들은 언약의 자손으로서 어떻게 참 신이 아닌 거짓된 우상을 자기의 신으로 삼겠느냐고 말했다. 이방인들이 헛된 신들을 섬기고 있으나 그것들은 실제로 살아있는 신이 아니라 거짓 신으로서 귀신들의 장난에 지나지 않는다고 했다. 그럼에도 불구하고 어리석은 자들은 그것을 섬기며 자기가 원하는 바를 이루어가고자 애쓰고 있다는 것이다.

선지자의 기도를 들으신 하나님께서 그에 응답하셨다. 이제 저들에게 자신의 손을 통한 능력을 보여주시겠다고 하셨다. 그렇게 함으로써 그들로 하여금 여호와 하나님과 그의 이름을 알게 해 주시리라는 것이다. 이처럼 하나님의 뜻을 알고 그를 진정으로 경외하며 배도의 길에서 돌이킨다면 그들에게 구원의 손길을 펼치시게 된다.

하지만 이는 즉시 이루어질 일은 아니었다. 당시 이스라엘 백성은 하나님을 떠나 배도의 길을 걸으면서 뉘우치는 마음이 전혀 없었기 때문이다. 따라서 그와 같은 약속은 그 백성이 낯선 이방 지역으로 흩어져 엄청난 고통을 겪은 후에야 이루어지게 될 일이다.

우리는 이 말씀을 통해 하나님께서 언약의 백성을 완전히 버리지 않으신다는 사실을 알게 된다. 물론 그것은 그 백성 자체를 긍휼히 여기기 때문은 아니다. 그 가운데 존재하는 가장 중요한 점은 장차 하나님의 자녀들을 위해 이땅에 오시게 될 메시아에 대한 예언적 의미와 연관되어 있다.

제17장

인간의 범죄와 하나님의 안식일 준수 요구

(렘 17:1-27)

1. 유다의 사악한 죄 (렘 17:1-4)

예레미야가 예언할 당시 유다 백성들은 극도로 타락한 상태였다. 정치 지도자들은 기득권을 누리면서 악행에 빠져 있었으며 타락한 종교인들은 거짓 신앙을 앞세워 백성들을 기만하며 하나님을 욕되게 하기를 지속했다. 어리석은 백성들은 하나님의 율법이 아니라 사악한 지도자들의 거짓 주장을 따르기를 좋아했다.

하나님께서는 그와 같은 유다의 죄를 절대로 가볍게 보시지 않았다. 그 죄는 저들 가운데 명확히 기록되어 증거로 남는다. 성경은 유다의 죄를 금강석 철필로 기록하여 악행을 저지른 자들의 마음판에 뚜렷이 새길 것이며 헛된 제사를 지내는 그들의 제단 뿔에도 그것이 새겨지게 된다는 사실을 언급하고 있다.

그럼에도 불구하고 배도에 빠진 자들은 그에 대한 심각성을 깨닫지 못하고 있었다. 따라서 그들은 자기뿐 아니라 자녀들마저 망치는 행동을 했다. 그 자녀들은 부모의 악행을 그대로 답습했다. 그들은 높은 산 위에 있는 푸른 나무 곁에 만들어 둔 제단에서 바알과 아세라 같은 거짓 신을 전면에 두고 그것을 섬기기에 여념이 없었다.

하나님께서는 그런 자들을 결코 그냥 두시지 않는다. 하지만 사악한 자들에게는 하나님의 말씀을 귀담아 듣고자 하는 마음이 전혀 없었다. 그리하여 하나님은 인간이 아닌 자연을 향해 자신의 뜻을 드러내며 선포하셨다. 물론 그 과정을 통해 언약의 자손들에게 의미가 전달되어 하나님의 뜻이 드러나도록 하셨다.

그러므로 하나님은 들판에 솟아 있는 산을 향해 심판을 내리시리라는 뜻을 전하셨다. 산 여기저기 널려 있는 죄악의 흔적으로 인해 하나님께서 그 지경을 대적자들에게 넘겨주겠다는 것이다. 그 가운데 있는 모든 넘치는 것들과 보물 그리고 더러운 산당들이 원수들의 손에 의해 노략질당하게 할 것이라고 하셨다.

그리하여 배도에 빠진 백성은 하나님의 심판으로 말미암아 오래전부터 허락받은 유산인 약속의 땅에서 떠나야만 한다. 하나님이 저들에게 내리는 무서운 징계가 임하게 되기 때문이다. 그로 인해 유다 백성들은 저들이 알지 못하는 낯선 땅으로 끌려가 대적자인 원수들을 섬겨야 하는 신세에 처하게 되는 것이다.

그들이 그와 같은 극한 위기를 맞게 되는 것은 하나님의 무서운 진노 때문이다. 배도자들은 더러운 악행을 통해 하나님의 맹렬한 분노를 유발하여 오랫동안 꺼지지 않는 불을 일으키듯 행동했다. 그와 같은 심각한 상황에서도 어리석은 자들은 그 악한 실상을 깨닫지 못한 채 자기의 추한 욕망을 추구하기에 급급했다.

2. 진정으로 복된 자 (렘 17:5-8)

여호와 하나님께서는 선지자의 입술을 통해 언약의 백성들을 향해 말씀하셨다. "무릇 사람을 믿으며 육신으로 권력을 삼고 마음이 여호와에게서 떠난 그 사람은 저주를 받을 것이라"(렘 17:5). 이는 모든 인간에게 매우 중요한 의미를 지니고 있다. 따라서 이를 올바르게 이해하지 않으면 안 된다.

하나님께서는 먼저 사람을 믿지 말라고 하셨다. 사람 자체로서는 믿고 의지할 만한 존재가 되지 못한다. 우리 믿음의 선배들은 인간은 전적으로 타락했으며 무능한 존재라는 사실을 고백했다. 완전히 타락한 인간을 믿는 것은 썩은 나무 기둥에 기대는 것과 마찬가지다. 따라서 오직 하나님의 은혜로 말미암아 거듭 태어난 사람만이 그리스도 안에서 신뢰할 수 있는 대상이 될 수 있다.

또한 인간의 육신으로 그 권력을 삼는 자들은 겉보기에 그럴듯해 보일지 모르지만, 실상은 위태로운 삶을 살아가는 것에 지나지 않는다. 그런 자들은 자기의 힘을 의지하며 하나님으로부터 떠날 것이기 때문이다. 그와 같은 삶을 누리는 자들은 하나님으로부터 저주를 받게 된다고 하셨다. 이는 일반 불신자들뿐 아니라 하나님의 언약을 내세우는 자들 가운데도 해당하는 말이다.

그럼에도 불구하고 어리석은 자들은 세상에서 권력을 가지고 외형상 성공한 듯이 보이는 그런 자들을 부러워한다. 그것이 마치 하나님의 축복인 양 착각하는 자들이 많이 있다. 하지만 신앙이 성숙한 자들은 절대로 그렇지 않다. 그들에게서 부러워할 만한 것이 전혀 없는 것은 그 모두가 저주의 대상에 지나지 않기 때문이다.

성경은 그런 자들은 장차 메마른 사막에 자라난 가시덤불과 같은 처지에 놓이게 된다고 했다. 그곳에서는 지속해서 유지되는 풍요롭고 좋은 일을 기대하지 못한다. 따라서 사악한 자들은 궁극적으로 뙤약볕이 내리쬐고 식물이 자라지 않는 삭막한 땅에서 살아갈 수밖에 없게 된다.

이에 반해 여호와 하나님을 참으로 의지하는 자는 복을 받을 것이라고 했다. 그런 사람은 물가에 심긴 나무가 그 뿌리를 강변에 뻗치는 것

과 같기 때문이다. 따라서 가뭄과 무더위가 닥친다고 할지라도 두려워
할 필요가 없다. 즉 어떤 경우에도 그 잎이 무성하며 아무리 가뭄이 심
하다고 해도 건실한 가지에서 풍성한 열매를 맺게 되는 것이다.

성숙한 신앙을 가진 자들은 이에 대해 명확한 이해를 해야만 한다.
겉보기에 성공했느냐 실패했느냐 하는 것은 하등의 문제가 되지 않는
다. 중요한 점은 육신의 욕망과 목적을 추구하느냐, 아니면 여호와 하
나님을 믿고 의지하느냐 하는 것이다. 진정으로 복된 자는 오직 여호와
하나님만을 믿고 의지하는 신앙을 소유하게 된다. 이처럼 하나님을 진
정으로 경외하는 성도들은 이에 대한 분별력을 가져야만 한다.

3. 만물 가운데 가장 사악한 존재인 인간 (렘 17:9-11)

이 세상 만물은 원래 하나님께서 창조하신 원형과는 본질적인 차이
가 난다. 이는 그 형체나 모양이 바뀌었다는 의미가 아니다. 원래 하나
님의 모든 피조 세계는 정결하고 아름다운 것들로 가득 채워져 있었다.

그러나 인간이 마귀의 유혹을 받아 하나님께 저항하여 범죄하고 난
후에는 모든 것이 달라졌다. 인간의 타락으로 말미암아 그의 지배를 받
던 모든 피조물이 죄로 오염되었기 때문이다. 죄로 인해 인간이 타락했
다는 말과 인간의 범죄로 인해 피조 세계가 오염되었다는 말은 다른 의
미를 지니고 있다.

모든 피조 세계를 더럽히는 오염은 아담과 하와의 범죄와 타락에 기
인한다. 따라서 인격을 가지고 고의로 여호와 하나님을 배신한 인간이
모든 만물보다 더욱 거짓되고 심히 부패한 존재가 되었다(렘 17:9). 오염
된 만물은 하나님께 적극적인 욕을 보이지 않지만 타락한 인간은 거룩
하신 하나님을 끊임없이 모독하고 있다.

그렇지만 어리석은 인간들은 그에 대한 아무런 인식이 없다. 그들은
도리어 인간의 경험에 기초한 일반 윤리를 보며 선악을 판단하고자 한

다. 따라서 타락한 인간들 자신에게는 그에 관한 분별 능력이 존재하지 않는다. 전적으로 부패한 존재는 전적으로 무능한 존재에 지나지 않기 때문이다.

그에 반해 하나님께서는 인간의 심장부에 존재하는 모든 것을 정확하게 살피며 폐부를 시험하여 각각 그 행위와 그 행실대로 보응하시는 분이다. 그렇지만 자기 욕망에 따라 살아가는 자들은 그에 대한 아무런 눈치조차 채지 못한 채 살아가고 있다. 그런 자들은 도리어 자기의 사악한 행위를 사람들 앞에서 자랑거리로 삼는 것이 일반적이다. 그 모든 것은 하나님의 심판의 대상일 따름인데도 그에 관한 인식이 전혀 없는 것이다.

하나님의 말씀을 떠난 채 불의한 방법을 동원하여 성공한 사람들은 헛된 삶을 살아가는 것에 지나지 않는다. 그들은 자기가 낳지 않은 다른 새의 알을 품고 있는 자고새와 같이 허망한 삶을 살아간다. 그런 자들이 소유한 모든 재산은 오래가지 않아 저들의 죽음과 함께 완전히 상실해버리게 된다. 그리하여 종국에는 모든 것을 잃어버림으로써 어리석은 패배자가 될 수밖에 없다.

4. 천상의 하나님으로부터 임하는 '은혜'와 '재앙의 날'
(렘 17:12-18)

선지자는 말하기를 '우리의 성소는 영화로운 보좌와 같아서 원래부터 높은 산 위에 존재한다'고 했다. 그와 더불어 이스라엘의 소망이신 여호와 하나님을 버리는 자들은 다 수치를 당할 것이라는 사실을 말했다. 그리고 여호와를 떠나는 자들은 모래 위에 기록된 이름처럼 금방 지워지게 된다. 그로 말미암아 생명의 근원이 되는 여호와 하나님으로부터 버림을 당하게 되는 것이다.

선지자 예레미야는 오직 주님 홀로 모든 것을 해결할 수 있다는 사실을 잘 알고 있었다. 따라서 여호와 하나님이 자신의 찬송을 받을 분이라는 사실을 고백하며 자기를 고쳐달라고 간구했다. 그러면 낫게 되리라는 것이다. 또한 주님께서 자기를 죄로부터 구원해 주시면 사망에서 구원받을 수 있으리라고 말했다.

그럼에도 불구하고 배도에 빠진 악한 자들은 그를 향해 여호와의 말씀이 과연 어디 존재하느냐고 조롱하며 따지듯이 말한다고 했다. 그와 더불어 이제 그 말씀이 저들에게 임하게 해보라는 말을 하며 비웃기도 한다는 것이다. 이는 하나님의 선지자인 그를 신뢰할 만한 인물이 아니란 듯이 경멸하고 있다는 사실을 말해주고 있다.

하지만 선지자는 그런 환경 가운데서도 자기의 참된 신앙을 버리지 않고 굳건한 자세를 유지한 사실을 말했다. 또한 자기는 목자의 직분을 유지하면서 멀리 도망치지 않았으며 주님을 섬기는 일을 피하려고 하지 않았다고 했다. 그와 동시에 자기에게 무서운 재앙의 날이 임하는 것을 원하지 않았다는 점을 말했다. 선지자는 자기가 주님 앞에서 모든 것을 간구하며 아뢰었으므로 주님께서 이미 그 모든 사실을 잘 알고 계신다고 했던 것이다.

그러므로 엄위하신 하나님께서 자기에게 두려움이 되지 않도록 해달라는 간구를 했다. 그와 더불어 재앙의 날에 주님이 자신의 유일한 피난처가 된다는 사실을 언급했다. 그리하여 자기를 박해하는 자들로 하여금 수욕을 당하게 하시고 자기는 그렇게 되지 않게 해달라고 간구했다. 또한 그 악한 자들이 놀라도록 해 주시고 자기는 놀라지 않게 해달라는 말을 했다. 배도에 빠진 그 악한 자들에게 재앙의 날이 임하게 하여 갑절의 형벌로 저들을 멸망에 빠지게 해 주시도록 간구했다.

5. 안식일 준수 요구 (렘 17:19-23)

여호와 하나님께서는 그와 더불어 선지자 예레미야에게 안식일 준수에 관한 중요한 메시지를 주셨다. 유다 왕들이 출입하는 성문과 평민의 문과 예루살렘의 모든 문에 서서 안식일에 관한 하나님의 뜻을 선포하라는 것이다. 그리하여 성문을 통해 들어오는 유다 왕들과 유다의 모든 백성과 예루살렘에 거하는 모든 주민이 그에 순종해야만 했다.

그 주된 내용은 안식일을 준수하라는 하나님의 명령이었다. "너희는 스스로 삼가서 안식일에 짐을 지고 예루살렘 성문으로 들어오지 말라, 안식일에 너희 집에서 짐을 내지 말라, 어떤 노동도 하지 말라"(렘 17:21, 22)고 했다. 그것은 하나님의 율법으로서 그들의 조상에게 이미 명한 내용이었다. 따라서 언약의 자손들은 안식일을 온전히 지킴으로써 그날을 거룩하게 해야만 했던 것이다.

하지만 그 조상들은 여호와 하나님의 말씀을 청종하기를 거부했다. 그들은 모세가 전한 율법의 가르침에 귀를 기울이지 않았다. 그들은 교만에 빠져 목을 뻣뻣하게 하여 선지자들이 전하는 교훈을 귀담아 듣거나 마음에 받아들이지 않은 채 그것을 거부하기에 익숙했다.

6. 안식일 준수 여부에 따른 성전 보존과 심판 선언 (렘 17:24-27)

하나님께서는 이어서 안식일에 연관된 중요한 교훈을 주셨다. 안식일을 준수한다는 것은 하나님에 대한 순종행위가 지속해서 이루어진다는 사실을 말해주고 있다. 그들이 매 주일 되풀이 되는 안식일을 온전히 지키면 하나님께서 저들을 지켜 보호해 주시리라는 것이었다. 그렇게 되면 예루살렘 성읍이 견고하여 다윗의 왕위를 계승하는 왕들과 그 신하들이 병거와 말을 타고 그 성문을 출입할 것이며 그들과 함께하는 모든 백성과 예루살렘 거민들도 그처럼 하리라고 했다.

선지자는 또한 언약의 자손들이 하나님의 말씀에 온전히 순종함으로써 그 성읍이 영원히 존재하게 된다는 언급을 했다. 하나님께서 그 성읍을 보존하는 가장 중요한 목적의 중심에는 예루살렘 성전이 있었다.

즉 유다의 성읍들과 예루살렘 인근 지역과 베냐민 지파의 땅과 평지와 산지와 남방으로부터 사람들이 와서 번제와 희생제물과 소제와 유향과 감사 제물을 가지고 여호와 하나님의 집인 성전으로 오게 되리라는 것이었다.

하지만 하나님의 명령에 불순종하게 되면 상황은 완전히 달라진다. 그들이 모세가 전한 율법을 멸시하고 안식일을 거룩하게 지키지 않은 채 그날 짐을 지고 예루살렘 성전 문으로 들어온다면 하나님이 절대로 가만히 계시지 않으신다는 것이다. 결국 하나님께서 예루살렘 성문에 불을 놓아 예루살렘 왕궁을 삼켜버리게 하리라는 것이었다.

하나님으로부터 임하는 그 불은 예루살렘 궁전과 성읍을 완전히 태워버릴 때까지 꺼지지 않는다고 했다. 안식일을 준수하지 않아 성문이 불타 없어지게 되면 이방 군대의 세력이 그 내부로 들어와 모든 것을 무너뜨리게 된다. 이는 결국 바벨론 제국의 군대가 예루살렘과 성전을 완전히 파괴해버릴 것에 대한 예언적 성격을 지니고 있다.

제18장

배도자들에 대한 하나님의 경고와 선지자의 간구

(렘 18:1-23)

1. 토기장이의 작업을 통한 교훈 (렘 18:1-10)

여호와 하나님께서 선지자 예레미야에게 명령을 내리셨다. 자리에서 일어나 토기장이의 집으로 내려가라는 것이다. 거기서 하나님의 필요한 말씀을 들려주시겠다고 언급하셨다. 이는 하나님께서 그에게 특별한 현장 가운데서 실체와 연관된 중요한 메시지를 주시겠다는 의미를 내포하고 있다.

선지자는 하나님의 명을 듣고 곧장 토기장이의 집으로 내려갔다. 그 집에 들어가 보니 토기장이가 돌림대를 돌리면서 진흙을 이겨 그릇을 빚는 작업을 하고 있었다. 그가 열심히 일하면서 그 가운데 제대로 된 그릇은 따로 모아두고 그렇지 않으면 그 진흙을 다시 주물러 자기가 원하는 다른 그릇을 만들었다.

그 광경을 지켜보는 선지자에게 하나님께서 명령하셨다. 선지자는 그에 따라 메시지를 이스라엘 백성에게 전달했다. 그것은 토기장이가 원하는 그릇을 만들기 위해 일하듯이 하나님도 그렇게 하신다는 것이다. 그러면서 토기장이의 손에 진흙이 들려있는 것처럼 하나님의 손에 이스라엘 자손이 들려있다는 사실을 말했다.

하나님께서 어느 민족이나 국가의 뿌리 자체를 뽑아버리거나 그들을 부숴 멸망시키고자 할지라도, 만일 그 민족이 저들의 악행에서 돌이킨다면 그들에게 내리기로 작정했던 재앙에 대한 하나님의 뜻을 돌이키시겠다고 하셨다. 그와는 반대로 하나님께서 어느 민족이나 국가를 건설하거나 어느 지역에 정착시키고자 할 때, 그들이 만일 하나님 보시기에 악한 행위를 하며 하나님의 목소리를 청종하지 않는다면 저들을 유익하게 하려고 내리고자 하시던 복을 내리지 않고 뜻을 돌이키리라는 것이었다.

2. 언약의 자손들을 향한 경고와 권면 (렘 18:11-17)

하나님께서는 이와 더불어 선지자 예레미야를 향해 이제 유다 사람들과 예루살렘 주민들에게 가서 자신의 뜻을 선포하라고 하셨다. 여호와 하나님께서 저들에게 무서운 재앙을 내리실 것이며 특별한 계획을 세워 저들을 치려고 한다는 것이다. 그러니 모든 백성은 각기 자기의 사악한 길에서 돌이켜 저들의 모든 길과 행위를 순결하고 아름답게 하라는 명령을 전달하도록 하셨다.

하지만 그 백성들은 선지자의 메시지를 받아들이지 않고 오히려 배척함으로써 하나님께 저항하는 태도를 보였다. 그들은 선지자가 전하는 예언을 헛된 것으로 간주하고 마음속에 받아들이지 않았다. 따라서 그들은 이제까지 해오던 악행을 버리지 않고 하나님의 율법을 떠난 상태에서 완악한 마음에 근거하여 더러운 욕망을 추구하며 배도 행위를 지속했다. 그들은 하나님의 뜻을 완전히 무시하는 사악한 고집을 버리지 않았던 것이다.

그러므로 하나님께서는 가증한 배도의 길을 걸어가는 이스라엘 자손을 향해 과연 누가 그들과 같은 악행을 저질렀는지 들어본 적이 있느냐며 온 세상 사람들을 향해 물어보라고 말씀하셨다. 순결해야 할 이스라엘 자손이 이방 신을 섬기면서 더러운 간음을 저지르고 가증한 일을 행하고 있다는 것이다.

선지자 예레미야는 또한 레바논의 높은 산꼭대기 위에 있는 바위에서 눈이 사라진 일이 있느냐고 반문했다. 또한 그 먼 곳으로부터 흘러내리는 시원한 물줄기가 마르지 않는다는 사실을 언급했다. 이는 자연의 원리도 그러한데 언약의 백성들은 신앙의 기본적인 원리를 따라야 한다는 사실을 말해주고 있다.

하지만 하나님의 백성들은 하나님을 잊어버린 채 허망한 거짓 신들을 향해 분향하기를 지속했다. 그와 같은 행위는 저들로 하여금 원래의 길 곧 조상으로부터 상속받은 옛길에서 넘어지게 했다. 그로 말미암아 곁길 곧 다듬어지지 않은 험한 길로 행하게 하시리라고 했다. 그리하여 그들의 땅이 황폐하여 영원한 조소거리가 되게 하리라는 것이었다.

그러므로 하나님께서 그들을 원수 앞에서 흩어버리실 것이라고 말씀하셨다. 마치 동풍에 흩날리는 티끌처럼 만들어버리리라는 것이었다. 또한 그들이 당하게 될 재앙의 날에는 하나님께서 그들에게 등을 보이고 뒤돌아설 것이라고 하셨다. 배도자들은 하나님의 얼굴을 보지 못하고 긍휼을 입지 못하게 된다. 그렇게 되면 그리로 지나는 자마다 그것을 보고 놀라서 그 머리를 흔들 수밖에 없다.

3. 위기의 상황에 부닥친 선지자의 간구 (렘 18:18-20)

하나님의 말씀을 계시받아 전하는 선지자들은 항상 위태로운 상황에 부닥쳐 있었다. 그들은 결코 편안하고 안락하고 즐거운 삶을 산 사람들이 아니었다. 즉 선지자는 안일한 일을 수행하는 직분자가 아니었다.

하나님을 올바르게 알고 율법을 지키는 자들로부터는 존경을 받았지만 전반적으로는 그렇지 않았다. 물론 그들은 하나님의 은혜와 천상에서 허락되는 진정한 평강을 누리고 있었다.

예레미야 역시 참된 선지자로서 하나님의 말씀을 증거할 때 많은 어려움을 겪어야만 했다. 사악한 배도자들은 선지자가 자기에게 유리하거나 듣기 좋은 말을 해주지 않는다는 이유로 그를 죽이려고 했다. 그들은 온갖 모략을 짜내 계획을 세워 그를 치고자 했던 것이다.

그들 가운데는 감히 하나님께서 보내신 참된 선지자를 핍박하고 죽이려 하면서도 자기가 마치 훌륭한 신앙인이라도 되는 양 착각하는 자들이 많았다. 그들은 굳이 예레미야 같은 자가 아니어도 저들 가운데는 율법을 가르치는 제사장들이 많이 있다고 여겼다. 그리고 묘책을 알려주는 지혜로운 자들이 상당수 있다고 생각했다.

그들은 또한 하나님의 말씀을 전하는 선지자들이 많이 있기 때문에 예언이 끊기지 않을 것이므로 염려할 것이 전혀 없다고 했다. 물론 그 예언이란 하나님으로부터 계시된 참된 말씀이 아니라 거짓 선지자들의 거짓 예언에 지나지 않았다. 그럼에도 불구하고 예레미야의 말을 공박하면서 그가 전하는 말에 귀를 기울일 필요가 없다는 주장을 펼치며 어리석은 백성들을 미혹하기에 급급했다.

이에 대해서는 오늘날 우리 시대에도 그 상황이 당시와 별반 다르지 않다. 참된 교회에 속해 하나님을 진심으로 경외하는 올바른 목사들은 기득권을 가진 변질된 종교 지도자들에 의해 모욕과 외면을 당하는 것이 일반적이다. 배도자들은 성경에 기록된 절대진리를 그대로 받아들이지 않고 이성에 따라 변개하기를 좋아한다. 따라서 하나님의 말씀에 어긋나는 저들의 행동을 지적하거나 비판하면 많은 불이익을 당할 수밖에 없다.

또한 선지자 예레미야는 여호와 하나님을 향해 고통스러운 상황에 빠진 자기를 돌아봐 달라는 간구를 했다. 그리고 자기에게 대항하는 배도자들의 사악한 목소리를 들어봐 주시도록 간청을 드렸다. 그들은 선한 것을 악한 행동으로 갚듯이 자기의 생명을 해치기 위해 함정을 팠다는 것이다.

선지자는 지금까지 저들에 대하여 신실한 자세를 보여온 사실을 언급했다. 자기는 오히려 사악한 행위를 일삼는 저들에게서 하나님의 진노를 돌이키도록 간청해 온 것을 하나님께서 잘 알고 계신다는 것이다. 나아가 여호와 하나님 앞에 서서 그 악한 자들을 위하여 변호하듯이 한 자기의 말을 기억해 달라고 했다. 그럼에도 불구하고 하나님을 배신하고 자기에게 배은망덕한 행동을 하는 그 악한 자들에게 이제 심판을 내려 달라고 했던 것이다.

4. 하나님의 무서운 징계를 요구하는 선지자 (렘 18:21-23)

선지자는 하나님을 향해 배도에 빠진 사악한 자들에게 무서운 벌을 내려 주시도록 간구했다. 그들의 자녀들에게 기근이 임하게 하고 그들을 칼의 세력 곧 무력에 넘겨 달라고 했다. 그리고 그의 아내들은 자녀를 잃고 과부가 되게 해 주시도록 간청했다. 또한 그들 가운데 장년들은 죽음에 처하고 청년들은 전장에서 칼에 쓰러지게 되기를 원한다고 했다.

하나님께서 그들에게 갑작스럽게 이방 왕국의 군대를 보내 그들의 집에서 울부짖음이 들리게 해 달라는 당부를 했다. 선지자가 하나님을 향해 그렇게 간구한 까닭은 그들이 선지자를 잡으려고 구덩이를 파고 그 발을 빠뜨리기 위해 올무를 놓았기 때문이라고 했다. 그들은 단순히 선지자에게 고통을 안겨주려는 것이 아니라 죽이려고 했던 것이다.

여호와 하나님께서는 이미 배도자들이 자기를 죽이려는 계략을 알고 계실 것이니 저들의 죄악을 용서하지 말라는 말을 했다. 그들의 더러운 죄악을 주님의 목전에서 지워버리지 마시고 그들을 그 앞에서 넘어지게 해 달라고 간구했다. 주님이 진노하실 때 그 악한 자들에게 엄하게 벌해 달라는 것이다.

우리는 여기서 선지자의 속마음을 주의깊게 읽을 수 있어야 한다. 그 것은 배도자들에 의해 자기가 목숨을 잃어 죽게 되면 그들은 더욱 기고 만장하게 되어 하나님께 강력하게 저항할 것이 뻔하다. 그리고 하나님 을 진정으로 따르는 자들을 억압하며 심한 고통을 줄 것이 분명하다. 따라서 선지자 예레미야는 하나님께서 저들을 엄중하게 징벌하셔서 하 나님의 율법이 회복되기를 바랐기 때문에 그렇게 간구했던 것이다.

제19장
유다 왕국을 향한 하나님의 재앙 선포

(렘 19:1-15)

1. 하나님의 특별한 명령 (렘 19:1-5)

여호와 하나님께서 배도에 빠져 타락의 극치에 다다른 이스라엘 백성들을 염두에 두고 선지자 예레미야를 불러 특별한 말씀을 하셨다. 토기장이의 집으로 내려가 옹기 하나를 사라는 것이다. 그것을 손에 들고 백성을 대표하는 장로들과 제사장들 가운데 어른들 몇 사람을 데리고 '하시드 문' 어귀에 있는 도벳 곧 '힌놈의 아들의 골짜기'로 내려가 거기서 하나님께서 이르는 말씀을 선포하라고 명하셨다.

그가 백성들을 대표할 만한 장로들과 제사장들을 대동한다는 것은 그 자리가 큰 권위를 가지고 있음을 입증하고 있다. 선지자는 그곳에서 유다 왕들(kings)과 예루살렘 거민들을 향해 만군의 하나님 여호와의 말씀을 들으라고 했다. 이는 당시의 왕과 선왕 등 여러 왕을 포함하고 있음을 말해주고 있다. 물론 왕들과 모든 백성이 그 자리에 함께 있었던 것 같지는 않다.

선지자 예레미야는 대표성을 띠는 유다 왕국의 최고 지도자들과 그 백성들을 향해 여호와 하나님께서 그들에게 큰 재앙을 내리실 것이라고 선포했다. 그 말을 듣게 되는 자들은 놀라지 않을 수 없었다. 거기에는 이제까지 경험해 보지 못한 끔찍한 심판이 동반된다는 내용이 포함되어 있었기 때문이다.

하나님께서 그 백성들에게 무서운 재앙을 내리시는 까닭은 그들이 여호와 하나님을 버리고 배도에 빠진 형편에 기인한다. 그와 더불어 거룩한 성 예루살렘과 하나님의 성전을 더럽힌 것과 밀접하게 연관되어 있다. 사악한 배도자들은 그곳에서 저들뿐 아니라 언약의 조상들과 유다 왕들이 전혀 알지 못하던 더러운 이방 신들을 섬기며 그것들에게 분향하는 것을 예사로 여기고 있었다.

그리하여 거룩해야 할 그 도성은 하나님의 공의가 철저히 멸시당하는 배도의 장소가 되어버렸다. 사악한 기득권자들이 어리석은 백성들을 기만하여 타락한 권세와 부당한 부를 누리고, 죄 없는 자들이 저들에 의해 심한 고난을 겪으며 억울한 피를 흘리는 것이 예사가 되었다. 이는 그들이 여호와 하나님과 그의 율법을 철저히 멸시하는 상황을 말해주고 있다.

또한 배도에 빠진 기득권자들은 이방인들이 섬기는 종교를 가지고 들어와 혼합 신앙을 만들어 냈으며 급기야는 바알 신을 위한 산당을 건축하기도 했다. 그리고 그 거짓 신들을 만족시킨다는 명목으로 자기 아들을 번제로 불살라 바치는 자들도 생겨났다. 절대로 있을 수 없는 그와 같은 더럽고 사악한 종교 행위는 결단코 하나님께서 저들에게 명하거나 요구한 것이 아니었으며 하나님의 뜻도 아니었다. 선지자는 그와 같은 짓은 배도자들의 악한 종교 행위에 지나지 않는다는 사실을 분명히 언급했다.

2. 하나님으로 말미암는 무서운 재앙 (렘 19:6-9)

하나님께서는 예루살렘 성 밖 가까운 곳에 위치해 있으면서 극도로 타락한 곳인 도벳3) 곧 힌놈의 아들의 골짜기가 무서운 심판을 받게 된다는 사실을 말씀하셨다. 그곳은 조물주인 여호와 하나님을 버리고 이방의 우상 신들에게 제사를 지내는 더러운 곳이 되어 있었다. 따라서 더 이상 예전에 불리던 지명이 아니라 '살육의 골짜기'로 칭해질 날이 조만간 이르게 된다는 사실을 언급하셨던 것이다.

유다 왕국과 예루살렘의 지도자들을 포함한 모든 거민들은 하나님을 무시한 채 자기들의 욕망을 추구하는 사악한 계획을 세워두고 있었다. 그들은 사람들의 눈에 막강한 세력을 갖추어 여러 종족 가운데 부강한 민족이 되는 것을 목적으로 삼았다. 그렇게 하여 주변의 많은 왕국보다 더욱 강력한 나라가 되기를 원했다.

그 백성들이 잡다한 이방 신들을 섬기게 된 까닭은 그런 기대와 밀접하게 연관되어 있었다. 즉 이방 왕국들이 그와 같은 다양한 신들을 만들어 섬기면서 부강하게 된 것을 눈으로 보며 확인한 바였다. 물론 그것은 근본적으로 잘못된 판단이었지만 이방 종족들이 부유한 나라가 된 것은 그 신들을 열정적으로 섬긴 결과인 양 착각했다. 따라서 배도에 빠진 유다 백성들은 여호와 하나님을 멸시한 채 그 이방 신들을 섬기며 저들이 원하는 모든 것들을 취하고자 했다.

그러나 하나님께서는 자기를 버리고 이방 종교를 따라가며 배도에

---

3) '도벳'(Topheth)이라는 말은 '제단' '용광로' '태우는 곳'이라는 의미를 지니고 있다. 그곳은 특히 이방신을 위해 인간을 죽여 제물로 바치는 사당과 제단이 있는 곳으로서 예루살렘 남쪽 힌놈의 아들의 골짜기와 기드론 골짜기가 만나는 지점에 자리잡고 있다. 유다왕 아하스와 므낫세도 여기서 자기 아들을 죽여 불태워 인신 제사로 몰렉에게 바쳤다(대하 28:1-4; 33:1-6). 나중 요시야 왕은 개혁을 단행하면서 도벳 산당에서 행해지는 인신 제사를 금지시켰다(왕하 23:10).

빠진 자들을 엄중히 심판하고자 작정하셨다. 따라서 그가 친히 유다 백성들로 하여금 이방 군대 앞에서 패망당하게 하고 저들의 생명을 노리는 자들의 손에 들린 칼에 의해 엎드러지게 하리라는 것이었다. 또한 그 모든 재앙으로 말미암아 예루살렘과 유다 지역을 지나가는 자들마다 놀라게 될 것이며 패망한 이스라엘 자손을 조롱하게 될 것이라고 했다.

언약의 자손들이 그처럼 엄청난 곤경에 빠지게 되는 것은 단순히 적군의 막강한 군사력 때문만은 아니었다. 도리어 하나님께서 배도에 빠진 저들에게 상상을 초월하는 심판을 내리시기 때문에 그 끔찍한 일이 발생하게 되는 것이다. 하나님께서는 장차 유다 백성이 죽은 자기 아들과 딸들의 살을 먹는 잔인한 일이 발생할 것이며 그들은 또한 사망한 자기 이웃과 친구의 인육을 먹는 끔찍한 일이 일어나리라고 하셨다.

예루살렘 도성이 이방인들의 군대에 의해 철저히 포위되어 식량이 완전히 떨어져 먹을 음식이 하나도 없게 되면 사악한 자들은 자기 자식을 먹고 나중에는 서로 싸워 이기는 자들이 다른 자들의 인육을 먹는다는 것이다. 이는 그들의 먹을 음식이 완전히 떨어져 극한 굶주림에 빠져 이성을 송두리째 상실하게 되는 처참한 극단적 이기주의에 가득 찬 때가 이르게 된다는 사실을 말해주고 있다.

3. 옹기를 깨뜨리라는 요구 (렘 19:10-13)

여호와 하나님께서는 자기의 뜻을 언급하시면서 그와 더불어 선지자 예레미야에게 특별한 명령을 내리셨다. 그것은 앞서 토기장이로부터 구입한 옹기를 그곳에 모인 많은 사람이 보는 앞에서 깨뜨리라는 것이다. 그것을 통해 이스라엘 백성들에게 중요한 메시지를 전달하시고자 했던 것이다. 선지자는 하나님의 명령에 따라 많은 사람이 보는 가운데 그 옹기를 깨뜨려버렸다.

그러자 거기 있던 모든 사람이 선지자가 행하는 그 특별한 광경을 조용히 지켜보았다. 그와 함께 저들에게 전해진 교훈은 토기장이가 정성을 들여 만든 옹기를 한번 깨뜨려버리게 되면 다시금 그것을 원래의 완전한 모양으로 되돌릴 수 없다는 것이다. 이처럼 여호와 하나님께서 장차 이스라엘 백성과 예루살렘 도성과 그 안에 있는 모든 것들을 완전히 파괴해버릴 것이라는 사실을 선포했다.

그렇게 되면 배도자들이 혼합주의적 종교 사상을 가지고 이방 신을 섬기는 장소인 도벳에는 매장할 자리가 없을 만큼 죽은 시체들이 넘쳐나게 된다. 그처럼 예루살렘 도성과 그 가운데 살아가는 거민들을 철저히 심판하여 무너뜨림으로써 그 성읍 자체가 도벳처럼 된다는 것이다. 그들이 패망에 이르게 되는 근본적인 이유는 여호와 하나님의 율법을 버리고 그를 멸시했기 때문이다. 그들은 하나님의 율법에 순종하기를 거부한 채 오로지 자신의 종교적인 욕망에 충실했을 따름이다.

예루살렘 거민들이 거하는 도성과 유다 왕국의 왕들이 거하는 궁전에서조차 저들의 지붕 위에서 하늘의 별들과 삼라만상을 향해 분향했다. 그리고 이방의 우상 신들에게 술을 따라 부으며 전제(奠祭)를 바치는 행위를 되풀이했다. 그리하여 거룩해야 할 하나님의 도성인 예루살렘과 유다 왕국의 통치자들은 완전히 부패한 모습을 보이게 되었다. 따라서 그 도성이 도벳 땅처럼 불결하게 되리라고 말씀하셨던 것이다.

4. 성전에서 하나님의 말씀을 선포하는 예레미야 (렘 19:14,15)

앞에서 본 것처럼 여호와 하나님께서는 선지자 예레미야를 향해 토기장이의 집에 내려가서 옹기를 구입해 예루살렘 성 밖에 있는 도벳으로 가서 하나님의 말씀을 예언하라고 명하셨다. 그는 여러 사람이 보는 앞에서 그 옹기를 깨뜨리며 하나님으로부터 계시된 중요한 메시지를 선포했다. 유다 왕국과 예루살렘 도성이 옹기가 산산조각이 나서 부서

지듯이 그렇게 완전히 파괴된다는 것이다.

예레미야는 도벳에서 하나님의 특별한 메시지를 전한 후 예루살렘 성 안으로 돌아왔다. 그는 곧장 언약 백성들의 신앙 중심지인 예루살렘 성전으로 올라갔다. 선지자는 여호와 하나님의 집인 성전 뜰에 서서 그곳에 모인 백성들을 향해 하나님의 말씀을 선포했다. 그것은 무서운 재앙에 연관된 것으로서 그 가운데는 이스라엘 자손 중에 아무도 원하지 않는 경악할 만한 내용이 포함되어 있었다.

여호와 하나님께서 선언한 모든 재앙은 예루살렘 도성뿐 아니라 유다 왕국의 모든 촌락에 동시에 내리실 것이라고 했다. 그로 말미암아 예루살렘과 그 안에 세워져 있는 거룩한 성전은 완전히 파괴된다. 또한 유다 왕국에서 살아가는 모든 백성이 예외 없이 무서운 재앙과 더불어 끔찍한 비극의 상황을 맞게 된다. 그것은 지위고하(地位高下)와 빈부귀천(貧富貴賤)에 상관없이 모두에게 임하는 하나님의 심판이다.

우리는 언약의 자손들이 그런 끔찍한 상황에 부닥치게 되는 원인은 하나님의 율법과 그의 뜻을 거부했기 때문이라는 사실을 기억해야 한다. 배도자들은 교만에 빠져 목을 뻣뻣하게 세워 여호와 하나님의 말씀을 듣지 않은 채 자기 고집대로 행하며 욕망대로 살아가기를 즐겨했다. 배도에 빠진 사악한 기득권자들은 그렇게 함으로써 자기의 욕망을 채우고자 하지만 그 결과는 무서운 패망에 도달하게 될 따름이었다.

제20장

고난 당하는 선지자 예레미야

(렘 20:1-18)

1. 선지자를 박해하는 예루살렘 성전 총 감독 바스훌 (렘 20:1-3ⓐ)

선지자 예레미야는 힌놈의 아들의 골짜기에서 옹기를 깨뜨리며 유다 왕국과 예루살렘 도성, 그리고 예루살렘 성전까지 그와 같이 완전히 파괴되리라는 사실을 선포한 후 예루살렘 성전으로 올라갔다. 그는 성전 뜰에 모인 많은 사람을 향해 조만간 하나님으로부터 무서운 재앙이 임하게 되리라는 사실을 선포했다. 언약의 자손들이 여호와 하나님과 그의 율법을 버리고 더러운 배도에 빠졌기 때문에 하나님의 심판이 행해진다는 것이다.

성전 뜰에서 선지자의 입술을 통해 유다 왕국과 예루살렘 도성을 비롯한 모든 것이 파괴되리라는 예언을 들은 사람들은 다양하게 반응했을 것으로 보인다. 어떤 사람들은 하나님께서 세우신 언약의 왕국과 그에 속한 백성들이 완전히 망하게 된다는 사실을 받아들이지 못했을 것이 분명하다. 더군다나 하나님의 집인 거룩한 성전이 파괴된다는 것은 상상조차 할 수 없는 일이었다. 하지만 또 다른 어떤 사람들은 당시의 상황을 보며 그럴 수 있다고 생각하는 자들도 상당수 있었을 것이다.

그런 가운데 선지자가 전하는 메시지에 대하여 완강하게 거부하는 자들이 있었다. 기득권자들 중에는 선지자의 예언을 받아들이지 않는 자들이 주를 이루었다. 또한 그 사람들은 선지자 예레미야가 외치는 그 메시지로 인해 일반 백성들이 부정적인 생각을 하게 될 것에 대하여 우려하는 마음을 가졌다. 따라서 그런 자들은 선지자가 전하는 말과 행위를 중단시키기 위해 안간힘을 썼다.

그때 선지자의 사역을 적극적으로 가로막는 사람이 등장했다. 임멜의 아들로서 제사장이자 예루살렘 성전의 총감독인 바스훌은 예레미야가 전하는 예언을 듣고 스스로 분개했다. 권력을 가진 그는 즉시 선지자 예레미야를 체포하고 그에게 심한 폭행을 가했다. 그리고는 하나님의 성전에 있는 '베냐민 문' 위층에서 그의 목에 나무로 된 형틀을 채워두었다. 그것은 그에게 심한 고통을 주었을 뿐 아니라 엄청난 모욕적 사건이었다.

그 이튿날이 되어 바스훌은 예레미야의 목에 씌워져 있는 나무 형틀을 풀어주었다. 그것은 아마도 권력 주체라 할 수 있는 자의 긍휼로 말미암은 자발적인 판단이라기보다 다양한 계층으로부터 일어나는 여론으로 인한 결정이었을 것으로 보인다. 즉 앞서 그와 함께 힌놈의 아들의 골짜기에 내려갔던 백성의 장로들과 제사장들 가운데 어른들은 예레미야를 신뢰하는 자들이었을 것이 분명하다. 그와 같은 사람들이 존재한다는 사실은 무죄한 예레미야를 체포해 폭행을 가하고 밤새도록 고문한 바스훌에게 상당한 부담으로 작용했을 것이다.

2. '마골밋사빕'(Magor-Missabib) 4) (렘 20:3ⓑ-6)

선지자 예레미야는 자기를 고문하던 바스훌을 향해 말했다. 장차 그

---

4) 한글 공동번역 성경에서는 '사방이 두려움' 이란 뜻을 지닌 '마골밋사빕' (Magor-Missabib)을 '사면초가' (四面楚歌)로 번역하고 있다.

의 이름을 더 이상 바스훌이라 칭하지 않고 '마골밋사빕'(Magor-Missabib)이라 부르게 되리라는 것이었다. 이는 그의 이름을 통해 그 사방이 두려움으로 가득 차게 되리라는 사실을 상징적으로 드러내 보여 줄 것을 의미하고 있다.

선지자는 여호와 하나님께서 자기를 통해 바스훌에 대하여 예언하신 모든 내용을 그에게 전했다. 하나님께서는 바스훌을 그 자신과 그의 모든 친구들에게 두려움이 되게 하리라는 것이었다. 그는 장차 자기 친구들이 원수의 칼에 찔려 쓰러지는 것을 두 눈으로 똑똑히 보게 될 것이라고 말했다.

또한 하나님께서 온 유다 백성을 바벨론 왕의 손에 넘겨주시리라는 점을 언급했다. 그렇게 되면 왕의 명령에 따라 바벨론 군대는 많은 유대인을 이방의 바벨론 땅으로 사로잡아 갈 것이라고 했다. 그리고 많은 백성이 저들의 칼에 의해 죽임을 당하게 되리라는 사실을 말했다. 당시 바벨론 제국의 느부갓네살 왕은 유다 왕국과 예루살렘과 거룩한 성전 및 이스라엘 백성들에게 긍휼을 베푸는 마음 없이 철저히 유린했다.

나아가 하나님께서는 예루살렘 성읍에서 기득권을 누리던 자들의 재물과 소득과 모든 귀중품뿐 아니라 유다 왕궁의 모든 보물까지 원수인 바벨론 사람들의 손에 넘기리라고 하셨다. 그리하여 바벨론 군대는 그것들을 탈취하여 자기 나라로 가져가게 된다는 것이다. 그와 더불어 유다 왕국에 속한 백성들이 포로로 잡혀가거나 살해당하는 처지에 놓이게 된다고 했다.

그러므로 바스훌과 그의 집안에 속한 모든 사람은 바벨론 군대의 포로가 되어 이방 지역으로 끌려가리라고 했다. 또한 그는 바벨론에 이르러 거기서 죽어 땅에 묻히게 되는 신세를 면하지 못한다고 했다. 하나님께서는 바스훌로부터 거짓 예언을 듣고 그것을 따라간 그의 모든 친구들도 그와 같이 되리라고 말씀하셨다.

3. 조롱과 모욕의 대상이 된 선지자 예레미야 (렘 20:7,8)

하나님의 말씀을 전하는 선지자는 주변의 많은 사람으로부터 칭찬과 인정을 받음으로써 영예로운 자리에 앉아 있는 것이 아니다. 신실한 성도들에 의해서는 존경을 받겠지만 대부분의 그렇지 않은 자들에게서는 좋은 말을 들을 수 없었다. 도리어 심한 비난을 받거나 고통스러운 박해의 시간을 보내야만 했다.

선지자는 급기야 자신의 힘든 형편을 여호와 하나님 때문이라고 하소연하기에 이르렀다. 심지어 하나님께서 자기를 속이셨다는 말까지 했다(렘 20:7, KJV). 이는 자기가 하나님의 거룩한 예언의 말씀을 백성들에게 전하면 그로 말미암아 모든 것이 형통하게 되리라는 믿음을 가지고 있었음을 말해주고 있다.

예레미야는 하나님의 말씀에 순종하고자 애썼을 따름인데 자기의 실제적 삶은 형통하기는커녕 그와는 정반대의 형편에 처해 있다고 말했다. 그럼에도 주님께서 자기보다 강력하신 분이시기 때문에 어떤 경우라 할지라도 고통을 당하는 자기로서는 어쩔 수 없다는 것이다. 이는 자기가 억울하다는 마음을 드러내고 있는 말이다.

선지자 예레미야는 그동안 이스라엘 백성을 향해 하나님의 말씀을 가감 없이 전했다. 그런데 그 결과는 자기에게 견디기 힘든 상황을 몰고 오는 것밖에 없었다. 따라서 선지자는 자기가 사람들로부터 인정은커녕 비방의 대상이 되어 있다는 사실을 말했다. 온 종일 악한 자들이 자기를 조롱한다는 것이다.

선지자가 전한 하나님의 예언은 일반 백성들이 좋아하는 내용이 아니었다. 그는 하나님의 명령에 따라 저들에게 파멸과 멸망을 선포했기 때문이다. 어리석은 자들은 선지자의 입술을 통해 하나님의 말씀이 아니라 자기가 듣고 싶은 말만 듣기를 원했을 따름이다. 따라서 배도자들은 자기가 원하지 않는 말을 전하는 선지자의 말이 거짓 예언이라고 주장하며 심하게 핍박하기까지 했던 것이다.

　배도에 빠진 자들은 그런 가운데서도 어리석은 백성들을 향해 좋은 말을 하며 선심을 쓰듯 이야기했다. 그러자 그것을 통해 주관적인 위안을 받는 자들은 참 선지자를 배척하며 오히려 거짓 예언을 즐겁게 받아들였다. 따라서 선지자 예레미야는 하나님의 참된 예언을 전한다는 이유만으로 종일토록 사람들로부터 치욕과 모욕을 받아야만 했다. 선지자는 그런 고통 중에 하나님을 향해 자기의 어려운 심경을 드러냈던 것이다.

4. 두려움에 빠진 선지자 (렘 20:9,10)

　선지자 예레미야는 주변의 배도자들로 말미암아 심한 두려움에 빠져 있었다. 그래서 다시는 주님의 이름을 언급하지 않을 것이며 여호와를 선포하지 않으리라고 다짐하곤 했다. 하지만 그때마다 주님의 말씀이 그의 심장 가운데 불붙듯이 타올라 골수에 사무치게 되어 그 앞에서 무릎을 꿇고 만다는 사실을 말했다. 즉 극한 두려움 가운데서도 하나님의 말씀을 선포하는 일을 중단하지 못하고 지속하게 된다는 것이다.

　그렇지만 선지자인 자기를 해치고자 하는 자들은 주변에 모여 수군거리고 있음을 말했다. 그들의 눈에는 예레미야 선지자가 사면에 포위된 상태에 놓여 있는 것처럼 비쳤다. 그러니 그를 고발하자고 아우성치는 자들의 목소리가 귓가에 들려왔다. 선지자는 궁지에 몰린 듯 힘들게 자신의 사역을 감당하고 있었던 것이다.

　나아가 그동안 선지자 예레미야와 가까이 지내던 친한 이웃들마저 그로부터 돌아서서 그를 패망에 빠뜨리기 위해 모의를 했다. 그가 피할 수 없는 실책을 범하도록 덫을 놓아 걸려 넘어지기를 기다렸다. 그들은 선지자가 넘어지게 되면 그 위에 덮쳐 이스라엘 백성을 위해 좋은 말이 아니라 저주의 말을 쏟아내는 그를 욕보이고자 했던 것이다.

이처럼 하나님의 말씀을 대언하며 진리를 선포하는 선지자의 주변에는 그를 해치고자 하는 자들로 가득 차 있었다. 따라서 그가 진심으로 믿고 의지할 수 있는 존재는 여호와 하나님 한 분밖에 없었다. 이는 그가 하나님의 율법을 떠난 사악한 자들로 말미암아 심한 고통에 빠져 있을지라도 여호와 하나님께 모든 것을 맡기고 의지하는 것만이 그의 유일한 소망이요 살길이 되었음을 말해주고 있다.

우리는 이를 통해 하나님의 말씀을 증거하고 전하는 자는 이땅에서 순탄한 삶을 살아갈 수 없다는 사실을 알 수 있다. 도리어 참 하나님의 자녀들은 사악한 자들에 의해 고난을 당하는 것이 일반적이다. 그들에게 주어진 진정한 복은 그런 고통스러운 상황 가운데서 오직 여호와 하나님을 바라보며 그를 의지하는 삶이다.

5. 하나님의 도우심과 구원의 손길에 대한 감사와 찬송 (렘 20:11-13)

선지자 예레미야는 그와 같은 힘든 상황 가운데서도 여호와 하나님을 전적으로 의존하고 있었다. 그는 여호와가 두려운 용사와 같다는 사실을 고백했다. 그분이 항상 자기와 함께 계시면서 도와주시기 때문에 자기를 박해하며 괴롭히는 악한 자들은 그 앞에서 넘어지게 되어 자기를 이기지 못하리라는 것이었다.

사악한 종교인들은 겉보기에 강한 듯이 말하며 행동하지만 실상은 지혜로운 사고와 판단을 하지 못하는 자들이다. 그리하여 그 배도자들은 저들의 기대와는 전혀 다른 큰 치욕을 당할 수밖에 없다. 그들이 받게 되는 치욕은 끔찍한 것이기 때문에 후대에 이르기까지 그 실상이 전해지게 된다.

성경은 하나님이 의로운 자들을 시험하시는 분이란 사실을 언급하고 있다. 하나님은 인간의 마음속 깊이 자리잡고 있는 모든 생각과 계획을 철저히 감찰하고 계신다. 따라서 선지자는 그와 연관하여 자기의 억울한 사정을 주님께 아뢰었다. 하나님께서 자기의 힘든 상황을 친히 돌아보시고 악한 배도자들이 하나님에 의해 무서운 심판과 보복을 당하는 모습을 보게 해 달라는 간구를 했다.

선지자 예레미야는 이와 더불어 여호와 하나님을 노래하며 그에게 진정한 찬양을 돌렸다. 하나님께서 가난하고 억압받는 자의 생명을 악한 자들의 손아귀로부터 구원해 주셨다는 것이다. 여기서는 하나님께서 공의로운 분이시기 때문에 악한 자들을 엄히 심판하심으로써 의인들을 구출해 내신다는 사실을 보여주고 있다.

6. 고통스러운 삶에 대한 선지자의 슬픈 노래 (렘 20:14-18)

선지자는 여기서 현실적으로 당하는 고통을 견디기 어려운 듯 자신의 삶에 대한 슬픈 노래를 부르고 있다. 그는 자기의 생일이 저주를 받았더라면 좋았을 뻔했다는 말을 했다. 또한 자기 어머니가 자기를 낳던 날이 복이 없었더라면 좋았겠다는 언급을 했다.

그리고 자기가 이땅에 태어나던 날, 자기 아버지에게 득남 소식을 전하여 그로 하여금 기쁘게 하던 자가 저주를 받았으면 좋았을 것이라고 했다. 그 사람은 여호와 하나님께서 한 성읍을 완전히 무너뜨리시고 난 후 다시 후회하지 않으신 경우와 같이 되었더라면 좋았으리라는 말을 했다. 또한 파괴와 더불어 엉망이 된 성읍 가운데서 아침에는 울부짖는 고통의 소리가 들리고 한낮에는 전쟁의 함성이 들리는 경우처럼 되었으면 좋을 뻔했다고 했다.

그와 같은 일들이 발생하지 않은 것은 하나님께서 자기를 태중에서 죽이지 않으시고 자기 어머니를 자기의 무덤이 되지 않게 하셨기 때문이라고 했다. 또한 어머니의 배가 항상 부른 채로 머물지 않고 분만하도록 하셨기 때문이다. 즉 자기의 생명은 전적으로 하나님의 손에 달려 있었다는 것이다.

그렇지만 선지자는 어찌하여 자기가 이땅에 태어나서 그와 같은 심한 고통을 당해야만 하는지 탄식하고 있다. 그로 말미암아 자기에게 허락된 생애의 날을 부끄러움을 당하며 보내게 된 사실을 언급했다. 그는 한 인간으로서 하나님의 특별한 선지자로 부름을 받아 이 세상에 살아가는 것이 고통의 연속이었다는 사실을 절절히 탄식하는 마음으로 말하고 있다.

제21장

유다 왕국에 대한 심판 선언

(렘 21:1-14)

1. 궁지에 몰린 시드기야 왕 (렘 21:1,2)

선지자 예레미야의 예언대로 유다 왕국은 심각한 궁지에 몰리게 된다. 바벨론 제국의 군대가 대규모의 병력을 대동하고 예루살렘을 향해 공격해 오고 있었기 때문이다. 당시 바벨론 군대를 지휘한 총사령관은 무자비한 인물로 알려진 느부갓네살 왕이었다.

예레미야가 예언하던 시기 유다 왕국을 통치하던 시드기야 왕을 비롯한 정치 지도자들은 바벨론 제국과 우호적인 관계를 맺지 못했다. 시드기야 정부는 바벨론을 등지고 친애굽 정책을 펼치고 있었다. 다윗 왕조를 잇는 언약의 왕국을 위한 통치자라면 마땅히 여호와 하나님을 의지해야만 했으나 그들은 주변 강대국들 사이에서 줄타기하고 있었던 것이다.

이는 그 당시 유다의 왕과 정치인들은 여호와를 의지하지 않았다는 사실을 말해주고 있다. 그들은 하나님의 율법을 멀리한 채 인간의 지혜를 동원해 국제정세를 살피면서 주변의 강대국들 가운데 한편에 서서 그들을 의존하기를 좋아했다. 그렇게 하는 것이 나라가 살아남을 수 있는 길이라 믿었기 때문이다.

그와 같은 정황 중에 바벨론 군대가 예루살렘을 향해 밀려 들어왔다. 그로 인해 극단적 위기에 처한 유다의 시드기야 왕은 바스훌과 제사장 마아세야의 아들 스바냐에게 특별한 임무를 맡겨 예레미야에게 보냈다. 그들 중 바스훌은 앞서 예레미야를 심하게 고문했던 인물이다. 그런 위급한 상황에서 유다 왕은, 바벨론 왕 느부갓네살이 진격해 오고 있는 것을 보고 당황한 나머지 예레미야에게 유다 백성들을 위해 여호와 하나님께 도움을 간구하라는 요청을 하게 되었다.

당시 시드기야 왕을 비롯한 많은 유다인들은 선지자 예레미야와 매우 불편한 관계이기는 했으나 그가 하나님으로부터 보내심을 받은 선지자라는 사실을 어느 정도 인정하고 있었다. 따라서 왕은 그가 간구하면 하나님께서 그의 기도를 들으시고 이스라엘 자손을 위해 놀라운 기적을 일으켜 도와주실지 모른다고 여겼다. 그러면 바벨론 군대가 공격을 멈추고 본국으로 되돌아가리라 생각했던 것이다.

유다 왕국의 각 분야의 지도자들 가운데 다수는 하나님의 율법을 버린 채 배도의 길에 빠져 있으면서도 자기를 위해 하나님을 이용하고자 하는 마음을 버리지 않았다. 그들은 하나님의 이름을 빗대어 개인의 욕망을 추구하면서 실상은 하나님께 저항하며 그를 모독하는 행위를 거리낌 없이 지속했다. 그러면서도 국가적으로 위태로운 상황에 이르게 되자 하나님의 도움을 받고자 하는 뻔뻔한 모습을 보였던 것이다.

2. 진노한 하나님의 경고와 선지자의 예언 (렘 21:3-7)

그런 중에 하나님의 말씀이 선지자 예레미야에게 임하게 되었다. 선지자는 이스라엘 백성들 앞에서 자기의 주관적 판단에 따른 의견을 제시한 것이 아니다. 그는 유다 왕 시드기야에게 하나님의 뜻을 계시받은 그대로 전달했다. 따라서 그가 예언한 하나님의 말씀은 그 자체로서 절대진리였다.

이처럼 예레미야는 하나님께서 계시하신 예언을 좇아 진리의 말씀을 전했다. 그 주된 내용은 곧 바벨론 제국의 느부갓네살 왕과 갈대아 출신의 바벨론 군대가 예루살렘 성 밖에서 완전히 포위하게 되리라는 것이었다. 그러면 이스라엘 자손들은 무기를 손에 들고 원수들을 대항하여 맞서게 된다. 하지만 하나님께서 저들의 무기를 무용지물로 만들어 무장해제 시킴으로써 그 적군들을 예루살렘 성 안으로 불러들일 것이라고 했다.

하나님께서는 진노와 노여움과 울화로 인해 직접 권능의 손을 들고 강한 팔을 펼쳐 배도에 빠진 이스라엘 백성을 칠 것이라고 말씀하셨다. 그는 또한 사람이든 짐승이든 그 성에서 살아가는 생명 있는 모든 것들을 다 멸절시킬 것이라고 하셨다. 나아가 그것을 피해 남은 자들에 대하여는 하나님께서 엄청난 전염병을 일으키심으로써 그로 인해 죽는 자들이 넘쳐나게 되리라는 언급을 하셨다.

그것은 여호와 하나님께서 친히 말씀하신 것이기 때문에 반드시 이루어지게 된다. 시간이 지나면 하나님께서 예언하신 대로 그와 같은 무서운 재앙이 예루살렘에 임하게 되는 것이다. 결국 많은 백성이 다양한 형태의 심판과 더불어 무서운 역병으로 말미암아 비참하게 죽임을 당하는 형편에 처한다. 그런데 문제는 그 전염병을 피한 자들에게는 또 다른 무서운 심판이 기다리고 있다는 사실이다.

유다 왕 시드기야와 그의 신하들을 비롯한 백성 중에서 그 무서운 재

앙을 피한 자들은 뒤에 임하는 칼과 기근에 의해 하나님의 심판을 받는
다. 또한 거기서 남은 자들은 바벨론 제국의 느부갓네살 왕의 세력과
그들을 공격하는 군대와 원수들의 손에 넘겨지게 된다. 유다 백성들의
생명을 요구하는 자들은 저들을 칼로 쳐죽이면서도 측은히 여기거나
긍휼을 베푸는 마음이 전혀 없었다. 그들에 대하여 불쌍한 마음을 가지
지 않은 원수들은 잔인한 방법으로 이스라엘 백성들을 멸망시키게 되
는 것이다.

3. 생명의 길과 사망의 길 (렘 21:8-10)

여호와 하나님께서는 계속해서 선지자 예레미야를 통해 말씀을 계시
하셨다. 하나님께서 이스라엘 민족 앞에 생명의 길과 사망의 길을 두셨
다는 것이다. 그 사실을 백성들에게 전하고 과연 어느 길로 가기를 원
하느냐고 물어보라는 것이다.

선지자는 예루살렘 성읍에서 살아가는 많은 백성이 장차 칼과 기근
과 전염병으로 인해 죽게 되리라는 사실을 말했다. 이는 인간들의 칼날
에 의해 죽임을 당하는 자들이 있는가 하면 농작물이 제대로 자라지 못
해 굶어 죽는 자들도 있음을 말해주고 있다. 뿐만 아니라 많은 사람이
무서운 전염병으로 인해 죽게 되기도 한다.

그런데 갈대아인들 곧 바벨론 군대에 의해 예루살렘 성읍이 완전히
포위된 상태에서 그들 앞으로 나아가 항복하는 자들은 목숨을 유지할
수 있을 것이라고 했다. 즉 그들에 맞서 싸워 승리함으로써 생명을 구
하는 것이 아니라 적군에게 항복함으로써 목숨을 유지하게 된다. 물론
그들의 생명은 적군의 전리품처럼 되리라고 했다. 그들의 생명은 일시
적으로 유지되지만 원수들에게 달려 있게 되는 것이다.

하나님께서는 그런 중에 자기의 얼굴이 예루살렘 성읍을 향하고 있
다는 사실을 언급하셨다. 그것은 저들에게 복을 내려 주시기 위해서가

아니라 도리어 저주를 내리시기 위해서라고 했다. 결국 하나님께서 그 성읍을 바벨론 왕의 손에 넘겨주시게 된다. 그리고 왕인 느부갓네살은 그 성읍을 함락하여 불살라버리게 된다는 것이다.

4. 유다 왕가에 대한 하나님의 심판 선언 (렘 21:11-14)

하나님께서는 유다 왕국의 왕실을 향해 말씀하셨다. 선지자는 저들을 향해 자기가 전하는 예언의 말씀을 들으라고 했다. 다윗의 왕위를 잇고 있는 왕가에서는 매일 아침마다 행해지는 재판에서 공평하고 정의로운 판결을 내려야 한다는 사실을 말했다.

그리하여 악한 자들에 의해 착취를 당하는 자들을 그 압제자의 손으로부터 구해내라고 했다. 그것은 언약의 왕국에서 통치하는 왕들이 시행해야 할 마땅한 직무였다. 만일 왕이 그렇게 하지 않으면 하나님께서 저들이 행한 모든 악행으로 인해 무서운 진노를 내려 불길에 휩싸이게 될 것이란 말을 했다. 그 불길은 매우 강하게 타오를 것이기 때문에 그것을 끌 수 있는 자가 아무도 없으리라고 했다.

여호와 하나님께서는 또한 골짜기와 평원의 바위산에 거하는 백성들을 향해 말씀하셨다. 그들은 성읍 밖에서 살아가는 평범한 주민들이었다. 그 사람들은 자기가 안전한 곳에 살고 있는 것인 양 여기고 있었다. 자기들을 침략하기 위해 저들을 향해 밀려오는 자가 아무도 없을 것이며 저들의 거처를 공격하는 자들 또한 없을 것이라 여기고 있었던 것이다.

하나님께서는 그런 어리석은 생각을 하며 살아가는 자들을 향해 자기가 친히 저들을 대적하게 되리라고 말씀하셨다. 외부의 군대가 공격해 들어오지 않는다고 할지라도 하나님이 직접 심판하시리라는 것이었다. 배도에 빠져 악행을 되풀이한 백성들의 악한 행위에 따라 하나님께서 저들을 엄히 벌하시리라는 것이었다.

또한 하나님은 숲속에 불을 놓아 그 주변에 있는 모든 것들을 태워버릴 것이라고 말씀하셨다. 그렇게 되면 농부들이 애써 지은 농작물에 심각한 피해가 돌아갈 것이며, 다양한 짐승들은 살아갈 터전을 잃어버림으로써 죽음의 땅이 되어버린다. 이는 그 지역이 완전히 황폐하여 쓸모없는 황량한 땅이 된다는 사실을 말해주고 있다.

제22장

유다 왕과 백성을 향한 율법 준수와 심판 선언

(렘 22:1-30)

1. 유다 왕가를 향한 선포 (렘 22:1-9)

여호와 하나님께서 선지자 예레미야에게 말씀하셨다. 유다 왕의 궁전으로 들어가 하나님의 말씀을 그대로 전하라는 것이다. 하나님께서는 왕에게 직접 말씀하시지 않고 선지자의 입술을 통해 왕과 백성들을 향해 중요한 사실을 선포하시고자 했던 것이다.

그는 먼저 다윗 왕조를 잇는 유다 왕국의 통치자를 향해 말씀하셨다. 왕과 그 신하들, 그리고 성문 안으로 들어오는 모든 백성은 여호와 하나님의 말씀을 들으라는 명령이었다. 그 내용은 언약의 왕국 가운데서 공평과 정의를 실천하라는 것에 연관되어 있었다. 그렇게 함으로써 압제를 행하는 자들의 손아귀로부터 착취당하는 자들을 구출하라고 했다.

그리고 이방인과 고아와 과부를 압제하거나 학대하지 말라고 요구했다. 또한 하나님의 거룩한 땅에서 무죄한 자들의 피를 흘리지 말라는 명령을 내렸다. 당시 고난당하는 자들은 힘이 없고 소외받는 계층의 사람들이었다. 사회적 보호를 받아야 할 그들을 압제하는 것은 하나님의 뜻에 정면으로 반하는 행동이었다.

여기서 우리의 눈길을 크게 끄는 부류는 이방인들이다. 우리가 여기서 기억해야 할 바는 그들은 단순한 이방인들이라기보다 할례를 받아 언약의 무리에 속하게 된 자들을 일컫는 것으로 보는 것이 자연스럽다. 혈통적으로 유대인이라고 할지라도 이방인 가운데 하나님의 언약에 속하게 된 자들을 무조건 차별해서는 안 되며 이방인 출신이라는 이유만으로 그들을 압제하거나 멸시하지 말아야 한다. 기득권자들이 연약하고 힘이 없는 자들을 착취하거나 피를 흘리는 행위는 율법을 벗어난 죄악이 될 따름이다.

하나님께서는 언약의 자손들에게 자기가 선포한 모든 말씀을 준행하라고 요구하셨다. 백성들이 그에 온전히 순종한다면 다윗 왕조의 왕위에 오를 왕들과 그의 신하들과 백성들이 병거와 말을 타고 왕국의 문을 드나들게 되리라고 하셨다. 이는 유다 왕국의 흥망성쇠는 개인의 탁월한 능력이나 왕국의 막강한 세력이 아니라 하나님과 그의 말씀에 순종하는 백성들의 신앙에 달려 있음을 말해주고 있다.

그렇지만 언약의 백성들이 하나님의 말씀을 듣지 않는다면 그 집은 반드시 황폐케 되리라고 했다. 하나님께서는 배도에 빠진 그 백성을 반드시 심판하실 것이기 때문이다. 하나님께서는 유다 왕국을 언급하시며 그들은 자기에게 길르앗 같고 레바논의 머리 같다고 말씀하셨다. 하지만 하나님께서는 저들이 배도에 빠져 자기를 버린다면 반드시 광야처럼 황폐하게 하실 것이며 그 화려했던 성읍을 사람들이 살지 않는 폐허로 만들어버리실 것이라고 하셨다.

그와 같은 처참한 일은 배도자들로 말미암아 도래하게 되는데 그것을 위해 멀리 있는 이방 군대를 불러들여 심판하리라고 하셨다. 그들은 손에 각종 무기를 들고 들어와서 아름다운 백향목으로 된 기둥을 찍어 불살라버릴 것이라고 말씀하셨다. 그동안 그들이 공들여 세운 모든 화려한 왕국이 일시에 완전히 패망당한다는 것이다.

그렇게 되면 세상의 여러 민족이 그 화려했던 성읍을 보며 고개를 내젓게 된다. 이방인들은 언약의 백성들이 믿고 있던 여호와 하나님이 그 큰 성읍에 대하여 그렇게 행하신 것은 어찌 된 일이냐며 도리어 의아하게 생각하는 일이 발생한다. 물론 그들은 유다 왕국에 속한 자들이 저들을 인도하는 여호와 하나님의 언약을 버리고 그 민족과 무관한 다른 신들에게 경배하며 섬긴 까닭이 아니냐고 말한다. 이방인들도 알고 있는 사실을 정작 언약의 백성이라 주장하는 자들은 제대로 알지 못하고 있었던 것이다.

2. 살룸 곧 여호아하스 왕의 처참한 최후 (렘 22:10-12)

하나님께서는 선지자 예레미야의 입술을 통해 죽은 자를 위하여 울지 말며 그를 위하여 애통해하지도 말라고 하셨다. 그것은 므깃도 전투에서 전사한 요시야 왕(BC 640-609, 재위)의 죽음과 연관되며 지나간 과거에 대한 것이 아니라 지금이 중요하다는 사실을 말해주고 있다. 따라서 그 대신 이방 지역으로 사로잡혀 간 자를 위하여 슬피 울라고 말씀하셨다. 이는 요시야 왕의 아들로서 스물세 살의 젊은 나이에 왕위를 계승한 살룸(BC 609, 재위)에 관한 말씀이다.

살룸의 다른 이름은 여호아하스 혹은 아하시야로 아버지 요시야를 이어 왕위에 오르게 되지만 선왕과 달리 하나님 보시기에 악한 정치를 하게 된다(왕하 23:32). 그가 유다 왕국을 통치한 기간은 불과 삼 개월에 지나지 않는 짧은 기간이다. 그는 하나님의 심판을 받아 통치자로서 자기의 지위를 잃게 되었다. 열왕기서에는 그에 관한 보다 자세한 내용이 기록되어 있다.

"요시야 당시에 애굽 왕 바로느고가 앗수르 왕을 치고자 하여 유브라데
하수로 올라가므로 요시야 왕이 나가서 방비하더니 애굽 왕이 요시야를
므깃도에서 만나본 후에 죽인지라 신복들이 그 시체를 병거에 싣고 므
깃도에서 예루살렘으로 돌아와서 그 묘실에 장사하니 국민이 요시야의
아들 여호아하스를 데려다가 저에게 기름을 붓고 그 부친을 대신하여
왕을 삼았더라 여호아하스가 위에 나아갈 때에 나이 이십 삼세라 예루
살렘에서 석달을 치리하니라 … 여호아하스가 그 열조의 모든 행위대로
여호와 보시기에 악을 행하였더니 바로느고가 저를 하맛 땅 립나에 가
두어 예루살렘에서 왕이 되지 못하게 하고 또 그 나라로 은 일백 달란트
와 금 한 달란트를 벌금으로 내게 하고 바로느고가 요시야의 아들 엘리
아김으로 그 아비 요시야를 대신하여 왕을 삼고 그 이름을 고쳐 여호야
김이라 하고 여호아하스는 애굽으로 잡아갔더니 저가 거기서 죽으니라"
(왕하 23:29-34)

위에 기록된 것처럼 살룸 곧 여호아하스는 왕위에 오른 지 불과 삼
개월 만에 애굽의 바로 느고에 의해 애굽 땅으로 사로잡혀가게 된다.
선지자 예레미야는 그에 연관된 언급을 하며 그가 하맛 땅 립나에 구금
된 채 다시금 본토로 돌아오지 못하는 불운에 처하게 되는 사실을 언급
했다. 따라서 그는 이방인들의 땅인 애굽의 감옥에서 비참한 최후를 맞
이하게 되었다. 그가 그렇게 되었던 것은 선왕(先王) 요시야 때부터 유다
왕국이 애굽의 바로 왕으로부터 등을 돌린 정책을 펼친 사실과 연관되
어 있었다.

이와 같은 사건은 단순히 왕 한 사람의 개인적인 문제가 아니라 이스
라엘 민족 전체의 문제가 될 수밖에 없었다. 살룸 왕 역시 애굽의 편에
서지 않고 있다가 결국 바로 왕의 포로가 되어 남쪽 이방 지역으로 끌
려가는 신세가 되었다. 다윗 왕조를 잇는 유다 왕국의 왕이 부정한 이

방인들의 손에 의해 사로잡혀 간다는 것은 국운(國運)이 다했다는 사실을 보여주고 있다.

따라서 유다 왕국은 근본적으로 흔들릴 수밖에 없는 풍전등화(風前燈火)의 형편에 처하게 되었다. 그것은 백성들을 심각한 혼란에 빠뜨리는 역할을 할 수밖에 없었다. 그렇게 되자 다수의 백성은 주변의 강대국 사이에서 어떻게 할 방법을 찾지 못하여 궁지에 빠지는 신세가 되어버렸던 것이다.

3. 유다 왕국 말기 왕들의 처참한 상황 (렘 22:13-19)

하나님께서는 선지자의 입술을 통해 불의로 자기 집을 세우고 부정하게 자기를 위한 이층 다락방을 지으면서도 이웃 사람들을 고용하여 고된 일을 시키고 난 후 품삯을 주지 않는 자는 저주를 받을 것이라고 하셨다. 유다 왕국의 내부는 기득권자들에 의해 철저히 부패해 있었다. 그런 위기의 상황에서 애굽의 바로 느고는 살룸 왕의 뒤를 이어 자신의 입맛에 맞는 여호야김을 왕으로 세우게 된다(BC 609-598, 재위).

선지자는 그가 왕위에 올라 이스라엘 백성을 위하는 것이 아니라 자기를 위하여 큰 궁궐을 짓고 넓은 이층 다락방을 지은 사실을 지적했다. 그는 또한 취향에 따라 화려한 창문을 만들고 백향목으로 두른 후 그 위를 붉은 색깔로 아름답게 칠했다. 그렇게 함으로써 왕의 지위를 이용한 최고의 영화를 누리고자 했던 것이다.

하지만 하나님께서는 그를 향해 백향목을 많이 사용하여 궁궐을 아름답게 치장한다고 해서 더 훌륭한 왕이 될 수 있겠느냐고 말씀하셨다. 또한 그의 아버지 요시야 왕은 하나님의 율법을 준수하고 공의를 행하면서도 아쉬울 것 없이 먹고 마시며 자기에게 맡겨진 왕의 직무를 성실하게 잘 수행하지 않았느냐고 하셨다.

하나님께서는 요시야 왕이 이스라엘 백성을 통치할 당시에는 나라

안의 모든 것들이 형통했던 사실을 언급하셨다. 그는 결코 힘 있는 기득권층과 부자들의 편에 서지 않았으며 오히려 가난하고 궁핍한 자들을 변호하면서 모든 문제를 원만하게 처리했다. 그가 왕으로서 개인적인 영화를 추구하지 않고 율법에 따라 언약의 백성들을 돌볼 때 하나님께서 그를 위해 모든 것을 공급해 주셨다는 것이다.

하나님께서는 요시야 왕이 그처럼 행할 수 있었던 것은 여호와 하나님을 온전히 알고 있었기 때문이었음을 말씀하셨다. 하지만 당시 여호야김 왕은 선왕이었던 요시야와는 판이하게 다른 태도를 보였다. 그의 두 눈과 마음에는 항상 탐욕으로 가득 차 있었으며 무죄한 자들의 피를 흘리는 것을 예사로 여기며 압박과 포악을 행하고자 했을 따름이다.

그리하여 하나님께서는 선지자 예레미야를 통해 요시야 왕의 둘째 아들이자 살룸 왕의 이복형제로서 율법을 멸시하고 사악한 행동을 일삼던 여호야김(왕하 23:35-37)을 향해 말씀하셨던 것이다. 그의 원래 이름은 엘리야김으로 애굽의 전략에 의해 왕위에 올라 바로 느고에게 3년간 조공을 바치다가 나중에는 그에게 반기를 들어 저항하게 되었다. 바로 느고에 의해 그의 이름은 '여호야김'으로 바뀌게 되었는데(왕하 23:34; 대하 36:4) 이는 유다 왕국 위에 군림하는 애굽의 위력을 보여주고자 하는 의도와 연관되어 있었다.

여호야김은 십년이 넘는 짧지 않은 기간 동안 왕위에 앉아 있으면서, 초기에는 애굽에 충성하다가 나중에는 마음이 변했다. 그런 중 바벨론 제국의 느부갓네살에 의해 예루살렘이 침공을 받아 BC 605년에는 많은 유대 지도자들이 바벨론의 포로로 잡혀가는 일이 발생했다. 여기에는 다니엘을 비롯한 여러 친구의 유력한 부모들이 포함되어 있었다.

나중 여호야김은 바벨론의 침공으로 인해 두 번째 포로 시기에 예루살렘 성문 밖으로 내던져져 처참한 상황을 맞는다. 그는 바벨론의 느부갓네살 왕에 의해 쇠사슬로 결박되어 이방 지역으로 사로잡혀 가(대하 36:6) 거기서 죽음을 맞게 된다. 하지만 아무도 그의 죽음을 애도하는 자들이 없을 것이라고 했다. 남자들도 그를 보고 슬퍼하지 않을 것이며 여자들도 그에 대하여 애석해하지 않으리라는 것이었다.5)

절대 권력자의 역할을 하던 한 나라의 왕이 당하는 처참한 상황과 죽음을 보고도 애곡하는 자가 보이지 않는다는 것은 슬픈 일이 아닐 수 없다. 그는 결국 유다 왕국의 왕으로서 성대한 장례식을 치르게 되었던 것이 아니라 마치 죽은 나귀같이 아무 데나 매장당하게 된다는 것이었다. 이는 유다 왕국에 속한 백성들의 민족적 비극이 아닐 수 없다.

4. 예루살렘 성읍을 향한 탄식 (렘 22:20-23)

하나님께서는 선지자 예레미야의 입술을 빌려 예루살렘 성읍을 향해 선포하셨다. 레바논으로 올라가 외치며 바산에서 소리를 높이고 아바림에서 큰소리로 외치라는 것이다. 이는 예루살렘을 진정으로 사랑하는 자들이 다 멸망했으므로 그곳에서는 더 이상 그 음성을 들을 자가 없다는 의미를 지니고 있다.

하나님의 도성인 예루살렘이 평안할 때 하나님께서 저들에게 말씀하셨으나 그들은 하나님의 음성을 귀담아 듣기를 거부했다는 것이다. 그 성에 살던 자들은 어려서부터 하나님의 목소리를 청종치 않았다. 저들에게는 그것이 마치 습관처럼 되어 형식적이었을 뿐 실제적인 의미가 없는 것처럼 박제화되어 있었다.

그 결과는 하나님의 무서운 심판을 불러오는 일이었다. 배도에 빠진 그들의 지도자들은 모두 바람에 의해 삼켜버린 바 되었으며 예루살렘을 사랑하는 백성들은 이방의 원수들에 의해 낯선 땅으로 사로잡혀 가게 된다. 그렇게 되면 그 성읍은 저들이 지은 모든 죄악으로 인해 수치와 욕을 당하게 될 수밖에 없었다.

---

5) 예레미야 22:18에서 유다 왕 여호야김을 향해 '내 형제여'라고 하는 말과 더불어 '내 자매여'라고 한 것은 왕후를 두고 한 말로 해석하기도 한다.

하나님께서는 그와 같은 처지에 놓인 예루살렘을 향해 말씀하시면서 지금은 비록 레바논 산 위에 터를 잡고 살아가는 듯하고 백향목 나무 위에 펼쳐진 보금자리에 깃들이고 있는 것 같지만 그와 같은 형편이 오래 지속되지 못하리라고 말씀하셨다. 머지않아 예루살렘과 그 안에 살아가는 백성들에게 해산하는 여인이 당하는 것과 같은 끔찍한 고통이 임하게 되리라는 것이었다. 그와 같은 처참한 상황이 닥치게 되면 저들의 가련함이 이루 형언할 수 없을 만큼 커지게 된다는 것이다. 이는 조만간 이르게 될 예루살렘과 거룩한 성전의 패망에 연관된 예언적 성격을 지니고 있다.

5. 고니야(여고냐) 곧 여호야긴 왕에 대한 하나님의 심판 선언
(렘 22:24-30)

여호와 하나님께서는 유다 왕국이 패망을 앞두고 있을 때 저들에게 말씀하셨다. 이제 언약의 민족인 유다 왕국을 더 이상 긍휼히 여기지 않겠다는 것이다. 유다 왕 여호야김의 아들 고니야 즉 여호야긴이 하나님의 오른손의 인장반지(印章斑指)라 할지라도 빼내버리겠다고 하셨다. 즉 하나님을 위해 가장 중요한 지위에 있는 자라고 할지라도 버리신다는 것이다.

대신 그 인장반지를 바벨론의 왕의 손과 갈대아인의 손에 넘겨주시리라고 하셨다. 이는 유다 왕국의 최고 통치자의 생명을 찾는 자의 손과 유다 왕이 두려워하는 자의 손가락에 그 반지를 끼워주어 그에게 권능을 부여하리라는 의미를 지니고 있다. 이 말은 고니야 곧 여호야긴 왕에 대한 하나님의 심판에 연관된 예언이다.

그리고 하나님께서는 왕과 그를 낳은 모후(母后)를 낯선 이방 지역으로 쫓아내 버리실 것이라고 말씀하셨다. 그들은 이방인들의 부정한 땅에 끌려가 그곳에서 죽음을 맞게 된다고 하셨다. 그 사람들은 죽기 전에 간절히 사모하는 땅인 가나안 본토로 돌아오기를 원하지만 결코 그렇게 할 수 없을 것이라고 하셨다.

선지자 예레미야는 유다 왕국의 최고 통치자인 고니야 곧 여호야긴이 아무도 거들떠보지 않는 질그릇같이 된다는 사실을 언급했다. 또한 그가 깨진 옹기그릇처럼 아무런 쓸모없는 존재가 되어버리는 점을 두고 탄식했다. 그리고 한 나라의 왕으로서 자식들과 함께 낯선 이방 지역으로 끌려가는 처참한 신세에 대하여 한탄했다.

그러므로 극한 위기에 처한 언약의 자손들을 향해 여호와 하나님의 말씀을 들으라는 간곡한 당부를 했다. 하나님께서는 그와 더불어 심각한 저주를 선언하셨다. 고니야 왕에게는 왕위를 이을 만한 자식이 없을 것이며 평생 형통하지 못하리라고 하셨다. 그리고 선지자를 향해 그에 관한 모든 내용을 기록하라고 했다. 그리하여 그의 자손 가운데 형통한 삶을 살면서 다윗을 잇는 왕위에 앉아 유다 왕국을 다스릴 사람이 다시는 없을 것이라고 말씀하셨다.

제23장
'한 의로운 가지' 로서 메시아 예언

(렘 23:1-40)

1. 하나님의 목장과 양 떼 (렘 23:1-4)

하나님께서는 이스라엘 민족을 자신의 목장의 양 떼로 묘사하셨다. 그리고 하나님의 양 떼를 멸하거나 흩어지게 하는 목자들에게는 무서운 저주가 따르게 될 것이라고 말씀하셨다. 이는 그와 같은 행동이 하나님의 사랑의 대상을 멸시하는 사악한 죄가 되기 때문이다.

그러므로 이스라엘의 하나님이신 여호와께서 자기의 백성을 먹이고 양육하는 목자들을 향해 엄중히 경고하셨다. 저들이 하나님의 양 떼를 지켜 보호하기는커녕 도리어 흩으며 그 양들을 몰아내고 돌보지 않았다는 것이다. 그와 같은 태도는 하나님께서 맡기신 일을 태만히 여기는 것으로서 하나님을 멸시하는 것과 마찬가지였다.

이스라엘 백성들 가운데 목자로 세워진 자들의 그런 사악한 행위는 하나님의 보응을 초래하는 역할을 하게 된다. 그들은 자기의 욕망을 채우기 위해 그렇게 하지만 결국 무서운 심판을 받을 수밖에 없다. 즉 인간적인 목적을 추구하고자 하는 저들의 모든 것은 수포로 돌아가게 될 따름이다.

그러나 하나님께서는 거짓 목자들에 의해 파멸의 위기에 빠져 여러 곳으로 흩어져 근근이 생명을 유지하던 양 떼 중 남은 것들을 인도하여 원래의 우리 가운데로 인도하신다. 하나님께서 그 양들을 돌아오도록 하여 다시금 저들의 생육이 번성케 해주신다. 하나님의 도우심에 힘입어 양들이 생명을 유지하게 되는 것이다.

원래의 장소로 불러 모으시는 하나님은 그 양들을 신실하게 기르게 될 목자들을 그들 위에 세우신다. 이제 참 목자를 만난 양 떼는 더 이상 두려워하거나 놀랄 필요가 없다. 그 참 목자들은 절대로 하나님께서 맡기신 양들을 내치거나 잃어버리지 않을 것이기 때문이다.

우리 시대에도 본문에 기록된 이 말씀이 주는 교훈은 여전히 유효하다. 하나님께서는 이 땅에 자신의 몸된 교회를 세우시고 자기 양들을 그곳으로 불러 모으신다. 그리고 성도들 가운데 말씀을 증거하고 가르치는 교사인 목사를 세워 저들을 지도하며 올바른 길로 인도하시도록 하신다.

교회 가운데 목사로 세움받은 직분자들은 하나님의 자녀들을 잘못된 곳으로 몰아가거나 돌보는 일을 소홀히 해서는 안 된다. 오직 양들의 주인이신 하나님의 뜻에 따라 자기에게 맡겨진 직무를 성실히 감당해야만 한다. 누구든지 자기의 종교적 욕망을 채우기 위해 성도들을 멸시한다면 하나님의 무서운 심판을 초래하게 된다. 하지만 참 언약의 백성이라면 거짓 교사들에 의해 일시적인 고통을 당할지라도 하나님에 의해 궁극적인 보호를 받게 된다.

2. 메시아 예언: '한 의로운 가지' (렘 23:5-8)

하나님께서는 그와 더불어 선지자를 통해 매우 중요한 예언의 말씀

을 주셨다. 이스라엘 민족의 고난과 부패 그리고 그 가운데서 하나님을
멸시하는 거짓 선지자들의 사악한 행동이 난무하는 것을 본 하나님께
서 메시아에 연관된 예언을 하셨던 것이다. 그것은 이스라엘 자손들의
소망이었으며 모든 역사 가운데 항상 기다려 왔던 내용이었다.

> "보라 때가 이르리니 내가 다윗에게 한 의로운 가지를 일으킬 것이라 그
> 가 왕이 되어 지혜롭게 다스리며 세상에서 정의와 공의를 행할 것이며
> 그의 날에 유다는 구원을 받겠고 이스라엘은 평안히 살 것이며 그의 이
> 름은 여호와 우리의 공의라 일컬음을 받으리라" (렘 23:5,6)

이 예언의 말씀 가운데서 하나님께서는 장차 특별한 때가 이르게 되
리라고 말씀하셨다. '그 때' 는 이 세상에 살아가는 모든 인간에게 있어
서 가장 중요한 때가 된다. 장차 도래하게 될 그 때 하나님께서 친히 다
윗의 자손에게 '한 의로운 가지'(a righteous Branch)를 일으키실 것이
기 때문이다. 이는 이스라엘 민족을 자라나는 나무로 비유하면서 다른
보통 가지들과는 성격이 전혀 다른 '한 의로운 가지'를 거기에서 일으
키신다는 것이다.

그 가지는 곧 언약의 백성을 통치하는 왕으로서 하나님의 백성을 이
땅에는 존재하지 않는 특별한 지혜로 다스릴 것이며 세상 가운데서 참
된 정의와 공의를 행할 것이라고 했다. 이는 하나님의 자녀들에 대한
구원과 불신자들에 대한 심판의 시기가 도래하게 될 것을 말해주고 있
다. 따라서 당시에는 언약의 자손들이 큰 고통 가운데 있었지만 장차
유다는 구원을 받을 것이며 이스라엘은 평안한 삶을 누리게 되리라고
했다.

그런데 선지자는 '그 의로운 가지'로 오시는 분의 이름이 '여호와
우리의 공의'(The Lord Our Righteousness)라 일컬음을 받게 되리라고 말
했다. 여기서 보게 되는 사실은 삼위일체 하나님에 대한 임시와 더불어

장차 성자 하나님께서 인간의 몸을 입고 이 세상에 오시게 된다는 점이다. 그로 말미암아 죄에 빠진 이 세상에 대한 하나님의 모든 궁극적인 사역이 완성되는 것이다.

그러므로 선지자는, 장차 그날이 이르게 되면 백성들은 더 이상 이스라엘 조상을 애굽 땅에서 인도하여 내신 여호와의 사심으로 맹세하지 않을 것이라고 말했다. 그 대신 이스라엘 자손을 북쪽 땅 곧 본토에서 쫓겨난 바벨론 지역으로부터 인도하여 내신 하나님의 사심으로 맹세할 것이라고 했다. 이 말은 당시 하나님의 사역이 저들 가운데 구체적으로 실행된다는 사실을 말해주고 있다.

그리하여 언약의 백성은 여호와 하나님께서 허락하신 약속의 땅에서 평온한 삶을 누리게 된다는 것이다. 이 말씀은 역사에 연관된 상징적인 의미를 지니는 것으로서 과거에 행하신 하나님의 사역보다 현실적인 그의 구원 사역에 대한 실제에 연관된 언급이다. 즉 장차 이땅에 메시아가 오시게 되면 모든 것은 하나님께서 일으키신 '한 의로운 가지'로서 구원자이신 그를 의지하라는 의미를 담고 있는 것이다.

3. 부패한 유다 왕국 지도자들에 대한 하나님의 심판 선언
(렘 23:9-15)

선지자 예레미야는 당시 활동하던 여러 선지자를 향해 말했다. 예레미야는 자기의 마음이 상하며 자기의 모든 뼈가 떨리며 자기가 마치 포도주에 취하여 비틀거리는 사람 같다고 했다. 그가 그런 형편이 된 까닭은 여호와 하나님과 그의 거룩한 말씀 때문이라는 것이다.

예레미야는 당시 언약의 자손들이 살아가는 가나안 땅에는 간음을 행하는 자들이 가득 차 있다고 한탄했다. 그것은 무서운 저주를 받을 행위가 아닐 수 없었다. 그로 말미암아 그 땅이 슬픔에 빠지게 되었으며 광야의 초장이 메마르게 되었다. 이는 많은 백성이 사악한 행위를 일삼으며 정직하지 못한 일에 힘을 쓰고 있기 때문이었다.

하나님께서는 또한 당시 선지자들과 제사장들이 전반적으로 사악하다는 사실을 지적하셨다. 그들은 하나님의 집인 거룩한 성전에서조차 악행을 저질렀다. 이는 하나님을 전혀 두려워하지 않은 채 그를 직접 모독하는 행위를 일삼았음을 말해주고 있다.

그러므로 이스라엘 민족 가운데 종교적인 지도자 행세를 하는 자들의 길이 어두움에 빠지게 되었다. 그 길은 사람들에게 매우 미끄러워 다른 자들에 의해 떠밀리면 그곳에 엎드러질 수밖에 없었다. 하나님께서는 때가 되어 그들을 심판하는 해가 이르면 직접 저들에게 무서운 재앙을 내리겠다는 경고를 하셨다.

당시 남북 이스라엘 지역에 살아가던 많은 선지자는 더럽고 추한 죄에 빠져있었다. 선지자가 목격한 바 사마리아 지역에서 활동하던 자들은 여호와 하나님이 아니라 바알 신을 의지하고 그의 이름으로 예언하기를 좋아했다. 그것을 통해 하나님의 백성인 이스라엘 자손을 그릇된 길로 인도하여 죄에 빠지게 했던 것이다.

그리고 유다 지역과 예루살렘에서 선지자 노릇 하던 자들 역시 가증한 행위를 하는 것이 일반적이었다. 그들은 간음을 행하면서 거짓으로 말하는 것을 예사로 여겼다. 또한 사악한 일을 저지르는 사람들로 하여금 그 악행을 더욱 많이 심하게 저지르도록 독촉했다. 선지자라는 직함을 가진 것으로 주장하는 자들은 저들의 악행을 종교적인 거짓 논리를 앞세워 뒤에서 그릇되게 도와줌으로써 그들이 그 악으로부터 돌이키는 것을 방해하는 역할을 했던 것이다.

그들의 사악한 행동은 여호와 하나님을 모독하는 행위에 지나지 않았다. 그들의 모든 악행은 소돔과 다름 없었으며, 저들의 술수에 넘어가는 어리석은 백성들은 고모라 사람들과 다를 바가 없었다. 그들은 하나님의 율법을 떠나 총체적으로 부패해 있었기 때문이다.

그러므로 만군의 하나님 여호와께서는 그와 같은 행위를 주도하는 선지자들에 대하여 경고하셨다. 하나님께서 친히 저들에게 쑥을 먹이며 독한 물을 마시게 하시리라는 것이었다. 이는 저들의 모든 욕망 추구는 무산되고 결국은 끔찍한 고통을 맛보게 되는 것과 연관되어 있다. 하나님께서 저들에게 그와 같은 심판을 내리시고자 하는 것은 당시 모든 악행이 예루살렘의 선지자들로부터 나와서 온 땅에 퍼지기 때문이라는 것이었다.

우리는 이 말씀을 매우 중요한 관점에서 볼 수 있어야 한다. 그것은 당시 모든 사악한 것들이 예루살렘 보통 거민이나 그들의 사회에서 발생한 것이 아니었다. 그와 같은 것들은 도리어 예루살렘에서 거짓 예언을 하는 선지자들로부터 나온 것으로 성경이 증거하고 있기 때문이다.

이에 대해서는 오늘날 우리 시대도 그와 전혀 다르지 않다. 일반 교인들이 타락하고 부패한 배경에는 하나님의 말씀을 왜곡하여 퍼뜨리는 거짓 교사들이 존재하고 있다. 그런 자들은 하나님의 말씀을 보고 듣는 교인들의 눈과 귀를 가린 채 자기의 욕망을 채우기 위해 거짓을 가르치고 주입시키고자 애쓴다. 그로 인해 어리석은 자들은 타락하여 하나님을 오해함으로써 도리어 그를 욕되게 하는 것이다.

4. 거짓 예언자들의 거짓 가르침 (렘 23:16,17)

여호와 하나님께서는 거짓 선지자들에 관하여 말씀하셨다. 그런데 문제는 신앙이 어린 백성들은 거짓 예언을 하는 자들을 제대로 분별해 내지 못한다는 사실이다. 사악한 이리 떼와 같은 자들이 오히려 양의 탈을 쓰고 백성들이 듣기 좋은 말을 골라서 하면 그대로 따라가게 되는 것이다.

그러므로 하나님의 자녀들은 참된 선지자와 거짓 선지자를 구별할 수 있는 안목과 능력을 배양하는 것이 중요하다. 그래야만 거짓 예언을 받아들이지 않고 단호히 거부할 수 있다. 따라서 하나님께서는 언약의 백성들을 향해 그런 자들의 그릇된 예언을 듣지 말라고 했다.

거짓 선지자들은 언약의 백성들에게 헛된 것을 가르치기 위해 온갖 노력을 다 기울인다. 그들이 말하는 묵시는 욕망에 가득 찬 자기 마음에서 나온 것에 지나지 않는다. 그들은 여호와 하나님의 이름을 핑계 대지만 실상은 그로부터 허락된 예언의 말씀이 아니다. 그것은 거짓 선지자들의 욕망을 채우기 위한 더러운 도구로 사용될 따름이다.

그런 자들은 하나님의 율법을 거부한 채 그를 멸시하는 어리석은 자들에게 온갖 미사여구를 섞어 거짓으로 예언하기를 좋아한다. 그들을 향해 입술로 하나님의 평안을 빌며 그것이 여호와로부터 주어진 말씀이라고 주장한다. 또한 하나님의 뜻을 버리고 완악한 판단으로 행동하기를 좋아하는 자들을 향해 하나님의 재앙이 결코 저들에게 임하지 않을 것이라고 말한다. 그러면 그들은 그 거짓 예언을 듣고 흡족해하며 왜곡된 종교성과 더불어 하나님을 더욱 욕되게 하는 삶을 살게 되는 것이다.

이와 같은 일은 타락한 이스라엘 역사 가운데 끊임없이 존재해 왔다. 나아가 신약시대와 오늘날 우리 시대에도 여전히 그와 같은 일들이 발생하고 있다. 성경에 기록된 하나님의 계시를 벗어난 거짓 교사들은 지상 교회 가운데 어리석은 자들을 향해 자기가 곧 하나님의 말씀을 잘 가르치는 것처럼 행세하면서 악한 자들을 위로하지만, 그것은 하나님에 대한 모독행위일 뿐 아니라 어리석은 자들을 멸망의 길로 끌고 가는 악행에 지나지 않는다. 하나님께 속한 모든 참된 성도들은 이에 대해 항상 민감한 자세를 유지해야만 한다.

5. '여호와의 회의(會議)' (렘 23:18-22)

성경은 '여호와의 회의'(the counsel of the Lord)에 관한 매우 특별한 언급을 하고 있다. 이 말은 과연 무슨 의미를 지니고 있는 것인가? 하나님께서 어떤 회의를 통해 의사를 결정하신다는 말인가? 이를테면 하나 님께서 여러 천사를 한자리에 모아 회의를 개최한다는 뜻인가? 여기서 는 그런 의미가 아닐 것이라 여겨진다.

그렇다면 여기서 언급된 것은 성부 성자 성령 삼위일체 하나님의 완 벽한 의사를 의미하는 것으로 보인다. 그것은 전적으로 하나님의 의사 이자 결정일 따름이다. 거기에는 인간들이나 천사들이 관여할 일이 없 었던 것이다.

선지자 예레미야는 누가 과연 그 '여호와의 회의'에 참여하여 그 말 을 알아들었으며 누가 귀를 기울여 그 말을 들었느냐는 언급을 하고 있 다. 삼위일체 하나님의 뜻은 오직 그의 계시에 따라 언약의 백성들에게 온전히 전달된다. 선지자는 하나님께서 자기에게 알려주신 그 말씀을 알게 되었다는 사실을 말했다.

그는 이제 곧 여호와로부터 큰 노여움이 일어나 폭풍과 회오리바람 처럼 사악한 자들의 머리를 치시리라고 했다. 하나님께서 진노를 발하 여 자기의 마음에 뜻하는 바와 같이 심판을 행하여 모든 것을 종료시키 실 때까지 멈추지 않는다는 것이다. 그 모든 것의 끝날이 되면 저들이 깨닫게 되리라고 했다. 이는 장차 메시아가 오셔서 행하실 구원 사역에 연관된 메시아 예언이라 할 수 있다.

또한 예레미야는 하나님과 무관한 거짓 선지자들에 대해 그들의 오 만한 태도를 언급했다. 하나님께서 저들을 보내지 않았음에도 불구하 고 그들은 제멋대로 종교적인 열정을 다하며 하나님의 계시와는 상관 없이 자기 욕망에 맞추어 거짓 예언을 쏟아냈다. 하나님께서는 그들 이 만일 자신의 회의에 참여했더라면 언약의 백성들에게 하나님의 말 을 전하고 그들을 악한 길과 악한 행위에서 돌이키게 했을 것이라고 하셨다.

이와 같은 거짓 예언의 양상은 역사 가운데 항상 있었다. 그런 자들 은 하나님의 의도를 멸시한 채 자기 마음대로 백성들을 향해 감언이설로 유혹하기를 되풀이했다. 이에 대해서는 오늘날 우리 시대도 마찬가지다. 계시된 하나님의 말씀을 멸시하고 자기의 주관적인 주장으로 교회의 교사 노릇을 하는 자들이 많다. 하지만 그들은 일시적으로 퇴폐한 만족감을 얻을지언정 궁극적으로는 하나님의 무서운 심판을 피하지 못하게 된다.

6. 모든 것을 감찰하시는 하나님 (렘 23:23-32)

하나님께서는 이스라엘 백성을 향해 자기는 먼 곳에 있기도 하며 가까이 있기도 하다는 말씀을 하셨다. 이는 자신의 전지전능하심을 드러내 보여주고 있다. 어리석은 인간들은 마치 하나님의 눈을 피할 수 있을 것처럼 착각하지만 결코 그렇지 않다. 하나님 모르게 감추거나 숨길 수 있는 것은 아무것도 없다.

그럼에도 불구하고 어리석고 악한 인간들은 하나님 앞에서 자신의 더럽고 추한 욕망과 행동을 숨기기에 급급하다. 그런 인간들을 향해 하나님께서는 자기가 우주만물 가운데 충만하다는 사실을 말씀하셨다. 무소부재하신 자신의 존재를 언급하셨던 것이다.

거짓을 예언하는 오만한 자들은 어리석은 백성들을 기만하고 속이면서도 항상 기고만장해 있다. 그들은 자기가 꿈을 꾸고 환상을 보았기 때문에 진실을 전한다면서 거짓 예언을 한다. 그런 자들은 어리석은 백성들을 눈앞에 두고 그들을 의식하면서 모든 것을 눈동자처럼 지켜보시는 여호와 하나님을 철저히 멸시하고 있다.

하나님께서는 선지자의 이름을 가지고 그 거짓을 예언하는 자들이 언제까지 그런 사악한 마음을 품고 있겠느냐고 말씀하셨다. 그런 자들은 항상 자기의 주관적인 간교한 생각을 하나님의 예언인 양 내어놓고 사람들을 기만하기를 좋아한다. 그 악한 거짓 선지자들은 서로 꿈을 꾸고 환상을 보았다며 말하기를 되풀이한다.

그들은 오래전 옛날 사악한 행위를 일삼던 조상들의 배도 행위를 그대로 답습하고 있다. 배도에 빠진 그 조상들은 여호와 하나님의 이름을 멸시하거나 잊어버린 채 이방의 바알 신을 택했다. 그리고 언약의 자손들로 하여금 여호와의 이름을 잊어버리게 하기 위한 온갖 노력을 다 기울였다.

그러므로 하나님께서는 이스라엘 민족 가운데 선지자로 일컬음 받는 자들을 향해 엄하게 말씀하셨다. 주관적인 관점에서 꿈을 꾼 자들은 그것이 대단한 자랑이라도 되는 것처럼 자기의 꿈을 자랑하겠지만 참된 하나님의 선지자들은 하나님으로부터 계시받은 말씀을 성실하게 전하라고 했다. 쭉정이와 헛것에 지나지 않는 겨가 충실한 알곡과 비교되지 않는다는 것이다.

하나님께서는 또한 자기가 선포하는 말씀은 맹렬한 불과 같다고 하셨다. 그리고 단단한 바위를 쳐서 부스러뜨리는 강력한 망치와도 같다는 언급을 하셨다. 하나님을 거슬려 거짓 예언을 일삼는 자들은 무서운 하나님 앞에서 엄중한 심판을 피하지 못하리라는 사실을 말씀하셨던 것이다.

그러므로 하나님께서는 하나님의 말씀을 도둑질하여 악용하는 거짓 선지자들을 반드시 칠 것이라고 하셨다. 그들은 아무렇게나 혀를 놀려 거짓 예언을 하면서 진리를 변개하여 여호와의 말씀이라고 주장하며 선전하기를 즐긴다. 하지만 하나님께서는 그런 자들을 죄가 없다고 하지 않고 반드시 치신다는 것이다.

하나님께서는 거짓 꿈을 내세우며 거짓과 헛된 자만으로 하나님의 백성을 미혹하는 자들을 경멸하신다. 그들은 하나님으로부터 보냄을 받은 자들이 아니며 하나님의 말씀을 전하라는 명령을 받은 적이 없는 자들이다. 그런 자들은 언약의 백성들을 위해 온갖 해악을 끼치고 있으면서 외관상 자신을 충성스러운 종교인으로 치장하여 백성들을 기만하기를 좋아한다.

이와 같은 양상은 현대 기독교 가운데도 그대로 나타나고 있다. 우리 시대에 하나님의 말씀을 도둑질하여 자기의 욕망을 위해 악용하는 거짓 교사들이 얼마나 많은가? 자기의 목적과 종교적인 야망을 이루기 위해 성경 말씀을 도둑질하여 제멋대로 인용하는 자들이 주변에 널려 있지 않은가? 그런데도 어리석은 자들은 그 실상을 깨닫지 못한 채 그 도둑들의 말을 그대로 받아들이고 있다. 참된 교사라면 거짓 교사들의 그와 같은 속임수로부터 하나님의 자녀들을 보호하는 일에 최선의 노력을 기울여야 한다.

7. 엄중한 하나님의 말씀에 순종하는 자들과 불순종하는 자들
(렘 23:33-40)

하나님께서는 선지자 예레미야에게 말씀하셨다. 언약의 백성이나 선지자나 제사장이 그에게 여호와 하나님의 엄중한 말씀이 무엇인지 묻거든 왜 그것을 묻는지 되물어 보라고 하셨다. 하나님께서 이미 저들을 버리기로 작정하셨으며 그 말씀을 부담으로 여기면서 악용하려는 백성과 선지자와 제사장과 저들의 집안을 엄중히 벌할 것이라는 사실을 전하라고 했다.

또한 이웃과 형제들 사이에 여호와 하나님의 응답이 무엇이며 어떤 말씀을 하셨는지 서로 묻고 있거든 저들에게 분명히 하나님의 뜻을 전하라고 하셨다. 다시는 여호와의 엄중한 말씀에 대하여 서로간 묻지 말라는 것이다. 그 말씀을 부담으로 여겨 순종할 마음이 전혀 없이 헛된 생각과 행위를 되풀이하는 자들에게는 그것이 아무런 유익이 없기 때문이다.

그러므로 선지자 예레미야는 저들이 입술로 주장하는 모든 말들이 저들에게 중벌이 되리라고 말했다. 이는 그들이 살아계시는 만군의 하나님 여호와의 엄중한 말씀을 망령되게 사용한 사실과 연관되어 있다. 그들은 하나님의 말씀을 부담스럽게 여겨 그에 순종하려는 자세를 가지는 대신 그것을 도리어 자기를 위한 이익의 재료로 삼으려 했던 것이다.

그리고 하나님께서는 거짓 선지자들을 향해 하나님의 뜻을 그대로 전하도록 요구하셨다. 그들이 하나님의 말씀을 제대로 듣고 순종했는지 물어보라는 것이다. 여호와 하나님의 말씀을 부담스러운 것이라고 생각하면서 제멋대로 각색하는 자들의 태도는 분명히 지적받아야만 했다. 따라서 여호와의 엄중한 말씀을 인간들의 목적에 따라 임의로 전하는 행위를 중단해야 했던 것이다.

그러므로 하나님께서는 주관적인 판단과 행위를 되풀이하는 자들을 자신의 기억에서 지우겠다고 말씀하셨다. 따라서 하나님께서는 자기가 그 조상들에게 주시리라고 허락하신 그 성읍을 내버릴 것이라고 하셨다. 그리하면 그들은 영원한 치욕과 함께 사라지지 않는 영구한 수치를 당하게 된다는 것이다.

당시 하나님의 엄중한 말씀을 버리고 악행을 되풀이하며 하나님과 백성을 기만하던 자들은 무서운 심판을 받아야만 했다. 하지만 하나님께서는 자신의 영원한 구원 사역을 이룩하시기 위해 새로운 일을 행하셨다. 언약의 백성들을 다시금 그 땅에 불러 모아 창세 전에 택하신 자기 백성들을 구원하시기 위한 구속 사역을 진행해 가셨던 것이다.

제24장

'좋은 무화과'와 '나쁜 무화과' 두 광주리 환상

(렘 24:1-10)

1. 좋은 무화과, 나쁜 무화과 (렘 24:1-3)

다윗 왕조의 유다 왕국은 바벨론 왕 느부갓네살에 의해 처참한 최후를 맞게 된다. 북 이스라엘 왕국이 앗수르 제국에 의해 완전히 패망한 지 백수십 년 후에 일어난 일이다. 그리하여 예루살렘 성읍과 하나님의 성전이 완전히 파괴되고 유력한 많은 인물은 포로가 되어 이방인들의 낯선 땅인 바벨론으로 사로잡혀 가게 되었다.

당시 바벨론 왕은 유다 왕 여호야김의 아들 여고냐와 유다 왕국의 고위 공직자들을 포로로 잡아갔다. 심지어는 왕족들이 사형에 처해지고 왕은 두 눈알이 뽑히고 쇠사슬로 결박된 채 끌려가는 처참한 신세가 되었다. 그리고 정치인이 아닌 자들 가운데도 유력한 고급 기술자들인 목공과 철공들이 바벨론으로 끌려갔다. 이는 독립된 국가의 면모를 완전히 상실했음을 보여주고 있다. 유다 왕국은 일반적인 나라가 아니라 하나님께서 특별히 세우신 언약의 왕국이기에 그 직면한 현실이 더욱 비참했다.

이스라엘 자손은 그 모든 과정을 지켜보며 심한 실의에 빠지지 않을 수 없었다. 그런 상황에서 여호와께서는 환상을 통해 성전 앞에 놓인 무화과 두 광주리를 선지자 예레미야에게 보여주셨다. 거기에 담긴 열매들은 동일하게 무화과나무에 열린 과일이었으나 실상은 양쪽이 전혀 다른 성격을 지니고 있었다.

한 광주리에는 처음 익은 듯한 매우 탐스러운 좋은 무화과가 담겨 있었던데 반해 다른 한 광주리에는 사람들이 먹을 수 없는 매우 나쁜 무화과들이 담겨 있었다. 좋은 무화과는 사람들이 먹고 즐거움을 누리도록 기쁨을 선사한다. 그에 반해 나쁜 무화과는 먹을 수 없는 것으로서 바깥에 내다버릴 수밖에 없는 불쾌한 쓰레기에 지나지 않는다.

하나님께서는 성전 앞의 무화과 두 광주리 앞에 선 예레미야를 향해 지금 무엇을 보고 있느냐고 물어보셨다. 그러자 선지자는 자기의 눈앞에 있는 실상을 말씀드렸다. 지금 광주리 둘에 담긴 서로 다른 무화과를 보고 있는데 한쪽은 지극히 좋은 반면 다른 한쪽은 매우 나쁜 것들이어서 먹을 수조차 없는 것이라고 답변했다.

하지만 선지자는 하나님께서 왜 자기에게 그와 같은 환상을 보여주시는지 그 의미를 알지 못했다. 그 가운데는 반드시 깨달아야 할 분명한 메시지가 담겨 있었던 것이 분명했다. 그렇지만 그 구체적인 의미를 알기 어려웠다. 따라서 그에 관한 하나님의 설명을 기다릴 수밖에 없었다. 하나님께서는 두 광주리에 담긴 서로 다른 무화과 환상에 관한 중요한 의미를 그에게 설명해 주셨다.

2. 좋은 무화과 : 포로 귀환을 약속하시는 하나님 (렘 24:4-7)

여호와 하나님께서는 선지자 예레미야에게 두 광주리에 담긴 무화과 환상을 보여주신 후 또다시 그에게 임하셨다. 그리고는 그 환상에 대한 의미를 해석해 주셨다. 그것은 이스라엘 백성이 포로가 되어 바벨론 땅으로 사로잡혀 간 사실과 연관되어 있었다.

이방인들의 낯선 지역으로 사로잡혀 가는 이스라엘 백성들의 마음은 형언할 수 없을 만큼 비참했을 것이 틀림없다. 그와 같은 패배감에 잠긴 언약의 자손들에게 서광(瑞光)이 비치는 감사한 예언이 선지자의 입술을 통해 주어졌다. 그것은 이스라엘 백성이 갈대아인들의 땅 곧 바벨론 지역의 포로가 될지라도 하나님께서 저들 앞에서 환상으로 보여주신 좋은 무화과같이 잘 돌봐주시리라는 것이었다.

하나님께서는 그들을 돌봐주시고 좋게 인도해 주셔서 장차 저들의 원래 땅인 가나안으로 데리고 오시리라는 말씀을 하셨다. 그들로 다시금 한 나라를 회복하여 세우게 하실 것이며 그들을 그곳에 심어 다시는 뽑아내지 않을 것이라고 하셨다. 하나님께서 이방인들의 땅에서 신음하는 언약의 백성들에게 자기가 여호와 하나님인 줄 알게 해주시리라는 것이었다. 또한 저들로 하여금 전심을 다 해 여호와 하나님께로 돌아오게 할 것이라고 말씀하셨다.

그리하여 그들은 하나님의 백성이 되겠고 여호와는 저들의 하나님이 되리라고 약속하셨다. 그것은 패망한 나라에 속한 백성이자 이방 왕국의 포로로 잡혀가는 자들에게 유일한 소망이 될 수 있었다. 그와 같은 하나님의 특별한 은혜가 없이는 그 백성이 회생할 가능성은 전혀 없었던 것이다.

우리는 이 말씀 가운데서 메시아 예언에 연관된 의미를 엿보게 된다. 나중 페르시아가 바벨론을 제압하고 패권을 장악하게 되면 고레스 왕이 이스라엘 백성들에게 본토 귀환을 할 수 있도록 허락하게 된다. 하지만 그 백성이 궁극적인 승리를 거두지는 못한다. 그들은 가나안 본토에 돌아온 후 역사 가운데서 페르시아와 헬라와 로마의 압제 아래 심한 고통을 당하며 신음하게 되기 때문이다.

그러므로 우리는 본문에서 언급되고 있는 본토 귀환에 연관된 예언과 회복을 통한 영구한 승리가 메시아 강림과 그가 이땅에 세우시게 될 하나님 나라와 연관된 것으로 이해한다. 하나님의 아들인 그가 인간의 몸을 입고 이땅에 오셔서 세우게 되는 특별한 왕국은 다시 허물어지는 일 없이 영원히 존속하게 된다. 따라서 그에게 속한 모든 성도들은 하나님의 백성으로서 전심으로 하나님을 섬기게 되는 것이다.

3. 나쁜 무화과 : 하나님의 심판 예언 (렘 24:8-10)

하나님께서는 좋은 무화과 환상에 연관된 말씀을 하신 후 뒤이어 사람들이 먹을 수 없는 나쁜 무화과 환상이 가지는 의미를 설명해 주셨다. 그것은 바벨론으로 사로잡혀 간 자들에 대한 예언이 아니었다. 즉 유다 왕국의 백성들 가운데 바벨론 지역으로 포로가 되어 끌려간 자들 외에 예루살렘에 남은 자들에 관한 예언이었다.

당시 유다 왕 시드기야를 비롯한 고위 관료들과 상당수 기득권자들은 아직 예루살렘 성읍에 남아 있었다. 그리고 약삭빠르게 판단하고 행동하는 다수의 유력자들은 그 위기의 국면을 피해 애굽으로 피신했다. 그들은 가나안 땅과 예루살렘이 이방 군대의 군화에 짓밟히고 유린당하는 것을 목격하면서 자기만의 안위를 위해 나라와 민족을 버렸다. 그렇게 하면 일신의 영달을 이룰 수 있을 것처럼 여기고 있었기 때문이다.

아마도 이방 지역으로 사로잡혀 가지 않고 가나안 본토에 남아 있게 된 자들은 일시적이었으나 나름대로 안도의 숨을 내쉬었을지 모른다. 또한 모든 재물을 챙겨 애굽 땅으로 피신하여 바벨론의 포로가 되는 신세를 피한 자들은 나름대로 최상의 선택을 한 것으로 여기고 있었을 것이 분명하다. 그들은 훨씬 더 무서운 하나님의 심판이 기다리고 있다는 사실에 대해서는 철저히 무지했다.

그러므로 하나님께서는 선지자 예레미야를 향해 나쁜 무화과를 내다

버리듯 그들을 버리실 것이라는 예언의 말씀을 주셨다. 그들은 앞으로 바벨론 지역뿐 아니라 세상 모든 나라 사람들로부터 조롱과 저주를 받게 하실 것이며, 알지 못하는 자들의 입술에 오르내리도록 하리라고 하셨다. 하나님께서 세상 모든 지역에서 저들로 하여금 끔찍한 부끄러움을 당하게 하시리라는 것이었다.

뿐만 아니라 하나님께서는 저들에게 일반 자연적인 섭리와 특별한 경륜을 통한 무서운 심판을 내리실 것이란 사실을 말씀하셨다. 잔인하고 용맹한 이방 군대의 무력(武力)과 날씨 및 기후로 인한 기근과 굶주림이 주는 심한 고통을 겪게 되리라고 하셨다. 또한 그들 가운데 무서운 전염병이 도는 심판이 임할 것이라고 하셨다. 그리하여 하나님께서는 그들의 조상들에게 주신 땅에서 모든 것이 멸절에 이르게 하실 것이라고 했다.

이 말씀은 불순종하여 배도에 빠진 자들에게 임할 하나님의 무서운 징계와 심판에 연관된 예언이다. 가나안 땅이든 그 외 이방 지역이든 언약의 자손이라 일컬으면서 하나님의 뜻을 거스르는 자들에 대해서는 하나님의 무서운 심판이 임하게 된다. 특히 약속의 땅 가나안에는 더욱 엄중한 징계가 이루어진다. 그리하여 영적으로 정결케 된 가운데 그 땅에 하나님의 메시아가 오시게 되는 것이다.

제25장

하나님의 진노와 바벨론 포로에 관한 예언

(렘 25:1-38)

1. 불순종한 유다 왕국 백성들 (렘 25:1-7)

유다 왕국 요시야 왕(BC 640-609)의 아들 여호야김(BC 609-598)이 왕위에 오른 지 사년 후, 곧 바벨론 왕 느부갓네살이 즉위한 원년(BC 605)에 하나님의 말씀이 선지자 예레미야에게 임했다. 그것은 유다의 모든 백성과 예루살렘에 거하는 전체 주민에게 주어진 예언의 말씀이었다. 그 내용은 긍정적이고 좋은 내용이 아니라 배도에 빠진 자들에 대한 강력한 경고의 성격을 띠고 있었다.

예레미야는 유다 왕 아몬의 아들 요시야 왕이 즉위(BC 640)한 후 십삼 년이 된 때부터 당시 그가 예언하고 있는 시기까지 이십삼 년 동안(BC 627-605) 하나님의 말씀이 자기에게 임한 사실을 언급했다. 하나님으로부터 계시받은 모든 내용을 유다 백성들에게 꾸준히 전하여 선포했으나 그들이 그 말씀을 순종하지 않고 거부했다는 것이다. 언약의 백성이 하나님의 뜻을 받아들이지 않는다는 것은 심각한 일이 아닐 수 없었다.

선지자는 사랑과 자비가 많으신 하나님께서 자기뿐 아니라 다른 여러 선지자를 언약의 자손들에게 지속해서 보내 거룩한 뜻을 전한 사실을 기억해야 한다고 했다. 선지자들 가운데는 예레미야나 다니엘과 에스겔처럼 하나님의 말씀을 기록하도록 요구받은 선지자들이 있었는가 하면 구술 선지자들도 있었다. 따라서 우리가 성경의 기록을 통해 그 이름을 알지 못하는 상당수 선지자가 있었던 것이다.

하나님으로부터 보냄을 받은 숱하게 많은 선지자는 언약의 자손들을 향해 지속해서 그의 뜻을 선포했으나 그들은 그에 순종하지 않았다. 다수의 백성은 선지자의 말에 귀를 기울이기는커녕 들으려고 하지도 않은 채 거부했을 따름이다. 배도에 빠진 자들은 이기적인 욕망을 추구하기에 급급하여 집단으로 하나님께 저항했던 것이다.

그 광경을 지켜보신 하나님께서는 그 백성들을 향해 각자의 악한 길과 더러운 행위를 버리고 자기에게 돌아오라는 간곡한 당부를 하셨다. 그것이 저들의 유일한 살 길이었기 때문이다. 그렇게 하면 하나님께서 저희와 저희 조상들에게 상속으로 허락하신 그 땅에서 안전하게 살아갈 수 있을 것이라는 약속을 다시금 확인하셨다.

그러므로 여호와 하나님 이외에 다른 거짓 신들을 추종하여 섬기거나 경배하지 말라고 당부했다. 인간들의 눈으로 볼 수 없는 불가시적인 영원한 하나님을 다른 이방 신들에 맞추어 우상을 만들어 섬기는 행위를 하지 않으면 저들에게 보응하지 않으리라고 하셨다. 하지만 그들은 여호와 하나님을 버리고 그의 말씀을 거부했다. 그들은 더러운 우상을 만들어 섬김으로써 하나님의 진노를 불러일으켜 스스로 치명적인 해악을 자초했던 것이다.

2. '바벨론 포로 생활 칠십 년'에 관한 예언 (렘 25:8-11)

하나님께서는 이스라엘 백성이 여호와 하나님의 말씀을 귀담아 듣지 않고 불순종한 사실에 대하여 지적하셨다. 그런 사악한 태도로 인해 그들은 하나님의 엄중한 심판을 받을 수밖에 없었다. 하나님께서 바벨론 왕 느부갓네살과 북쪽 지역에서 패권을 장악하고 있는 이방 종족들을 도구로 사용하여 이스라엘을 치신다는 것이다.

그렇게 되면 이방 군대가 가나안 땅으로 침략해 들어와 그곳에 살아가고 있는 언약의 백성들과 사방의 모든 나라를 쳐서 진멸하는 일이 발생하게 된다. 하나님의 말씀을 떠난 상태에서 교만에 빠져 있던 백성들이 전쟁에서 패배하게 되면 그들의 땅은 완전히 훼파될 수밖에 없다. 그 참담한 광경을 목격하는 주변 사람들은 매우 놀랄 것이며 저들로부터 빈정거림과 조롱거리의 대상이 된다.

그로 말미암아 이스라엘 백성들 가운데서는 기뻐하고 즐거워하는 소리가 끊어지고 만다. 또한 신랑 신부가 결혼하여 행복해하는 모습을 더 이상 볼 수 없게 된다. 뿐만 아니라 여인들이 곡식을 빻기 위해 맷돌을 가는 소리가 들리지 않게 되며, 밤에 집 안에 켜져 있어야 할 등불이 사라지게 된다. 그 모든 것은 이스라엘 자손의 배도 행위와 그에 대한 하나님의 심판으로 말미암은 것이다.

선지자 예레미야는 장차 그로 말미암아 발생하게 될 하나님의 무서운 심판에 관한 사실을 예언했다. 배도에 빠진 이스라엘 자손은 결국 바벨론 제국의 포로가 되어 이방 지역으로 사로잡혀 가게 된다는 것이다. 특별히 선택받은 언약의 백성으로서 약속의 땅에 살아가야 할 자들이 부정한 이방인들의 노예로 전락하는 신세가 되는 것이다. 그리하여 그 백성은 이방의 포로가 되어 '칠십 년' 동안 바벨론 왕을 섬기게 되리라고 했다. 그런 중에도 '칠십 년'이란 햇수가 하나님에 의해 정해진 것은 이스라엘의 회복에 대한 약속으로서 하나님의 작정과 사랑을 보여주고 있다.

3. 바벨론 제국의 패망과 유다 백성의 귀환 예언 (렘 25:12-14)

하나님께서는 이스라엘 자손이 바벨론의 포로로 사로잡혀 갔다가 다시금 가나안 본토로 귀환할 것에 관한 예언의 말씀을 주셨다. 그와 같은 극적인 구출의 은혜는 이방 지역에서 노예 생활을 하는 이스라엘 자손이 불쌍해서라기보다 하나님의 구원 사역을 이루기 위한 것이다. 즉 그들을 다시금 가나안 본토로 데리고 와서 원래부터 작정하신 메시아를 이땅에 보내시고자 하는 일을 진척시키고자 하셨던 것이다.

그러므로 이스라엘 자손이 바벨론 땅으로 사로잡혀 가기 전에 이미 그들이 그곳에 거할 기간이 정해져 있었다. 그들의 포로 생활은 칠십 년으로서 그 기간이 끝나면 하나님께서 바벨론 제국의 왕과 그가 통치하는 나라와 갈대아인들의 땅을 그들이 저지른 죄악으로 말미암아 벌하실 것이라고 하셨다. 예루살렘과 그 안에 있는 성전, 그리고 언약의 자손들을 괴롭히며 기고만장(氣高萬丈)하던 바벨론은 하나님의 심판으로 말미암아 패망한 나라가 되어 영원토록 폐허가 된다.

하나님께서는 자기가 그 땅을 향하여 선언한 내용 곧 선지자 예레미야가 모든 민족을 향하여 예언한 것들이 반드시 그곳에서 이루어진다고 말씀하셨다. 그리고 성경에 예언되어 기록된 하나님의 말씀이 그들 위에 임한다고 하셨다. 이는 하나님의 자녀들로 하여금 배도의 길을 걷게 하고 그들을 노예로 삼아 욕보인 자들을 반드시 심판하신다는 하나님의 의중을 보여주고 있다.

바벨론 제국을 비롯한 여러 민족과 세속 권세를 가진 주변의 왕들은 저마다 패권을 장악하기 위해 모든 힘을 기울인다. 그로 말미암아 이스라엘 민족을 비롯한 약소국에 속한 사람들에게 자기를 섬기도록 강요한다. 하지만 그들이 쟁취한 일시적인 억지 성공과 영광은 절대로 오래

가지 못한다. 하나님께서 저들의 행위와 저들의 손이 저지른 악행에 따라 그대로 징벌하실 것이기 때문이다.

4. 세상 만국에 내리는 하나님의 진노의 술잔 (렘 25:15-26)

이스라엘 민족의 하나님 여호와께서는 선지자 예레미야를 불러 특별한 명령을 내리셨다. 그것은 자기가 주는 '진노의 술잔'을 손에 받아 들라는 것이다. 선지자는 그 술잔을 하나님께서 자기를 보내시는 여러 지역으로 가서 그곳에서 악행을 저지르는 자들에게 그 술을 마시도록 해야만 했다.

하나님을 욕되게 하는 모든 나라와 통치자들이 하나님으로부터 주어진 그 진노의 술잔을 받아 마시게 되면 비틀거리며 미친 듯이 행동하리라고 하셨다. 이는 하나님께서 저들 가운데 무서운 칼을 보내실 것이었기 때문이다. 즉 진노의 술잔을 받아 마시는 것이 저들에게는 전쟁을 통한 재앙의 신호탄 같은 역할을 하게 되는 것이다.

선지자 예레미야는 하나님의 말씀에 순종하여 그의 손에서 진노의 술잔을 받아 보냄을 받은 여러 지역으로 가서 그곳 사람들에게 진노의 술을 마시게 했다. 그 가운데 가장 중심에 있는 자들은 다름 아닌 자기가 거하는 예루살렘과 유다 성읍들과 그곳의 통치자들과 고관들이었다. 그로 말미암아 그들은 멸망을 당하게 되어 당황스러운 상태에 빠지게 된다. 뿐만 아니라 주변 사람들로부터 비웃음의 대상이 되어 저주를 받게 된다. 그와 같은 처참한 상황이 언약의 백성들 가운데 지속해서 이어졌다.

그리고 하나님의 명령을 받든 선지자는 주변의 여러 이방 왕국에 속한 통치자들과 신하들과 높은 지위에 있는 자들과 그 백성에게도 진노의 잔을 마시게 했다. 애굽의 바로 왕과 그 신하들과 백성들, 우스 땅과 블레셋, 두로와 시돈 땅 등 이스라엘을 둘러싸고 있는 여러 나라들에도 그 진노의 잔을 마시도록 했다. 또한 아브라함의 언약을 벗어난 방계 족속이라 할 수 있는 에돔과 모압과 암몬 자손들에게도 그 잔을 마시게 했다.

나아가 바다 건너 섬나라와 메대를 비롯하여 약속의 땅으로부터 멀리 떨어진 곳의 머리털을 짧고 모지게 깎는 이방 지역의 사람들을 비롯한 세상의 여러 나라와 그 통치자들에게 그 잔을 마시게 했다. 그리고 히브리인들이 바벨론을 지칭하는 은어(隱語)로 알려진 '세삭'(Sheshach)의 왕 6)은 가장 나중에 마시게 될 것이라고 했다. 이는 바벨론이 진노의 잔에 취하여 하나님의 심판을 받게 되면, 이스라엘 백성의 칠십 년 포로 생활 종료와 더불어 하나님께서 행하시고자 하는 일차적인 목적이 성취된다는 의미를 지니고 있다.

5. 예루살렘으로부터 임하는 진노의 잔 (렘 25:27-31)

하나님께서는 선지자 예레미야를 통해 이스라엘 자손에게 엄중한 말씀을 전하도록 요구하셨다. 그들이 하나님께서 저들에게 보내는 칼 앞에서 진노의 술잔을 마시면 토하고 엎드러져 다시는 일어나지 못한다는 것이다. 이는 이방인들의 군대를 보내 무서운 전쟁이 일어나게 하면 정신을 완전히 잃을 정도가 된다는 사실을 말해주고 있다.

이스라엘 백성에게 그보다 더욱 두려운 일은 만일 그들이 선지자가 하나님으로부터 받은 진노의 잔을 거부하여 마시지 않으려 한다고 해도 반드시 그 잔을 마시게 된다는 사실을 그들에게 선포하게 한 사실이다. 이 말은 그 백성이 전쟁의 칼을 피하거나 설령 다른 방안을 강구한다고 해도 아무런 소용이 없다는 사실을 말해주고 있다. 즉 그들은 어떤 경우에도 하나님의 심판을 피할 수 없다는 것이다.

---

6) '세삭'(Sheshach) 왕이란 결국 바벨론 제국의 최고 통치권자를 지칭하는 것으로 이해할 수 있다.

우리가 여기서 기억해야 할 바는 하나님의 무서운 재앙이 다른 이방 지역이 아니라 하나님께서 특별히 택하신 도성인 예루살렘으로부터 시작된다고 하신 사실이다. 이제 그 재앙이 하나님의 성전에서 임하게 되었으므로 언약의 자손들은 그 무서운 형벌을 피하지 못한다. 하나님께서 역으로 이방 군대와 무력을 불러들여 예루살렘과 이스라엘 모든 자손을 치실 것이기 때문이다.

그러므로 하나님께서는 선지자 예레미야에게 그 모든 사실을 이스라엘 백성을 향해 예언하라고 하셨다. 여호와께서 천상의 높은 곳에서 큰 소리로 외치시며 그의 거룩한 성전에서 자신의 뜻을 선포하시리라는 것이었다. 또한 백성들의 일터인 푸른 초장을 향하여 크게 외치실 것이며, 세상 모든 사람을 향하여 마치 포도즙 틀을 밟듯이 무서운 피의 심판을 외치고 계신 사실을 전하라고 하셨다.

그와 같은 하나님의 무서운 심판의 음성과 요란한 소리는 세상 끝까지 이르게 된다. 이 말씀은 하나님의 심판이 인간들이 살아가는 온 세상에 미치게 될 것에 대한 예언과 연관되어 있다. 여호와 하나님께서 세상의 모든 민족에 대항하여 벌을 내리시며 죄에 빠진 육체를 가진 모든 인간을 심판하실 것이기 때문이다.

이 말씀은 기본적으로 장차 임하게 될 메시아 예언에 연관된 것으로 받아들이는 것이 자연스럽다. 천상에 계시는 하나님께서 예루살렘으로부터 시작하여 땅끝까지 이르러 더러운 죄에 빠진 전 세계의 모든 민족을 심판하신다는 예언은 그렇게 이해될 수 있는 것이다(렘 25:30,31). 물론 장차 오실 메시아께 속하여 하나님의 은혜를 입는 언약의 백성들은 그로부터 놀라운 구원의 은총을 누리게 된다.

6. 무기력한 목자들과 양 떼의 인도자들 (렘 25:32-38)

여호와 하나님께서는 거룩한 성 예루살렘에서 시작되는 재앙이 민족으로부터 민족, 나라로부터 나라에 미친다고 말씀하셨다. 인간들이 도저히 감당할 수 없는 거센 폭풍이 온 세상 땅끝까지 미치게 되리라는 것이었다. 이는 장차 임하게 될 하나님의 궁극적인 심판에 연관되어 있다.

앞으로 그날이 이르면 여호와 하나님의 심판에 의해 죽임을 당하는 자가 이쪽 땅끝에서부터 저쪽 땅끝까지 전 세계에 나타나게 된다. 하지만 그들을 위하여 애곡하는 사람도 없고 저들의 시신을 거두어주는 자도 없으며 땅에 매장해 주는 자도 없을 것이라고 했다. 그들은 마치 땅위에 뒹구는 거름 무더기 같이 버린 바 된다는 것이다.

선지자는 장차 그와 같은 끔찍한 일이 발생하게 되는 근저에는 사악한 거짓 목자들이 있다는 사실을 강조했다. 따라서 그 목자들을 향해 울부짖으며 통곡하라고 했다. 그리고 하나님의 양 떼를 그릇된 길로 인도하던 지도자들에게 더러운 욕망을 추구하던 그 사악한 행위를 기억하고 잿더미 위에서 뒹굴며 탄식하라는 말을 했다.

하나님의 이름을 들먹이며 부당한 권세를 누리던 사악한 자들이 그렇게 될 수밖에 없는 것은 앞으로 그들이 도살당할 날과 저들의 모든 악행이 만천하에 드러나기 때문이다. 선지자는 또한 그로 인해 저들이 흩어지게 될 때의 기한이 찼다는 사실을 언급하고 있다. 그들의 추악한 욕망과 그들이 추구해오던 모든 영화는 마치 귀중한 보배 그릇이 땅바닥에 내팽개쳐지는 것처럼 완전히 박살나 깨어져버리게 된다.

그런 무서운 심판이 도래하는 상황이 되면 사악한 목자들은 도망갈 만한 장소를 찾을 수 없으며, 하나님의 양 떼를 기만하며 유린하던 자들은 더 이상 멀리 도주하지 못한다. 사악한 목자들의 울부짖는 소리와 양 떼 위에 군림하던 자들은 욕망을 채우기 위한 끈이 완전히 끊겨 슬피 애곡하게 될 따름이다. 이는 여호와 하나님께서 저들의 초장을 황폐하게 만드셨으므로 발생하는 일이다.

그동안 겉보기에 평온해 보였지만 실상은 악한 자들이 지배하던 푸른 초장은 하나님의 율법을 완전히 떠나 있었다. 따라서 하나님의 맹렬한 진노로 말미암아 떠들썩하던 그곳에는 모든 소리가 완전히 사라져 적막감이 감돌 수밖에 없다. 이는 사자가 자기의 굴을 버리고 나가버리듯이 여호와 하나님께서 그곳을 떠나실 것이기 때문이다. 이처럼 사악한 자들에게 호통치시는 하나님의 극렬한 진노로 말미암아 언약의 자손들이 살아가던 땅은 완전한 폐허가 되리라는 것이었다.

제26장

하나님의 말씀 선포와 선지자 예레미야의 위기

(렘 26:1-24)

1. 예루살렘 성전 뜰에서 선포된 하나님의 말씀 (렘 26:1-7)

요시야 왕은 북 이스라엘 왕국을 패망시킨 앗수르 제국에 대한 악감정을 품고 있었다. 그로 말미암아 앗수르를 강타한 신흥 바벨론 왕국의 편에 서게 되었다. 당시 애굽의 바로였던 느고(Neco)는 패망을 앞둔 앗수르를 지원하고자 바벨론을 공격할 목적으로 군대를 이끌고 북진하려 했다. 하지만 유다 왕 요시야가 애굽 군대가 자기 영토를 통과하는 것을 허락하지 않고 가로막았다.

그리하여 BC 609년 므깃도에서 애굽 군대와 유다 왕국의 군대가 맞붙게 되었다. 그 결과 므깃도 전투에서 요시야 왕이 애굽의 바로 느고에 의해 전사함으로써 유다 왕국은 엄청난 혼란에 빠지게 되었다. 그 후 잠시 여호아하스가 왕위에 오르게 되지만 유다를 제압한 애굽의 바로는 그를 내려앉히고 대신 자기에게 우호적인 여호야김을 왕위에 오르게 했다. 이는 이미 독립국으로서 유다 왕국이 세력을 상실해 가고 있음을 여실히 보여주고 있다.

여호야김이 왕위에 오른 직후 여호와 하나님의 말씀이 선지자 예레미야에게 임했다. 하나님께서는 그에게 예루살렘 성전 뜰에서, 하나님을 예배하기 위해 유다 왕국의 모든 지역 성읍에서 온 자들을 향해 하나님의 말씀을 전하라는 명령을 내리셨다. 하나님은 예레미야에게 자기의 말씀 가운데 '한 마디도 감하지 말라'고 강조하셨다(렘 26:2).

이를 통해 그 예언의 말씀 중에는 유다 백성들이 결코 반기지 못할 만큼 충격적인 내용이 상당 부분 들어 있다는 사실을 알 수 있다. 하지만 하나님께서는 그 예언을 듣게 되는 백성들 가운데 혹시라도 저들의 악한 길에서 돌이킬 자가 있을지도 모른다고 하셨다. 만일 그렇게 된다면 그 악행으로 말미암아 무서운 재앙을 내리고자 했던 자기의 뜻을 돌이키고자 한다는 것이다.

그러므로 하나님께서는 예레미야를 보내 자기가 행하고자 하는 모든 작정을 전달하라고 말씀하셨다. 그동안 절대다수의 이스라엘 자손은 모세를 통해 주신 율법을 멸시함으로써 하나님을 향해 정면으로 저항했다. 그들은 하나님의 말씀에 철저히 불순종했던 것이다. 하나님은 그와 같이 배도에 빠진 백성들을 돌이키시기 위해 자기의 종인 선지자들을 꾸준히 보내오셨다. 하지만 그들은 선지자들의 말을 듣지 않고 더욱 심하게 불순종하게 되었다.

그런 형편 가운데서 하나님께서는 또다시, 예배하기 위해 여러 지역에서 예루살렘 성전에 몰려든 백성들에게 선지자 예레미야를 보내셨다. 그들의 마음은 하나님을 예배하는 것이 목적이었지만 실상은 여호와 하나님을 욕되게 하는 배도 행위의 연장선에 있었을 따름이다. 그래서 선지자를 보내 그들을 하나님의 진리로 일깨우고자 하셨다.

그러므로 하나님의 보내심을 받은 선지자 예레미야는 저들이 모인 자리에서 예언의 말씀을 선포했다. 하나님의 뜻을 거부하는 배도자들의 불순종으로 인해 예루살렘 성전을 실로(Shiloh)처럼 만들어버리신다는 것이다. 실로는 이스라엘 자손이 요단강을 건너 약속의 땅 가나안에 도착하여 처음 성막을 세운 장소였다. 하지만 거룩한 성막이 있던 실로 는 후일 완전히 훼파당하고 말았다.

선지자 예레미야는 성전 뜰에 모인 이스라엘 백성들을 향해 이제 그 들이 배도의 길에서 돌이키지 않으면 하나님께서 예루살렘 성전을 실 로와 같이 훼파되게 하실 것이라고 했다. 뿐만 아니라 그 성이 파괴됨 으로써 세계 모든 민족의 저줏거리가 된다고 했다. 그 자리에 모여 있 던 제사장들과 선지자들과 모든 백성은 극히 불편한 마음으로 그가 전 하는 모든 말씀을 듣게 되었다. 예레미야가 전하는 모든 말은 충격적이 아닐 수 없었던 것이다.

2. 궁지에 몰린 선지자 예레미야 (렘 26:8-9)

선지자 예레미야가 유다 백성들에게 전한 하나님의 말씀은 매우 비 극적이었다. 따라서 성전 뜰에 모여 있던 많은 사람들은 그의 말에 강 하게 저항할 수밖에 없었다. 그들에게는 하나님의 도성인 예루살렘이 훼파되고 하나님의 거룩한 성전이 파괴된다는 것은 상상조차 할 수 없 는 일이었기 때문이다.

당시 맹목적인 신앙을 가진 자들은 그와 같은 언사 자체가 하나님에 대한 모독이라 여기고 있었다. 따라서 그 자리에 모여 있던 자들은 예 레미야를 참된 선지자로 인정하지 않으려고 했다. 그들 가운데 다수는 예레미야가 주변의 이방 왕국과 내통하여 민심을 교란시키고자 하는 위태로운 인물 정도로 판단하기도 했다.

그러므로 제사장들과 선지자들과 많은 백성은 그가 도망가지 못하도 록 붙잡아 두기에 이르렀다. 그들은 하나님을 모독하는 그와 같은 자는 반드시 죽어야 한다고 생각했다. 어찌하여 하나님의 이름을 의지하여 예언한다고 하면서 감히 여호와 하나님을 그처럼 모독하는 망언을 할 수 있느냐는 것이다.

즉 거룩한 예루살렘 성전이 과거 성막을 세워두었던 실로와 같이 완전히 파괴된다고 하는 말은 절대로 하나님으로부터 주어진 예언일 수 없다는 것이다. 하나님의 도성인 예루살렘이 황폐하게 되어 주민이 사라진다는 것 또한 절대로 받아들일 수 없었다. 그와 같은 모든 말들은 하나님과 그의 백성을 모독하는 망언에 지나지 않는다는 것이다.

그런데 문제는 선지자 예레미야의 예언에 반발하는 자들이 위선적인 거짓 태도로 그렇게 한 것이 아니라 진심어린 마음을 가지고 있었다는 사실이다. 그들은 유다 왕국과 예루살렘 및 성전에 대한 부정적인 언사를 듣고 크게 분개하면서도, 저들의 실제적인 배도 행위에 대해서는 지극히 무감각한 상태였다. 그러므로 선지자의 참된 예언에 대해서는 망발로 여기며 발끈했던 것이다.

따라서 예루살렘 성전에 종사하는 제사장들과 선지자들과 거기 모여 있던 많은 백성은 하나님의 명예를 위해 예레미야를 절대로 그냥 두어서는 안 된다고 생각했다. 그들은 이스라엘 민족과 예루살렘과 거룩한 성전을 위해 그를 죽여야만 한다고 판단했던 것이다. 저들의 태도는 거짓 신앙에 근거한 왜곡된 충성심에 지나지 않았다.

이처럼 하나님의 뜻에 철저히 무지했던 자들은 그를 죽여야 한다는 주장을 관철하기 위해 예레미야를 향해 몰려들었다. 거기 모인 악한 자들은 잘못된 분위기에 휩쓸려 의기양양했을 것이 틀림없다. 그에 반해 하나님의 말씀에 순종한 예레미야는 궁지에 몰려 심한 두려움에 떨었을 것이다.

3. 사형 구형과 예레미야의 변론 (렘 26:10-15)

예레미야가 예루살렘 성전 뜰에서 하나님의 말씀을 선포하게 되자 혼란스러운 분위기가 더욱 확산되어 갔다. 선지자는 유다 왕국의 패망을 예언했으며 백성들은 결코 그럴 수 없다고 생각했기 때문이다. 당시 하나님의 말씀을 선포한 예레미야는 신앙이 없는 자처럼 인식되었으며, 도리어 하나님의 뜻을 버린 배도자들이 충성스러운 신앙인으로 행세했다.

성전 뜰에 모인 사람들 가운데 복잡한 상황이 전개되는 동안 제사장들과 선지자들은 왕궁에 사람을 파송해 특별한 전갈을 보냈다. 성전 뜰에서 예레미야가 하나님의 이름을 핑계대며 장차 성전과 예루살렘이 파괴되리라는 주장을 펼친다는 것이다. 그것은 그러잖아도 혼란한 상태에 놓인 백성들 사이에 엄청난 문제를 일으키게 되리라는 판단에 연관되어 있었다.

그래서 예루살렘 성전의 제사장들과 선지자들 등 종교인들은 왕궁의 고위 공직자들에게 예레미야의 죄상을 언급하며 일종의 고소를 하게 되었다. 그 내용은 하나님을 모독하며 하나님의 도성, 거룩한 성전의 파괴를 주장하는 그를 사형에 처해야 한다는 것이었다. 그들은 하나님을 멸시하면서도 교만에 빠진 거짓 정의에 가득 차 있었다.

그리하여 담당 공직자들이 성전 뜰로 나아왔다. 그러자 예레미야를 고소한 그 종교인들은 예레미야의 죄상에 관한 설명과 더불어 성전 뜰 앞에 모인 백성들을 증인으로 채택했다. 그들이 예레미야가 하나님과 예루살렘과 성전을 모독하는 것을 똑똑히 보고 들었다는 것이다. 많은 백성 앞에서 공개적으로 주장한 그 내용을 들여다보면 그에게 사형을 언도하는 것이 지극히 당연하다고 했다.

제사장들과 선지자들이 담당 공직자들에게 고소한 내용을 옆에서 듣고 있던 예레미야는 그 공직자들과 백성들을 향해 그에 대한 변호를 시도했다. 자기가 전한 모든 예언의 말씀은 임의로 지어낸 말이 아니라 여호와 하나님께서 자기를 보내 전하도록 명하셨다는 것이다. 즉 자기가 선포한 예언은 전적으로 하나님으로부터 왔다는 것이었다.

그러므로 예레미야는 예루살렘 성전을 중심으로 한 종교 지도자들과 왕궁의 담당 공직자들과 백성들을 향해 자신의 입장을 밝혔다. 저들이 이제까지 행해오던 배도의 길과 행위를 고치도록 요구하면서 여호와 하나님의 말씀을 청종하라고 했다. 그것은 모세 율법과 참된 선지자들의 예언을 귀담아 들으라는 의미를 담고 있다. 만일 그렇게 한다면 여호와 하나님께서 저들에게 선언하신 재앙을 내리지 않고 그의 뜻을 돌이키실 것이라고 했다.

예레미야는 그 말을 하면서 자기가 처한 위기의 상황에 대하여 어느 정도 포기한 것으로 보인다. 그러므로 자기의 생명은 저들의 손에 달려 있으니 사형을 시키든지 살려주든지 소견대로 하라고 했다. 즉 자기의 요구를 들어줄 리 만무해 보이는 상태에서 저들이 하고 싶은 대로 하라는 것이었다.

그러나 그와 더불어 강한 경고의 말을 아끼지 않았다. 예루살렘의 종교 지도자들의 고소에 의해 담당 공직자들이 자기에게 사형을 언도하여 죽인다면, 그것이 의미하는 바 극심한 위기의 상황에 대한 도화선이 된다는 사실을 알아야 한다고 했다. 즉 그들이 예레미야를 죽이는 것으로 인해 무죄한 상태에서 흘린 피를 저들의 몸과 예루살렘 성읍과 그 성 주민들에게 돌리게 된다는 것이다.

이는 여호와 하나님께서 자기를 배도에 빠진 유다 왕국의 지도자들과 백성들에게 보내셨기 때문이라고 했다. 즉 그들이 살려고 한다면 자기가 전한 하나님의 말씀을 반드시 들어 순종해야 한다는 사실을 강조했다. 그런 판국에 그들이 자기를 사형에 처한다는 것은 하나님께 저항하며 그의 말씀을 거부하는 표징이 되기 때문이라는 것이다.

4. 예레미야 편에 선 백성들과 일부 지도자들 (렘 26:16-19)

특별한 임무를 띠고 왕궁에서 온 담당 공직자들은 성전에서 종사하는 제사장들과 선지자들의 고소를 들으며 증인으로 채택된 백성들의 분위기를 참작했다. 그리고 선지자 예레미야가 직접 변호하는 말을 귀담아 들었다. 그런 다음 그에 관련된 모든 것에 대한 최종 판결을 내리게 되었다.

재판을 담당한 고위 공직자들은 결국 예레미야에게 무죄(無罪)를 선고했다. 그가 여호와 하나님의 이름으로 저들에게 말했으므로 사형에 처할 만한 이유가 없다는 것이다. 즉 종교인들과 정부 공직자들은 각기 서로 다른 판단을 하고 있었던 것이다. 고소인의 편에 선 종교인들은 그에게 사형에 해당하는 큰 죄가 있는 것으로 보았으나 담당 공직자들은 그에게 무죄를 선고했다.

그 모든 과정과 결과를 가까이서 지켜본 자들 가운데 지방에서 올라온 장로들 몇 사람이 일어나 백성들 앞에서 공직자들이 내린 판결의 정당성에 관한 언급을 했다. 그들은 과거 역사 가운데 히스기야 왕이 통치하던 시기에 있었던 사건을 언급했다. 모레셋 출신의 선지자 미가(Micah)가 유다 모든 백성에게 예언한 사실을 상기시켰던 것이다.

당시 선지자 미가는 이스라엘 백성들을 향해 여호와 하나님의 말씀을 전하면서, 시온은 밭처럼 경작지가 될 것이며 예루살렘은 돌무더기가 되며 거룩한 성전에 세워진 산은 산당의 숲과 같이 되리라고 예언했다. 그 모든 것은 그가 하나님으로부터 계시받아 쓴 미가서에 기록되어 있다(미 1:1; 3:12, 참조). 그것은 선지자 예레미야가 본문 가운데 성전 뜰에서 선포한 예언과 흡사한 내용을 담고 있다.

예레미야를 변호한 지방에서 올라온 장로들은, 히스기야 왕과 유다 백성들이 선지자 미가를 죽이지 않았음을 말했다. 도리어 왕이 그로 인해 여호와 하나님을 두려워하여 간구하자 하나님께서 저들에게 선언한 재앙에 대하여 뜻을 돌이키셨다는 것이다. 이제 예레미야의 예언에 대해서도 그 말씀을 귀담아 듣고 하나님께로 돌아가는 것이 옳다고 했다. 만일 예레미야의 말을 듣지 않고 지금까지 해오던 대로 고집을 피운다면 무서운 재앙을 불러들여 스스로 자기 생명을 매우 해롭게 하는 행위에 지나지 않는다는 것이다.

5. 예언자 우리야의 사형과 예레미야 구명운동의 효과 (렘 26:20-24)

예레미야가 예언할 당시 또 다른 선지자 한 사람이 유다 백성을 향해 동일한 예언을 하고 있었다. 그는 예루살렘에서 그다지 멀지 않은 기럇 여아림 출신의 우리야(Uriah)라는 인물이었다. 그 역시 하나님으로부터 예언의 계시를 받아 예루살렘 성읍과 그 땅이 황폐하게 되리라는 사실을 백성들을 향해 선포하며 경고했다.

그가 선포한 말을 들은 여호야김 왕과 모든 고위급 군인들과 고위 공직자들이 크게 분노했다. 그리하여 그를 체포해 죽이려고 했다. 그러잖아도 극도의 혼란에 빠져있던 시기에 그와 같은 말은 언약의 왕국과 백성들을 위해 아무런 도움이 되지 않는다고 판단했던 것이다.

예레미야와 우리야가 선포하는 예언이 하나님으로부터 주어진 동일한 내용임에도 불구하고 한 사람에게는 무죄가 선고된 반면 다른 한 사람에게는 사형에 해당할 만큼 중한 죄로 간주되었다. 여기에는 하나님의 섭리에 따른 손길이 있었음이 분명하다. 또한 당시 왕을 비롯한 고위 공직자들은 하나님의 율법에 따른 객관적 기준을 두고 모든 사안을 평가한 것이 아니었다. 그들은 정치적 목적과 백성들의 여론에 따라 유동적으로 판단했기 때문에 그런 어처구니없는 일이 발생할 수 있었다.

선지자 우리야는 여호야김 왕의 세력이 자기를 죽이려 한다는 사실을 알고 두려움에 빠져 멀리 애굽 땅으로 도망갔다. 그는 하나님의 말씀을 선포하면서도 자기의 생명을 유지하는 데 연연했던 것이다. 이는 예레미야가 극단의 위기에 처했을 때 저들이 죽이면 죽겠다는 담대한 결의를 보인 것과는 크게 대조적이었다(렘 26:14).

우리야는 자기의 생명을 보존하기 위해 애굽으로 도망쳤지만 그것이 저의 생명을 지켜주지는 못했다. 여호야김 왕이 충복 엘라단을 비롯한 몇 명의 체포조를 애굽으로 급파해 그를 잡아 오라는 명령을 내렸기 때문이다. 당시에도 사안에 따라 범인 인도를 위한 국제적인 공조 체제가 존재하고 있었다.

그리하여 엘리야김 왕으로부터 급파된 자들은 애굽에서 우리야를 연행하여 예루살렘으로 끌고 왔다. 왕은 그의 잘못에 대한 최종심문을 한 다음 사형을 언도하여 칼로 쳐 죽였다. 그리고는 이름 없이 묻히는 일반 평민들의 공동묘지에 던져넣게 했다. 당시의 상황이 이렇듯이 살벌했으므로 예레미야 역시 상당히 불안했을 것이 틀림없다.

하지만 그때 상당한 세력을 가지고 있던 아히감이 예레미야를 보호하는 역할을 했다. 그는 참된 선지자를 분노한 백성들의 손에 넘겨주지 않았다. 어리석은 백성들은 담당 공직자들에 의해 법적으로 무죄선고를 받았음에도 불구하고 잘못된 제사장들과 거짓 선지자들의 선동을 받아 적대감을 가진 자를 죽이기도 했다. 그런 중에 예레미야는 생명을 보존하여 지속해서 하나님의 말씀을 예언할 수 있었다.

우리는 여기서 매우 중요한 교훈을 얻게 된다. 오늘날 우리도 하나님의 말씀을 전한다고 하면서 선지자 우리야처럼 자기 목숨을 유지하기 위해 연연한다면 자기의 생각과는 전혀 다른 부정적인 방향으로 나아갈 수 있다는 사실을 기억해야 한다. 그대신 자기의 삶이나 생명을 보존하기 위한 것을 목적으로 삼지 않고 오직 하나님의 말씀에 의존할 때 하나님께서 모든 것을 책임져 주신다는 사실을 깨달아야 한다.

제27장

'줄과 멍에'에 묶여 바벨론 포로가 되는 예언

(렘 27:1-22)

1. '줄과 멍에' 예언 : 바벨론 제국의 세력 (렘 27:1-7)

유다 왕 요시야의 아들 시드기야가 통치를 시작할 즈음 여호와께서
선지자 예레미야에게 계시의 말씀을 주셨다. 한글 개역성경 예레미야
27장 1절에는 '여호야김'으로 기록되어 있으나 전체 문맥을 살펴볼 때
실제로는 '시드기야'로 이해하는 것이 자연스럽다.7) 즉 필사 과정에서
시드기야를 여호야김으로 잘못 기록한 것으로 보인다. 번역본들 가운
데는 여호야김과 시드기야로 번역된 경우가 나누어져 있다.8)

---

7) 요시야 왕의 둘째 아들 여호야김과 요시야 왕의 셋째 아들 시드기야는 유다 왕
국의 왕직을 수행한 인물들이다. 요시야 왕 다음 왕위를 이은 자는 요시야의
넷째 아들인 살룸 곧 여호아하스였으며 그 뒤를 여호야김이 계승했다. 그후에
는 여호야김의 아들 여호야긴이 왕위를 계승했으나 요시야 왕의 셋째 아들이
자 여호야긴의 삼촌인 시드기야가 그 다음의 왕위를 계승하게 되었다.
8) 개역한글, 개역개정, 바른성경, 영어 성경 KJV는 본문의 이름을 여호야김으로
번역하고 있다. 그에 반해 한글 새번역, 공동번역, 현대인의 성경, 영어 성경
NIV, NASB는 그 이름을 시드기야로 번역하고 있다. 전체적인 문맥을 볼 때 여
호야김이 아니라 시드기야로 이해하는 것이 자연스럽다. 이는 필사 과정에서
발생한 오류로 인해 시드기야로 기록되어야 할 이름이 여호야김으로 잘못 기록
된 것으로 보이는 것이다(박윤선, 성경주석, 예레미야 27장 1절 주석, 참조).

하나님께서는 예레미야에게 '줄과 멍에'를 목에 걸라고 명령했다. 그것은 포로가 되어 끌려가는 모습을 보여주고 있다. 한편 유다 왕 시드기야를 만나기 위해 예루살렘에 올라온 여러 나라 사신들의 손에도 그것들을 주라고 했다. 그리하여 당시 예루살렘에 와서 외교적 직무를 감당하던 각 나라의 사신들을 통해 본국인 에돔, 모압, 암몬, 두로, 시돈의 왕들에게 '줄과 멍에'를 보내라는 것이다.

그리고 그 사신들을 향하여 각국의 왕들에게 만군의 하나님 여호와께서 그렇게 하도록 요구한 사실을 전하라고 했다. 거기에는 여호와 하나님께서 큰 능력과 펴신 팔로 땅을 창조하시고 그 위에서 살아가는 사람과 짐승들을 만든 사실을 전하라는 명령이 포함되어 있었다. 그리고 만물의 주인이신 하나님께서 자기의 특별한 목적에 따라 그것들을 일시적으로 바벨론 왕에게 주셨다는 것이다.

이제 하나님께서는 저들이 거하고 있는 모든 땅을 자신의 뜻을 따르게 되는 바벨론 왕 느부갓네살에게 주고 들짐승들도 그의 소유로 주시겠다고 했다. 그렇게 되면 주변의 모든 나라가 하나님께서 정하신 기한이 이르기까지 그와 그의 아들과 손자를 섬기게 되리라고 말씀하셨다. 하지만 바벨론의 세계 통치 시대가 영원할 수는 없었다. 그들이 통치하는 기간이 끝나게 되면 다른 강대국과 왕들이 바벨론 제국을 정복하고 바벨론의 권세자들을 종으로 삼게 되리라는 것이었다.

선지자 예레미야는 유다 왕국뿐 아니라 주변의 많은 나라가 바벨론에 의해 패망하리라는 사실을 예언했다. 그 가운데 우리가 각별히 관심을 기울여야 할 내용은 이스라엘 자손이 바벨론에 의해 이방의 포로로 잡혀가게 된다는 사실이다. 이는 예루살렘과 하나님의 성전 파괴와 밀접하게 연관되어 있다.

그렇지만 바벨론의 세력은 정해진 기한이 있어서 하나님께서 간섭하시는 때가 이르면 힘을 잃고 더 강대한 나라에 의해 패망당하게 된다. 이는 바벨론 제국과 느부갓네살 왕이 하나님의 경륜을 위한 특별한 도구 역할을 감당하게 된다는 점을 말해주고 있다. 신앙이 성숙한 백성들은 선지자의 예언을 들으며 그에 관한 명확한 깨달음을 가져야만 했다.

2. 허탄한 자들의 거짓 예언 경계 (렘 27:8-11)

하나님께서는 선지자 예레미야를 통해 이스라엘 백성이 결코 쉽게 받아들일 수 없는 예언의 말씀을 주셨다. 모든 백성이 바벨론 왕 느부갓네살의 지배를 받아 그를 섬기는 것은 하나님의 뜻에 의한 것이며 바벨론 왕의 멍에를 메는 것이 하나님의 경륜에 따른 것이라고 하셨다. 이는 또한 많은 나라의 백성들이 바벨론의 포로가 되어 사로잡혀 가게 된다는 사실을 말해주고 있다.

그러므로 만일 그 실상을 받아들이지 않거나 그에 저항하는 백성과 나라는 그들이 멸망하기까지 하나님께서 칼과 기근과 전염병을 보내 무서운 벌을 내리시겠다고 하셨다. 바벨론의 포로로 잡혀가 그 나라의 왕을 섬기는 것이 차라리 생명을 보존하는 길이며, 자기 땅에서 버티는 것은 오히려 패망을 불러온다는 것이다. 하나님의 경륜을 거스르는 나라와 민족에게 전쟁이 일어나게 하실 것이며 기근으로 인해 굶주려 죽거나 전염병으로 인해 죽는 자들이 넘쳐나게 하시리라고 하셨던 것이다.

그럼에도 불구하고 거짓 선지자들과 자기의 욕망을 채우기에 급급한 지도자들은 백성들을 속이고 기만하기 위해 혈안이 되어 있었다. 그들은 어리석은 이스라엘 백성을 향해 절대로 그런 일이 발생하지 않는다고 주장했다. 거짓 선지자들이나 점쟁이들이나 환상을 보고 요술을 행하는 자들은 마치 백성들을 위로하듯 행세하며 걱정하지 말라고 기만하는 것이다. 얼른 보면 그들이 마치 하나님에 대한 깊은 믿음이 있는 것처럼 비친다.

하지만 그런 자들은 하나님께서 계시하신 예언에 따라 백성들에게 말하는 것이 아니라 저들의 이기적인 욕망을 달성할 목적으로 거짓말과 거짓 논리를 늘어놓을 따름이다. 그들은 백성들을 기만하여 속이기 위해 온갖 노력을 다 기울인다. 따라서 선지자 예레미야는 백성들을 향해 거짓 선지자들이 장차 이스라엘 자손이 바벨론 왕을 섬기는 일이 없을 것이라 주장할지라도 절대로 그 말을 믿지 말라고 했다.

하지만 신앙이 없거나 어린 백성들은 그들의 거짓으로 포장된 달콤한 말을 받아들였다. 그와 동시에 선지자 예레미야가 전하는 하나님의 말씀을 거부하며 배척했다. 그리하여 선지자의 이름을 빙자한 악한 자들은 거짓 예언을 함으로써 오히려 언약의 백성들을 더욱 심한 궁지로 몰아가 패망의 길을 가게 했다.

그러나 선지자 예레미야는 이스라엘 자손이 바벨론 왕의 멍에를 메고 이방 땅으로 끌려가게 되리라는 하나님의 예언을 가감 없이 전했다. 그곳에서 이방 왕국의 최고 통치자인 느부갓네살을 섬기게 되리라는 불편한 말을 쏟아냈다. 그리하여 그들은 그곳에서 밭을 갈며 노예처럼 살아가게 되리라는 것이었다.

우리는 여기서 어리석은 백성들이 거짓 선지자들을 참된 선지자인 양 믿고 참 선지자인 예레미야를 부정적인 메시지를 전하는 거짓 선지자로 여겼다는 사실을 기억해야 한다. 그들은 하나님의 예언을 듣고자 했던 것이 아니라 자기가 듣고 싶은 말을 듣고자 했다. 사악한 거짓 선지자들은 그점을 간파하고 하나님의 말씀이 아니라 백성들이 듣기 원하는 것을 만들어 전했다. 그것은 하나님의 말씀을 가로막는 악행이었지만 저들의 욕망을 채우는 최고의 방편이 될 수 있었다.

이와 같은 일은 구약시대뿐 아니라 오늘날 우리 시대에도 그대로 일어나고 있다. 하나님의 말씀을 전하는 교회의 교사인 목사는 인간들의 비위를 맞추기 위해 애쓸 것이 아니라 성경에 기록된 하나님의 말씀을 그대로 전하도록 힘써야 한다. 설령 교인들이 듣기 싫어하는 말이라 할지라도 기록된 성경을 선포해야 하는 것이다.

그러나 어리석은 목사들은 교인들의 눈치를 보며 그들로부터 훌륭한 사람으로 인정받고자 하며, 어리석은 교인들은 잘못된 목사의 그와 같은 행태를 전혀 간파하지 못한다. 그렇게 되면 교회 가운데 하나님의 진리가 약화되는 현상이 나타나며 교인들은 세속화되거나 이방 종교의 거짓 사상에 물들게 된다. 따라서 성숙한 모든 교인은 이에 대하여 여간 민감하게 반응하여 대처하지 않으면 안 된다.

3. 시드기야 왕을 향한 예레미야의 직언 (렘 27:12-15)

선지자 예레미야는 대다수 유다 왕국 백성들이 절대로 받아들이려 하지 않는 예언의 말씀을 시드기야 왕에게 직접 전했다. 그것은 왕과 백성이 바벨론 왕의 멍에를 메고 그의 백성을 섬기라는 것에 대한 증언이었다. 이는 달리 저항하지 말고 순순히 느부갓네살 왕의 포로가 되어 바벨론 사람들을 섬기는 것이 하나님의 뜻이라는 의미를 담고 있다.

예레미야는 어차피 죽을 목숨인데 그나마 바벨론의 왕을 섬기는 것이 생명을 구하는 유일한 길이라는 사실을 언급했다. 하나님께서는 유다 왕국뿐 아니라 이방 여러 나라에 대해서도 그와 동일한 말씀을 선포하셨다. 시드기야 왕과 유다 백성들 역시 하나님께서 전하는 예언의 말씀을 듣지 않고 거부하면 칼과 기근과 전염병에 의해 죽는다고 했다. 따라서 어리석게 하나님의 뜻을 멸시한 채 바벨론에 저항하는 것은 무모한 행동에 지나지 않는다는 것이다.

그러므로 예레미야는 유다 왕과 그 지도자들이 바벨론 왕을 섬기게 되지 않을 것이라고 선전하는 거짓 선지자들의 말을 절대로 듣지 말라고 했다. 그들의 주장이 아무리 그럴듯하게 들리고 달콤할지라도 하나님과 상관없는 거짓에 지나지 않았다. 하지만 거짓 선지자들은 온갖 감언이설(甘言利說)을 쏟아내며 왕에게 아첨하기를 좋아하고 백성들의 인기를 얻고자 기를 쓰고 있었다.

예레미야는 여호와 하나님께서 그럴듯한 듣기 좋은 말을 하는 자들을 이스라엘 백성에게나 왕에게 보내지 않았음을 말씀하신 사실을 전했다. 그들은 하나님의 이름을 핑계대어 팔면서 이기적인 태도로 백성들을 속이고자 했을 따름이다. 따라서 하나님께서는 저들의 거짓 예언과 달리 예레미야가 전하는 예언에 따라 유다 왕국의 왕과 백성들을 바벨론 지역으로 몰아내겠다고 말씀하셨다. 그리고 이스라엘 백성을 향해 하나님의 이름으로 거짓 예언하는 나쁜 선지자들을 심판하여 멸망시키겠다고 하셨다.

하나님께서는 자기의 고유한 뜻에 따라 놀라운 구속사를 이어가시는 분이다. 따라서 그가 이땅에서 인간들이 원하는 세속적인 목적을 이루어 주시는 분으로 오해해서는 안 된다. 타락한 인간들은 눈앞에 놓인 것을 보며 거기에 매달리고 있지만 하나님께서는 그보다 훨씬 큰 궁극적인 작정을 이루어가고 계시기 때문이다. 어리석은 자들과 달리 지혜로운 자들은 구약시대나 신약시대나 그에 관한 명확한 깨달음을 가지고 있다.

4. 거짓 선지자들에 대한 예레미야의 경고 (렘 27:16-18)

예레미야가 이 모든 사실을 예언하고 있을 당시는 이미 예루살렘 성전의 많은 기구가 바벨론 땅으로 옮겨진 상태였다. 과거 다니엘이 바벨론의 포로로 잡혀갈 때(BC 605년)와 에스겔이 끌려갔을 때(BC 598년) 많은 유력 인사들이 바벨론으로 사로잡혀 가게 되었다. 그때 성전 기물들 가운데 일부도 바벨론 군대에 의해 빼앗겼다.

그것을 기억하고 있던 거짓 선지자들은 타락한 제사장들과 백성들을 향해 예루살렘 성전의 빼앗긴 기구들을 조만간 바벨론 땅으로부터 본토로 되돌려 가져오게 될 것이라는 거짓 주장을 했다. 그것은 물론 하나님의 뜻과 아무런 상관이 없는 허탄한 예언이었다.

그럼에도 불구하고 어리석은 제사장들과 백성들은 그 말을 듣고 좋아하며 희망을 가졌을 것이 분명하다. 그들은 그와 같이 해 주시는 하나님이 참 하나님이며 그의 능력으로 충분히 그렇게 할 수 있을 것으로 믿었다. 따라서 그 거짓 선지자들이 유다 왕국과 모든 백성에게 진정으로 소망을 주는 좋은 선지자인 것처럼 비쳤다. 절망에 빠진 백성들에게 그보다 더 솔깃한 말은 있을 수 없었던 것이다.

하지만 선지자 예레미야는 그와 정반대로 예언했다. 그것은 이스라엘 민족 지도자들을 더욱 절망시키는 말로서 백성들의 힘을 완전히 빼는 것에 지나지 않았다. 그는 도리어 바벨론 왕 느부갓네살을 섬기라고 했다. 그래야만 생명을 유지하여 살아갈 수 있다는 것이다. 순순히 그렇게 하지 않으면 예루살렘 성읍이 완전히 파괴되어 황무지가 될 것이라고 했다.

그러면서 예레미야는 거짓 선지자들의 잘못된 언행에 대하여 지적했다. 만일 그들이 하나님으로부터 보냄을 받은 선지자로서 하나님의 예언의 말씀을 가지고 있다면 그런 식으로 예언할 것이 아니라는 것이다. 즉 그들이 여호와 하나님의 성전과 유다 왕의 궁전과 예루살렘 성전의 남은 기구들을 바벨론으로 옮겨가지 못하도록 하나님께 구해야 할 것이라고 했다. 다시 말해 바벨론 군대에 의해 빼앗긴 성전 기구들을 다시 가져오는 것을 예언할 것이 아니라 예루살렘에 있는 것들을 더 이상 빼앗기지 않도록 하나님께 간구해야 한다는 것이다.

5. 성전 기구들에 연관된 하나님의 예언 (렘 27:19-22)

하나님께서는 성전의 기둥들과 놋으로 된 큰 물통과 받침대들과 예루살렘 성에 남아있는 여러 기구에 관한 중요한 말씀을 하셨다. 그것들은 그전에 바벨론 왕 느부갓네살이 여호야김의 아들 여고니야와 유다와 예루살렘의 모든 고귀한 신분을 가진 자들을 예루살렘에서 바벨론으로 사로잡아 갈 때 가져가지 않고 남아있는 것들이었다. 이제 그것들 마저도 조만간 바벨론 땅으로 옮기게 되리라고 하셨다.

여호와 하나님께서는 거룩한 성전과 왕국과 예루살렘 성읍에 남아있는 기구들을 전부 바벨론 군대에 의해 **빼앗기게** 되리라고 말씀하셨다. 약속의 땅 예루살렘과 성전에 있어야 할 기구들이 이방 지역으로 옮겨가게 된다는 것이다. 하나님께서는 바벨론에서 그것들을 돌봐주시는 날까지 거기 있을 것이라고 하셨다. 그후에 때가 되면 다시금 예루살렘으로 되가져오게 하시리라는 것이었다.

우리는 여기서 매우 중요한 사실과 그 기본적인 의미를 깨달을 수 있어야 한다. 그것은 이스라엘 민족은 예루살렘 성전의 기구들을 비롯한 중요한 기구들을 바벨론 군대에 의해 **빼앗겼으나** 하나님께서는 그것들을 이방 지역에 안전하게 보관해 두셨기 때문이다. 예루살렘 성과 거룩한 성전은 완전히 파괴되지만, 그 안에 있던 중요한 기구들은 파괴하지 않고 그대로 보존되었던 것이다.

만일 그것들을 예루살렘에 그냥 내버려 둔다면 완전히 부서져 쓸모 없이 될 수밖에 없다. 더 이상 보관할 수 있는 장소도, 관리해야 할 사람도 없기 때문이다. 그때 하나님께서는 그것들을 바벨론 땅으로 옮겨 그곳에서 그 기구들을 보호해 주셨던 것이다. 물론 이방인들은 그에 대한 아무런 개념 없이 노획물이라 여겼을 것이며 이스라엘 자손들도 그 정도로만 생각했을 것이 분명하다.

하지만 하나님의 원대한 섭리와 경륜은 결코 그에 머무르지 않았다. 예루살렘과 하나님의 성전은 완전히 파괴되었지만 성전의 기구들은 이방 땅에서 온전히 보호되고 있었기 때문이다. 그것을 통해 외관상의 성전은 파괴되었으나 성전 기구들을 통해 하나님께서 원하시는 소중한 상속이 이어져 내려오게 되었다. 그로 말미암아 장차 메시아가 오시게 될 하나님의 놀라운 사역이 중단 없이 지속되었던 것이다.

제28장

거짓 선지자 하나냐와 참 선지자 예레미야의 충돌

(렘 28:1-17)

1. 예레미야를 향한 하나냐의 거짓 예언 (렘 28:1-4)

이스라엘 백성들 가운데는 항상 거짓 선지자들이 기승을 부리고 있었다. 그들 중에는 자기 스스로 선지자라고 주장하며 거짓 예언을 되풀이하는 자들이 있었다. 그런가 하면 다른 한편으로는 백성들 가운데 공적으로 선지자의 직함을 가지고 있으면서 하나님의 말씀을 왜곡해 거짓을 퍼뜨리는 자들도 많았다.

유다 왕 시드기야가 통치하기 시작한 지 제 사년 다섯째 달에 중요한 일이 발생했다. 그것은 선지자들 가운데 하나냐(Hananiah)라는 인물이 예루살렘 성전 뜰에서 제사장들과 많은 백성이 회집한 자리에서 선지자 예레미야를 책망하며 거짓 예언을 했기 때문이다. 그는 예레미야를 향해 자기의 말이 하나님께서 주신 예언이라고 주장하며 당돌하게 말하기 시작했다.

그 사람은 먼저 이스라엘 민족을 인도하시는 만군의 하나님 여호와께서 자기에게 예언한 말씀을 전하겠노라고 선언했다. 그는 처음부터 예레미야의 모든 예언은 아무런 근거 없는 것으로서 하나님으로부터 온 말씀이 아니라고 폄하했다. 그러니 이제 참 하나님의 예언을 백성들에게 전하겠다는 것이다.

그는 말을 시작하면서 하나님께서 바벨론 왕의 멍에를 꺾었다는 주장을 펼쳤다. 이는 바벨론 왕이 이스라엘 백성을 포로로 잡아가기 위해 저들의 목에 씌울 멍에를 꺾어버리셨으니 이제 다시는 이방인들에 의해 포로로 잡혀가지 않아도 된다는 것이다. 일반 백성들이 듣기에 매우 솔깃하고 긍정적인 그의 말은 이스라엘 백성에게 소망을 주는 기쁨의 메시지가 아닐 수 없었다.

또한 하나님께서 바벨론 왕 느부갓네살이 그전에 예루살렘에서 바벨론 지역으로 빼앗아 간 성전의 모든 기구를 두 해(2년) 안에 다시 예루살렘으로 되돌려 놓으시겠다고 말씀했다고 주장했다. 뿐만 아니라 과거에 유다 왕 여호야김의 아들 여고니야와 바벨론으로 끌려간 유다의 모든 포로들을 다시 가나안 본토로 돌아오게 하시겠다고 말씀하셨다는 것이다. 이는 하나님께서 바벨론 왕의 손에 들고 있는 멍에를 꺾어버리실 것이기 때문에 그렇게 된다는 것이다.

다른 선지자로부터 이와 같은 주장이 펼쳐지는 상황은 우선 예레미야를 크게 당황스럽게 했을 것이며 심각한 궁지로 몰아넣었을 것이 분명하다. 아무것도 모르는 채 거기 모인 백성들은 그동안 예레미야가 부정적인 예언을 하며 왕국과 민족의 패망을 예언한 데 반해 하나냐는 희망 섞인 긍정적인 예언을 했기 때문이다. 하지만 부정적인가 아니면 긍정적인가 하는 것이 문제가 아니라 그 예언의 말씀이 과연 하나님으로부터 온 것인가 아닌가 하는 점이 중요할 따름이다.

이에 대해서는 오늘날 우리 시대 역시 그때와 전혀 다르지 않다. 거짓 교사들은 교인들의 환심을 사기 위해 하나님의 말씀을 벗어나 자기 마음대로 미사여구를 섞어 좋은 이야기를 교인들에게 전하기를 좋아한다. 그들은 세상의 복과 번영과 성공을 약속하며 어리석은 자들을 현혹하기에 여념이 없다. 하지만 그것이 성경에서 벗어나거나 그에 반하는 내용이라면 그것은 하나님 앞에서 무서운 범죄행위가 된다. 중요한 사실은 참된 교사라면 인간들의 욕망이나 취향에 연연하여 그에 눈치를 보지 않고 하나님으로부터 계시된 말씀을 그대로 전하는 것이란 점을 기억해야 한다.

2. 거짓 선지자 하나냐를 향한 예레미야의 강한 질책 (렘 28:5-9)

하나님의 진리를 버린 사악한 인물이었으나 형식적으로는 선지자로 인정받고 있던 하나냐로부터 과격한 공격성 거짓 예언을 들은 예레미야는 그에 대한 공적인 반응을 했다. 결단코 잠잠히 있을 수 없는 상황이었기 때문이다. 따라서 예레미야가 예루살렘 성전에 서 있는 제사장들과 모든 백성이 보는 가운데 하나냐를 향해 말했다. 거기 모인 모든 사람은 정반대로 예언하는 두 선지자의 말을 듣고 올바른 판단을 내려야만 할 입장이었다.

예레미야는 우선 자기도 하나냐가 내뱉은 말처럼 이루어진다면 그렇게 되기를 간절히 바란다는 언급을 했다. 그의 예언대로 여호와 하나님께서 바벨론 제국에 빼앗긴 성전의 기구들과 포로가 되어 강제로 끌려간 이스라엘 백성을 다시금 본토로 데려오시기를 원한다고 했다. 즉 그와 같이 될 수 있다면 얼마나 다행이겠느냐는 것이다. 하지만 이는 결코 그렇게 될 수 없다는 사실을 말해주고 있다.

예레미야는 하나냐를 향해 이제 자기가 그와 모든 백성을 향해 하는 말을 귀담아 들으라고 했다. 자기가 하나님으로부터 계시받은 예언의 말씀을 전하겠다는 것이다. 실상 자기가 하는 예언은 처음으로 전해진 말씀이 아니라 자기뿐 아니라 이전의 많은 선지자가 예언해 온 바였음을 강조했다.

하나님께서는 그전부터 여러 선지자를 보내 많은 지역과 큰 나라들 사이에 피비린내 나는 전쟁이 일어나고 끔찍한 재앙이 임할 것을 예언해 오셨다. 또한 무서운 전염병이 돌아 사람들이 질병으로 인한 고통에 빠져 신음하거나 죽게 될 사실을 말씀하셨다. 그것은 하나님께서 의도하신 바이기 때문에 반드시 이루어질 수밖에 없다.

그러나 거짓 선지자들은 하나님의 의도와 무관하게 평화를 예언하기를 좋아한다는 사실을 언급했다. 그들은 백성들에게 소망을 준다는 것을 명목으로 삼아 하나님과 상관없는 거짓말을 내뱉으면서도 마치 훌륭한 메시지를 주는 것인 양 여기고 있었다. 백성들의 불안을 줄이고 안심하도록 도와주는 것이 자기의 직무인 양 착각하고 있었기 때문이다.

선지자들의 입술에서 나오는 말들 가운데 사람들이 듣기 좋은 긍정적인 언사 자체로는 아무런 의미가 없다. 설령 모든 백성이 거짓 선지자의 예언을 듣고 곧 평화의 시대가 도래할 것이라 믿는다고 해도 그것 자체가 곧 하나님의 말씀이 되는 것은 아니다. 그들의 예언이 참된 것이라면 그 예언의 말씀이 구체적으로 성취된 후에야 모든 것이 확증된다는 것이다.

그러므로 예레미야는 예언을 하는 선지자가 참된 신앙인인가 허탄한 거짓말쟁이인가 하는 사실은 그 결과를 보고 확인할 수 있다고 했다. 이는 장차 예레미야가 예언한 내용과 하나냐가 예언한 내용이 어떻게 진행되어 성취되는가 하는 점을 보면 누가 참 선지자인지 드러나게 된다는 것이다. 물론 그 말 가운데는 거짓 예언을 하는 하나냐를 강하게 책망하는 의미가 담겨 있었다.

3. 예레미야에 대한 하나냐의 만행 (렘 28:10,11)

거짓 선지자 하나냐가 예레미야의 예언을 듣고 크게 분개했다. 그것은 어처구니없는 적반하장(賊反荷杖)격인 태도였을 따름이다. 참 선지자는 하나님의 말씀을 가감 없이 단호하게 전했으나 온유한 자세를 유지했다. 그에 반해 거짓 선지자는 자기를 비판하는 불편한 말을 들으면 그것이 하나님으로부터 계시된 말씀이라 할지라도 멸시하기를 주저하지 않았다.

분개한 선지자 하나냐는 예레미야가 행위 예언을 겸하여 목에 걸고 있던 멍에를 빼앗았다. 그리고는 많은 사람이 보는 앞에서 그것을 꺾어버렸다. 그와 같은 행동을 통해 결의에 찬 자신의 모습을 보여주고자 했던 것이다. 그는 하나님께서 예레미야에게 명하신 바를 정면으로 거부하는 악행을 저지르면서도 그 실상을 제대로 깨닫지 못하고 있었다.

그러므로 하나냐는 자기가 마치 하나님의 계시를 받은 듯이 행세하면서 어리석은 백성들을 속였다. 여호와 하나님께서 두 해(2년) 안에 바벨론의 느부갓네살 왕이 모든 민족의 목에 씌운 멍에를, 자기가 예레미야의 목에 걸린 멍에를 꺾어버렸듯이 부숴버리리라는 것이었다. 그의 말을 들은 백성들은 그것이 거짓이란 사실을 미처 깨닫지 못한 채 이스라엘 민족을 위해 유리한 예언을 한 하나냐를 향해 환호를 보내게 되었다.

그와 같은 어처구니없는 분위기 가운데서 예레미야는 달리 어떻게 대응할 방도가 없었다. 사악한 거짓 예언자를 대상으로 하여 물리적인 싸움을 벌일 형편도 되지 못했다. 이미 전한 하나님의 말씀 외에 할 말이 더 있었던 것도 아니다. 결국 그는 안타까운 마음을 안고 그곳을 떠나 자기 길을 가게 되었다.

4. 선지자 예레미야가 거짓 선지자 하나냐에게 전할 하나님의 말씀 (렘 28:12-14)

거짓 선지자 하나냐가 예레미야의 목에서 나무로 만든 멍에를 빼앗아 꺾어버린 후 여호와 하나님의 말씀이 선지자 예레미야에게 임했다. 실의에 빠져있던 예레미야가 그를 대항하여 실행해야 할 일이 남아있다는 것이다. 그리하여 하나님께서는 그에게 다시금 하나냐에게 가서 자기의 말을 전하라고 하셨던 것이다.

그 일은 예레미야가 당연히 감당해야 할 일이었지만 한편으로는 크게 부담스러운 일이 될 수 있었다. 하나냐는 마치 자기가 승리를 거둔 양 행세하며 의기양양(意氣揚揚)했을 것이고 대다수 백성과 지도자들은 그를 지지하고 있었기 때문이다. 그런 형편에서 다시 그곳을 찾아가 하나님의 예언을 선포한다는 것은 결코 쉽지 않았을 것이다.

하지만 예레미야는 하나님의 명령에 순종해야만 했다. 하나님께서 예레미야를 향해 자기의 엄중한 뜻을 하나냐에게 전하라고 명령했기 때문이다. 선지자 하나냐는 예레미야가 목에 걸고 있던 나무 멍에를 빼앗아 꺾어버렸으나 하나님께서 그 대신 그보다 훨씬 강한 쇠로 된 멍에를 만드신다는 것이다.

하나님께서 예레미야에게 명하여 만들게 한 나무 멍에를 거짓 선지자가 부숴버린 것은 하나님의 뜻을 저버린 행위로써 하나님의 무서운 진노를 불러일으켰다. 그리하여 더욱 강한 쇠 멍에를 만들게 됨으로써 그 고통이 훨씬 커지게 되었다. 그것은 바벨론 제국의 느부갓네살이 그렇게 하지만 실상은 하나님의 경륜과 관여에 따라 그렇게 진행되어 갔던 것이다.

그러므로 이스라엘 민족뿐 아니라 모든 나라 백성들이 바벨론 왕 느부갓네살을 섬겨야만 한다. 이는 그가 주변 모든 국가와 종족들을 제압함으로써 무소불위(無所不爲)의 강력한 권력을 가지게 된다는 사실을 말해주고 있다. 따라서 주변의 여러 나라 백성들뿐 아니라 이스라엘 자손도 그를 섬길 수밖에 없는 것이다.

하나님께서는 그와 같은 모든 일이 하나님으로 말미암는다는 사실을 말해주고 있다. 즉 유다 왕국의 하나님에 대한 배도 행위로 인해 주변의 많은 나라가 동일한 고통을 당하게 된다. 그리하여 바벨론은 점점 더 강력한 나라가 되어가며 하나님께서는 자기의 목적을 달성하기 위해 들짐승들까지 그에게 주었다고 하셨다.

이와 같은 하나님의 특별한 사역 가운데는 크게 두 가지 의미가 나타나고 있다. 그것은 유다 왕국의 배도 행위에 대한 하나님의 심판이 그 중심을 차지하고 있다. 그리고 약속의 땅 가나안과 예루살렘 성읍은 폐허가 되고 거룩한 성전은 완전히 파괴되지만, 유다 백성의 고통스러운 바벨론 포로기 중에도 예루살렘 성전에 있던 기구들은 이방 지역에서 보호받게 되었다. 나중 이스라엘 자손이 바벨론 포로에서 귀환할 때 과거에 빼앗긴 성전 기구들을 가지고 돌아와 성전을 온전히 재건하게 되는 것이다.

5. 예레미야의 예언과 하나냐가 받은 심판 (렘 28:15-17)

선지자 예레미야는 하나님의 명령에 따라 거짓 선지자 하나냐에게 갔다. 그는 거짓을 예언하며 어리석은 백성들을 큰 혼란에 빠뜨리면서도 황당한 종교적인 자부심을 가지고 있는 터였다. 그런 사람에게 하나님의 진리를 선포한다고 해도 그가 순순히 받아들이지 않을 것이 분명하다.

그럼에도 불구하고 하나님께서는 예레미야를 통해 그에게 참된 예언의 말씀을 전하도록 하셨다. 여호와 하나님께서 저를 백성들에게 보낸 적이 없는데도 하나님의 거룩한 이름을 빙자하여 거짓을 선포한 점에 연관된 내용이었다. 문제는 그가 단순히 거짓을 주장한 자체가 아니라 어리석은 백성들로 하여금 그 거짓 예언을 하나님의 말씀으로 믿도록 종용했다는 사실이다(렘 28:15). 그것은 하나님을 모독하는 행위가 아닐 수 없었다.

그러므로 선지자 예레미야는 그에게 하나님께서 저를 지구상에서 제거하시리라고 하신 말씀을 전했다. 그가 여호와 하나님의 이름을 빙자하여 거짓을 선포한 것은 하나님에 대한 패역한 행위였기 때문이다. 그러니 하나냐가 금년에 죽을 것이라고 예언했는데 그것은 실상 하나님께서 그를 죽이시겠다는 말씀과도 같다. 결국 거짓 선지자 하나냐는 그해 일곱째 달에 죽음을 맞게 되었다.

우리가 여기서 반드시 기억하여 얻어야 할 교훈은 하나님의 이름을 빗댄 선지자의 거짓 예언이 어리석은 백성들로 하여금 그대로 믿게 했다는 사실이다. 잘못된 확신을 배경으로 하여 거짓을 선포하면서 백성들이 믿도록 미혹했던 것이다. 이와 같은 일은 역사 가운데 항상 있었으며 오늘날 우리 시대에도 동일하게 발생하고 있다.

교회의 교사라는 외적인 직함을 가지고 있으면서 교회 가운데서 성경을 왜곡하여 가르치는 자들이 얼마나 많은가! 그런 자들 가운데 다수는 자기가 하나님의 뜻에 적극적으로 대항하며 범죄를 저지르면서도 자기의 악행을 제대로 인식하지 못하고 있는 경우가 태반이다. 도리어 그와 같은 행위를 통해 자기를 훌륭한 종교인으로 드러내기를 좋아하지만 그것은 하나님을 욕되게 하는 것에 지나지 않는다. 지상 교회와 직분을 가진 모든 성도들은 이에 대해 명심하지 않으면 안 된다.

제29장

바벨론 포로로 잡혀 간 백성들을 향한 하나님의 예언

(렘 29:1-32)

1. 예레미야의 특별 서신 (렘 29:1-3)

선지자 예레미야는 예루살렘에 있으면서 바벨론으로 끌려간 언약의 백성들을 향해 특별한 편지를 썼다. 그것은 물론 하나님께서 명하신 것이다. 당시 유다 왕국과 예루살렘 성읍, 그리고 그 안에 거주하는 백성들은 풍전등화(風前燈火)와 같은 비상시국에 처해 있었다.

그때는 느부갓네살 왕이 이미 오래전에 예루살렘에서 많은 포로를 사로잡아 바벨론 지역으로 끌고 간 상태였다(BC 605년). 그 가운데 상당수는 가는 길에 죽기도 했으며 그곳에 도착한 후 시간이 흐르면서 죽은 자들도 있었다. 그들 중에 이방 지역에서 목숨을 부지하고 살아남은 자들은 낙심에 빠져 고통스러운 나날을 보내고 있었을 것이 분명하다.

하나님께서는 예레미야에게 바벨론으로 끌려간 포로 중 생존해 있는 장로들과 제사장들과 선지자들을 비롯한 모든 백성에게 편지를 써 보내라는 명령을 내리셨다. 그 편지는 여고니야 곧 여호야긴 왕과 황후인 그의 어머니, 궁중 내시들, 유다와 예루살렘의 고위 공직자들, 기능공과 토공들 등 기술자들이 바벨론 지역으로 사로잡혀 간(BC 598년) 후에 보내게 되었다. 또다시 많은 지도자가 사로잡혀 가게 된 당시는 유다 왕국의 국내 정서가 매우 위급한 상태에 놓여 있었다.

그러므로 시드기야 왕은 유다 왕국의 당면한 문제를 외교적 노력을 통해 풀어보고자 하는 마음을 가지고 있었다. 그것을 위해 시드기야는 사반의 아들 엘라사와 힐기야의 아들 그마랴를 대표로 하는 사신들을 바벨론 왕 느부갓네살 왕에게 보냈다. 그때 선지자 예레미야는 저들의 손에 자기가 쓴 편지를 들려 이방 지역에서 포로가 된 유다 지도자들과 백성들에게 보내게 되었던 것이다.

2. 이방 지역에 오랫동안 머물라는 서신의 내용 (렘 29:4-9)

예레미야가 바벨론 지역에 포로로 사로잡혀 간 사람들에게 보낸 편지에는 하나님의 뜻이 구체적으로 담겨 있었다. 이는 그 내용이 단순히 예레미야 개인적인 판단이나 권면이 아니란 사실을 말해주고 있다. 따라서 그 편지를 받는 포로된 자들은 그것을 하나님의 말씀으로 받아들여야만 했다.

하나님께서는 저들을 향해 잡혀 간 이방 지역에서 집을 짓고 그곳에 살면서 텃밭을 가꾸며 거기서 나는 열매를 먹으라고 했다. 이는 본토 귀환을 기대하며 조급한 마음을 가지지 말라는 의미가 내포되어 있다. 그들 가운데는 조금만 견디면 무한한 능력을 가진 여호와 하나님께서 저들을 구출해 주실 것으로 여기는 자들이 상당수 있었다.

또한 그들을 향해 바벨론 땅에서 아내를 얻어 혼인을 하고 자녀를 낳으라는 권면을 했다. 그리고 그 아들들은 거기서 아내를 맞이하며 딸들은 남편을 맞아들여 자녀들을 낳도록 하라고 했다. 그것을 통해 비록 이방 지역이지만 그곳에서 언약의 자손들이 번성하여 수가 많아지게 하라는 것이다. 즉 이스라엘 백성이 바벨론에서 살아가는 동안 인구가 줄어들지 않도록 요구했던 것이다. 하나님께서 이 말씀을 하셨던 것은 오랜 시간이 지난 후 나중 저들을 본토로 귀환시킬 때 많은 인구가 필요하다는 의미를 내포하고 있다.

물론 여기서 말하는 모든 혼인은 기본적으로 이방 결혼이 아니라 언약의 백성 사이에 이루어져야 했다. 그렇게 함으로써 사로잡혀 간 땅에서 하나님으로 인해 보내진 그 땅의 성읍에서 평안을 구하며 살아가라고 했다. 이는 그들이 살아가는 그 성읍을 위하여 여호와 하나님께 기도하라는 요구와 같았다. 그들의 성읍과 주변 환경이 평안해야만 저들도 평안을 누릴 수 있을 것이기 때문이다.

여기서 언급된 평안이란 갈등이나 불화로부터 멀어지는 것과 밀접하게 연관되어 있다. 하나님께서는 그것을 위해 백성들 가운데 자리잡고 있는 거짓 선지자들과 점쟁이들에게 미혹되지 말라고 했다. 또한 꿈을 꾸며 예언한다는 자들의 조작된 주장을 곧이듣지 말고 저들이 말하는 거짓 예언에 속지 말라는 당부를 했다.

거짓으로 가득 찬 그런 자들의 특색은 하나님께서 저들을 불러서 보내신 것이 아니었음에도 불구하고 하나님의 이름을 빙자하여 예언하는 것이다. 이방 지역에서 고통중에 살아가는 백성들은 그에 여간 주의를 기울이지 않으면 저들의 거짓 예언에 넘어가기 쉽다. 그에 대한 분명한 신앙 자세를 유지하지 않으면 갈등이나 불화가 일어날 수 있으므로 마음을 기울여 참된 평화를 유지하기 위해 애쓰라고 했던 것이다.

하나님께서 예레미야를 통해 보내신 편지 가운데 이방 지역에서 집을 짓고 땅을 가꾸며 혼인하며 살도록 하라는 것은 조속한 귀환을 포기하라는 말과도 같다. 그 메시지는 이방 지역에 잡혀 와 있던 언약의 백성들에게는 상당한 실망을 안겨줄 수도 있는 내용이었다. 하지만 이스라엘 자손은 하나님의 예언대로 때가 이를 때까지 상당 기간 그곳에 살아가야만 했다. 하나님께서 예레미야의 편지를 통해 그렇게 말씀하신 것은 거기에 하나님의 놀라운 경륜이 들어 있었기 때문이다.

3. '칠십 년' 후 귀환에 대한 예언의 메시지 (렘 29:10-14)

하나님께서는 포로로 잡혀 간 언약의 백성들을 향해 소망의 말씀을 전하셨다. 그들이 바벨론에서 칠십 년9) 동안 포로 생활을 하다가 그 기간이 차면 하나님께서 저들을 돌아보신다는 것이다. 즉 약속하신 대로 그 예언을 성취하여 그 백성들을 약속의 땅 가나안 본토로 돌아오게 하시리라는 것이었다.

또한 하나님의 관심은 이방 지역에서 힘든 포로 생활을 하는 이스라엘 자손으로부터 떠나지 않으리라는 말씀을 하셨다. 하나님께서는 자기의 뜻이 명확하다는 사실을 언급하시면서 저들에게 궁극적으로 약속된 것은 평안이며 재앙이 아니라고 했다. 따라서 장래에는 그것을 위해 포로가 되어 고생하는 자들에게 소망을 준다는 것이었다.

이방 왕국의 포로가 된 백성들은 자신을 제대로 돌아볼 수 있어야 한다. 언약의 자손으로서 무엇을 잘못했는지 어떻게 하나님의 율법을 떠났는지 생각해 보아야 한다. 그럴 때 비로소 하나님께 부르짖으며 간절히 구할 수 있게 되기 때문이다.

또한 이스라엘 백성이 자신의 죄악을 뉘우치며 하나님 앞으로 나아가 기도하면 하나님께서 저들의 기도를 들어주신다고 했다. 그들이 온 마음을 다해 하나님을 구하면 찾게 될 것이며 만날 수 있다는 것이다. 이는 백성들의 모든 관심이 여호와 하나님께 맞추어져야 한다는 사실

---

9) 이 기간은 유다 백성들이 첫 번째 바벨론 포로가 되어 사로잡혀 간 BC 605년부터 페르시아 시대 고레스 왕의 칙령과 더불어 스룹바벨의 인도에 따라 본토로 귀환한 536년 사이의 70년으로 이해된다; 이광호, 다니엘서, 교회와성경, CNB516, 2011(초판), 2020(재판), pp.179-181, 참조.

을 말해주고 있다.

　그렇게 한다면 하나님께서 저들을 기꺼이 만나 주실 것이며 포로가
된 상황에서 가나안 본토로 돌아오게 하시리라고 했다. 그가 사로잡히
게 하여 세상 여러 지역으로 쫓아낸 백성들을 다시금 그 모든 곳으로부
터 원래의 땅으로 돌아오게 하실 것이라고 하셨던 것이다. 하나님의 이
말씀은 고통받는 백성들에게 커다란 위안과 소망이 되었을 것이 분명
하다.

4. 배도에 빠진 이스라엘 자손이 처한 형편 (렘 29:15-19)

　바벨론에서 포로 생활을 하는 자들에게는 모든 것이 안정되지 못했
다. 어렵고 열악한 환경 가운데서도 과거의 악한 습성을 버리지 못한
자들은 자기의 욕망을 추구하기 위해 모든 방편을 동원했다. 그들은 포
로가 된 백성들을 향해 하나님의 이름을 들먹이면서 자기의 주장을 펼
치기를 좋아했던 것이다.

　그런 자들은 하나님으로 말미암은 예레미야의 예언조차도 거부하고
자 했다. 예레미야는 하나님의 말씀을 좇아 저들로 하여금 바벨론 지역
에 정착하여 살면서 집을 짓고 농사를 지으며 가정을 이루어 터를 잡으
라는 말을 했다. '칠십 년' 동안을 그와 같은 형편에서 바벨론의 포로
로 지내야 한다는 것이다.

　선지자 예레미야의 이 예언은 바벨론의 포로가 된 이스라엘 자손들
이 받아들이기 쉽지 않은 문제였을 것이 틀림없다. 일반적인 관점에서
볼 때, 그 선지자의 예언대로 실행된다면 그의 예언을 직접 현장에서
듣는 사람들 가운데 대다수 사람은 그 이전에 나이 많아 죽을 수밖에
없다. 이는 그들은 본향을 다시 보지 못한 채 이방 지역에서 처량하게
생애를 마감해야 한다는 사실을 말해주고 있다.

　그러므로 그들은 바벨론 땅에서도 하나님께서 선지자를 일으키셨다

고 주장했다. 그곳에서 일어난 선지자들은 이스라엘 자손에게 조만간 본토로 돌아가게 될 것이라는 거짓 예언을 했다. 어리석은 백성들은 귀에 솔깃한 그 예언을 듣고 허황한 위로를 받으며 그에 대한 왜곡된 기대를 하고 있었던 것이다.

하지만 바벨론 땅에서 거짓 예언을 하는 자들의 모든 주장은 하나님으로부터 주어진 것이 아니었다. 예레미야는 그점을 언급하면서 예루살렘에 남아있는 자들에게 선포했다. 다윗의 왕좌에 앉아 있는 왕과 그 성에 살고 있는 모든 백성 곧 포로로 잡혀가지 않은 자들을 향해 하나님께서 말씀하신 메시지를 들으라는 것이다.

포로로 잡혀가지 않은 자들이라 해서 예루살렘과 유다 땅에 남아 평온하게 살아갈 수 있는 것은 아니다. 하나님께서 장차 그들에게 칼과 기근과 전염병을 보내실 것이기 때문이다. 이는 장차 그들이 전쟁과 굶주림과 무서운 질병으로 인한 고통을 맛보아야 한다는 사실을 말해주고 있다.

그렇게 되면 이스라엘 민족은 상하여 먹을 수 없는 썩은 무화과 열매처럼 될 수밖에 없다. 하나님께서 칼과 기근과 전염병을 통해 백성들을 쳐서 세상 여러 지역으로 흩어지게 하시면 그와 같은 신세를 면하지 못한다. 그들은 이방 지역에서 포악한 자들에 의해 무서운 학대를 당하게 된다. 나아가 여러 나라들 가운데서 저주와 경악과 조소와 수모의 대상이 될 수밖에 없는 비참한 처지에 놓이게 된다.

이스라엘 백성이 그렇게 된 것은 그들이 하나님의 말씀을 거역하며 배척했기 때문이다. 하나님께서는 그동안 저들에게 수많은 선지자를 보내 권면하고 경고하기를 지속해 오셨다. 그러나 그들은 하나님의 율법을 소홀히 여기고 배도의 길을 걸어가기를 주저하지 않았다. 그로 말미암아 하나님의 무서운 진노를 불러일으키게 되었으며 그들은 약속의 땅에서 내침을 당하게 되었던 것이다.

5. 거짓 선지자들의 허탄한 예언과 악행 (렘 29:20-23)

하나님께서는 자기가 친히 유다 왕국을 심판하시면서 많은 백성을 바벨론의 포로로 잡혀가도록 하신 사실을 언급하셨다. 그리고 백성들을 향해 이제 정신을 바짝 차려 하나님의 말씀을 귀담아 들으라고 명령하셨다. 자기의 잘못을 깨닫고 하나님의 뜻에 관심을 기울이라는 것이다.

전능하신 하나님께서 골라야의 아들 아합과 마아세야의 아들 시드기야를 향해 선언하셨다. 그들은 하나님의 거룩한 이름을 빙자하여 언약의 자손들 가운데서 거짓을 예언한 자들이다. 백성들의 욕구를 알고 그들을 미혹하고자 달콤한 말들을 쏟아냈던 것이다.

하나님께서는 적극적인 배도 행위를 한 그 거짓 선지자들을 바벨론의 왕 느부갓네살에게 넘겨주겠다는 말씀을 하셨다. 이방 왕국의 최고 통치자인 그가 이스라엘 백성들이 보는 앞에서 그들을 죽일 것이라고 하셨다. 형식상 느부갓네살이 그들을 죽이지만 실상은 여호와 하나님께서 저들을 심판하시는 것이다.

후일 그 끔찍한 광경을 직접 목격하게 되는 이스라엘 백성은 충격에 빠질 수밖에 없었다. 포로가 되어 이방 지역으로 끌려온 것도 비참한 일인데 여러 사람이 보는 앞에서 이방 왕국의 통치자에 의해 저들의 선지자들이 불태워져 처형당한다는 것은 처참한 일이었다. 백성들 가운데는 그 과정을 지켜보며 그것이 하나님으로부터 온 저주라는 사실을 깨닫는 자가 많아지게 된다.

그러므로 그후부터 바벨론의 포로가 되어 살아가는 유다 백성들은 어떤 사람을 저주할 때 그들을 저줏거리로 삼아 속담으로 사용하게 된다. "여호와 하나님께서 당신을 바벨론 왕이 불살라 죽인 시드기야와 아합 같게 하시기를 원하노라"(렘 29:22). 거짓 선지자들은 이처럼 죽어서까지 저주받은 자가 되어 사람들의 입술에 오르내림으로써 최악의 불명예를 가지게 되는 것이다.

선지자로 알려진 그들은 하나님의 이름을 빙자하여 거짓 예언을 했을 뿐 아니라 자기 이웃의 아내와 더러운 간음을 행하는 것을 예사로 여겼다. 그들은 이스라엘 백성들 가운데서 추악한 죄를 지으면서도 어리석은 자들 앞에서 근엄한 선지자 노릇 하기를 좋아했다. 그들은 하나님의 계시와는 아무런 상관이 없는 내용을 하나님의 명령이라고 주장하며 허탄한 거짓을 퍼뜨렸던 것이다.

그럼에도 불구하고 신앙이 어린 백성들은 그들의 거짓을 눈치채지 못했다. 따라서 그들이 내뱉는 거짓말을 참된 예언인 양 받아들이게 되었다. 하지만 하나님께서는 그들이 은밀히 행하는 사악한 범죄와 저들이 전하는 모든 거짓말에 대하여 훤히 알고 계셨다. 하나님은 그 모든 것에 대한 목격자로서 저들의 악행에 대한 증인이 되시는 것이다.

6. 착각에 빠진 스마야의 주관적 판단 (렘 29:24-28)

하나님께서는 선지자 예레미야에게 스마야에 연관된 말씀을 주셨다. 스마야는 자기 이름으로 편지를 써서 예루살렘에 있는 백성들과 제사장 스바냐를 비롯한 모든 제사장을 향해 자기의 생각을 전달했다. 그는 나름대로 이스라엘 민족을 염두에 두고 정의감을 가진 듯이 행세했을지 모르지만 실상은 하나님의 뜻에 반하는 것이었다.

스마야는 제사장 스바냐를 향해, 여호와 하나님께서 저를 여호야다를 대신하여 제사장으로 삼아 거룩한 성전을 관리하는 책임자로 세웠다는 말을 했다. 그럼에도 불구하고 그는 마땅히 행해야 할 자기 직무를 제대로 수행하지 않고 소홀히 하고 있다며 강하게 질책했다. 하나님이 그를 성전을 관리하는 책임자로 세운 것은 미친 인간들과 자칭 예언자로 행세하는 자들을 가려내 엄벌하는 일을 감당하기 위해서라는 것이었다.

즉 그런 잘못된 자들을 발본색원(拔本塞源)하여 저들의 목에 나무 고랑을 씌우고 쇠고랑을 채워 구금하는 일이 그가 맡은 중요한 직무 가운데 하나라는 사실을 말했다. 그런데 백성들 가운데서 자칭 예언자로 행세하는 아나돗 사람 예레미야를 단호히 책망하지 않느냐며 그것을 문제 삼았다. 그의 눈에는 이스라엘 민족을 향해 부정적인 예언을 하는 예레미야가 거짓 예언자로 보였기 때문이다.

선지자 예레미야가 바벨론에 포로로 잡혀 간 유다 지도자들을 비롯한 백성들에게 하나님의 이름으로 편지를 써 보낸 것은 중대한 영향을 끼칠 수밖에 없었다. 그는 선지자로서 고통당하는 백성들을 위로하고 격려하는 말을 해야 했음에도 불구하고 오히려 부정적인 말만 했다. 즉 저들이 오랫동안 이방의 바벨론 제국의 포로가 되어 생활을 해야 한다고 말하는 것은 반 민족주의적 행위로 비쳤다.

그런 상황에서 이스라엘 자손들을 향해 바벨론 땅에서 집을 짓고 정착하여 밭을 갈아 농사를 지으면서 그 열매를 먹으라고 한 것은 결코 있을 수 없는 말이라고 여겨질 수 있었다. 그와 같은 주장은 언약의 백성을 크게 낙심시키게 된다는 것이다. 따라서 스마야는 선지자 예레미야가 마음에 들지 않았던 것이다.

7. 거짓 선지자 스마야에 대한 예언 (렘 29:29-32)

배도자인 스마야로부터 부당한 책망을 듣게 된 제사장 스바냐는 그가 자기를 향해 쓴 편지글을 선지자 예레미야에게 그대로 읽어 주었다. 그때 하나님의 말씀이 예레미야에게 임하게 되었다. 거짓 선지자 스마야에 대한 하나님의 뜻을 바벨론의 포로로 잡혀 간 이스라엘 백성에게 전하라는 것이다.

그러므로 예레미야는 하나님께서 자기를 향해 계시한 말씀을 백성들에게 그대로 전했다. 자기를 비판한 스마야는 하나님이 보낸 사람이 아니며 그가 백성들에게 한 모든 말은 거짓 예언에 지나지 않는다고 했다. 즉 그의 모든 예언은 하나님의 뜻과는 아무런 관계가 없는 것이었지만 순박한 백성들을 미혹하여 그것을 믿게 했다는 것이다.

그러므로 하나님께서는 장차 스마야와 그의 자손을 엄히 심판하시리라는 사실을 말했다. 이는 그가 하나님의 뜻에 반하는 말을 내뱉으며 거짓 선지자 노릇을 했기 때문인데 그것은 하나님을 모독하는 행위에 지나지 않았기 때문이다. 하나님으로부터 심판을 받으면 이스라엘 백성 가운데 살아남을 그의 후손은 존재하지 않게 된다.

뿐만 아니라 스마야는 장차 하나님께서 언약의 백성을 위하여 행하시게 될 복된 일들을 보지 못할 것이라고 했다. 우리는 여기서 하나님의 뜻이 아닌 것을 하나님의 뜻이라고 강력히 주장하며 백성들에게 전하는 것이 사악한 행위라는 사실을 알게 된다. 그것은 하나님의 이름을 빙자하여 하나님을 모독하는 행위에 지나지 않는다. 이는 오늘날 하나님의 말씀을 맡은 교사 즉 목사들이 특히 유념해야 할 교훈이기도 하다.

제30장

이스라엘 백성의 포로 생활과 '메시아 예언'

(렘 30:1-24)

1. 포로 귀환 예언 (렘 30:1-3)

선지자 예레미야에게 하나님으로부터 계시된 예언의 말씀이 임했다. 하나님께서는 그 내용을 이스라엘 백성들에게 선포하도록 요구했을 뿐 아니라 주어진 모든 말씀을 책에 기록하라고 하셨다. 이는 그 말씀이 반드시 성취되는 절대불변의 사실이라는 점과 후대에 이르기까지 중요한 교훈을 주게 되리라는 사실을 말해주고 있다.

당시 계시된 중요한 내용 가운데 하나는, 하나님께서 친히 포로로 잡혀 간 자기 백성인 이스라엘과 유다 백성들을 해방시켜 본토로 귀환하게 될 날이 오리라고 하신 말씀이다. 즉 그들이 조상에게 주신 땅으로 되돌아오게 한다고 약속하셨다. 그리하여 그 백성이 약속의 땅을 다시금 차지하게 되리라는 것이었다.

예레미야를 통해 전해진 이 말씀은 당시 깊은 실의에 빠져 있던 이스라엘 자손에게 큰 위로가 되었을 것이 틀림없다. 이미 많은 백성들이 이방의 포로로 잡혀 간 상태로서 나라의 존망이 걸린 위태로운 상황이었기 때문이다. 그런 암울한 위기상황에서 하나님의 강권적인 능력을 통해 도움을 받게 된다는 예언은 커다란 소망이 되었다.

이 말씀 가운데는 장차 바벨론 제국을 중심으로 한 세계정세에 엄청난 변화가 일어날 것을 암시하고 있다. 당시는 앗수르 제국을 제압하여 패망시킨 바벨론이 주변 세계를 제패하고 있었다. 하지만 또다시 바벨론 제국을 억누를 만한 강력한 세력을 지닌 나라가 등장하면 모든 상황이 달라진다. 이는 나중 페르시아가 등장하여 바벨론을 제압하고 유대인들에게 본토 귀환을 허용하게 될 사실에 밀접하게 연관되어 있었다.

2. 이스라엘이 당하는 환난 (렘 30:4-7)

여호와 하나님께서는 또한 이스라엘과 유다 백성의 현실적인 형편을 두고 말씀하셨다. 그들 가운데서 불안과 공포로 인해 놀라 울부짖는 소리가 들려온다는 것이다. 따라서 위태로운 상황에 처한 이스라엘 백성의 마음에는 평온함이 전혀 보이지 않는다고 하셨다.

하나님께서 보시기에 그들의 모습은 그야말로 꼴불견이었다. 따라서 그들을 향해 남자가 아기를 임신하여 출산하는 경우가 있느냐고 반문하셨다. 갈피를 잡지 못한 채 우왕좌왕하는 젊은 남성들이 마치 임신한 여인처럼 불안한 얼굴로 자기 배를 움켜잡은 채 쩔쩔매는 것과 같은 행동을 하고 있었기 때문이다. 당당하고 용맹한 태도를 보여야 할 자들이 맥없이 창백한 모습을 보이고 있다는 것이다.

하지만 당시는 아직 하나님의 무서운 심판의 날이 임하기 전이라고 말씀하셨다. 조만간 과거의 힘들었던 어떤 상황과도 비할 데 없는 더욱 고통스러운 상황이 저들 앞에 닥치게 되리라는 것이었다. 이스라엘 자손이 앞으로 겪게 될 상황에 비하면 그때는 아직 그렇게 힘들어 할 정도가 아니라는 것이다. 이는 그렇지 않아도 고통스러운 삶을 살아가는 저들에게 더욱 큰 실망을 안겨줄 수 있는 문제였다.

하지만 하나님께서 예언하신 그 끔찍한 '고난의 날'은 머잖아 반드시 임하게 된다. 그날은 '야곱의 환난의 날'이 되어 모든 언약의 자손들이 그 끔찍한 고통에 참여할 수밖에 없다. 야곱의 자손인 이스라엘 백성이라면 어느 누구도 그 견디기 힘든 고난의 날을 피할 수 없는 것이다.

하지만 세월이 흘러 하나님께서 작정하신 때가 이르면 언약의 자손들이 해방되어 그 환난으로부터 벗어나게 된다. 그것은 전적으로 하나님의 섭리와 경륜에 의해 이루어진다. 이는 당시 예언된 이스라엘 민족의 환난과 해방 가운데 하나님의 놀라운 뜻이 담겨 있음을 말해주고 있다. 즉 그 과정을 통해 이땅에 메시아를 보내시고자 하는 하나님의 작정이 진행되어 갔던 것이다.

3. 장차 행해질 이스라엘 민족의 구출에 관한 예언 (렘 30:8-11)

하나님께서는 예레미야에게 장차 저들 가운데 일어날 중요한 일에 관한 예언의 말씀을 주셨다. 하나님께서 친히 이스라엘 자손의 목에 걸려있는 멍에를 꺾어버리고 저들을 포박하고 있는 끈을 끊어버리시리라는 것이었다. 그리하여 언약의 백성이 더 이상 이방인들을 섬기지 않을 것이라고 말씀하셨다.

그리하여 언약의 자손들은 쫓겨났던 가나안 본토로 돌아와 여호와 하나님을 섬기게 될 것이라고 하셨다. 그리고 장차 하나님께서 저들의 왕으로 세우실 '다윗 왕'을 섬기리라고 말씀하셨다(렘 30:9). 하나님의 은혜로 말미암아 원래 이스라엘 민족이 소유한 정체성을 완전히 회복하게 되리라는 것이었다.

우리가 여기서 눈여겨 보아야 할 대목은, 장차 언약의 백성이 '하나님께서 친히 저들을 위하여 세우실 저들의 왕 다윗'10)을 섬기게 되리라고 하신 예언의 말씀이다(렘 30:9). 이 가운데는 장차 이땅에 오실 메시아에 연관된 예언적 의미가 담겨 있다. 성숙한 성도들이라면 그 말씀을 통해 앞으로 하나님께서 언약의 자손들을 위해 실행하고자 하는 신령한 사역을 볼 수 있어야 한다.

또한 하나님께서는 이와 더불어 종의 신분으로 자신을 따르는 야곱의 자손들을 향해 이제는 두려워하지 말고 놀라지 말라고 하셨다. 이는 바벨론 군대에 의해 포로로 잡혀가 먼 이방 지역에 머물고 있는 언약의 백성을 하나님께서 구출하실 것이기 때문이다. 즉 하나님께서 친히 그들을 포로 지역에서 가나안 본토로 인도하신다는 것이다.

우리가 여기서 기억해야 할 바는 그 중심에 장차 오실 메시아의 사역이 존재하고 있다는 사실이다. 이는 앞에서 언급한 '다윗 왕' 곧 '다윗의 후손'으로 오실 왕과 연관되어 있다. 예레미야 당시는 다윗 왕이 죽은 지 오래되었을 뿐 아니라 유다 왕국의 마지막 왕마저 그 자리를 내어놓아야 했다. 따라서 언약의 백성이 장차 다윗 왕을 섬기게 된다는 의미는 메시아 예언에 직접 연관되어 있었던 것이다.

그러므로 야곱의 자손들이 약속의 땅으로 귀환하여 태평과 안락을 누리게 된다고 했다. 이는 오랜 세월이 흐른 후에 일어나게 될 일들로서 때가 이르면 메시아가 오시게 됨을 말해 준다. 만왕의 왕이신 메시아가 오실 경우 그로 말미암아 감히 하나님의 백성을 두렵게 할 자가 아무도 없을 것이라고 했다. 하나님의 은혜를 입은 언약의 백성들은 영원하고 참된 왕이신 메시아의 통치 아래 거하게 되기 때문이다.

또한 하나님께서는 이스라엘 백성을 향해 소망의 말씀을 주시면서 동시에 하나님을 알지 못하는 악한 자들에 대한 무서운 심판을 선언하

---

10) 한글 '새번역 성경'과 '현대인의 성경'에서는 본문에 나타나는 '다윗 왕'을 '다윗의 후손'으로 기록하고 있다. 이는 메시아 예언에 관한 더욱 선명한 의미를 지니고 있는 것으로 이해된다.

셨다. 언약의 자손들을 이방 지역으로 흩었던 모든 이방인들의 세력을 하나님께서 반드시 멸망시키시리라는 것이었다. 그런 상황 중에서도 하나님의 자녀들은 궁극적인 보호를 받게 되리라고 하셨다.

그와 더불어 하나님의 엄중한 예언의 말씀은 지속되었다. 과거 모세의 율법을 멸시하고 배도에 빠졌던 백성들을 하나님께서 그 법령에 따라 엄히 징계하실 것이라고 말씀하신 것이다. 즉 사악한 배도 행위를 되풀이하던 자들을 무죄한 자로 여기지 않는다는 것이다. 이 말 가운데는 달리 그것을 위한 해결 방책이 없으며 오직 장차 오실 메시아를 통해 저들을 용서해 주시리라는 의미가 담겨 있다. 나중 메시아이신 예수님께서 우리를 위해 십자가를 지고 모진 고난을 당하신 사실을 염두에 둔다면 그에 연관된 예언적 의미가 상당 부분 내포된 것으로 이해할 수 있는 것이다.

4. 이스라엘 백성의 고난과 하나님의 치유 약속 (렘 30:12-17)

하나님께서는 이스라엘 백성이 입은 상처는 고칠 수 없고 그 부상은 매우 중하다는 사실을 언급하셨다. 그것은 인간들이 고치기 어려우며 자기 스스로 치유할 수도 없을 정도란 사실을 말해주고 있다. 그 치명적인 상처와 부상을 완전하게 치유할 수 있는 분은 오직 여호와 하나님 한 분밖에 없다.

또한 백성들 가운데 심각한 문제가 발생하여 소송을 한다고 할지라도 그것을 정확하게 처리할 수 있는 재판관이 존재하지 않는다. 따라서 피해를 입은 자의 상처를 치유하기 위한 약이 없을 뿐더러 처방을 내리지도 못한다. 이는 억울한 일을 당해도 그것을 해결하기 위한 방안이 없다는 의미를 지니고 있다.

그리고 과거에 그를 사랑한다는 말과 행동을 하던 자들은 그와 함께 했던 모든 옛 기억을 잊어버린 채 더 이상 그를 찾지 않고 멀리한다. 이는 그에게 하나님의 율법을 어긴 악행이 가득하고 그의 죄가 크기 때문이었다. 나아가 하나님께서도 이제 그를 과거에 보았던 눈으로 보시지 않는다. 그리하여 그 원수들이 당해야 할 고난을 도리어 저에게 임하도록 하는 엄중한 징계를 내리시게 된다.

그렇게 되면 이스라엘 백성은 견디기 어려운 심한 상처로 인해 하나님께 부르짖는다. 그의 고통이 견디기 어려운 지경이 되어 하나님께 매달리는 것 외에 달리 방법이 없기 때문이다. 저들의 악행과 죄악으로 말미암아 하나님께서 저들에게 그 형벌을 내리셨기에 그냥 당할 수밖에 없었던 것이다.

그런 중에도 자기 백성에 대한 하나님의 사랑은 변하지 않았다. 따라서 하나님의 자녀들을 먹이로 삼은 모든 자들에 대해서는 다른 세력을 끌어들여 그대로 갚아주시리라고 하셨다. 언약의 자손들을 괴롭히던 모든 대적자들은 다른 강력한 군대에 의해 사로잡혀 가게 될 것이며 그들의 것을 탈취해 간 자들은 다른 자들에 의해 탈취를 당하게 된다. 이스라엘 자손을 공략하여 노략물을 취한 자들은 저들이 행한 그대로 당하게 된다는 것이다.

그럼에도 불구하고 주변에 살아가던 사람들은 이스라엘 백성이 하나님으로부터 버림을 받았으므로 더 이상 '시온'을 돌봐 주는 자가 아무도 없다고 했다. 하나님을 섬기는 일로 분주해야 할 거룩한 성읍이 적막하게 되어버렸다는 것이다. 하지만 여호와 하나님께서는 이스라엘을 완전히 버리지 않으실 것이며, 궁극적으로 저들의 상처를 치유해주심으로써 새 살이 돋아나게 하리라는 약속의 말씀을 하셨다.

5. 이스라엘의 회복과 메시아 예언 (렘 30:18-22)

여호와 하나님께서는, 지금은 이스라엘 백성들이 고난에 처해 있지만 장차 야곱의 장막에 속한 포로들을 가나안 본토로 돌아오게 하리라는 점을 말씀하셨다. 그리고 그들이 살아가게 될 약속의 땅에 세워지는 거처들에 사랑을 베풀어 주실 것이라고 하셨다. 예루살렘의 성곽이 무너져 성읍이 완전히 훼파되고 유다 왕국이 패망하여 황량하게 된 땅을 원래대로 되돌리시리라는 것이었다.

오랫동안 폐허로 남아 있던 성읍의 언덕 위에 건물이 들어서게 될 것이며 왕이 거하던 궁전도 제 자리에 복원되리라고 했다. 그리하여 예루살렘에는 예전처럼 사람들이 규정에 따라 집을 소유하여 살아가게 된다. 그와 더불어 예루살렘 바깥에 있는 가나안 땅 여러 성읍들에도 사람들로 북적거리게 되리라는 것이다.

장차 하나님의 인도하심에 따라 이방의 포로 생활에서 해방되어 본토로 돌아온 백성들 사이에는 하나님께 감사하는 소리가 넘쳐날 것이라고 했다. 또한 사람들이 즐거워하는 목소리들이 여기저기서 들리게 된다. 이는 하나님께서 저들에게 새로운 삶을 허락하신 결과로 말미암아 주어지게 된다.

또한 언약의 자손들은 하나님의 은총을 입어 인구수가 많아져 점차 번성하게 된다. 그와 더불어 이방 지역에서 압제를 받으며 비천한 모습으로 살아가던 백성들이 약속의 땅에서 하나님의 은총을 입어 고귀한 삶을 회복하는 감격을 누린다. 그들이 하나님께서 공급하시는 새로운 삶을 허락받게 되는 것이다.

언약의 자손이 원래의 터전으로 귀환하면 예전과 같은 안정된 삶을 되찾게 된다. 제사장들은 규례에 따라 하나님 앞에 제물을 바치면서 제사를 지낼 것이며 이스라엘 모든 회중은 하나님 앞에 굳게 서게 된다. 약속의 땅에서 그와 같은 온전한 신앙의 삶을 살아가야 할 백성을 부당하게 압제하는 모든 세력들은 하나님에 의해 무서운 징벌을 받게 된다.

예레미야는 가나안 땅에서 언약의 삶을 회복한 이스라엘 백성 가운데서 '민족의 영도자 곧 통치자'가 나온다는 사실을 예언했다. 하나님께서는 그를 자기 앞으로 나아오게 하실 것이라고 말씀하셨다. 타락한 인간들 가운데는 감히 하나님 앞에 설 자가 없다. 더러운 인간이 거룩한 하나님 앞에 서게 되면 그냥 죽을 수밖에 없기 때문이다. 하지만 하나님께서 세우시는 그는 자기 앞에 서게 되리라고 예언하셨다(렘 30:21).

그리하여 언약에 속한 자들은 하나님의 백성이 될 것이며 여호와께서 저들의 하나님이 되시겠노라고 약속하셨다. 이 말씀은 전체적으로 메시아 예언에 연관되는 교훈이다. 하나님의 아들로서 이땅에 오시는 거룩한 메시아가 아니면 감히 하나님 앞에 설 자가 없기 때문이다. 따라서 하나님께서 이스라엘 민족 가운데 세우시는 민족의 영도자 곧 통치자는 메시아를 지칭하고 있음이 분명하다. 거룩하신 하나님 앞에 당당히 나아가게 되는 그를 통해 하나님과 언약의 백성 가운데 새로운 관계가 설정되는 것이다.

6. 하나님의 진노와 예언 성취를 위한 진행 (렘 30:23,24)

하나님께서는 이스라엘 백성의 배도 행위와 이방인들의 무지한 저항으로 인해 크게 진노하리라는 사실을 언급하셨다. 그가 노하게 되면 폭풍과 회오리바람처럼 주변의 모든 것을 삼켜버릴 것 같은 무서운 기세를 보인다. 그리하여 하나님께 저항하는 모든 악한 자들의 머리 위에서 하나님의 끔찍한 진노가 회오리치게 되는 것이다.

그렇게 되면 하나님을 알지 못하는 자들은 아무런 해결책 없이 공포에 떨 수밖에 없다. 하지만 하나님의 율법을 알고 그를 진정으로 경외하는 자들은 하나님께 간구하면서 회개하고 뉘우치는 가운데 그의 뜻을 기다리게 된다. 그리하여 사랑의 하나님을 전적으로 의지하며 소망의 끈을 붙잡고 놓치지 않는다.

하나님으로부터 임하는 진노는 그가 뜻하신 바 사역이 이루어지기까지 중단되지 않고 지속된다. 자기의 신령한 구원의 목적을 달성하시기까지 돌이키지 않을 것이기 때문이다. 따라서 하나님을 진정으로 경외하는 언약의 백성들은 하나님의 진노를 경험하는 가운데 더욱 겸손한 자세를 유지할 수 있게 된다.

장차 이땅에 하나님의 뜻이 온전히 이루어지게 되면 하나님의 모든 진노가 누그러진다. 그것은 하나님께서 모든 일을 성취하신 후에야 그에게 속한 언약의 자손들이 깨닫게 된다. 하나님의 자녀들은 선지자 예레미야를 향해 하나님께서 약속하신 말씀을 통해 진정한 소망을 가질 수 있게 되는 것이다.

제31장
'새 언약'과 '새 성읍'을 재건하시려는 하나님

(렘 31:1-40)

1. 이스라엘의 회복에 관한 예언 (렘 31:1-6)

여호와 하나님께서는 자기가 이스라엘 모든 지파의 하나님이 되고 그들은 자기 백성이 되리라고 말씀하셨다. 이는 하나님이 저들을 통치하는 자가 되리라는 사실을 말해주고 있다. 이는 법적인 개념을 동반하는 것으로서 이스라엘 자손은 그의 백성이 되어 그에게 복종해야 한다는 사실을 말해주고 있다.

하나님께서는 자기가 택하신 백성을 이방인들의 칼과 무력으로부터 벗어나게 하신 사실을 언급하셨다. 또한 그들이 다시금 하나님의 은혜를 입게 되었다는 사실을 말씀하셨다. 따라서 그 백성으로 하여금 하나님의 은혜에 따라 안식을 얻게 해주신다는 것이다.

모세는 이스라엘 백성들에게 하나님의 사랑을 전했다. 옛적에 하나님께서 자기에게 나타나신 사실을 언급하며 그때부터 영원한 사랑으로 그 백성을 사랑하고 계신 사실을 말했다. 그리하여 하나님은 인자함으로 그들을 고통의 자리에서 해방시켜 새로운 땅으로 인도해 내셨다는 것이다.

하나님께서는 그와 더불어 매우 중요한 말씀을 하셨다. 사랑하는 처녀와 같은 이스라엘을 하나님께서 다시금 일으켜 세우리라는 것이었다. 이는 그들이 억압받는 상태로부터 벗어나 광야 길에서 살아왔으나 이제 다시 하나님에 의해 세움을 받아 기뻐하게 된다는 의미를 지니고 있다. 즉 그와 같은 상태에서 소고를 들고 즐거워하는 자들과 함께 춤추며 나오리라고 하셨다. 이는 하나님께서 특별히 세우신 자들이 누리는 기쁨에 저들이 참여하게 될 것을 말해주고 있다.

그렇게 되면 그 백성이 다시 가나안 본토에 속한 사마리아 땅으로 돌아가 산과 들에 포도나무를 심게 되리라고 했다. 또한 그들이 많은 열매들을 추수하여 수확하게 된다는 것이다. 그리하여 이방인의 세력으로부터 벗어난 언약의 백성들이 원래의 삶을 회복하는 은총을 누릴 수 있게 된다.

이처럼 장차 때가 이르면 에브라임 산 위에서 파수꾼이 외치는 날이 도래하리라고 했다. 그들은 언약의 백성을 향해 "너희는 일어나라 우리가 시온에 올라가서 우리 하나님 여호와께로 나아가자"(렘 31:6)며 외친다는 것이다. 이는 고통의 날이 지나가게 되면 메시아에 관한 소망으로 가나안 본토와 예루살렘을 회복하게 된다는 의미를 지니고 있다.

2. 이스라엘의 환성과 '남은 자들'에 대한 하나님의 계획 (렘 31:7-9)

하나님께서는 고통중에 있는 이스라엘 자손을 향해 말씀하셨다. 장차 때가 이르면 세력을 회복할 때가 온다는 것이다. 따라서 "너희는 여러 민족의 앞에 서서 야곱을 위하여 기뻐 외치라 너희는 전파하며 찬양하며 말하라 여호와여 주의 백성 이스라엘의 남은 자를 구원하소서"(렘 31:7)라며 외치라고 했다. 이는 패망을 앞두고 있는 이스라엘 백성에게 엄청난 소망이 되는 메시지였다.

지금은 언약의 자손들이 이방인들의 세력에 의해 절망의 상태에 빠져 있지만 장차 하나님의 도우심에 따라 상황이 크게 달라지게 된다. 하나님께서 이방 왕국을 심판하시게 되면 그들이 오히려 세계 만국 위에서 즐거운 환성을 울리는 날이 도래할 것이기 때문이다. 그러면 여호와 하나님께서 자기 백성을 이방의 세력으로부터 구출하시고 남은 자들을 다 구원하시므로 인해 하나님의 놀라운 사역을 선포하며 그를 찬양하게 되는 것이다.

하나님께서는 장차 있게 될 놀라운 사실에 대하여 말씀하셨다. 그가 친히 북쪽 땅 바벨론 지역으로부터 자기 백성을 인도해 내시리라는 것이었다. 또한 이방인들의 세력에 의해 멀리 흩어지게 된 언약의 자손들을 땅끝에서부터 약속의 땅 본토로 다시금 불러 모으시리라고 약속하셨다.

그 가운데는 모두가 반드시 기억해야 할 매우 중요한 내용이 포함되어 있었다. 그것은 하나님께서 본토로 인도하실 자들 가운데는 건강하지 못한 약자들과 모세 율법에서 부정한 자로 간주되는 자들까지 포함되었기 때문이다. 앞을 보지 못하는 소경들과 다리를 저는 사람과 잉태한 여인과 해산하는 여인 등이 그 가운데 함께 있으면서 큰 무리를 이루어 가나안 본토로 돌아오리라는 것이었다.

그들은 과거 슬피 울면서 떠나간 그 길을, 많은 세월이 지나 돌아올 때는 기쁨의 눈물을 흘리게 되리라고 했다. 포로 생활에서 귀환하는 백성들은 여호와 하나님을 향해 기도할 것이며 하나님께서는 그들이 험한 길에서 넘어지지 않도록 평탄한 길과 물이 흐르는 계곡으로 인도하시게 된다고 하셨다. 이는 여호와 하나님이 언약의 백성들을 위한 아버지가 되신다는 사실을 말해주고 있다. 또한 북 이스라엘 왕국에 속해 있던 에브라임은 탄식하지만 장자로서 그에게 하나님의 위로가 임하게 된다고 했다.

우리는 본문 가운데 하나님께서 신체가 건강하지 못한 장애자를 비롯한 사회적 약자들을 인도하시리라고 한 사실에서 메시아 언약을 엿보게 된다. 나중 하나님의 아들 예수님께서 메시아로 이땅에 오셨을 때 그는 남 보기에 보잘것없는 연약한 자들의 친구가 되셨다. 그는 오로지 하나님께 의지할 수밖에 없는 그 사람들을 기억하고 저들을 불러내어 구원해 주셨다. 이처럼 본문의 내용 가운데는 메시아 예언적 의미가 내포되어 있었던 것이다.

3. 흩어진 백성을 불러 모으시는 하나님 (렘 31:10-14)

선지자 예레미야는 멀리 이방 지역으로 쫓겨나 흩어져 살아가는 자들에 대한 언급을 했다. 이스라엘 민족이 모여 사는 지역의 범위를 벗어나 이방인들 가운데 있던 자들에게 하나님의 말씀이 선포된다는 것이다. 그들은 낯선 땅뿐 아니라 먼 섬 지역까지 이주해 가서 살기도 했다.

그러므로 먼 섬에 거주하는 자들에게까지 전파하여 이스라엘 민족을 여러 지역에 흩으신 하나님께서 그들을 다시 불러 모으시리라고 하셨다. 그는 목자가 양 떼를 위하여 행하는 것처럼 자기 백성을 지키신다는 것이다. 이는 그가 친히 이스라엘 백성을 인도하며 보호해 주실 것이라는 사실을 말해주고 있다.

하나님께서는 이방인들의 세력에 의해 가나안 본토에서 쫓겨난 언약의 백성들을 구출하시게 된다. 그 이방인들은 하나님께 속한 백성들보다 강한 자들이었지만 그들의 손아귀에서 구해내시는 것이다. 그로 말미암아 그들은 이제 해방되어 하나님께 속한 자들로서 자유를 쟁취하게 되는 것이다.

그러므로 이방 지역에 흩어져 살던 이스라엘 자손은 약속의 땅으로 돌아와 시온의 높은 곳에서 여호와 하나님을 향해 찬송과 경배를 돌리게 된다. 그들은 또한 하나님께서 허락하시는 현실적 복을 충만히 누릴 것이라고 했다. 즉 하나님으로부터 허락된 곡식과 새 포도주와 기름과 양 떼와 소 떼를 얻어 크게 만족하며 기뻐하리라는 것이었다.

따라서 그들의 심령은 마치 물댄 동산 같이 풍요로울 것이며 다시는 근심하는 일이 없게 된다. 그리하여 처녀들은 춤을 추면서 즐거워하며 청년들과 노인들도 함께 기뻐하게 된다. 이는 하나님께서 저들의 슬픔을 기쁨으로 변하게 하실 것이기 때문이며 하나님으로부터 제공되는 위로로 말미암아 모든 근심 걱정을 떨치고 즐거움을 얻게 된다.

하나님께서는 그와 더불어 제사장들을 위해 기름진 것으로 풍성히 채워주실 것이며 그로 말미암아 저들의 마음이 흡족하게 될 것이라고 하셨다. 또한 하나님께서 허락하시는 좋은 것으로써 언약의 백성들로 하여금 만족스럽게 해 주실 것이라고 말씀하셨다. 이는 이방 지역에 흩어져 고통당하던 백성들이 가나안 본토로 돌아오면 하나님께서 저들의 모든 것을 넘치게 채워 주시게 된다는 사실을 말해주고 있다.

4. '라헬의 애곡'과 하나님의 은총 (렘 31:15-20)

여호와 하나님께서는 라마에서 슬퍼하며 통곡하는 소리가 들린다고 말씀하셨다. 그것은 라헬이 자기 자식으로 인해 깊이 애곡하는 것에 연관되어 있었다. 그가 자식이 없어져서 위로받기를 거절하고 있다는 것이다.

이 말은 이방 지역으로 사로잡혀 가는 이스라엘 백성을 '라마'에서 바라보며 슬프게 우는 이스라엘 민족의 안타까운 형편을 말해주고 있다. 그런데 하나님께서는 위기에 처한 백성을 향해 통곡하는 울음소리와 눈물을 멈추라고 말씀하셨다. 때가 되면 심하게 애태운 보람이 있어서 그 백성이 포로로 잡혀 간 땅에서 돌아오게 될 것이기 때문이다. 포로된 자들의 자손이 원수들의 땅에서 가나안 본토로 돌아오는 것이 저들의 장래를 위한 최상의 소망이 된다는 것이다.

예레미야서에 기록된 이 말씀은 단순히 당시의 역사적 정황만을 묘사한 것이 아니라 메시아 강림에 연관되어 있다. 따라서 신약성경은 예수님께서 출생했을 때 선지자 예레미야가 기록한 이 말씀을 인용하며 베들레헴과 그 인근 지역에서 저질렀던 헤롯 정부의 만행에 연관지어 설명하고 있다.

> "이에 선지자 예레미야로 말씀하신 바 라마에서 슬퍼하며 크게 통곡하는 소리가 들리니 라헬이 그 자식을 위하여 애곡하는 것이라 그가 자식이 없으므로 위로 받기를 거절하였도다 함이 이루어졌느니라"(마2:17,18)

우리는 여기서 마태복음의 기록을 보며 선지자 예레미야가 전한 말씀이 메시아 예언과 연관되어 있었다는 사실을 이해해야 한다. 구약시대 당시에도 하나님의 말씀을 듣는 백성들이 가지는 소망은 이스라엘 자손의 역사적 본토 귀환과 더불어 더 멀리 존재하는 메시아 강림에 있었다. 언약의 자손들이 당하는 역사적 고통이 나중에 메시아가 강림하시게 되어 벌어질 일을 희미하게나마 보여주고 있었던 것이다.

또한 선지자 예레미야는 에브라임의 탄식을 들었음을 언급하였다. 그것은 이미 오래전 패망한 북 이스라엘 왕국에 연관된 것이었다. 그것은 멍에를 메는 데 익숙하지 않은 어린 송아지처럼 어설픈 저들의 태도로 인해 하나님의 징벌을 받은 사실에 대한 탄식이었다. 그러면서 여호와는 저들의 하나님이시니 장차 포로에서 되돌려 본토로 이끌어 달라는 간구를 하라고 했다. 하나님께서 저들에게 은혜를 베풀어 주시면 그렇게 되리라는 것이었다.

이처럼 이스라엘 자손은 하나님 앞에서 자신의 잘못을 깨닫고 있음을 고백적으로 언급했다. 그들이 하나님의 뜻을 알고 돌이킨 후에는 진정으로 회개했으며 하나님의 교훈을 받은 다음에는 스스로 자기의 볼기를 치며 뉘우쳤다고 했다. 그렇게 했던 까닭은 어렸을 때의 치욕이 부끄럽고 욕되다는 사실을 깨달았기 때문이라는 것이다.

하나님께서는 이미 패망한 북 이스라엘 왕국을 대표하는 에브라임 역시 자기가 사랑하는 아들이자 기뻐하는 자식이라고 말씀하셨다. 따라서 그를 책망하여 말할 때마다 마음속 깊은 곳에서부터 아려왔다고 하셨다. 따라서 마음이 요동을 치듯이 되어 장차 반드시 그를 불쌍히 여기겠노라고 말씀하셨다(호 11:8,9, 참조). 이는 그 백성을 통해 이땅에 오실 메시아 때문에 드러난 하나님의 심정을 보여주고 있다.

5. 사로잡힌 자를 본토로 돌아오게 하시는 하나님 (렘 31:21-26)

하나님께서는 이방 세력의 포로가 되어 낯선 지역으로 끌려가는 이스라엘 자손을 향해 중요한 요구를 하셨다. 저들을 위해 도로에 표지판을 세우고 안내판을 만들어 세워두라는 명령을 내리셨다. 그리하여 그들이 가는 길을 눈여겨 보아두었다가 나중 되돌아올 때 그것을 보고 안전하게 돌아오라는 것이다.

이는 포로가 된 그 백성이 나중 반드시 예루살렘 도성이 있는 가나안 본토로 귀환하리라는 약속을 하신 것과 마찬가지였다. 하나님께서 주시는 그 말씀은 모든 이스라엘 자손에게 큰 희망이 되었다. 때가 되면 배도에 빠져 신실하지 못한 추한 딸과 같은 저들이 더 이상 정신적인 방황을 하지 않아도 된다고 말씀하셨기 때문이다.

이와 같은 일은 장차 그 땅에서 새로운 일을 계획하시는 하나님의 작정과 밀접하게 연관되어 있었다. 그것은 당시 세상 사람들이 전혀 예상하지 못할 중요한 사건이 된다. 즉 그 일은 일반 상식과 달리 마치 여자가 남자를 안고 보호하는 것과 같은 매우 색다른 사건이 된다는 것이었다.

하나님께서 사로잡혀 간 이스라엘 자손을 본토로 돌아오게 하실 때 다시 옛 언어들을 회복하게 되리라는 사실을 언급했다. 그때가 이르게 되면 백성들이 유다 땅과 그 성읍들 가운데서, '의로운 처소여, 거룩한 산이여, 여호와께서 복 주시기를 원하노라'(렘 31:23)고 외칠 것이라는 사실이다. 이는 괴롭고 고통스러운 과거가 지나가고 새로운 시대가 도래할 것에 대한 예언적 말씀이다.

그렇게 되면 유다와 그 모든 성읍의 농부와 양 떼를 인도하는 목자가 거기서 함께 살아가게 된다. 이는 하나님께서 피곤하여 지친 심령을 가진 자들에게 상쾌한 마음을 주고 굶주려 허약하게 된 자들을 배불리 먹이시겠다는 의미를 지니고 있다. 즉 하나님께서 이스라엘 민족을 위한 농부와 목자를 보내 풍요롭게 해주신다는 것이다. 그때가 되면 평온하게 살아가는 언약의 백성들이 단잠을 자고 깨어나는 삶을 살아가게 되리라고 하셨던 것이다(렘 31:26).

6. 은혜를 베풀고자 하시는 하나님의 작정 (렘 31:27-30)

하나님께서는 황량한 폐허가 된 가나안 땅을 다시 되살리겠다는 말씀을 하셨다. 예루살렘 성전이 파괴되고 유다 왕국의 모든 성읍들이 완전히 무너진 상태에서 백성들이 이방 지역으로 사로잡혀 갔으니 삭막한 땅이 되지 않을 수 없었다. 그리하여 사람은 물론 짐승들도 제자리를 잃고 헤매는 지경이 되어버렸다.

그와 같은 안타까운 상황을 염두에 두신 하나님께서 장차 이스라엘 집과 유다 집에 사람의 씨와 짐승의 씨를 뿌릴 날이 이르게 되리라고 말씀하셨다. 이는 황량하게 변한 그 지역을 다시금 활기찬 곳으로 회복시켜 주시겠다는 의미를 내포하고 있다. 당시 고통에 신음하던 이스라엘 백성들에게는 그 약속의 말씀이 유일한 소망이 될 수 있었다.

사악한 바벨론 사람들은 하나님에 연관된 소중한 의미조차 모르는 채 감히 유다 왕국을 무너뜨리고 성읍들을 뒤엎어 멸망시켰다. 하나님의 거룩한 성전이 파괴되고 백성들은 견디기 어려운 괴로움을 당했다. 그들은 어리석게도 적극적인 공략을 펼치면서 언약의 백성들을 포로로 잡아 끌고갔던 것이다.

그 모든 정황 가운데서 하나님께서는 장차 친히 깨어서 그 백성들을 다시금 본토 가운데 세우며 심으리라고 말씀하셨다. 유다 백성은 배도에 빠져 타락하여 멸망으로 치달았으나 거룩하신 하나님께서는 저들을 또다시 원래의 자리로 회복시키겠다고 하신 것이다. 그것은 장차 있게 될 메시아 사역과 연관된 하나님의 말씀이다.

그때가 이르게 되면 이스라엘 자손이 자신의 형편을 고백적으로 말할 것이라고 했다. 그들은 "다시는 아버지가 신 포도를 먹었으므로 자식들의 이가 시다고 하지 않을 것이며 신포도를 먹는 자마다 그의 이가 신 것처럼 누구나 자기의 죄악으로 인해 죽으리라"(렘 31:29,30)고 한다는 것이다. 이는 모든 인간이 각자 책임질 죄악의 결과나 영향에 대하여 상징적으로 언급하고 있다. 즉 거기에는 조상의 죄와는 상관없이 각자 자기의 죄에 대한 책임을 질 것이며 조상들처럼 다시는 배도의 길로 나아가지 않겠다는 고백적 의미가 담겨 있는 것이다.

7. '새 언약'에 관한 하나님의 약속 (렘 31:31-34)

하나님께서는 장차 때가 이르면 '이스라엘 집'과 '유다 집'에 새 언약을 맺으리라고 말씀하셨다. 이는 언약의 백성인 이스라엘 자손의 배도 행위에 대한 심판을 끝내고 새로운 언약을 맺으시겠다는 것이다. 그것은 언약의 회복을 의미하고 있다.

새로운 언약은 과거 하나님께서 이스라엘 민족의 조상들을 애굽 땅에서 인도해 내던 날 맺은 언약과는 다르다고 하셨다(렘 31:32). 당시 하나님께서는 저들의 손을 잡고 이끌어 내셨으며 하나님이 그 백성의 남편이 되셨다는 말씀을 하셨다. 이는 그가 이스라엘 백성을 남편이 아내를 사랑하듯이 사랑하신 사실을 비유적으로 표현하신 것이다.

그럼에도 불구하고 그 백성은 하나님의 언약을 깨뜨렸다. 즉 하나님을 떠나 이방인들을 따라 배도의 길을 걸어갔던 것이다. 하나님의 진정한 사랑의 대상인 백성이 그 참 사랑을 버리고 세상의 값어치를 따라가며 하나님을 진노케 했다. 그리하여 하나님께서는 그들을 이방인의 세력에 내어주어 포로로 잡혀가게 하는 엄한 벌을 내리시게 되었다.

하지만 때가 되면 이스라엘 자손이 포로 생활을 끝내고 본토로 귀환하도록 하여 그들과 새 언약을 맺게 되는데, 그것은 하나님께서 자신의 율법을 그들 가운데 두며 그것을 그들의 마음에 기록하여 변개치 않게 하실 것이라고 했다. 그렇게 하여 자기가 저들의 하나님이 되고 그들은 하나님의 백성이 되리라는 것이었다.

새 언약을 통해 원래의 상태가 회복되면 백성들이 하나님에 대한 확신을 가지게 될 것이라고 했다. 따라서 그들은 더 이상 이웃과 형제를 향해 여호와 하나님을 알아야 한다고 가르칠 필요가 없게 되리라는 것이었다. 이는 신분이 낮은 자로부터 높은 자에 이르기까지 모든 사람들이 여호와 하나님을 분명히 알게 될 것이었기 때문이다.

하나님에 대한 올바른 신앙을 가진 사람들은 여호와 하나님을 경외하며 그의 율법에 온전히 순종하게 된다. 따라서 하나님께서는 더 이상 그들이 범한 죄악을 기억하지 않으리라고 말씀하셨다. 이는 하나님과 그의 백성 사이의 관계가 정상적으로 회복된다는 사실을 말해주고 있다.

우리는 새 언약에 연관된 이 말씀 가운데 메시아 예언적 성격이 들어 있음을 알게 된다. 장차 하나님과 그의 백성 사이에 존재하는 일체성과 함께 하나님을 온전히 깨닫게 된다는 사실과 그 백성의 죄를 기억하지 않겠다는 말씀의 의미는 메시아와 연관된 것으로 이해할 수 있다. 즉

이 예언은 포로가 된 이스라엘 민족의 본토 귀환과 더불어 궁극적으로 보내시는 메시아를 통해 완전히 회복될 하나님과 그의 백성 사이의 관계에 연관된 것이다.

8. 전능하신 조물주 하나님의 경고 (렘 31:35-37)

여호와 하나님은 우주만물을 창조하신 분으로서 그에게 속하지 않은 것들은 없다. 그가 하늘의 해를 만들어 그 빛으로 낮을 주관하게 하셨으며 달과 별을 만들어 밤의 빛으로 기능하게 하셨다. 또한 바다로 하여금 물결치게 하고 그 파도로 인해 큰 소리가 나도록 하셨다. 자연 만물을 존재케 하시고 초월적인 법칙으로 운행하시며 다스리시는 분은 만군의 여호와 하나님이시다.

바로 그 하나님께서 창세 전에 택하신 언약의 백성을 선한 길로 인도하시며 그 가운데서 자신의 뜻을 이루어 가신다. 하나님의 법칙과 자연질서가 지속되는 한 언약의 백성과 그 나라도 세상에 존속될 것이라고 하셨다. 이는 하나님께서 자기에게 속한 언약의 백성을 끝까지 보호하시리라는 의미를 담고 있다.

하지만 피조물인 인간들은 하늘 위에 있는 것들을 결코 측량해 낼 수 없다. 뿐만 아니라 땅 아래 놓인 기초를 완벽하게 탐지하는 것도 불가능하다. 만일 인간들 가운데 그것이 가능하다고 생각하는 자가 있다면 지극히 어리석은 자에 지나지 않는다. 하나님께서는 그와 같은 사고를 하는 이스라엘 자손이라면 그 행한 모든 악한 일들을 샅샅이 드러냄으로써 그런 자들을 다 버리실 것이라고 하셨다.

이 말씀은 인간들에 의해 하늘이 측량되고 땅의 기초가 탐지될 수 있다면 몰라도 그런 일이 있기 전에는 이스라엘 백성이 죄를 지었다는 이유로 그들을 버리지는 않으리라는 의미를 지니고 있다. 이는 겸손한 삶을 살아가는 언약의 백성에 대한 하나님의 궁극적인 사랑을 드러내 보여준다. 하나님께서는 그것을 위해 장차 이땅에 메시아인 예수 그리스도를 보내 그 모든 일을 해결하시게 되는 것이다.

9. 새 예루살렘에 대한 예언과 약속 (렘 31:38-40)

예레미야는 장차 하나님께서 계획하신 때가 이르면 하나넬(Hananel) 망대11)로부터 북서쪽의 모퉁이 문에 이르기까지 여호와 하나님을 위한 성이 건축될 것이라고 했다. 거기서 측량줄이 가렙(Gareb) 언덕까지 곧게 나갔다가 고아(Goah) 방면으로 돌아가고 그 다음에 시체와 잿더미로 가득 찬 골짜기와 기드론(Gidron) 시냇가에서 동쪽에 있는 밭들의 모퉁이에 이르는 곳까지 구별하게 된다는 것이다.

그 지역은 하나님의 거룩한 성지가 되어 주변의 다른 땅들과는 구별되어야 한다. 하나님께서 세우시는 그 성읍은 다시는 허물어지거나 파괴되는 일이 없을 것이라고 했다. 이미 예루살렘 성이 맥없이 무너지는 것을 목격한 백성들에게 그와 다른 견고한 성읍이 건축되리라는 사실을 알려줌으로써 그것이 저들에게 진정한 소망이 되고 힘이 될 수 있었던 것이다.

이 약속의 말씀은 나중 이스라엘 백성이 바벨론 포로 생활을 끝내고 본토로 귀환할 때 이루어질 일과 밀접하게 연관되어 있다. 하지만 이 땅에 건축되고 세워지는 성읍은 세월이 흐르면 또다시 여러 가지 문제들이 발생할 수밖에 없다. 예레미야는 이 말씀을 통해 언약의 백성들로 하여금 여호와 하나님을 믿고 그를 온전히 바라보도록 하고자 했다.

그리고 궁극적으로는 하나님께서 장차 자기가 약속하신 메시아를 이 땅에 보내실 것에 대한 확인의 의미를 지니고 있다. 하나님의 아들이

---

11) 이 망대는 예루살렘 성곽 주변에 존재하며 양의 문과 어문 사이에 있는 탑이다. '하나넬'은 그 망대를 세운 건축가의 이름으로, 그 이름을 따라 '하나넬 망대'라 부르게 되었다.

인간의 몸을 입고 세상에 오시게 되면 그 전과는 다른 훨씬 광범한 영역을 하나님의 도성으로 삼게 된다. 메시아가 오셔서 그 성읍을 중심으로 타락한 세상의 악한 세력을 무너뜨릴 것이며 자기 백성을 새 예루살렘으로 불러들이게 되는 것이다.

제32장

유다 왕국의 패망과 회복 약속

(렘 32:1-44)

1. 선지자 예레미야의 예언과 시드기야 왕의 부당한 행동
(렘 32:1-5)

유다 왕 시드기야가 왕위에 오른 지 십년째 되던 해 곧 바벨론 왕 느부갓네살이 즉위한 지 십팔년이 되던 해 여호와 하나님의 말씀이 선지자 예레미야에게 임했다. 그때는 BC 587년경으로 유다 왕국의 패망과 예루살렘의 함락 그리고 하나님의 성전이 파괴되는 시점이었다. 당시에는 힘 있는 권력자들에게 듣기 좋은 말을 늘어놓으며 아부하는 거짓 선지자들이 넘쳐나고 있었다.

그와 같은 시기에 막강한 군사력을 가진 바벨론 제국의 군대가 예루살렘을 완전히 에워싸고 있었으므로 백성들은 극도의 불안감에 빠져 있었다. 그런 중에도 어리석은 지도자들은 하나님 앞에서 겸손한 자세를 가지기는커녕 오히려 오만한 태도로 율법을 멸시했다. 따라서 그들은 하나님의 말씀을 그대로 선포하는 선지자 예레미야를 유다 왕의 궁궐에 딸린 시위대 뜰 감옥에 가두었다.

사악한 자들의 거짓에 맞서 싸우던 그에게 또다시 하나님의 말씀이 임하여 앞으로 발생하게 될 사실에 대하여 알려주셨다. 거짓 선지자들과 개인적인 욕망을 채우기에 급급한 지도자들은 배도에 빠져 하나님의 진리를 철저히 외면하고 있었다. 그에 반해 예레미야는 심한 고통 중에서도 여호와 하나님의 말씀을 청종하기를 게을리 하지 않았다.

하나님께서는 예레미야의 입술을 통해 조만간 거룩한 성 예루살렘을 바벨론 왕의 손에 넘길 것이라고 말씀하셨다. 그렇게 되면 약속의 땅 가나안은 이방인들의 통치 아래 놓일 수밖에 없다. 그로 말미암아 유다 왕 시드기야는 바벨론을 통치하는 갈대아인들의 손아귀에서 벗어나지 못하게 된다. 즉 왕의 신분을 가진 그가 바벨론 왕과 한자리에서 마주 보게 되지만 신분상 자유롭지 못한 상태에서 굴욕을 겪어야 할 따름이었다.

결국 바벨론 왕 느부갓네살은 시드기야 왕을 체포하여 바벨론의 영역으로 끌고 가게 된다. 그렇게 되면 유다 왕국은 완전히 패망하게 되며, 하나님께서 은혜를 베풀어 그 백성을 다시금 본토로 인도하실 때까지 낯선 이방 땅에서 포로가 되어 사로잡혀 있게 된다. 그들은 언약의 백성이면서 배도의 길을 걸어감으로써 그 모든 의미를 상실하게 되는 것이다.

하나님께서는 그런 위태로운 시국에, 선지자 예레미야의 입술을 통해 이스라엘 자손이 바벨론의 갈대아인들과 맞서 싸운다고 할지라도 승리를 거둘 수 없다는 사실을 말씀하셨다. 시드기야 왕에게 선지자의 예언이 전달되었을 때 왕은 그의 말을 순순히 받아들이지 않았다. 그리하여 그는 유다 왕국과 자기에 대하여 불리한 예언을 하는 예레미야를 감옥에 가두게 되었다. 그것은 여호와 하나님께 정면으로 저항하는 행동이었음에도 불구하고 그에 대한 아무런 인식이 없었기 때문이었다.

2. '아나돗'(Anathoth)에 있는 밭을 상속분으로 구입하는 예레미야 (렘 32:6-15)

선지자 예레미야는 하나님께서 자기에게 하신 특별한 말씀에 관한 언급을 했다. 조만간 그의 숙부 살룸의 아들 하나멜이 찾아와서 아나돗에 있는 자기 밭을 사라고 하리라는 것이었다. 예레미야가 가장 가까운 친척이므로 상속을 위해 그 밭을 살 수 있는 권리가 그에게 있었기 때문이다.

그후 하나님의 말씀대로 숙부의 아들이자 사촌 형제인 하나멜이 시위대 뜰 안 감옥에 갇혀 있는 예레미야를 찾아왔다. 그는 베냐민 지파의 영역에 위치한 아나돗에 있는 자기 밭을 사라고 권했다. 그 밭에 대한 우선 상속권과 그것을 사들일 수 있는 권리가 그에게 있다는 것이다. 그러니 예레미야 자신을 위해 그 밭을 사라고 했다.

예레미야는 그의 권고를 듣고 모든 것이 하나님의 뜻 가운데서 진행되는 것으로 받아들였다. 그리하여 예루살렘 북동쪽 약 4km 정도 떨어진 그 밭을 은 십칠 세겔12)을 저울에 달아 주고 구입하게 되었다. 그 지역은 예루살렘과 매우 가까웠으나 행정 구역상 유다 지파가 아닌 베냐민 지파에 속해 있었다. 물론 실제적으로는 예루살렘에 속한 성 바깥에 인접한 중요한 지역이었다.

---

12) 한글 '현대인의 성경'에는 은 십칠 세겔을 은 194그램이라고 번역하고 있다. 한 돈을 3.75그램으로 환산하면 46.4돈이 된다. 이는 비록 정확하지는 않다고 할지라도 우리가 그 액수를 어느 정도 짐작할 수 있다. 은 한 돈을 2천 원 정도로 본다면 현재 우리 돈으로 10만원이 채 되지 않는다. 하지만 당시 토지에 대한 가치에 따른 가격은 현재 우리와 엄청난 차이가 있음을 간과하지 말아야 한다. 예를 들어 지금도 아프리카 가난한 어느 나라의 산골에 가서 토지를 사려고 하면 그 가격이 엄청나게 싸다. 일반 노동자의 일당이 현재 우리 돈으로 1,000원 정도 된다면 그곳에 살아가는 사람들에게는 그것이 적정 가격임이 틀림없다.

예레미야는 아나돗에 있는 그 밭을 사면서 매매증서를 작성했다. 그 증서는 법과 규례대로 봉인한 것과 봉인하지 않은 것이 따로 준비되었다. 그는 봉인한 매매증서와 봉인하지 않은 매매증서를 손에 받아들었다. 그리고 그 매도인인 하나멜과 그 증서에 인을 친 보증인들과 시위대 뜰에 앉아 있는 모든 유다 사람들이 보는 앞에서 그 증서를 네리야의 아들 바룩에게 넘겨주었다.

바룩은 그 매매증서를 보관하는 일을 맡은 인물이었다. 예레미야는 여러 사람들이 보는 앞에서 바룩을 향해, 봉인한 매매증서와 봉인하지 않은 매매증서를 토기에 담아 오랫동안 보존해주도록 당부했다. 그러면서 하나님께서 나중 사람들이 가나안 땅에서 다시금 집과 밭과 포도원을 사게 되리라고 하셨다는 언급을 했다.

이는 그 당시에는 이미 땅을 사고파는 모든 매매가 거의 중단된 상태임을 말해주고 있다. 나라의 패망을 앞둔 상태에서 사람들이 새로운 땅을 사들일 필요가 없었기 때문이다. 그런 중에 예레미야는 아나돗의 밭을 구입했다. 그것은 매우 중요한 상징적인 의미를 지닌 것으로서, 바벨론으로 사로잡혀 간 자들이 나중 귀환하게 되면 원래의 생활을 되찾게 되리라는 사실을 말해주고 있다.

우리는 여기서 몇 가지 중요한 사실을 발견하게 된다. 그 가운데 하나는 당시 선지자들이 사유 재산과 함께 상속권을 가지는 일상적인 생활을 하고 있었다는 사실이다. 예레미야는 자기의 사유 재산이 있었으므로 아나돗에 있는 사촌의 땅을 살 수 있었다. 또한 당시 이스라엘 자손은 바벨론을 비롯한 이방지역으로 잡혀갈 형편에 처해 있었으므로 굳이 다른 땅을 살 필요가 없었으나 예레미야는 하나님의 뜻 가운데 그렇게 했다.

이는 예레미야가 땅을 산 것에는 매우 중요한 상징적 의미가 담겨 있음을 드러내 보여주고 있다. 예레미야 자신도 그 땅의 소유자로서 명의를 가지게 되었으되 그것을 실제로 소유하여 활용하지는 못했다. 하지

만 바룩에게 매매증서를 토기에 보관하도록 요구한 대로 그 소유권은
예레미야에게 있었다.

이는 비록 아나돗의 밭뿐 아니라 이스라엘 전 지역이 선지자들의 소
유로 권리가 이전된 듯 대표성을 띤 것으로 이해할 수 있다. 이는 물론
예레미야를 통해 그 상징적인 의미를 보여준다. 나중에 하나님께서 포
로로 잡혀 간 이스라엘 자손을 본토로 귀환시키게 되면 그 땅은 다시금
백성들에게 공평하게 재분배되어야 했던 것이다. 즉 하나님의 경륜에
따라 포로에서 돌아오게 된 후 진행되어야 할 일을 미리 제시하셨던 것
이다(렘 32:43,44, 참조).

3. 예레미야의 기도 (렘 32:16-25)

선지자 예레미야는 아나돗의 땅을 매매한 증서를 바룩에게 넘겨준
후 여호와 하나님께 기도했다. 그 가운데는 이스라엘 민족의 현실을 바
라보며 느끼는 슬픈 마음이 가득 담겨 있었다. 하나님께서 놀라운 능력
과 전능하신 손으로 우주만물을 창조하셨으니 친히 그 모든 어려운 일
들을 해결하실 수 있다는 것이다.

그는 또한 하나님께서는 수천 대에 이르기까지 은혜를 베풀어 주시
는 분이지만 동시에 조상들이 지은 죄악을 반드시 그 자손에게 갚으시
는 공의로운 분임을 언급했다. 이는 조상이 범죄한 내용 자체를 자식들
이 대신 갚아야 한다는 의미와는 다르다. 이 말은 조상들이 다음 세대
에 올바른 신앙을 상속하지 않았기 때문에 그 자손들이 당해야만 하는
고통에 밀접하게 연관되어 있다.

선지자는 또한 여호와께서는 전능하신 하나님이자 그 이름이 만군의
하나님으로 선포되고 있음을 언급했다. 하나님께서 베푸시는 모든 계
획은 인간들의 생각을 능가하며 그들의 모든 길들을 주목하시는 가운
데 각 사람의 삶과 행위에 따라 보응하시는 분이라고 했다. 그와 같은

하나님의 사역은 과거 애굽 땅에서 다양한 표적과 기사를 행하실 때도 그러했으며, 주님의 이름이 예레미야 당시까지도 세계만방에 선포되고 있음을 말했다.

주님께서는 인간들이 결코 행할 수 없는 표적과 기사와 강한 손과 펴신 팔과 그의 엄위한 능력으로서 자기에게 속한 이스라엘 자손을 애굽 땅으로부터 인도해 내셨다고 했다. 그리고 저들에게 주시기로 약속하신 젖과 꿀이 흐르는 가나안 땅을 주셨으므로 언약의 자손들이 그곳을 차지하게 되었다는 것이다. 그 모든 과정에는 하나님의 놀라운 계획이 작동하고 있었던 것이다.

하지만 그런 상황 가운데서도 어리석은 백성들은 주님의 음성에 귀를 막은 채 그의 율법을 준수하기를 거부했다. 그들은 주님께서 행하라고 명령하신 모든 말씀을 철저히 외면한 채 배도의 길로 가기를 되풀이했다. 따라서 하나님께서는 저들에게 모든 무서운 재앙들을 내리시게 되었다는 것이다.

선지자는 그 모든 고백적 언급과 더불어 이제 이스라엘 민족이 처한 모든 형편을 하나님께 아뢰었다. 이방인들이 예루살렘을 빼앗기 위해 성 주변에 참호들을 파두고 있었음을 말했다. 하나님께서 허락하신 칼과 기근과 전염병으로 인해 결국 그 거룩한 성읍이 바벨론 왕국의 갈대아 군대에 넘겨진 바 되었다는 것이다.

선지자 예레미야는 그 모든 것들이 주님께서 이미 경고하신 대로 이루어진 것이란 사실을 잘 알고 있다는 점을 언급했다. 그와 더불어 주님의 명에 따라 아나돗의 땅을 사고 증인을 세웠음을 말했다. 하지만 이제 예루살렘 성이 갈대아인들의 손에 넘겨졌으니 자기가 산 땅이 무슨 의미가 있는지 궁금하지 않을 수 없었다. 거기에는 하나님의 분명한 뜻이 있을 터인데 예레미야는 그 구체적인 내용이 알고 싶었던 것이다.

4. 배도자들의 종교 혼합주의와 하나님의 무서운 진노 (렘 32:26-35)

그후 하나님의 말씀이 또다시 선지자 예레미야에게 임했다. 여호와께서는 자기가 모든 인류의 하나님이라는 사실을 언급하시며 자신이 하지 못할 일은 없다는 사실을 강조하셨다. 따라서 하나님께서 그를 통해 특별한 예언의 말씀을 하셨다.

그 주된 내용 가운데는 예루살렘 성과 저들의 땅을 하나님께서 갈대아인과 바벨론의 느부갓네살의 손에 넘기시리라는 뜻이 들어 있었다. 그러면 이방 왕국이 가나안 땅 모든 지역을 정복하여 지배하게 된다. 곧 바벨론 군대가 쳐들어와서 예루살렘 성에 불을 질러 모든 것을 태워 버린다는 것이다.

이 모든 것은 하나님의 무서운 심판의 결과로 이루어지게 된다. 스스로 언약의 백성이라 자처하면서도 배도에 빠진 백성들은 자기 집 옥상을 오르내리며 바알 신에게 분향하고 다른 이방 신들에게 술을 전제로 부어 바치기를 좋아했다. 물론 그들이 이스라엘 민족의 하나님을 완전히 버린 것이 아니라 풍요를 추구하는 이방 신들을 끌고 들어와 동시에 섬기는 혼합적인 종교로 만들어버렸던 것이다.

우상 종교를 만들고 그것을 섬기는 그와 같은 사악한 행동은 하나님의 무서운 진노를 불러일으킬 수밖에 없었다. 그로 말미암아 우상에 물든 그 모든 집들을 불살라 버릴 것이라고 했다. 이스라엘 자손과 유다 자손은 이미 오래전부터 하나님 앞에서 그와 같은 악행을 지속해 왔다. 그들은 하나님의 율법을 완전히 벗어난 종교적인 행위를 함으로써 하나님을 격노케 했던 것이다.

원래 인간의 본성은 악하기 때문에 하나님의 말씀에 순종하려고 하지 않는다. 언약의 백성이라 칭하는 이스라엘 백성 역시 그와 다르지 않아서 하나님의 은혜가 아니고는 교만한 상태를 벗어나지 못했다. 따라서 하나님께서는 예루살렘 성이 건설된 날부터 그때까지도 어리석은 백성들이 자기의 분노를 일으켜온 사실에 대하여 말씀하셨다(렘 32:31).

그러므로 진노하신 하나님께서는 예루살렘 성을 자기 앞에서 완전히 쓸어버릴 것이라고 말씀하셨다. 그런 작정을 하시게 된 원인은 이스라엘 백성이 모든 악한 일들을 자행하며 하나님의 노여움을 불러일으켰기 때문이라고 하셨다. 유다 왕국의 왕들과 고위 관료들과 제사장들과 선지자들과 유다 백성들과 예루살렘에 거하는 주민들이 다 그러했다는 것이다.

배도에 빠진 자들은 하나님으로부터 완전히 등을 돌리고 그 얼굴을 하나님께로 향하지 않았다. 그들은 하나님의 지속적인 가르침과 교훈에도 불구하고 그의 음성 듣기를 거부하고 선지자가 전하는 말을 받아들이지 않았다. 그 대신 배도자들은 바알을 비롯한 이방 신들과 밀착된 상태로 살아가기를 즐겨했다.

급기야 그들은 하나님의 이름으로 일컫는 거룩한 성전에 자기들의 가증한 물건들을 세워서 그 집을 더럽게 했다. 그런데 문제는, 어리석은 자들은 하나님을 욕되게 하면서도 그것이 마치 하나님을 즐겁게 하는 것인 양 착각하고 있었다는 사실이다. 그들은 자기 눈에 좋아 보이는 것들을 덧붙이면서 그것이 여호와 하나님 앞에 자기의 신앙을 드러내는 것인 양 여겼던 것이다.

또한 그런 자들은 예루살렘 성 밖에 있는 힌놈의 골짜기에 바알 신당을 건축하기도 했다. 성 안에서는 하나님의 성전을 찾아가고 성 밖에서는 풍요를 추구하는 바알 신당을 찾아갔다. 여호와 하나님을 찾아가서는 그의 진노를 피하고자 했으며 바알 신을 통해서는 이 세상에서의 풍요로운 복을 누리고자 했던 것이다.

뿐만 아니라 자기의 아들과 딸들을 암몬 족속이 섬기는 몰렉(Molech) 곧 밀곰(Milcom) 신 앞으로 지나가게 했다. 그런 이방 신을 섬기는 결정적인 폐해는 어린 자녀들을 불에 태워 바치는 인신제사(人身祭祀)였다. 그들은 그와 같은 가증한 일을 행함으로써 이스라엘 민족 전체를 범죄에 빠지게 했다. 그것은 하나님께서 원하거나 요구한 것이 아니었지만 어리석게도 배도자들은 그에 열중했다.

언약의 백성이라 칭해지는 자들이 그런 더러운 종교 행위를 행하는 것은 사탄의 역사가 그만큼 강하다는 사실을 말해주고 있다. 우리는 여기서 사악한 종교적인 양상이 가지는 전염성이 얼마나 강한가 하는 것을 보게 된다. 그와 같은 종교성에 빠진 자들 가운데 자기가 하나님을 모독하는 사악한 행위를 한다는 사실을 아는 자들은 별로 없을 것이다. 도리어 그것을 주도하는 악한 종교인들은 백성들을 속이고 기만하면서도 그렇게 하면 마치 더 큰 복을 받게 되리라고 선전했을 것이 분명하다.

이와 같은 일은 오늘날 우리 시대에도 여전히 되풀이하여 일어나고 있다. 배도에 빠진 자들은 하나님의 이름을 입술에 올리며 그를 찬양한다고 주장하지만 실제로는 하나님을 모독하는 행위를 지속하고 있다. 사악한 기독교 지도자들은 어리석은 교인들을 속이며 그 더러운 종교 행위를 독려하는 것이 보통이다.

물론 현대 배도에 빠진 기독교에서는 이방 신 앞에 자식을 직접 불태워 바치는 일은 없을지라도 자기 자식을 배도의 길로 끌어들이면서 사악한 행위를 전수하는 일들은 그대로 존재한다. 그런 자들은 자기뿐 아니라 자식의 영적인 생명을 위협하면서도 그것이 마치 하나님을 위하는 것인 양 엄청난 착각에 빠져 있는 것이다. 그들은 하나님의 말씀과 더불어 참된 신앙의 상속을 중단시키고 사악한 이방 종교 행위를 요구하는 것의 참담한 형편을 깨닫지 못하고 있는 것이다.

5. 이스라엘 민족의 회복에 대한 약속 (렘 32:36-44)

여호와 하나님께서는 자기가 배도에 빠진 이스라엘 자손을 심판하셨다고 말씀하셨다. 그가 칼과 기근과 전염병으로 그들을 내려치시고 예루살렘 성을 바벨론 왕 느부갓네살에게 넘겨주셨다. 하나님의 거룩한 도성이 이방인들의 군화에 짓밟히게 된 것이다.

이제 하나님께서는 다시금 그 성에 연관된 소망의 말씀을 주셨다. 사악한 자들의 배도 행위로 인해 큰 분노와 더불어 그들을 이방지역으로 쫓아낸 자들에게 장차 은혜를 베풀고자 한다는 뜻이었다. 즉 흩어져 살아가는 모든 이방지역에서 자기 백성을 모아들여 예루살렘으로 돌아오게 하시리라는 것이다.

그렇게 되면 언약의 백성이 예루살렘과 약속의 땅에서 안전하게 거할 수 있게 된다. 그들은 하나님의 백성이 되고 여호와께서 저들의 하나님이 되시기 때문이다(렘 32:38). 하나님께서 그들에게 '한 마음'과 '한 길'을 주셔서 자기와 그 후손의 복을 위해 항상 하나님을 경외하게 해주리라고 하셨다.

하나님께서는 저들에게 복을 주시기 위해 그들을 떠나지 않으리라는 '영원한 언약'을 그들에게 세울 것이라는 언급을 하셨다. 그렇게 하여 하나님을 진정으로 경외하는 마음을 소유함으로써 그 백성이 자기를 떠나지 않게 하시리라고 하셨다. 즉 하나님께서 기쁨으로 그들에게 복을 주시되 하나님의 확실한 마음과 정성을 다해 그들을 이땅에 심으시겠다는 것이다.

이 예언의 말씀은 전체적으로 보아 메시아에 연관된 것으로 받아들여야 한다. 이는 그 말씀이 영원한 언약과 연관되어 있으며 불변하는 상태가 지속된다는 사실을 말해주고 있기 때문이다. 하나님으로 인해 세워지는 그 언약의 백성은 하나님으로부터 영원한 삶을 보장받게 되는 것이다.

그러므로 하나님께서는 자기가 그 언약의 백성에게 큰 재앙을 내린 것 같이 나중 때가 이르면 허락할 만한 모든 복을 그들에게 내려주실 것이라고 하셨다. 그때가 이르면 그 백성이, 배도한 자들의 땅이 황폐하여 더 이상 사람이나 짐승이 보이지 않고 갈대아인들의 손에 넘겨져 바벨론의 포로가 되었으나, 이제 상황이 완전히 달라졌음을 말하고 있다. 그 땅은 저들에게 새로운 의미로 다가오게 되는 것이다.

하나님께 속한 많은 사람들이 가나안 땅에 돌아오면 그곳의 밭을 살 수 있게 된다. 베냐민 땅과 예루살렘 사방과 유다 성읍들과 산지와 저 지대의 성읍들과 남쪽 지방의 성읍들에 있는 밭을 은을 달아 주고 사는 것이 허용된다. 그리하여 토지를 사고파는 자들은 매매증서를 봉인하 고 증인을 세우는 일을 되풀이한다.

이 예언의 말씀은 포로로 잡혀 간 그 백성을 하나님께서 장차 예루살 렘과 가나안 본토로 다시금 인도해 들일 것에 대한 약속이다. 그들이 포로 생활을 청산하고 귀환하게 되면 과거의 배도 행위를 기억하며 새 로운 삶을 누리게 된다. 그것을 위해 하나님께서는 앞서 예레미야에게 자기의 고향 아나돗에 위치한 상속권이 있는 땅을 은 십칠 세겔을 주고 하나멜로부터 사도록 했던 것이다(렘 32:6-15). 거기에는 예레미야 개인 의 행위였으나 장차 이스라엘 자손을 바벨론으로부터 가나안 본토로 불러오실 것에 대한 대표성 있는 예언적 의미가 담겨 있었다.

제33장

새 언약과 다윗 왕국의 회복 및 '메시아 예언'

(렘 33:1-26)

1. 예레미야가 받은 예언의 말씀과 요구 (렘 33:1-3)

선지자 예레미야가 아직 시위대 뜰에 있는 감옥에 갇혀 있을 동안 하나님의 말씀이 또다시 그에게 임하게 되었다. 그를 감옥에 가둔 세력은 하나님의 예언이 백성들에게 전달되지 못하도록 철저히 견제하고자 했다. 하지만 하나님께서는 그를 통해 자기의 말씀을 계시하심으로써 언약의 백성들을 일깨우고자 하셨다.

그러므로 하나님께서는 다시금 백성들 앞에서 자기의 존재를 드러내 선포하셨다. 자신의 이름이 '땅을 창조하시고 그것을 세우신 여호와' 라는 사실을 선지자의 입을 통해 언급하셨던 것이다 : "This is what the LORD says, he who made the earth, the LORD who formed it and established it, the LORD is his name"(Jeremiah33:2, NIV). 이 는 창조주로서 그의 절대적인 권위를 선포하는 의미를 지니고 있음을 보여주고 있다.

그와 같은 하나님께서 이스라엘 자손을 향해 자기에게 부르짖으라는 말씀을 하셨다. 이는 그들이 고통에 빠져 있을 때 자기를 의지하라는 것을 의미하고 있다. 그렇게 하면 친히 그 백성의 요청에 응답하시리라는 것이었다. 그리고 그들이 알지 못하는 크고 놀라운 일을 은밀한 가운데 저들에게 보여주리라는 약속을 하셨다.

이 말씀 가운데는 이스라엘 자손이 약속의 땅 가나안에 살아가는 동안 발생하게 될 일들에 대한 예언적 의미가 드러나고 있다. 배도자들이 하나님과 그의 명령을 버리게 되면 악한 자들뿐 아니라 하나님의 말씀에 순종하고자 하는 참된 그의 자녀들 역시 그 소용돌이 가운데서 심한 고통을 당할 수밖에 없게 된다. 장차 그와 같은 끔찍한 일이 저들에게 닥치게 될 때 우주만물의 조물주 되시는 여호와 하나님께 간구하면 그에 응답하여 그 요청을 들어주시리라는 것이었다.

2. 처참한 환경에 빠진 백성 (렘 33:4, 5)

하나님께서는 이스라엘 자손이 처참한 환경에 처하게 되는 상황에 대한 언급을 하셨다. 갈대아인들 곧 바벨론 군대가 예루살렘을 침공해 오면 힘을 다해 그에 저항하게 된다. 막강한 군사력을 지닌 이방 군대가 다양한 무기들을 가지고 성읍 주변에 참호를 파고 칼로써 공격을 개시하면 백성들은 크게 당황할 수밖에 없다.

예루살렘에 거하는 이스라엘 백성은 그와 같은 상황에서 성읍의 가옥과 왕궁을 헐어 거기서 나오는 것들로 전쟁을 준비해야 한다. 그들의 전투력은 바벨론 군대에 비할 바가 되지 못했다. 그들이 살고 있는 집과 왕궁을 헐어 나온 것들로 무기를 만든다고 해도 그것들로써 강력한 적군에 대항하기는 역부족이다.

그보다 더욱 심각한 문제는 여호와 하나님께서 언약의 자손들이라 칭해지는 그 백성을 도와주지 않는다는 사실이다. 하나님께서는 배도에 빠진 자들에 대하여 크게 노여워하며 분노가 가득 차 있었다. 따라서 그들을 지켜주기는커녕 도리어 그들을 심판하여 죽음에 빠뜨리고자 하신다. 따라서 그 언약의 자손들은 이방 군대의 위협이 아니라 하나님의 진노를 더 두려워해야만 했다. 하지만 어리석은 배도자들에게는 그에 대한 인식이 전혀 없었다.

결국 하나님께서는 적군의 칼에 의해 죽은 자들의 시체로 그 성읍을 가득 채우게 하신다. 그들이 그런 처참한 상황에 처하게 된 것은 하나님에 대한 사악한 배도 행위 때문이었다. 그들에게는 여호와 하나님을 진정으로 경외하는 마음이 전혀 없었다. 따라서 하나님의 율법을 범함으로써 그를 멸시하는 행위를 예사로 행하고 있었다. 그로 말미암아 하나님께서 그들로부터 자기의 얼굴을 가리시고 예루살렘 성을 돌아보지 않으셨으므로 그와 같은 최악의 상태에 놓이게 되는 것이다.

3. 소망을 약속하시는 하나님 (렘 33:6-13)

(1) 이스라엘의 회복에 관한 예언(렘 33:6-9)

하나님께서는 그런 극한 위기의 상황에 놓인 이스라엘 백성에게 소망의 메시지를 주셨다. 지금은 저들에게 큰 고통이 진행되고 있으나 장차 모든 열악한 형편을 회복시켜 주시리라는 것이었다. 그가 친히 폐허된 상태에 놓인 예루살렘 성읍을 고쳐 치료해 주시겠다는 약속을 하셨던 것이다. 이는 장차 모든 것이 회복되어 평안과 진실의 풍성함을 저들 가운데 나타내시고자 한다는 의미를 지니고 있다.

하나님께서는 이처럼 포로가 되어 멀리 이방 왕국의 통치 영역으로 사로잡혀 간 유다 백성과 이스라엘 자손을 빼앗긴 본토로 다시금 불러오시리라고 말씀하셨다. 그렇게 하여 처음 그 백성을 약속의 땅 가나안으로 인도하실 때 원래 작정하셨던 것처럼 다시금 그 백성들을 세워주시리라는 것이었다. 우리는 여기서 악한 인간들은 배도에 빠지게 되지만 거룩한 하나님께서는 그 가운데서 자신의 작정하신 일을 지속하고 계심을 보게 된다.

그러므로 하나님께서 이스라엘 자손이 자기 앞에서 범한 모든 죄악을 정하게 해주실 것이며 배도에 빠져 하나님의 율법을 멸시한 저들의 추악한 죄마저도 용서해 주시리라고 하셨다. 그리하여 예루살렘이 회복되어 세계 열방 가운데서 하나님의 기쁜 이름을 드러내는 백성이 될 것이라고 말씀하셨다. 또한 폐허가 된 예루살렘 성읍이 하나님 앞에서 찬송과 영광이 된다고 하셨다.

그로 말미암아 언약의 백성들이 하나님께서 저들에게 베풀어 주시는 모든 복을 받아 누리게 되리라는 말씀을 하셨다. 또한 하나님으로부터 허락된 모든 복과 진정한 평안으로 인해 언약의 바깥에 존재하는 이방 백성들은 두려워하고 떨게 되리라고 하셨다. 이는 그 회복을 통해 하나님께서 장차 이땅에 보내시고자 하는 메시아와 그의 사역이 진행된다는 사실과 연관되어 있다. 즉 그것이 영원한 하나님의 복으로서 그 모든 것을 받아 누리는 자들에게 큰 기쁨이 된다. 그와 달리 여호와 하나님을 믿지 않는 불신자들은 그 실상을 소문으로 듣고 큰 두려움에 떨게 되리라는 것이었다.

(2) 가나안 땅의 원래 모습 회복(렘 33:10-13)

선지자 예레미야는 또한 이방인들에 의해 빼앗긴 약속의 땅이 다시금 회복되면 즐거움과 기쁨이 충만하게 되리라는 하나님의 말씀을 전했다. 모든 것이 황폐하여 사람도 없고 짐승도 없고 거주민들이 살지 않는 유다 성읍과 예루살렘 거리에서 즐거워하는 소리, 기뻐하는 소리, 신랑의 소리, 신부의 소리가 들려오리라고 했다. 그와 같은 상황이 회복되는 것은 이스라엘 자손들에게 감사한 일이 아닐 수 없다.

그러므로 선지자는 백성들을 향해, 그때가 이르게 되면 여호와 하나님께 감사하라는 말을 했다. 이스라엘이 포로에서 해방되어 가나안 땅으로 돌아와, "여호와는 선하시니 그 인자하심이 영원하다"는 소리를 크게 외치게 된다. 그와 더불어 여호와의 성전에 감사제를 드리는 자들의 소리가 들리게 된다. 이는 하나님께서 이방의 포로로 잡혀 간 이스라엘 자손을 다시금 가나안 본토로 데리고 와 원래의 상태로 회복시켜 주신다는 사실에 대한 예언적 의미를 지니고 있다.

그렇게 되면 사람도 없고 짐승도 없이 황폐한 그 지역의 모든 성읍에 다시금 동물을 목축하는 목자들이 거하는 처소들이 생겨나게 된다. 그 목자들은 들판의 목초지를 찾아 자기 양 떼를 먹이며 누워 쉴 수 있도록 자리를 마련해 준다. 그리하여 산지나 평지 혹은 남쪽 네겝 지역과 베냐민 땅과 예루살렘 성읍 주변을 비롯한 유다 모든 성읍에 양 떼들이 많아지고 그 양들의 수를 세는 목자들의 모습을 여기저기서 많이 볼 수 있게 된다.

4. 다윗 왕가에서 출생할 메시아 예언 (렘 33:14-18)

선지자 예레미야는 여호와 하나님께서 계시하신 중요한 예언의 말씀을 언약의 백성들에게 전했다. 장차 이스라엘 집과 유다 집에 대하여 하나님께서 계시하신 대로 하나님의 선한 말씀이 성취될 날이 이르리라는 것이었다. 그것은 이땅에 메시아를 보내 구원사역을 완성하시고자 하는 하나님의 뜻에 연관되어 있다.

그날 그때가 되면 하나님께서 다윗에게서 '한 공의로운 가지'가 나게 할 것이라고 하셨다(렘 33:15). 예레미야 시대는 다윗 왕이 통치하던 시대보다 수백 년이 지난 후대이다. 그럼에도 불구하고 다윗에게서 '한 공의로운 가지'가 나게 하리라고 약속하신 것은 다윗의 왕위를 계승하는 유다 왕국의 왕통과 연관되는 것이다.

따라서 다윗 왕을 잇는 '한 의로운 가지'로 묘사된 메시아가 오시게 되면 그가 이땅에서 정의와 공의를 실행할 것이라고 하셨다(렘 33:15). 여기서 언급된 정의와 공의란 우리가 일반적으로 생각하는 그 의미와는 상당한 차이가 난다. 그것은 이 세상에 존재하는 가변성이 있는 일반 윤리적인 것과는 그 성격이 매우 다른 특별하면서도 절대적인 의미를 지니고 있기 때문이다.

그 놀라운 일을 실행하기 위해서는 이땅에 오실 메시아가 보통 인간이 아니라 특별한 사람이어야 한다. 그는 하나님께서 보내시는 메시아로서 나중 인간의 몸을 입고 이땅에 오시는 예수 그리스도를 지칭하고 있다. 인간의 모습으로 오시게 되는 그는 하나님의 아들로서 완전한 하나님이시기 때문에 완벽한 정의와 공의를 실행할 수 있다.

그러므로 다윗의 자손으로서 '한 의로운 가지'인 메시아가 오시면 유다를 구원하실 것이라고 했다. 이는 그가 언약의 자손들을 멸망으로부터 구원의 길로 불러들일 것에 대한 예언이다. 또한 그 언약의 자손들은 예루살렘에서 안전하게 거할 것이며 그 성읍은 '여호와는 우리의 의'(The LORD our righteousness)라는 이름을 얻게 된다고 했다(렘 33:16). 이 말은 하나님께 속한 자들은 거룩한 성전이 있는 예루살렘을 통해 구원을 받게 되고 여호와 하나님의 의로 말미암아 영원한 구원에 참여하게 되리라는 사실을 말해주고 있다.

또한 하나님께서는 이스라엘 집의 왕위에 앉게 될 사람이 다윗으로부터 영원히 존재하게 될 것이라고 말씀하셨다. 즉 다윗은 이스라엘 왕국의 왕좌에 앉게 될 '한 사람'(a man)을 세우는 일에 절대로 실패하지 않는다고 하셨다. "David will never fail to have a man to sit on the throne of the house of Israel"(렘 33:17). 여기서 언급된 '한 사람'이란 메시아를 지칭하고 있음이 분명하다. 이는 장차 오시게 될 예수 그리스도에 대한 메시아 예언인 것이 틀림없다.

하나님께서는 그것을 위해 자기 앞에서 번제를 드리며 소제를 바치

는 것과 더불어 규례에 따른 여러 형태의 제사를 주관하는 레위인 제사
장들(the Levitical priests)이 끊어지지 않을 것이라고 하셨다. 그들은 장
차 오실 메시아를 소망하며 구약의 율법에 따라 제물을 바치며 하나님
께 제사를 지내게 된다. 즉 제사장들은 하나님께서 요구하시는 동물을
통한 희생 제사와, 인간들이 이땅에 살아가는 동안 생명을 유지하는 데
절대로 필요한 곡물로써 제사를 드리며 하나님의 약속을 기억하게 되
는 것이다.

우리가 여기서 본문을 통해 관심을 기울여야 할 바는 앞부분에서 왕
위에 앉게 될 '한 사람'(a man)이라고 한 것은 단수인 데 반해 뒤따라오
는 '제사장들'(priests)은 복수라는 사실이다. 이는 '왕위에 앉게 될 왕'
에 대한 예언은 메시아를 지칭하고 있는 것으로 볼 수 있는 반면, 나중
의 '제사장들'은 역사적 과정에서 되풀이되는 제사를 맡은 특별한 직
분자로 이해할 수 있음을 말해주고 있다.

5. '다윗의 자손'과 레위인에 연관된 하나님의 절대 언약
(렘 33:19-22)

여호와 하나님의 말씀이 또다시 선지자 예레미야에게 임하여 백성들
에게 중요한 메시지를 전달하도록 요구하셨다. 그것은 이스라엘 자손
과 맺은 중요한 하나님의 언약은 결코 파기되지 않는다는 것이다. 그
점을 백성들에게 분명히 전달함으로써 자기를 믿고 모든 율법에 온전
히 순종하도록 요구했다.

하나님께서는 그 사실을 설명하시기 위해, 자신이 정한 낮과 밤에 관
한 질서를 과연 인간들이 깨뜨려 낮과 밤이 제시간에 이르지 않게 할
수 있느냐고 말씀하셨다. 그것은 불가능한 일이라는 것이다. 만일 그와
같은 일이 발생한다면 자기도 다윗 왕과 레위 지파 제사장들과 세운 언
약도 파기할 수 있으리라고 하셨다.

이는 하나님께서 절대로 자기가 맺은 언약을 파기하지 않는다는 사실을 말해주고 있다. 다윗에게 세운 하나님의 언약은 절대로 깨지는 일이 없으며 다윗에게도 그의 왕좌에 앉아서 언약의 왕국을 다스릴 자손이 끊어지는 일이 없다는 것이다. 또한 하나님께서는 자기를 섬기는 레위 지파 제사장들에게 세운 언약도 절대로 파기되지 않는다고 강조하셨다.

인간들이 무수하게 많은 별들을 비롯한 하늘의 만상(萬狀)을 세는 것은 불가능한 일이다. 그리고 지구상에 있는 바닷가의 모래알조차도 인간이 제대로 세거나 측량할 수 없다. 그 수가 인간들이 헤아릴 수 없을 만큼 엄청나게 많기 때문이다. 이처럼 하나님께서는 자신의 종 다윗의 자손들과 자기를 섬기는 레위인들을 크게 번성케 해주시리라고 말씀하셨다.

여기서 다윗의 자손들과 레위인들을 특별히 언급한 것은 이땅에 메시아를 보내시고자 하는 하나님의 원대한 뜻에 밀접하게 연관되어 있다. 장차 다윗의 자손들을 통해 이땅에 메시아가 오시게 된다. 그리고 레위인들의 성전 봉사와 제사장들의 제사에 관련된 모든 사역을 통해 언약의 자손들은 오실 메시아를 간절히 기다리게 되었던 것이다.

6. 언약의 자손에 대한 하나님의 뜻 (렘 33:23-26)

하나님께서는 선지자 예레미야를 통해 불신에 가득 찬 이스라엘 자손들을 엄하게 책망하셨다. 예레미야는 그들을 향해, 백성들 가운데서 여호와 하나님께서 자기가 택하신 두 족속 즉 이스라엘 왕국과 유다 왕국을 버리셨다고 한 말을 들어보지 못했느냐고 했다. 그런 자들은 하나님께서 특별히 택하신 백성들의 존재를 멸시하고 있었다.

따라서 그들은 그 두 왕국이 멸망하게 되면 다시는 나라를 옛날처럼 회복하지 못할 것으로 여겼다. 그와 같은 상황에서 패색이 짙은 이스라

엘을 더 이상 나라로 여기지 않았다. 그런 상황을 잘 알고 계시는 하나
님께서는, 자기가 주관하는 낮과 밤의 질서는 절대로 흔들리지 않는다
는 사실을 모르느냐고 물어보셨다. 하늘과 땅에 존재하는 모든 법칙은
인간들의 행위에 따라 허물어지지 않는다.

　이와 마찬가지로 하나님께서 세우신 언약은 결코 파기되지 않는다고
말씀하셨다. 나아가 하나님께서는 자신의 특별한 종들이자 저들의 언
약의 조상인 야곱과 다윗의 자손을 절대로 버리지 않을 것이라고 하셨
다. 이는 하나님께서 오래전부터 그 조상들과 맺은 언약은 반드시 이루
어지게 된다는 사실을 말해주고 있다.

　뿐만 아니라 그가 아브라함과 이삭과 야곱의 자손들을 다스릴 통치
자들을 다윗의 후손들 가운데서 특별히 선택하여 언약의 왕국을 유지
할 것이라고 말씀하셨다. 이는 그가 그 백성을 불쌍히 여겨 포로로 잡
혀 간 자들의 후손을 가나안 본토로 돌아오게 하실 것이라는 의미가 내
포되어 있다. 그리하여 옛날의 왕국을 다시금 회복시켜 주시리라는 것
이었다. 이 말은 앞이 깜깜한 언약의 자손들에게 메시아와 연관된 소중
한 예언적 메시지를 주고 있다.

제34장

계약 파기자들에게 임할 무서운 심판

(렘 34:1-22)

1. 예루살렘 파괴와 바벨론 포로 신세가 될 시드기야 왕 (렘 34:1-3)

바벨론의 느부갓네살 왕이 이끄는 군대가 예루살렘과 이스라엘의 모든 성읍을 침략했다. 그에게 속한 대규모 병사들과 그가 통치하는 땅의 모든 나라 백성들이 연합군을 형성해 공격을 시도했다. 유다 왕국은 삽시간에 결정적인 위기에 처하게 된 것이다. 그때 여호와 하나님의 말씀이 예레미야에게 임했다.

하나님께서는 선지자 예레미야를 향해 당시 유다 왕국을 통치하던 시드기야 왕에게 가서 자기의 말씀을 전하라고 명령하셨다. 여호와 하나님께서 장차 예루살렘 성읍을 바벨론 왕의 손에 넘겨주시리라는 것이었다. 그렇게 되면 느부갓네살의 세력이 예루살렘 성읍을 불사를 것이라고 하셨다.

예루살렘 성이 불살라진다는 것은 그 안에 있는 왕궁이 불살라진다는 말과 같다. 결국 왕은 궁궐에서 쫓겨나 바벨론의 느부갓네살의 손을 벗어나지 못하고 사로잡히는 신세가 된다. 그리하여 포로가 된 유다 왕국의 시드기야 왕은 바벨론의 느부갓네살과 얼굴을 마주 대하며 말을 주고받게 된다.

하지만 그것은 상호 대등한 관계가 아니라 왕으로서 이방인들의 포로가 되어 치욕적인 형편에 놓이게 되는 것이다. 이는 유다 왕국이 바벨론 제국이 통치하는 이방인들의 세력에 의해 패망당한다는 사실을 말해주고 있다. 그동안 스스로 선민(選民)이라 여기며, 여호와 하나님의 보호로 말미암아 살아가던 유대인들은 절대로 이방인들에 의해 망하는 일이 없을 것이라 믿고 있었다. 그런 자들에게는 그와 같은 최악의 상황이 도래했을 때 충격적이지 않을 수 없었다.

그보다 더욱 심각한 일은 예루살렘 성읍 중앙에 세워진 하나님의 거룩한 성전이 불살라지는 것이다. 그런 끔찍한 사건이 발생한다는 것은 언약의 백성으로서 소유했던 원래의 존재의미가 완전히 사라져버리는 것을 의미한다. 따라서 예루살렘 성읍과 하나님의 거룩한 성전이 불타고 유다 왕국을 통치하는 왕이 포로가 되어 이방인들의 지역으로 사로잡혀 간다는 것은 소망이 완전히 끊어진다는 사실을 말해주고 있다.

2. 시드기야 왕의 죽음에 대한 예언과 패색(敗色) 짙은 유다 왕국
(렘 34:4-7)

선지자 예레미야는 유다 왕국의 시드기야 왕을 향해 여호와의 말씀을 들으라고 했다. 하나님께서 그에게 이제 곧 닥치게 될 불행한 일에 연관된 특별한 말씀을 하셨다는 것이다. 그것은 외적인 표현상 긍정적인 면을 가지고 있는 듯이 보이지만 실상은 부정적인 의미를 내포하고 있었다.

하나님께서는 시드기야 왕이 칼에 죽지 않으리라고 말씀하셨다. 그

대신 평안히 죽을 것이라고 하셨다. 그리고 사람들은 그보다 먼저 살다가 죽은 선왕들의 죽음을 슬퍼하며 향불을 피웠듯이 이제 그의 죽음을 슬퍼하며 향불을 피우게 될 것이라고 했다. 그들은 죽은 왕에 대한 슬픔으로 인해 애도하며 조가(弔歌)를 부르게 된다는 것이다. 그 약속은 하나님께서 친히 하신 것이라고 했다.

우리는 이 말씀을 주의를 기울여 잘 이해해야 한다. 여기서 언급된 모든 말씀은 하나님의 약속이기 때문에 반드시 일어나게 된다. 그런데 우리는 위의 내용을 올바르게 잘 이해하지 않으면 안 된다. 시드기야가 칼에 죽지 않는다는 말은 전장에서 전투를 하다가 죽지 않는다는 사실을 의미하고 있다.

그리고 '그가 평안히 죽게 되리라'는 말은 일반적으로 생각하는 평안한 죽음을 맞게 된다는 사실을 의미하지 않는다. 그것은 전쟁이 벌어지는 시대가 아니라 바벨론 제국이 평화를 구축한 시대에 죽는다는 점을 말해주고 있다.13) 즉 절대적인 국력을 가지고 주변 세계를 장악하고 있는 바벨론 제국의 치하(治下)에서 그런 일이 발생한다는 것이다.

예레미야는 예루살렘에서 하나님의 모든 말씀을 시드기야 왕에게 그대로 전했다. 그때 바벨론 왕 느부갓네살의 군대가 예루살렘과 유다 왕국의 남은 성읍들을 침략했다. 당시 유다 지역에는 대다수 성읍들이 함락당했으며 요새화된 견고한 성이었던 라기스와 아세가가 남아 있었을 따름이었다. 이제 유다 왕국의 최후 순간이 다가오고 있었던 것이다.

---

13) 대다수 한글 번역 성경에는 그가 '평안히 죽는다'고 번역하고 있다(한글개역, 개역개정, 새번역, 현대인의 성경, 공동번역). 그에 반해 영어 성경에는 'you will die in peace'(KJV, NASB)라고 번역된 경우가 많다. 이 말은 '전쟁이 없는 평화로운 시대'에 죽게 되리라는 사실을 말해주고 있다.

3. 하나님 앞에서 행해진 노예해방 계약의 성립과 파기 (렘 34:8-11)

예레미야 선지자에게 또다시 하나님의 말씀이 임했다. 당시는 시드기야 왕이 예루살렘에 거주하는 모든 백성과 하나님 앞에서 중요한 계약을 맺은 뒤였다. 그것은 이스라엘 자손 가운데 존재하는 남녀 노예들을 해방시키는 선언적 의미를 지닌 내용이었다. 즉 모든 언약의 백성에게 자유를 선포하고 앞으로 그들을 노예로 삼지 못하게 하는 것에 연관된 왕과 백성 사이에 맺어진 계약이었다.

그 계약이 이루어진 초기에는 모든 이스라엘 자손들이 그에 순복하고자 했다. 따라서 그 계약에 가담한 정부의 고위 관리들과 기득권층에 속한 모든 사람들은 자기에게 속해 있던 노예들을 해방시켜 자유로운 몸이 되게 해주었다. 그들은 왕과 모든 백성 사이에 맺어진 계약을 따랐던 것이다.

그런데 시간이 조금 지나자 기득권자들의 생각이 바뀌게 되었다. 노예를 해방시켜 준 것에 대하여 후회하는 마음이 들었기 때문이다. 그리하여 그들은 해방시켜 주었던 노예를 다시 끌어와 자기의 노예로 만들었다. 일시적으로 시드기야 왕과 백성들 사이에 맺어진 계약을 존중하여 순복하는 듯 하는 모습을 보였으나 마음이 변했던 것이다.

하지만 그것은 하나님의 뜻을 거부하는 명백한 불법행위였다. 과거 노예 신분이었지만 이미 해방되어 자유를 되찾아 일반인으로 살아가던 사람들을 다시금 자기의 노예로 데려오는 것은 불법이 아닐 수 없었다. 하지만 부당한 기득권층에 속한 자들은 오랜 세월 동안 노예 생활을 해옴으로써 가난하고 힘들게 살아가는 그 사람들의 궁핍한 형편을 악용해 다시금 그들을 자기 노예로 삼는 행위를 하게 되었던 것이다.

그런데 문제는 기득권층의 그와 같은 행동은 사람들 사이에 잘못을 저지르는 것을 넘어 하나님의 뜻에 저항하는 것이라는 사실이다. 이스라엘에 속한 언약의 백성은 하나님 앞에서 평등한 자들이다. 따라서 모든 백성은 하나님께 속해 있을 뿐 권력이나 재력을 소유한 다른 사람들에게 속해 그들을 위한 삶을 살아서는 안 된다. 그럼에도 불구하고 여호와 하나님 앞에서 맺은 노예 해방 계약을 어긴 것은 하나님께 저항하는 행위가 될 수밖에 없었다.

4. 율법과 계약을 어기는 자들에 대한 하나님의 책망 (렘 34:12-16)

이스라엘 백성들 가운데 하나님의 율법을 버리고 기득권을 행사하는 자들의 행태를 보신 하나님께서 선지자 예레미야를 통해 말씀하셨다. 자기가 애굽 땅에서 종이 되어 고통당하는 저들의 조상을 인도해 내실 때 맺은 언약을 상기시키셨다. 그 언약은 하나님과 그의 백성들 사이에 체결된 것이었다.

하나님께서는 그들에게 동족인 히브리 사람이 종으로 팔려온다면 '칠 년이 되는 해'에 그를 해방시키라는 말씀이 그 가운데 포함되어 있다고 하셨다. 그가 육 년 동안 종으로 섬겼기 때문에 칠 년이 되는 해에는 그를 놓아주라는 것이었다. 하지만 그들의 선조들은 하나님의 말씀에 순종하지 않았을 뿐더러 귀를 기울이지 않았다고 말씀하셨다.

우리는 여기서 반드시 생각해 보아야 할 중요한 문제에 직면하게 된다. 그것은 왜 즉시 종을 해방시키지 않고 육 년 동안은 종으로 부릴 수 있도록 허락하셨는가 하는 점 때문이다. 율법은 누구든지 자기에게 팔려온 종이 히브리인이라 할지라도 육 년 동안은 자기를 위해 일을 시킬 수 있다는 사실을 말하고 있다.

그것은 아마도 하나님의 언약을 중심으로 살아가는 민족 질서와 밀접하게 연관되는 것으로 보인다. 만일 종으로 팔려갔으나 히브리인이라는 이유만으로 즉시 해방하도록 율법이 허용한다면 모든 책임감의 붕괴와 더불어 근본 질서가 파괴될 것이 분명하다. 따라서 그와 같은 기한이 규례로 확정되어 있으므로 인해 법적인 질서가 유지되었던 것이다.

그럼에도 불구하고 기득권층에 속한 사악한 자들은 그 율법을 멸시하는 행위를 예사로 여겼다. 따라서 시드기야 왕과 백성 사이에 그에 관한 계약이 다시금 맺어져 확인되었는데도 그것을 무시하고 어기는 자들이 많이 있었다. 그들은 율법에서 벗어난 저들의 행태를 돌이켜 하나님 앞에서 바른 일을 행하여 각기 노예가 된 자들에 대한 자유를 선포하고 하나님의 이름으로 일컬어지는 성전에서 계약을 맺었으면서도 그것을 멸시한 채 자기의 욕망에 따라 행동했던 것이다.

그런 자들은, 해방이 되어 자유를 되찾은 과거의 자기 노예들을 다시금 집으로 데려왔다. 그들은 궁핍한 삶을 이어가는 그 사람들을 노예의 신분으로 자기에게 복종하도록 만들었다. 하나님께서는 그와 같이 율법이 요구하는 바 계약을 무시하는 자들이 자기의 거룩한 이름을 더럽히고 있다고 말씀하셨다. 그것은 결국 하나님의 무서운 진노를 불러일으키며 다양한 재앙과 심판을 자초하는 결과를 가져오게 된다.

5. 하나님의 재앙과 심판 선언 (렘 34:17-22)

하나님께서는 또한 선지자 예레미야를 통해 자기의 말씀에 순종하지 않는 자들에게 어떤 무서운 재앙을 내리실 것인지 말씀하셨다. 언약에 속해 있다고 주장하면서 하나님께 불순종하고 욕을 보인 자들은, 이스라엘에 속한 형제자매와 그 이웃에게 자유를 선포했음에도 불구하고 그 계약을 어기고 실행하지 않았다. 그들은 하나님의 율법보다 자기의 욕망을 더욱 중시하고 그것을 추구하며 살았던 것이다.

그러므로 하나님께서는 이제 저들을 대적하리라고 말씀하셨다. 그들의 보호자가 되시는 하나님께서 저들의 적이 되어 심판하시겠다는 것이다. 이는 이스라엘 자손에게 여간 끔찍한 상황이 아닐 수 없었다. 하나님의 다스림과 인도를 받지 않고 자기의 욕망을 추구하는 것이 저들의 기대와는 달리 패망을 몰고 오게 될 것이었기 때문이다.

하나님께서는 배도에 빠진 그 백성들에게 두려워할 만한 다양한 재앙을 내리시겠다는 사실을 선포하셨다. 이방 군대의 칼과 전염병과 끔찍한 기근이 저들 가운데 기승을 부리게 하시리라는 것이었다. 또한 하나님께서 그 백성을 이방 세계의 여러 나라들 가운데 흩어지게 하실 것이라고 했다.

왕과 백성들이 송아지를 둘로 쪼개고 그 두 조각 사이로 지나며 하나님 앞에서 계약을 맺었으나 그것을 실행하지 않고 무효와 시킴으로써 하나님을 욕되게 했다. 하나님과 맺은 계약을 어긴 그들은 더 이상 하나님과 상관이 없는 자들이 되어버렸다. 그것은 배도에 빠진 자들이 스스로 자초한 일이었다. 유다 왕국의 고관들과 예루살렘의 지도 계층의 인사들을 비롯한 관료들과 제사장들은 송아지의 두 조각 사이로 지나가는 의미와 더불어 맺었던 계약을 완전히 멸시했던 것이다.

그러므로 하나님께서는 그 백성을 이방 군대의 손과 저들의 생명을 찾아 죽이려고 하는 자들의 손에 넘겨주겠다고 말씀하셨다. 그렇게 되면 공중의 새들과 땅의 짐승들이 그들의 죽은 시체를 먹게 된다는 것이다. 이는 사악한 욕망을 추구하던 자들에게 그들이 원하는 것과는 정반대로 최악의 끔찍한 결과가 도래한다는 사실을 말해주고 있다.

그리고 하나님께서 유다 왕국의 시드기야 왕과 그의 정부에 속한 고위 관료들을 바벨론 왕 느부갓네살의 군대에 넘길 것이며 예루살렘을 침공하여 전쟁을 일으키는 세력의 손에 넘겨줄 것이라고 하셨다. 당시 바벨론 군대는 일시적으로 퇴각한 상태였으나 하나님께서 다시 그 세력을 불러오실 것이라고 했던 것이다. 그 군대가 다시금 쳐들어오게 되면 예루살렘 성읍을 빼앗아 불사르게 되리라는 것이었다.

그렇게 되면 하나님의 거룩한 성전도 같이 불살라져 파괴될 수밖에 없다. 하나님께서는 그것을 통해 패역한 이스라엘 백성이 가진 소망의 근원을 끊어버리고자 하신다는 것이다. 그로 인해 예루살렘을 비롯한 유다 백성들이 살던 성읍들에는 주민들이 사라지게 되고 처참한 황무지로 변하게 된다. 이는 다윗이 세운 유다 왕국의 왕조가 끝난다는 의미로서 완전한 패망에 대한 예언의 말씀이다.

제35장

'레갑 자손' 의 순종과 유대인들의 배도 행위

(렘 35:1-19)

1. 레갑 사람들에게 마련된 특별한 자리 (렘 35:1,2)

레갑 사람들의 조상이 되는 '레갑' (Rechab)은 겐 족속으로 이방인 출신이었다(창 15:19; 대상2:55, 참조). 그 이름의 뜻은 '낙타를 타는 자' 로서 유목민을 의미하고 있다. 따라서 그 사람들은 오랜 세월 동안 여러 지역을 떠돌며 생활해왔다. 그러던 중 바벨론 군대가 가나안 지역을 침략했으며 그것을 피해 예루살렘에 올라와 살아가고 있었다(렘 35:11).

그러므로 당시 그들이 예루살렘에 살게 된 기간은 그리 오래되지 않았다. 기존의 예루살렘에서 살아가던 유대인들의 눈에는 이방인의 혈통을 지니고 있는 그들이 자기들보다 열등한 종족이라 여기고 있었을 것이 틀림없다. 그러다 보니 그들은 정통 유대인들에 의해 멸시받는 자리에 처할 수밖에 없었다.

그와 같은 상황에서 여호야김 왕이 유다 왕국을 통치하고 있던 시기에 하나님의 말씀이 선지자 예레미야에게 임하게 되었다. 그것은 매우 특별하면서도 구체적인 행위를 요구하는 명령이었다. 예레미야를 향해 이제 곧 레갑 사람들의 집으로 가서 저들에게 하나님의 말씀을 전하라 는 것이다.

하나님께서는 선지자 예레미야에게 레갑 족속들을 여호와의 집에 있 는 한 방으로 데리고 들어가라는 명령을 내리셨다. 이는 하나님의 거룩 한 성전에 그들을 모으라는 의미를 지니고 있다. 당시 예루살렘 성전은 개별적인 판단에 따라 아무런 조건 없이 아무나 자유롭게 드나들며 원 하는 장소에 갈 수 있는 것이 아니었다. 성전 문지기와 관리자들의 허 락을 받아 움직여야 했던 것이다.

따라서 정통 유대인이 아니라 이방인의 혈통을 지닌 레갑 사람들에 게도 성전에 연관된 신앙 활동을 함에 있어서 상당한 제약이 따랐을 것 이 분명하다. 그런데 하나님께서는 예레미야에게 그들을 성전에 있는 한 방으로 데려가도록 요구했다. 당시 제사장 혈통을 지니고 있는 선지 자 예레미야에게는 그렇게 하기에 용이한 형편이었다(렘 1:1, 참조).

그런데 하나님께서는 예레미야에게 레갑 사람들을 성전의 한 방에 불러 모은 후 저들에게 포도주를 마시게 하라는 요구를 하셨다. 하나님 의 집에서 사람들이 한 방에 모여 그렇게 하는 것은 일반적인 일이 아 니었다. 그럼에도 불구하고 하나님의 명령이었기에 선지자는 그에 복 종하지 않을 수 없었다.

2. 레갑 자손들의 신앙 자세 확인

(1) 예레미야가 레갑 자손들에게 술을 권함(렘 35:3-5)

선지자 예레미야는 레갑 사람들 가운데 대표자들을 불러 모아 여호 와의 성전으로 갔다. 이방인의 혈통이 섞여 있을 뿐 아니라 예루살렘에 서는 나그네와도 같은 신분을 가진 자들이 떼를 지어 거룩한 성전으로 들어가게 된 것은 사람들의 주목을 받을 만한 일이었다. 즉 특별한 이유가 있지 않다면 그렇게 하지 않을 것이었기 때문이다.

더구나 당시는 바벨론 군대에 의해 예루살렘 성읍이 패망의 위기에 처해 있고 거룩한 성전이 파괴될 날이 얼마 남지 않은 시점이었다. 즉 정통 유대인들의 눈에는 그들 가운데 첩자가 섞여 있을지 모른다고 의심하는 자들도 있었을 가능성이 크다. 하지만 그들이 선지자 예레미야와 함께 예루살렘 성전으로 들어간 것은 하나님의 요구에 의한 것이었다.

예루살렘 성전에 도착한 레갑 사람들은 하나님의 신실한 사역자인 하난의 아들들이 사용하는 방으로 안내되었다. 그 방은 오늘날 우리의 일반적인 관점에서 말하자면 일종의 집무실과 같은 성격을 지니고 있었을 것으로 보인다. 그들이 들어간 방은 고관들이 사용하는 방 옆에 붙어 있었다. 그리고 성전 문을 지키는 직무를 맡은 살룸의 아들 마아세야의 방 위층에 자리잡고 있었다.

그 방 안에는 선지자 예레미야와 레갑 사람들의 대표가 모이게 되었다. 아마도 레갑 사람들은 아직까지 무슨 영문으로 그 자리에 불려 왔는지 명확하게 모르고 있었을 것이 분명하다. 그 사람들은 그에 연관된 사정을 모르는 상태에서 다양한 추측을 하며 상당한 불안에 떠는 자들이 있었을지도 모른다.

모두가 한자리에 모였을 때 예레미야는 그들을 향해 전혀 예기치 못한 의외의 행동을 했다. 레갑의 후손들의 앞에 포도주를 꺼내 놓았기 때문이다. 선지자는 포도주를 잔에 가득 따른 후 그 사람들에게 술을 마시라고 권했다. 그것은 결코 평범한 일이 아니었다. 더군다나 그곳은 다른 일반적인 장소가 아니라 거룩한 성전 안이었다.

당시 선지자 예레미야는 주변의 정세로 인해 어수선한 이스라엘 민족 가운데 매우 중요한 인물이었다. 비록 악한 자들에 의해 많은 탄압을 받고 있는 형편이었을지라도 그는 평범한 보통 시민과는 다른 지도 계층에 속한 인물이었다. 나아가 그는 많은 사람들에 의해 하나님을 진정으로 경외하는 신실한 선지자로 인정받고 있었다.

그런 높은 지위를 가진 선지자 예레미야로부터 술을 마시라는 요구를 받았을 때 레갑 사람들은 의아해하지 않을 수 없었을 것이다. 나아가 왜 그 선지자가 저들에게 그와 같은 의외의 요구를 하는지 짐작조차 하기 어려웠다. 이제 그 사람들은 선지자의 요구에 어떻게 반응해야 할지 저들의 태도를 결정해야만 했다.

(2) 술을 거부하는 레갑 사람들(렘 35:6-10)

선지자 예레미야로부터 술을 마시도록 권면을 받은 레갑 사람들은 즉시 그 요구를 거부했다. 그것은 사실 단호하면서도 매우 강력한 의미를 지니고 있었다. 즉 하나님의 사람으로 인정하는 선지자가 권하는 것을 거부하는 것은 그리 쉽지 않은 일이었다. 그들이 예레미야의 청을 받아들여 예루살렘 성전의 한 방에 모였다는 사실 자체가 그에 대한 깊은 신뢰를 보여주고 있다.

그런 레갑 사람들이 술을 권하는 예레미야를 향해 저들은 포도주를 마시지 않겠다고 거부했다. 그와 더불어 오래전 저들의 조상인 레갑의 아들 요나답이 술을 마시지 말도록 명령한 사실을 언급했다. 그가 레갑의 모든 후손들에게 앞으로 영원히 포도주를 마시지 말고 정착된 가옥도 짓지 말며 씨앗을 파종하지도 말고 포도원을 소유하지 않은 채 평생 동안 장막에 살라고 명령했다는 것이다.

그리하면 저들이 머물러 살아가는 땅에서 저들의 생명이 길게 보존될 것이라고 말했다는 것이다. 따라서 그들은 자기의 조상인 레갑의 아들 요나답이 그 후손들에게 명령한 모든 말을 받아들여 순종한다는 사실을 고백했다. 그에 따라 저들 자신뿐 아니라 저들의 아내와 자녀들도 평생 동안 포도주를 입에 대지 않는다는 사실을 말했다. 그리고 살아가는 집을 짓지 않고 포도원이나 밭을 소유하지 않으며 씨앗의 종자를 뿌리지도 않고 장막에 살아가면서 조상들의 명령을 지켜 행하고 있다고 말했다.

선지자 예레미야는 레갑 사람들의 삶이 올바를 뿐 아니라 매우 중요한 의미를 지니고 있다는 사실을 알고 있었다. 그들은 조상이 명령한 모든 내용들이 조상으로부터 이어받은 단순한 관습이 아니라 하나님으로 말미암은 교훈으로 받아들였다. 즉 그들은 조상의 명령을 지켜 행했으나 실상은 여호와 하나님의 뜻에 순종했던 것이다. 그점에 대해서는 하나님께서도 인정하시는 바였다.

그런데 우리가 여기서 생각해 보아야 할 바는 그들이 그와 같은 삶을 살았다면 먹는 양식을 비롯한 일상 생활용품을 어떻게 마련할 수 있었을까 하는 점이다. 그 사람들이 정착된 집이 없고 농사를 지을 수 있는 밭이 없었다고 해서 아무 일도 하지 않은 게으른 자로 간주해서는 안 된다는 것이다. 우리가 추론할 수 있는 사실은 그들의 노동력이 탁월했으며 매우 성실한 사람들이었을 것이란 점이다.

아마도 그들은 다른 사람들의 포도원이나 밭에서 일을 해주고 노임을 받거나 건축이나 토목 등 공사 현장에서 노동을 하고 적절한 급여를 받았을 수도 있다. 혹은 다른 사람들에게 물건을 사고파는 일을 하면서 저들의 생활을 이어갔을 수도 있다. 이처럼 유리하는 족속으로서 저들에게 독특한 생활양식이 있었을 것이 틀림없다.

그런데 우리가 여기서 레갑 사람들의 일상적인 삶을 염두에 두면서 가장 중요하게 생각해야 할 바는 저들의 순전한 신앙이다. 그들이 집을 지어 정착하지 않고 많은 소유물을 가지는 것을 거부한 것은 저들의 삶이 이땅이 아니라 영원한 천상의 나라에 소망을 두고 있었음을 말해주고 있다. 하나님께서는 또한 유리하는 저들을 통해 정착해 살아가는 이스라엘 자손들에게 소중한 교훈을 주고자 했을 것이다. 하지만 대다수 유대인들은 그들의 삶을 통해 하나님의 뜻을 알아가는 것을 거부했다.

(3) 저들의 삶에 대한 고백(렘 35:11)

하나님의 언약을 말하면서 세상에 소망을 두고 살아가는 유대인들의 신앙 행태가 레갑 사람들이 보기에는 쉽게 이해되지 않았을 것이 틀림없다. 입술로는 여호와 하나님을 섬긴다고 주장하면서 이 세상의 욕망을 추구하기에 급급한 그들을 온전한 신앙인으로 간주하지 않았을 것이다. 레갑 족속이 비록 유리하는 삶을 살아가며 힘든 생활을 했을지라도 저들의 본질적인 삶이 고달프지만은 않았다. 천상에 소망을 두고 살아가는 자들은 이 세상에서 어떤 환경에 처할지라도 천상의 소망을 버리지 않기 때문이다.

그와 같은 신앙 자세로 유리하며 살아가는 레갑 사람들에게 예기치 못한 외적인 큰 변화의 요인이 발생하게 되었다. 그것은 바벨론 제국의 느부갓네살 왕이 유다 지역을 침략해 들어왔기 때문이다. 따라서 그들은 갈대아인과 수리아인들로 구성된 막강한 병력을 동원하여 쳐들어오는 바벨론 군대를 피해 예루살렘으로 피신했다.

당시는 가나안 땅에 흩어져 있는 많은 성읍들이 함락되고, 유대 지역의 거의 모든 성읍이 바벨론 군대의 군화에 짓밟히고 있을 때였으나 예루살렘은 아직 함락되지 않은 상태였다. 따라서 예루살렘은 그들이 피할 수 있는 성읍으로 남아 있었다. 그리하여 레갑 사람들은 예루살렘으로 가서 삶을 이어가게 되었던 것이다.

물론 그들은 예루살렘에서도 자기의 집을 소유하지 않았다. 나아가 주변에 저들의 밭이나 포도원이 없었다. 아마도 그 사람들은 천막을 가지고 이동해 다니면서 적절한 장소에서 유숙하며 생활했을 것으로 보인다. 또한 그전에 가나안 땅 여러 지역을 떠다니며 해오던 것처럼 다른 사람들을 위한 노동을 하며 수입을 얻어 생활했을 것이다.

3. 유대인들에 대한 하나님의 질책과 레갑 사람들에 대한 칭찬

(1) 불순종한 유대인들에 대한 질책(렘 35:12-17)

그와 같은 일이 있었을 때 여호와 하나님의 말씀이 또다시 선지자 예레미야에게 임했다. 이제 유다 백성과 예루살렘 주민들에게 가서 그들을 향해 자신의 뜻을 전하라는 것이다. 그들은 율법을 멸시하며 하나님의 말씀을 듣지 않고 그 교훈을 받아들이지 않는 패역한 상태에 놓여 있었다.

하나님께서는 그 백성을 향해 앞으로도 지금처럼 하나님을 거부하겠느냐고 물어보셨다. 그와 더불어 그들이 은근히 무시하는 레갑 사람들은 조상이 명령한 교훈들을 잘 지키고 있다는 사실을 언급했다. 그때까지도 그들은 자기 조상들이 하나님의 뜻 가운데 요구한 그 명령을 순종하고 있지 않느냐는 것이었다.

하지만 정통 언약의 자손이란 오만한 생각을 하고 있으면서도 그들은 하나님의 율법을 철저히 무시하고 있었다. 하나님께서 여러 선지자들을 통해 끊임없이 말씀하셔도 순종하지 않았다는 것이다. 그동안 악한 배도의 길을 걷는 자들을 향해 그 길에서 돌이키고 행동을 고치라는 요구를 했으나 그들은 듣지 않았다고 했다.

그들은 더러운 이방 신들을 섬기는 행위를 버리라는 선지자들의 말을 듣고도 그것을 거부하면서 도리어 하나님께서 보내신 선지자들에게 저항하기를 서슴지 않았다. 그들이 만일 여호와 하나님께로 돌이키면 하나님께서 저들의 조상에게 약속하신 그 땅에서 오래 살게 되리라고 했지만 그 말씀을 거부했다. 그들은 하나님의 율법에 귀를 기울이지 않고 그에 순종하지 않았다는 것이다.

하나님께서는 다시금 강조하여 레갑의 아들 요나답의 자손은 그들의 선조가 하나님의 뜻에 따라 명령한 내용을 지켜 행하고 있는데 유대인

들은 전혀 그렇지 않다는 사실을 강조하셨다. 그러므로 이제 여호와 하
나님께서 앞서 선포한 모든 재앙을 유다와 예루살렘의 모든 주민들에
게 내리시리라는 사실을 말씀하셨다. 이는 하나님의 지속적인 요구와
명령을 듣지 않고 끊임없이 저들을 불러도 아무런 반응이 없기 때문에
그들을 심판하신다는 것이다.

문제는 배도에 빠진 유대인들이 선지자의 예언을 듣고도 그 말씀을
들어 순종할 마음을 가지지 않았다는 사실이다. 그들은 선지자가 전하
는 레갑 사람들에 관한 말을 듣고 자존심이 크게 상했을지도 모른다.
이는 저들의 잘못에 대한 아무런 깨달음이 없었다는 사실을 말해주고
있다. 그들은 도리어 하나님의 뜻을 전하는 선지자를 미워하고 그에 강
하게 저항했을 따름이었다.

(2) 순종한 레갑 사람들에 대한 칭찬(렘 35:18,19)

선지자 예레미야는 유다 백성들에게 하나님의 심판을 선언한 다음
레갑 사람들의 후손들을 향해서는 긍정적인 말씀을 전했다. 하나님께
서 저들을 향해 축복의 메시지를 주셨다는 것이다. 그것은 앞서 유다
백성에게 전한 심판에 연관된 예언의 말씀과는 정반대의 성격을 지니
고 있었다.

선지자는 그들이 하나님의 뜻에 따라 내린 조상의 명령에 온전히 순
종하여 모든 규율을 지키고 행한 사실을 언급했다. 그러므로 여호와 하
나님께서 그들과 그들의 후손들 가운데 장차 하나님 앞에 서게 될 자들
이 영원히 끊어지지 않으리라고 말씀하셨다는 것이다. 이땅에서 어떤
형태의 삶을 살아가는 것과는 하등의 관계없이 그것은 저들에게 허락
된 최상의 축복 선언이었다.

우리는 여기서 매우 중요한 교훈을 떠올릴 수 있어야 한다. 배도에
빠진 유대인들은 자기 방식대로 살아가면서 자기 욕망에 근거한 복을

추구하기에 급급했다. 하지만 저들에게 돌아간 것은 하나님의 축복이 아니라 무서운 재앙이었을 따름이다.

그에 반해 레갑 사람들은 선지자 예레미야로부터 좋은 말을 듣고자 하는 욕심이 없었다. 그들은 하나님을 진정으로 경외하는 자들로서 이 세상을 겸손한 자세로 살아갔을 따름이다. 따라서 선지자를 통해 하나님의 축복의 말을 듣고자 하는 종교적인 욕심이 있지도 않았다. 단지 그들은 하나님을 경외하며 그를 섬기는 자들로서 겸손한 삶을 살아왔을 뿐이었다. 그런 레갑 사람들에게 하나님의 축복이 선언되었던 것이다.

오늘날 우리 역시 레갑 사람들의 신앙 정신으로 살아가야 한다. 그들은 살아갈 안정된 집도 없고 농사지을 밭도 없이 장막 가운데 살면서 성실하게 노동하며 생활했으나 천상의 소망으로 인해 감사한 삶을 영위할 수 있었다. 현대에 살아가는 우리도 종교를 앞세워 욕망을 추구하기에 급급한 배도에 빠진 유대인들의 삶을 철저히 배격해야 한다. 그 대신 세상에서 유리하는 나그네로 살아갔지만 하나님을 진심으로 경외하며 천상에 소망을 두고 살아갔던 레갑 사람들의 삶을 본받아야 한다.

제36장

예레미야에게 임한 하나님의 예언과 바룩의 사역

(렘 36:1-32)

1. 선지자 예레미야에게 임한 예언을 기록한 바룩 (렘 36:1-3)

유다 왕국의 여호야김 왕이 즉위한 지 제 사년이 되는 해 선지자 예
레미야에게 하나님의 말씀이 임했다. 하나님께서 요시야 왕이 통치하
던 시기부터 그 당시까지 이스라엘과 유다와 모든 나라에 대하여 예언
한 그 말씀을 두루마리 책에 기록하라는 것이다. 그 가운데는 율법에
순종하는 자들에게 약속된 복과 그것을 거부하는 자들에게 내려질 무
서운 심판에 연관된 내용이 들어 있었다.

하나님께서는 예레미야에게 그 명령을 내리시면서 소망의 말씀을 주
셨다. 유다 가문이 하나님께서 저들에게 내리려고 하시는 모든 재앙에
관한 메시지를 듣게 되면 각기 사악한 길로부터 돌아서리라는 것이었
다. 그들이 죄악에서 돌이키면 하나님께서 저들의 지은 악한 죄를 용서
해 주시리라고 하셨던 것이다. 그것은 이스라엘 자손들에게 허락된 최
상의 소망이었다.

우리가 여기서 기억해야 할 바는 하나님은 언약의 자손들이 사악한 행위를 버리고 자기에게 돌아오기를 원하신다는 사실이다. 즉 그들을 심판하고 재앙을 내리는 것이 주된 목적이 아니라 무서운 징계를 보고 하나님 앞으로 돌아오기를 원하셨다. 따라서 이스라엘 백성은 그에 대한 분명한 깨달음을 가지는 가운데 신앙인의 삶을 살아가야만 했다.

2. 예레미야의 명령과 성전에서 여호와의 말씀을 낭독하는 바룩 (렘 36:4-10)

예레미야는 하나님께서 명하신 그 일을 실행하기 위해 서기관 바룩을 불렀다. 자기가 여호와 하나님으로부터 계시받은 말씀을 바룩에게 일러주면 그가 모든 말씀을 두루마리 책에 그대로 기록하라는 것이다. 그 모든 임무가 끝났을 때 예레미야가 바룩을 향해 말했다.

자기는 지금 체포되어 갇힌 상태에 놓여 있으므로 여호와의 성전으로 올라갈 수 없다는 사실을 언급했다. 그러니 바룩에게 자기 대신 그곳에 가서 마땅히 행해야 할 중요한 일을 감당하라는 요구를 했다. 이제 곧 금식일이 되면 하나님으로부터 계시받아 기록한 두루마리 책을 가지고 여호와의 성전에 들어가서 그 말씀을 백성들이 듣도록 낭독하라는 것이다.

그렇게 하면 그들이 여호와 하나님 앞에서 간절히 기도하면서 제각기 사악한 길을 떠나게 되리라는 것이었다. 당시 하나님께서는 배도에 빠진 악한 이스라엘 백성에 대한 진노가 매우 컸다. 그로 인해 하나님의 재앙이 선포된 상태였으므로 하나님의 은혜를 구하지 않고는 그것을 피할 방법이 없었다.

바룩은 선지자 예레미야의 요청에 따라 두루마리 책을 가지고 여호와의 성전 안으로 들어갔다. 그는 그곳에 모인 백성들 앞에서 하나님으로부터 계시된 모든 말씀을 낭독했다. 이스라엘 자손은 그 예언의 말씀

을 통해 자신의 배도 행위를 뉘우치고 하나님 앞에 온전한 자세로 서야
만 했던 것이다.

유다 왕국의 여호야김 왕 제 오년 구월에 예루살렘의 모든 백성과 유
다 여러 성읍들에서 예루살렘에 이른 백성들에게 여호와 앞에서 금식
을 하도록 선포되었다. 하나님으로부터 예언된 말씀을 들은 백성들이
자신의 죄를 뉘우치고 돌이키고자 했다. 그때도 바룩은 예루살렘 성전
의 윗뜰 곧 새문 어귀 곁에 있는 서기관 그마랴의 방에서 그 두루마리
책에 기록된 선지자 예레미야가 계시받은 말씀을 모든 백성을 향해 낭
독했다.

3. 왕궁에서 그 말씀을 전달하는 미가야와 바룩을 초청하는 정부 고관들 (렘 36:11-16)

바룩이 성전에 모인 백성들 앞에서 예레미야의 예언을 낭독한 것을
듣고 가장 먼저 반응한 자는 고위 공직자였던 미가야였다. 그는 곧장
왕궁으로 내려가서 서기관의 방으로 들어갔다. 당시 그 자리에는 미리
전갈을 받은 여러 명의 고위 공직자들이 모여 있었다.

미가야는 거기서 바룩이 성전에서 낭독한 예레미야의 모든 예언의
말씀을 전했다. 그 모든 내용을 들어 알게 된 고위 공직자들은 충격을
받지 않을 수 없었다. 그것은 조만간 유다 왕국과 모든 백성들에게 하
나님으로부터 무서운 재앙이 임하게 된다는 끔찍한 내용을 포함하고
있었기 때문이다.

미가야가 전하는 예레미야의 예언을 들은 그곳에 모인 사람들은 그
것을 확인하고자 했다. 만일 그 말이 사실이라면 예삿일이 아니었다.
그리하여 그들은 공직자 가운데 한 사람인 여후디를 바룩에게 보냈다.
그를 불러 두루마리에 기록된 모든 내용을 직접 듣고 확인하고자 했던
것이다.

예루살렘 성전에서 낭독했던 두루마리 책을 가지고 왕궁으로 들어오라는 요청을 받은 바룩은 즉시 그곳으로 갔다. 고위 공직자들은 그를 향해 그 두루마리에 기록된 내용을 저들 앞에서 읽어보라는 요구를 했다. 국가의 정치적 책무를 맡고 있는 자들이 상황을 정확하게 파악하고자 했기 때문이다.

바룩이 고관들 앞에서 두루마리에 기록된 내용을 낭독하자 모두가 귀를 기울여 들었다. 모든 말씀을 듣고 나서는 놀라 서로 바라볼 따름이었다. 그들은 결국 그 모든 내용을 왕에게 보고하기로 했다. 하나님의 예언을 들으면서 유다 왕국이 절체절명(絕體絕命)의 위기에 처한 것으로 판단했기 때문이다.

4. 석방되는 예레미야와 바룩의 피신 (렘 36:17-19)

그 자리에 모여 있던 고관들은 바룩을 향해 어떻게 그 두루마리 책의 내용들을 기록하게 되었는지 물어보았다. 그를 통해 일종의 사실 확인을 하고자 했던 것이다. 그러자 바룩은 선지자 예레미야가 입술로 말하는 모든 것을 자기가 먹으로 두루마리 책에 기록했다고 했다.

그의 말을 사실로 받아들인 고위 관료들은 바룩에게 매우 특별한 요구를 했다. 즉시 예레미야에게 가서 그와 함께 아무도 알지 못하는 곳에 피하여 숨어 있으라는 것이다. 이는 다른 사람들이 그들의 거처를 알게 되면 심각한 피해를 입히게 될 우려가 있다는 사실을 암시해주고 있다.

우리가 여기서 생각해 보아야 할 바는 정부의 책임있는 자리의 공직자들이 복잡한 절차들을 상당 부분 생략한 채 예레미야를 석방했다는 사실이다. 이는 그들이 하나님으로부터 주어진 예언의 말씀을 듣고 다급한 형편에 처하게 되었음을 말해준다. 즉 예레미야를 선지자로 인정하고 있던 그들은 그가 전한 모든 말씀을 하나님의 계시로 믿었던 것이다.

그러므로 그들은 예레미야를 해치고자 한 것이 아니라 도리어 그를 지켜 보호하기로 했다. 이는 앞서 아무런 죄가 없는 선지자를 억지로 감옥에 가둔 자들과 정반대의 행동이었다. 이로써 우리가 알 수 있는 점은 당시 왕궁의 고위 관리들 사이에는 진리를 따르는 자와 진리의 반대편에 선 자들 사이에 상당한 알력이 있었다는 사실이다.

율법을 떠난 유대 민족주의자들은 예레미야의 예언을 강하게 거부하며 그가 일반 백성들에게 영향을 끼치지 못하도록 안간힘을 썼다. 그래서 그들은 예레미야를 깊은 감옥에 가두어 외부와의 교제를 차단하려고 했다. 이와 달리 바룩이 들려주는 두루마리의 내용을 하나님의 말씀으로 받아들인 공직자들은 오히려 그를 보호하려고 힘썼다. 풍전등화(風前燈火)와 같은 극한 위기에 처한 왕국 앞에서 벌어진 안타까운 상황이 그대로 표출되고 있었던 것이다.

5. 두루마리 책을 불태운 여호야김 왕 (렘 36:20-26)

정부 고관들은 바룩이 가지고 온 두루마리 책을 서기관 엘리사마의 방 안에 간직해 둔 채 뜰로 나가 여호야김 왕 앞으로 나아갔다. 그들은 왕에게 저들이 서기관 바룩으로부터 들은 선지자 예레미야가 예언한 내용을 전했다. 그 말을 들은 왕은 신하 여후디를 보내 그 두루마리 책을 가져오도록 명령을 내렸다.

그 명에 따라 여후디는 서기관 엘리사마의 방으로 가서 그 두루마리를 가지고 돌아왔다. 그는 왕과 주변에 함께 서 있는 모든 고관들이 들을 수 있도록 그 내용을 읽어 낭독했다. 그때는 히브리 달력으로 아홉째 달로서 날씨가 상당히 추울 때였다. 따라서 왕은 겨울을 보내기 위해 별관에 머물고 있었다.

왕 앞에는 불을 피운 난로가 놓여 있었다. 여후디가 서너 쪽을 낭독하면 왕은 그것을 받아 예리한 칼로 베어 난롯불에 던져 넣었다. 그리하여 결국은 두루마리 전체를 불에 태워버렸다. 예레미야가 예언한 그 모든 내용이 마음에 들지 않았기 때문이다. 그와 같은 행동은 하나님에 대한 최악의 모독행위였다.

왕을 비롯하여 거기 모여 있던 다수의 신하들은 하나님의 모든 예언의 말씀을 듣고도 전혀 두려워하지 않았다. 따라서 그들은 자신의 옷을 찢지 않았으며 괴로워하거나 뉘우치지도 않았다. 그들에게는 하나님을 진심으로 경외하는 마음이 없었던 것이다.

그와 같은 극한 배도의 분위기 가운데서도 왕에게 진언을 하는 신하들이 있었다. 그 사이 엘라단과 들라야와 그마랴가 두루마리를 불사르지 말도록 여호와김 왕을 향해 간청했으나 왕은 저들의 말을 듣지 않았다. 오히려 왕은 선지자 예레미야와 서기관 바룩에 대하여 크게 진노했을 따름이다.

결국 여호야김은 자기의 왕자(王子) 여라므엘을 비롯한 여러 신하들에게 불편한 예언을 한 그 선지자와 서기관을 자기 앞으로 잡아오도록 명령을 내렸다. 하지만 그들은 이미 깊이 숨어버린 상태였으므로 찾을 수 없었다. 하나님을 경외하는 몇몇 고위 공직자들의 요청에 의해 안전하게 피신하였으나 실상은 하나님께서 저들을 숨겨주셨던 것이다.

6. 다시 기록되는 예언의 말씀 (렘 36:27-32)

여호야김 왕이 하나님의 말씀을 기록한 두루마리 책을 불사른 후 또다시 하나님의 예언이 선지자 예레미야에게 임했다. 다시금 두루마리를 가지고 와서 불살라진 첫 번째 책의 모든 말씀을 기록하라는 것이다. 사악한 인간은 하나님의 말씀을 소멸시켰으나 하나님께서는 그 말씀을 다시금 복원시키고자 하셨던 것이다.

또한 하나님께서는 여호야김이 선지자가 전한 예언의 말씀을 듣고 두루마리 책을 불사르며 했던 말을 언급하셨다. 그것은 하나님의 이름을 핑계대며, 바벨론 왕이 반드시 침략해 들어와 약속의 땅 가나안을 멸망시키고 사람들뿐 아니라 짐승들조차 그 땅에서 없어지게 하리라고 한 말을 왜 두루마리 책에 기록했느냐는 것이었다. 그것은 유다 왕국의 멸망에 연관된 불길한 예언이었기 때문이다. 여호야김 왕은 하나님의 말씀이 자기 마음에 들지 않는다고 정면으로 저항했던 것이다.

그러므로 하나님께서 유다의 왕 여호야김에 대하여 무서운 심판을 선언하셨다. 그에게 다윗을 이어 왕위에 앉을 자가 없게 되리라는 것이었다. 또한 여호야김이 죽게 되면 그 시체가 바깥에 내버려지게 되어 무더운 낮에도 차가운 밤에도 이리저리 나뒹굴게 되리라고 했다. 뿐만 아니라 그의 자손들과 신하들에게 저들의 죄악으로 말미암아 무서운 재앙을 내리겠다는 말씀을 하셨다.

하나님께서는 그전에 이미 이스라엘 백성과 예루살렘 주민을 비롯한 유다 사람들에게 그 모든 재앙을 내리겠다고 한 사실을 언급하셨다. 하지만 그들은 귀를 막은 채 하나님의 말씀을 듣고자 하지 않았다는 것이다. 사악한 배도자들은 그에 순종하기는커녕 도리어 감히 하나님을 멸시했던 것이다.

그러므로 예레미야는 다른 두루마리를 가지고 와서 서기관 바룩에게 전해주었다. 그러자 그가 또다시 선지자 예레미야의 입술을 통해 전달되는 하나님의 말씀을 기록했다. 그는 불살라진 두루마리에 기록된 것보다 더 많은 내용을 받아쓰게 되었다. 하나님의 말씀을 불사를 만큼 사악한 자들에게 더욱 강한 심판의 예언이 주어졌던 것이다.

제37장

바벨론과 애굽 사이의 유다 왕국

(렘 37:1-21)

1. 느부갓네살이 시드기야를 유다 왕으로 세움 (렘 37:1-4)

자주적인 국력을 거의 상실한 유다 왕국은 외세로부터 자유로운 독립 국가로서의 면모를 잃어가고 있었다. 주변의 강대국들이 서로 유다 왕국을 손아귀에 넣기 위해 온갖 수단 방법을 가리지 않았기 때문이다. 당시에는 북쪽으로 바벨론 제국이 큰 세력을 펼치고 있었으며 남쪽으로는 애굽이 막강한 힘을 쓰고 있는 상태였다.

당시 주변 세계에서 최강국이었던 그 두 나라는 유다 왕국을 집어삼키기 위해 서로간 치열한 접전을 벌이고 있었다. 그와 같은 상황에서 이스라엘 백성들은 큰 혼란에 빠지게 되었다. 국가의 정치 지도자들과 종교 지도자들은 부패할 대로 부패해서 하나님의 율법을 멸시했으며 백성들을 진정으로 위하는 지도자들이 거의 없었다.

그런 판국에 요시야의 아들 시드기야가 여호야김의 아들 고니야의 뒤를 이어 유다 왕국의 왕권을 이어받아 최고 통치권자의 지위에 오르게 되었다. 그는 자발적인 힘으로 왕이 되었던 것이 아니었으며 유다 왕국이 흔쾌한 마음으로 그를 왕으로 옹립한 것도 아니었다. 바벨론 제국의 느부갓네살 왕이 친 바벨론 성향을 지닌 그를 자기의 정치적 야망을 이루기 위해 왕으로 세웠던 것이다.

바벨론 제국의 입장에서는 친 애굽 인사나 반 바벨론 인사를 유다 왕국의 왕으로 세우기를 원하지 않았다. 따라서 유다 왕국의 새로운 정부는 바벨론의 의도와 정책에 순순히 따를 만한 인물이 그 중심에 있어야만 했다. 그로 말미암아 바벨론의 입맛에 맞는 시드기야 왕과 그의 신하들을 비롯하여 가나안 땅에 살아가던 모든 백성들은 하나님의 율법을 멀리하는 행위를 일삼았다. 그들은 여호와 하나님께서 예레미야를 비롯한 참된 선지자들의 입술을 통해 예언하신 말씀을 듣기를 거부했다. 모두 자기가 원하는 방식으로 주관적인 종교생활을 했을 따름이다.

그러면서도 극한 위기에 처한 자들은 한편 하나님의 도움을 받기를 원하고 있었다. 배도의 길을 걸어가면서도 욕망에 빠져 그 도움을 바라는 자들은 자기의 사악한 불신앙에 대한 근본적인 개념조차도 없었다. 그런 상황에서 시드기야 왕은 자기의 신하 셀레먀의 아들 여후갈과 제사장 스바냐를 선지자 예레미야에게 보내 지원을 요청하고자 했다. 하나님의 도움이 절실히 필요하다고 여겼던 것이다.

그러므로 왕을 비롯한 고위 공직자들은 선지자 예레미야를 향해 궁지에 몰린 유다 왕국과 그 백성을 위해 기도하라는 당부를 하기에 이르렀다. 시드기야 왕은 그에게 '우리를 위하여 우리 하나님 여호와께 기도하라'(렘 37:3)고 요구했던 것이다. 여기서 왕은 여호와를 여전히 '자기들의 하나님'이라는 사실을 강조했다. 그와 동시에 그의 백성인 '자기들을 위해' 기도해 달라고 했다.

시드기야 왕을 비롯한 유다 왕국의 사악한 지도자들은 유다 왕국에

대하여 부정적인 예언을 하는 예레미야에게 강한 적대감을 가지고 있
으면서도 그가 참 선지자일 것이라고 여겼다. 당시 예레미야는 감옥에
갇히지 않은 상태였으므로 백성들 가운데서 일상생활을 하고 있었다.
그와 같은 상황에서 왕은 그에게 기도를 당부하면서 극한 위기를 벗어
나고자 했다. 하지만 그것은 온전한 신앙 때문이 아니라 자기의 목적을
채우기 위해 하나님을 이용하고자 하는 악행에 지나지 않았다.

2. 유다 왕국을 사이에 둔 바벨론과 애굽의 세력 다툼 및 하나님의 예언 (렘 37:5-10)

바벨론 제국이 유다 왕국을 압제하며 강력한 힘을 행사하고 있을 때
남쪽에 있는 애굽은 그 상황을 가만히 보고만 있지 않았다. 전략적 요
충지로 판단하고 있는 유다 왕국을 바벨론 제국에 그대로 넘겨준다는
것은 국제적 관계에서 엄청난 손실이 아닐 수 없었기 때문이다. 따라
서 애굽의 바로 왕은 군대를 이끌고 가나안 땅을 향해 북쪽으로 진군
해 갔다.

당시 애굽 군대는 타의 추종을 불허하는 막강한 전투력을 지니고 있
었다. 바로 왕이 중무장한 대군을 이끌고 유다 왕국을 향해 올라오고
있다는 소문을 들은 바벨론 제국의 지휘관들과 병사들은 한 발짝 뒤로
물러서지 않을 수 없는 형편이었다. 그들은 애굽 군대와 맞서 싸워 얻
을 만한 이득이 없다는 판단을 하고 있었던 것이다.

그리하여 예루살렘을 포위하고 있던 갈대아인들로 조직된 바벨론 군
대는 일시 퇴각하게 되었다. 그렇다고 해서 바벨론 제국의 느부갓네살
은 저들이 세운 시드기야 왕이 통치하는 유다 왕국을 완전히 포기한 것
이 아니었다. 그들은 틈을 보아 다시금 유다 왕국과 예루살렘 성을 침
략할 작전을 세웠다. 이미 자기의 세력을 상당히 구축한 바벨론의 입장
에서는 당연한 일이기도 했다.

그러는 중 하나님으로부터 예언의 말씀이 선지자 예레미야에게 임하게 되었다. 이스라엘과 자신을 위해 하나님께 간구해주도록 요청했던 시드기야에게 나아가서 자기의 뜻을 전달하라는 것이다. 그것은 긍정적이고 좋은 말이 아니라 도리어 그 전보다 훨씬 심각한 예언의 메시지였다.

하나님께서는 바벨론의 압제 아래 놓여있던 유다 왕국을 지원한다는 명분으로 군대를 이끌고 예루살렘으로 온 애굽의 세력은 오래 머물지 않고 자기 땅으로 되돌아가리라고 말씀하셨다. 하지만 그것은 결코 저들이 좋은 말로 받아들일 수 있는 긍정적인 메시지가 아니었다. 왜냐하면 바벨론 제국의 갈대아 군대가 다시 쳐들어와 예루살렘 성읍을 쳐서 빼앗아 모든 것을 불살라버릴 것이라고 하셨기 때문이다. 그것은 유다왕국이 이방인들에 의해 완전히 패망당한다는 의미이기 때문에 충격적이지 않을 수 없었다.

또한 하나님께서는 유다 왕국의 사악한 지도자들을 향해 스스로 속이면서 거짓을 말하지 말라고 엄히 명령하셨다. 그들은 바벨론 제국에 속한 갈대아인들의 군대가 예루살렘에 당도하겠지만 머지않아 반드시 떠날 것이라고 선전할 것이었기 때문이다. 하지만 그와 같은 주장은 근거 없는 거짓에 지나지 않는다. 하나님께서는 절대로 그들의 군대가 그냥 떠나지 않으리라고 말씀하셨다.

이제 유다 왕국은 예루살렘 성읍의 완전한 파괴와 더불어 패망을 눈앞에 두고 있었을 따름이다. 그로 인해 하나님의 거룩한 성전 역시 파괴되는 처참한 형편에 처하게 된다. 설령 이스라엘 자손이 갈대아인들의 군대를 쳐서 그중에 많은 부상자들이 생겨난다고 할지라도 그것으로 인해 모든 상황이 끝나는 것이 아니다. 그 부상병들이 각기 자기의 천막에서 일어나 예루살렘 성읍과 하나님의 성전을 불사를 것이었기 때문이다.

3. 체포되어 수감되는 선지자 예레미야 (렘 37:11-15)

애굽의 바로 왕이 막강한 병사들을 대동하고 유다 왕국과 예루살렘 성을 공격하고자 올라왔다. 갈대아인들로 구성된 바벨론 제국의 병사들은 애굽 군대를 두려워하지 않을 수 없었다. 그리하여 예루살렘 성읍을 군화로 짓밟고 있던 바벨론 군대는 예루살렘으로부터 떠나게 되었다. 그러자 친 바벨론 성향의 공직자들과 친 애굽 성향을 지닌 인사들 사이에 심한 갈등이 생겨나게 되었다.

당시 선지자 예레미야가 베냐민 지파의 땅에서 백성들 가운데 자신의 유산을 받기 위해 예루살렘을 떠나 고향인 그 지역으로 가고자 했다.14) 그가 그곳으로 가기 위해 경계를 통과해야 하는 예루살렘 북쪽의 베냐민 문에 이르렀을 때 성문의 관리를 맡은 최고 책임자인 이리야(Irijah)가 선지자 예레미야를 검문하고 즉석에서 체포했다. 그가 갈대아인들 곧 바벨론 군대에 투항하려고 한다는 이유 때문이었다. 그에 대한 근거 없는 소문은 거짓 종교인들에 의해 이미 널리 퍼져 있는 상태였다.

하지만 예레미야는 이제까지 그와 같은 정치적 주장을 펼치거나 그것을 통해 백성을 속이는 예가 없었다. 따라서 자기를 마치 정치적으로 바벨론 제국의 편에 선 인사인 양 몰아가는 그 공직자를 향해 자신에 연관된 그와 같은 모든 소문은 아무런 근거 없는 말에 지나지 않으며 자기를 음해하는 자들이 만들어 낸 거짓이라고 했다. 자기는 절대로 바벨론 군대에 항복하라고 말하지 않았다는 사실을 밝혔다.

하지만 성문 관리 책임자인 이리야는 예레미야의 주장을 들었으나 그의 말을 변명으로 치부한 채 받아들이지 않았다. 그 공직자는 예레미야를 결박한 채 고위 공직자들 앞으로 끌고 갔다. 그러자 그 관료들은 심히 노여워하며 예레미야에게 매질을 가했다. 그리고 나서는 그를 서

---

14) 이에 대해서는 예레미야 32:1-15에 기록된 대로, 선지자 예레미야는 자기가 매입한 밭을 이전하기 위해 고향으로 가는 길이었다.

기관 요나단의 집 안에 있는 지하 감옥에 가두었다.15) 당시 그 집은 범
죄한 자들을 구금하는 감옥으로 삼고 있었기 때문이다.

당시는 시드기야 왕도 은근히 애굽의 편으로 기울어져 가고 있었다.
그리하여 선지자 예레미야는 억울한 옥살이를 해야만 했다. 이를 통해
우리가 깨달아야 할 바는 베냐민 지파의 고위 관료들이 선지자를 구타
하고 깊은 감옥에 가두었으나 실상은 하나님을 대적하는 사악한 범죄를
저지르는 것이었다. 그럼에도 불구하고 신앙을 완전히 버린 배도자들은
하나님에 대한 범죄행위에 대한 사실을 전혀 깨닫지 못하고 있었다.

4. 시드기야 왕을 대면하여 예언하는 예레미야 (렘 37:16-21)

선지자 예레미야는 서기관 요나단의 집에 설치된 깊은 지하 감옥에
갇혀 힘든 생활을 하게 되었다. 그가 뚜껑이 덮인 땅 속의 웅덩이에 갇
히게 된 지 상당한 기간이 지난 후 시드기야 왕이 신하를 보내 그를 끌
어내라는 명령을 내렸다. 예레미야는 그동안 고통스러운 감옥에 갇혀
억울한 옥살이를 감당해야만 했던 것이다.

시드기야 왕은 지하 감옥에서 끌어낸 예레미야를 아무도 모르게 왕
궁 안으로 불러들였다. 그는 비밀스럽게 선지자에게 물어보았다. 혹시
여호와 하나님으로부터 계시받은 예언의 말씀이 있지 않느냐는 것이
다. 왕은 하나님의 율법에 불순종하면서도 장래에 대한 그의 뜻을 알고
싶어했던 것이다.

시드기야 왕으로부터 질문을 받게 된 예레미야는 자기에게 임한 하
나님의 말씀이 존재한다는 사실을 언급했다. 왕이 장차 바벨론 제국의
느부갓네살 왕의 손에 넘겨지게 되리라는 것이다. 예레미야의 입장에

---

15) '서기관 요나단의 집'은 예루살렘에 있었다. 성문 관리 책임자인 이리야는
정치적으로 친 바벨론 인사로 간주된 예레미야를 체포하여 베냐민 지파의 땅
으로 들여보내지 않고 예루살렘으로 되돌려 보냈던 것이다.

서는 그와 같은 말을 한다는 것이 쉽지 않았다. 그것은 목숨을 내어놓는 것과 같은 심각한 말이었기 때문이다. 하지만 하나님께서 자기에게 하신 예언의 말씀을 하지 않을 수도 없었다.

그와 같은 심각한 형편에 처한 선지자 예레미야는 다시금 시드기야 왕을 향해 마치 따지듯이 강력한 말을 했다. 그것은 자기가 시드기야 왕이나 왕의 신하나 이스라엘 백성에게 무슨 죄를 지었기에 깊은 지하 감옥에 가두어 두느냐는 것이었다. 이는 자기가 그런 고통스러운 옥살이를 해야 할 만큼 중한 범죄를 저지른 적이 없다는 의미를 지니고 있다.

선지자 예레미야는 또한 바벨론 군대가 절대로 유다 왕국을 치지 않을 것이라고 달콤한 주장을 펼치던 거짓 선지자들이 지금 어디 있느냐고 반문했다. 이기적인 목적을 가진 그들이 하나님의 뜻과 아무런 상관없이 제멋대로 예언함으로써 왕을 속였다는 것이다. 따라서 여호와 하나님께서 자기를 통해 말씀하시는 진실을 들으라고 요구했다.

그와 더불어 예레미야는 시드기야 왕을 향해 이제 하나님의 예언을 들었으니 자신의 탄원을 받아달라는 간청을 했다. 자기를 서기관 요나단의 집에 설치된 지하 감옥으로 돌려보내지 말아 달라는 것이었다. 다시 그곳으로 돌아가면 거기서 죽임을 당하게 될지 모르는 두려운 마음이 든다고 했던 것이다.

시드기야 왕은 선지자 예레미야가 탄원하는 말을 듣고 나서 그 요구를 허용했다. 따라서 왕은 그를 서기관 요나단의 지하 감옥에 되돌려보내는 대신 근위대 뜰 안에 가두어 두도록 명령했다. 그리고 그 성읍에서 식량이 모두 떨어질 때까지 '빵집 거리'에서 매일 떡 한 덩이씩을 그에게 갖다 주라는 명을 내렸다. 그리하여 예레미야는 근위대 뜰 안에 갇혀 그곳에 머물러 있게 되었다.

제38장

패망을 앞둔 유다 왕국의 시드기야 왕과
예레미야 선지자

(렘 38:1-28)

1. 예레미야의 예언과 고관들의 분노 (렘 38:1-3)

선지자 예레미야는 이스라엘 모든 백성들을 향해 하나님께서 주시는 예언의 말씀을 전했다. 그 내용은 예루살렘 성에 머물고 있는 자들은 적군의 칼에 의해 죽임을 당할 것이며 나머지 사람들은 심한 기근과 전염병에 의해 죽으리라고 했다. 즉 이스라엘 자손이 거룩한 성이라 여기는 그 성읍은 죽음의 도성이 되리라는 것이었다.

그러므로 생명을 구하고자 하는 자들은 바벨론에 항복하라는 언급을 했다. 이는 그가 친 바벨론주의자라는 오명을 뒤집어쓸 수 있는 매우 민감한 발언이다. 하지만 앞에서도 언급한 것처럼 그것은 예레미야의 정치적인 입장이나 판단에 의한 것이 아니라 하나님의 말씀이었다. 즉 예레미야가 바벨론에 항복하라고 한 것은 국제 정치적 상황에 대한 훌륭한 판단에 근거한 주장이 아니었다.

이는 유다 왕국의 무능력한 상태를 깨달아 하나님의 뜻과 경륜을 기억하면서 바벨론에 항복하는 것이 생명을 유지하는 방편이 된다는 사실에 연관되어 있다. 그런 자들은 마치 자기 생명을 어려움 가운데서 쟁취하듯이 어렵사리 목숨만은 건질 수 있다. 그것이 하나님의 무서운 심판을 피할 수 있는 유일한 방편이라는 것이다.

선지자 예레미야는 예루살렘 성읍이 반드시 바벨론의 군대의 손에 넘어가리라는 극단적인 사실을 언급했다. 그렇게 되면 그 거룩한 성을 부정한 이방인들이 차지하게 된다. 이 말은 하나님께서 조상 때부터 이스라엘 자손에게 허락하신 약속의 땅이 이방인들의 점령을 받는다는 사실을 말해주고 있다. 이는 언약의 자손들이 쉽게 받아들이기 어려운 끔찍한 주장이 아닐 수 없었다.

예레미야가 백성들에게 하는 모든 말을 정부의 관료들이 듣게 되었다. 그들 가운데 스바냐와 그다랴와 유갈과 바스훌 등이 그 사실을 알게 된 것이다. 유다 왕국의 높은 지위를 차지하고 있던 그들은 일반 백성들보다 더욱 민감하게 반응했다. 따라서 그들은 어떤 방법으로든지 대책을 강구해야만 한다는 생각을 하지 않을 수 없었다.

2. 왕의 허락에 따라 구덩이에 갇혀 죽음 앞에 놓인 예레미야
(렘 38:4-6)

예레미야의 충격적인 예언의 내용을 알게 된 유다 왕국의 지도 계층의 인사들은 즉시 시드기야 왕에게 모든 사실을 보고했다. 선지자 예레미야가 백성들을 향해 극도로 위험한 말을 퍼뜨리고 있다는 것이다. 그들의 눈에는, 국가가 극한 위기에 처해 있을 때 안정을 꾀하는 긍정적인 말을 백성들에게 전해야 할 자가 오히려 백성들을 혼란에 빠뜨리는 정반대의 주장을 하고 있었기 때문이다.

그러므로 고위 공직을 맡은 자들은 왕에게 나아가 특별한 요구를 했

다. 즉시 예레미야를 체포하여 사형에 처해야 한다는 것이다. 그가 하나
님을 향해 유다 왕국 백성들의 평안을 구하지 않고 도리어 무서운 재앙
을 재촉하고 있다고 했다. 즉 예레미야가 전하는 말로 인해 예루살렘 성
안에 남은 병사들과 백성들의 사기를 크게 떨어뜨리고 있다는 것이다.

그들은 예레미야가 전하는 말씀을 하나님으로부터 임한 예언으로 보
지 않았다. 그 대신 모든 내용을 정치적인 관점에서 자의적으로 왜곡하
여 해석함으로써 더 큰 문제를 야기했다. 왕국의 지도자 위치에 있는
자들의 그와 같은 태도는 유다 왕국에 더욱 심각한 재앙을 불러오게 했
을 따름이다.

선지자 예레미야를 처형하라는 신하들의 간청을 들은 시드기야 왕은
그에 수긍했다. 그가 보기에 반 민족주의적 사고를 가진 예레미야가 유
다 왕국의 패망을 선언하며 백성들을 선동하는 듯 하는 말을 듣고 마음
이 상하지 않을 수 없었다. 따라서 왕은 예레미야가 저들의 손아귀에
있으니 알아서 처리해도 좋다는 권한을 주었다. 이는 그가 신하들의 모
든 판단과 행동을 그대로 받아들인다는 의미를 지니고 있다.

왕의 재가를 얻게 된 신하들은 곧장 예레미야를 체포하여 근위대 뜰
안에 있는 왕자 말기야의 집으로 끌고 갔다. 그들은 선지자를 밧줄에
매달아 지하 감옥인 웅덩이 속으로 달아 내렸다. 그리하여 예레미야는
진흙 구덩이에 빠진 채 심한 고통을 당하게 되었다.

3. 에디오피아 출신 왕궁 내시 에벳멜렉의 진언과
시드기야 왕의 속내 (렘 38:7-13)

당시 유다 왕국의 궁궐에는 다양한 지역의 이방인 출신 내시들이 있
었다. 그들도 국제정세 가운데 유다 왕국이 처한 형편을 잘 알고 있었
다. 그들은 비록 이방인이었으나 언약의 백성에 가입한 자들이었음이
분명하다. 따라서 유다 왕국의 흥망성쇠는 저들의 삶과 직접 연관될 수

밖에 없는 형편이었다.

선지자 예레미야가 심한 고통을 당하고 있을 때 에디오피아 출신 에 벳멜렉이라는 왕궁 내시가 그 형편을 듣게 되었다. 권력을 가진 자들이 예레미야를 지하 감옥인 깊은 구덩이에 던져 넣은 사실을 알게 되었던 것이다. 그는 이방인 출신이었음에도 불구하고 당시 상황으로 보아 그 와 같은 처사가 부당하다는 사실을 알고 있었다.

그리하여 에벳멜렉이 왕궁 밖 '베냐민 문' 입구에 앉아 있는 왕에게 나아가 자신의 소신을 아뢰었다. 그가 왕을 직접 대면하여 보고할 수 있 었다는 것은 그의 지위가 상당히 높았음을 말해주고 있다. 우리는 여기 서 당시 유다 왕국의 정치와 행정을 담당하는 중요한 관료들 가운데 이 방인 출신 인사들이 상당수 포함되어 있었다는 점을 눈여겨보게 된다.

에벳멜렉은 시드기야 왕을 향해 선지자 예레미야를 언급하며 고위 관리들이 그에게 행한 일은 올바르지 않다는 말을 했다. 예루살렘 성 안에 먹을 음식이 거의 바닥난 상태에서 그들이 선지자를 무고히 깊은 구덩이에 던져 넣었으니 그가 거기서 굶어 죽을 것이라고 말했다. 거기 에는 그 상황을 방치해 두게 되면 유다 왕국에 더욱 심각한 문제가 발 생하리라는 의미를 내포하고 있다.

우리는 성경에 드러난 이방인 출신 내시의 판단과 행동을 통해 많은 것을 생각하게 된다. 우선 이방인이 혈통적 유대인들보다 더 훌륭하다 는 점이다. 당시 많은 사람들이 이방인인 그를 멸시했겠지만 실상은 그 가 참 지혜로운 인물이었다.

그리고 에벳멜렉이 비록 정당한 판단과 행동을 했을지라도 그로 말 미암아 많은 정적(政敵)을 만들 우려가 있었다. 그렇게 되면 이방인 출신 내시로서 그 입지가 더욱 좁아질 수밖에 없는 형편이었다. 하지만 그는 그와 같은 자기의 개인적인 입장에 연연하지 않고 유다 왕국을 위한 소 신을 지켰던 것이다.

시드기야 왕은 그 내시의 충정어린 말을 그대로 받아들였다. 그리하여 그에게 삼십 명의 병사들을 내어주며 그들과 함께 가서 선지자 예레미야가 죽기 전에 그 구덩이에서 끌어내라는 명령을 내렸다. 에벳멜렉은 왕의 명령을 받들어 사람들을 데리고 왕궁 곳간 밑에 위치한 방으로들어갔다. 그는 거기서 헝겊과 낡은 옷을 가져다가 꼬아 밧줄을 만들어지하 감옥 밑으로 내려뜨렸다.

그리고는 에벳멜렉이 예레미야를 향해 그 밧줄을 잡아 겨드랑이 밑에 대라고 말했다. 예레미야가 시킨 대로 하자 밖에 있는 자들이 그를그곳으로부터 끌어올렸다. 그리하여 그는 시위대 뜰에 있는 다른 감옥에 갇혀 머물게 되었다. 우리는 여기서 시드기야 왕이 예레미야에 대한좋은 생각을 하고 있었기 때문에 그를 감옥에서 빼낸 것이 아니었단 사실을 기억해야 한다.

왕이 예레미야에게 그렇게 했던 까닭은 아직 그로부터 들어야 할 하나님의 예언이 존재한다는 판단을 하고 있었기 때문이다. 이를 통해 알수 있는 사실은 당시 숱하게 많은 거짓 선지자들이 왕을 안심시키고자긍정적인 얘기를 끊임없이 되풀이했으나 시드기야 왕은 그들보다 자기에게 부정적인 예언을 하는 예레미야를 더 신뢰했다는 사실이다. 하지만 왕은 선지자의 말을 신앙적인 관점이 아니라 정치적인 목적을 위해듣고자 했을 따름이다.

4. 시드기야의 질문과 예레미야의 답변 (렘 38:14-23)

소용돌이치는 국제정세의 위급한 상황에서 궁지에 몰린 시드기야 왕은 그에 대응할 만한 아무런 방도가 없었다. 그러자 결국 하나님의 뜻을 알아야겠다는 생각을 하기에 이르렀다. 하지만 그가 스스로 그것을알아낼 수 없었으므로 선지자 예레미야를 불러 물어보려는 마음을 먹었다.

그리하여 왕은 자기 신하를 선지자 예레미야에게 보내 그를 성전 셋째 문 앞으로 데려오도록 명령했다. 그를 왕궁 안으로 부르지 않고 정해진 별도의 장소로 부른 까닭은 그 사실이 사람들에게 공개되기를 원치 않았기 때문이었던 것으로 보인다. 당시 많은 지도자들이 그가 유다 왕국이 아니라 바벨론 제국의 편에 서있는 것으로 오해하고 있는 터에 그렇게 하는 것이 최선이라 여겼던 것이다.

예레미야가 도착하자 시드기야 왕은 그에게 한 가지 물어 볼 것이 있노라고 말했다. 그는 먼저 설령 유다 왕국과 자기에게 부정적인 내용이 들어있다고 할지라도 조금도 숨기지 말고 그대로 말해달라는 당부를 했다. 시드기야는 하나님의 율법에 기초한 신앙이 부족했음에도 불구하고 하나님으로부터 주어진 예언이라면 그것이 실제로 일어나게 되리라는 사실을 알고 있었다.

왕의 말을 들은 예레미야는 그를 향해 자기가 어떤 부정적인 말을 전한다고 할지라도 자기를 죽이지 않겠느냐고 반문했다. 그리고는 하나님의 예언에 따라 왕을 권면해도 자기 말을 듣지 않을 것이라고 했다. 이는 하나님의 율법을 떠난 유다 왕국의 정치 종교 지도자들의 잘못된 사고를 그가 되돌릴 수 없다는 사실을 말해주고 있다. 즉 왕이 뒤늦게 올바른 판단을 한다고 할지라도 이미 때가 늦었다는 것이다.

선지자의 말을 들은 시드기야 왕은 더 이상 어쩔 도리가 없었다. 그리하여 비밀히 하나님 앞에서 맹세하며 다짐했다. 사람과 영혼을 창조하시고 이스라엘 민족 가운데 살아계시는 여호와 하나님 앞에서 맹세하니, 예레미야가 어떤 말을 할지라도 그를 절대로 죽이지 않을 것이며 그를 찾아 죽이고자 혈안이 되어있는 정부 고관들의 손에 넘기지 않으리라고 했다. 왕이 비밀리에 그렇게 한 것은 만일 다른 관리들이 알게 되면 왕이 배신자와 내통했다는 오해를 살 수도 있었기 때문이다.

그것은 또 다른 혼란을 부추길 수 있는 소인을 품고 있었으나 왕은 그것을 수락했다. 왕이 하나님 앞에서 맹세하는 모든 말을 들은 선지자 예레미야는 그에게 예언의 말씀을 전했다. 만군의 여호와이신 이스라엘의 하나님께서 시드기야 왕을 향해 바벨론 제국의 왕과 고관들에게 항복하라고 하신다는 것이다. 그렇게 하면 왕이 생명을 보존하고 예루살렘 성읍이 불타지 않으리라고 했다. 나아가 왕가와 많은 지도자들이 살아남게 되리라는 것이었다.

하지만 바벨론 제국에 항복하지 않고 대항하여 싸우게 되면 패배를 면치 못하리라고 했다. 바벨론에 속한 갈대인들의 군대가 예루살렘을 정복하여 모든 것들을 불살라버리게 된다는 것이다. 그렇게 되면 시드기야 왕 역시 그들의 손아귀에서 벗어나지 못하게 된다고 했다. 이와 같은 예언은 왕에게 청천벽력(靑天霹靂)과 같은 메시지가 아닐 수 없었다.

이처럼 궁지에 몰린 시드기야 왕은 예레미야에게 자신의 속내를 털어놓았다. 그도 이미 완전히 기울어져버린 유다 왕국이 바벨론 제국의 세력 앞에 저항할 힘이 남아 있지 않다는 사실을 잘 알고 있다는 것이다. 그렇다고 해서 바벨론 제국 앞에 모든 것을 버리고 항복하는 것도 어렵다는 사실을 말했다.

그 중대한 이유 가운데 하나는 이미 갈대아인들 곧 바벨론 군대에 항복한 유대인들이 두렵기 때문이라고 했다. 그전에 시드기야 왕은 바벨론에 항복한 자들에 대하여 엄청난 비판을 쏟아낸 상태였다. 따라서 유다 왕국의 왕으로서 바벨론 제국에 항복하게 되면 바벨론 병사들이 자기를 그 유대인들의 손에 넘길 것이며 그렇게 되면 자기를 조롱하며 죽이는 처참한 상황을 맞을까 두렵다는 것이다.

그러나 예레미야는 왕을 향해 결코 그런 일이 발생하지 않을 것이라고 말했다. 즉 이방인들의 군대가 먼저 항복했던 유대인들의 손에 시드기야 왕을 넘겨주지 않으리라는 것이다. 따라서 자기가 전해준 여호와 하나님의 말씀을 귀담아 듣고 그에 온전히 순종하라는 권면을 했다. 그리하면 왕이 하나님의 은총을 입어 생명을 보존할 수 있게 된다는 것이다.

하지만 왕이 만일 하나님의 말씀을 거역하고 그에 불순종한다면 이미 언급한 대로 끔찍한 재난을 피할 수 없으리라고 했다. 그와 같은 상황에서 예루살렘의 왕궁에 남아 있는 모든 여자들은 바벨론 왕의 병사들에 의해 고관들 앞으로 끌려갈 것이며 포로가 되어 사로잡힌 여자들은 시드기야 왕을 조롱하리라고 했다. 즉 그들은, '왕이 자기 측근 인사들에 의해 속임을 당했으며, 그가 궁지에 몰려 진흙탕에 빠지게 되자 전부 왕을 버리고 제 살길을 찾아 도망가버렸다'고 하리라는 것이었다.

선지자 예레미야는 왕의 부인을 비롯한 궁중의 여인들과 모든 자녀들이 갈대아인의 손에 의해 바벨론 땅으로 포로가 되어 사로잡혀 가리라고 말했다. 그리고 왕 또한 그들의 손에서 벗어나지 못한 채 포로 신세가 되어 바벨론 왕 느부갓네살 왕 앞으로 끌려가리라고 했다. 그리고 하나님의 도성 예루살렘은 그 이방인들에 의해 불살라질 것이라고 했다. 그렇게 되면 다윗이 세운 가시적인 언약의 왕국은 완전히 패망하게 되는 것이다.

5. 비밀을 지키도록 요구하는 시드기야 왕 (렘 38:24-28)

하나님께서 계시하신 말씀을 선지자 예레미야로부터 전해 듣게 된 시드기야 왕은 그에게 신신당부(申申當付)를 했다. 그 사실을 어느 누구에게도 발설하지 말아달라는 철저한 당부였다. 이는 왕이 그 모든 메시지의 구체적인 상황을 굳게 받아들이고 있었다는 사실을 말해주고 있다.

왕이 그와 같은 간곡한 당부를 했던 것은 백성들의 동요를 막기 위한 하나의 방편이었다. 나중 유다 왕국의 모든 백성들이 처하게 될 일이었지만 사전에 미리 알려지게 되면 걷잡을 수 없는 큰 혼란이 일어날 것이 틀림없었다. 거기다가 유언비어(流言蜚語)까지 더하게 되면 어떤 문제가 발생할지 아무도 알지 못하는 상황이었다.

시드기야 왕은 또한 선지자 예레미야를 향해 앞으로 고관들 중 누군가 왕과 예레미야가 만나 긴밀한 대화를 나눈 사실을 알고 왕에게 전한 말이 무엇이었는지 캐물을 자가 있을지 모른다는 사실을 언급했다. 설령 그들이 생명을 위협하며 왕에게 한 모든 말을 고하라고 할지라도 그대로 말하지 말라고 했다. 즉 고위 관리들이 그 구체적인 내용을 알고자 문책해도 철저히 함구(緘口)하라는 것이었다.

시드기야 왕은 예레미야에게 만일 그런 일이 생기면 그에 관하여 말할 수 있는 답변을 알려주었다. 그렇게 함으로써 왕과 선지자 사이에 오간 말이 엇갈리지 않을 것이었기 때문이다. 따라서 만일 그들이 물어 오거든 자기가 왕에게 나아가 요나단의 집에 있는 감옥에 보내지 말아달라는 간청을 드렸다고 말하도록 했다. 자기는 그곳에서 죽기를 원치 않아서 왕에게 간청한 것처럼 대응하라는 것이다.

그 일이 있은 후에 왕이 예측한 바와 같이 실제로 정부 고관들이 예레미야를 찾아와 물었다. 그가 왕과 만나 독대(獨對)한 사실이 곧바로 알려졌기 때문이었다. 그들이 와서 왕과 나눈 대화의 내용을 알고자 했을 때 예레미야는 왕이 자기에게 명한 그대로 답변했다. 그리하여 그 내용은 탄로되지 않았으며 되풀이해서 묻지도 않았다.

시드기야 왕을 만나 하나님의 예언을 전한 후 예레미야는 예루살렘의 궁중 감옥에 갇혀있게 되었다. 하나님을 떠난 배도자들은 하나님의 사람인 선지자 예레미야를 감옥에 가두어 둔 채 아무런 활동을 하지 못하도록 했다. 즉 그가 이스라엘 백성을 향해 하나님의 예언을 전하는 일을 허용하지 않았던 것이다. 그런 상태에서 예루살렘 성은 바벨론에 의해 함락되고 유다 왕국은 수백 년의 역사를 뒤로 한 채 패망당하게 된다.

제39장

예루살렘 함락과 예레미야의 일시적 석방

(렘 39:1-18)

1. 예루살렘 포위 (렘 39:1-3)

시드기야 왕이 통치하던 시기 유다 왕국에는 극단적 위기가 찾아왔
다. 바벨론 제국의 느부갓네살 왕이 직접 군대를 이끌고 와서 예루살렘
을 포위한 채 공격을 개시했기 때문이다. 시드기야의 군대는 약 일 년
반 동안 버텼으나 끝까지 견디기 어려운 상황이었다. 결국 시드기야 왕
제 십일년 즉 BC 587년에 예루살렘이 함락당하게 되었다.

그날은 이스라엘 민족에게 치욕의 날이 아닐 수 없었다. 하나님의 선
민이라는 자부심을 가지고 예루살렘을 하나님의 거룩한 성이라 믿고
있던 자들은 절대로 그 성이 함락되지 않을 것이라 여기고 있었다. 사
악한 거짓 선지자들은 그동안 그와 같은 선전을 했으며 어리석은 자들
은 그 말을 하나님의 예언인 양 받아들였기 때문이다.

그 거룩한 성 예루살렘이 바벨론 군대에 의해 함락당하고 이방의 부
정한 군인들의 군화에 짓밟히는 신세가 되었다. 그리하여 바벨론 제국

의 왕을 보좌하던 고위 공직자들이 예루살렘을 접수하기 위해 성 안으로 들어와 중앙 대문에 자리잡고 앉았다. 거기에는 느부갓네살의 심복인 바벨론의 궁중 장관과 군 지휘관들인 네르갈사레셀, 삼갈르보, 살스김 등 실세들이 포함되어 있었다.

하지만 안타깝게도 이미 패망한 유다 왕국에서는 그에 맞서 앉을 만한 정부 지도자들이 없었다. 정복군인 바벨론 제국의 고위 인사들과 협의할 만한 아무것도 남아 있지 않았던 것이다. 즉 그들과 조인식(調印式)을 하며 항복 문서를 작성하는 것은 더 이상 아무런 의미가 없었다. 이는 패전국으로서 상대 정복국에 모든 것을 송두리째 내어준 처참한 상황이 되었음을 말해주고 있다.

2. 처참한 상황에 처한 시드기야 왕과 처형되는 왕자들 (렘 39:4-7)

유다 왕국의 정치 경제 사회 문화적인 측면뿐 아니라 하나님의 거룩한 성전이 있는 신앙의 중심지 예루살렘의 완전 패망을 눈앞에 둔 백성들은 깊은 절망에 빠지지 않을 수 없었다. 순진한 백성들은 그제야 악한 거짓 선지자들로부터 속았다는 사실을 실감하게 되었을 것이다. 그러할지라도 이스라엘 민족의 절망감은 엄청났을 것이 분명하다.

그런 위기의 상황에서 왕국의 지도자들 가운데 백성들을 진정으로 위하거나 염려하는 자들이 보이지 않았다. 그런 자들은 그전에도 백성들을 핑계대며 자기의 욕망과 야망을 추구했을 따름이다. 말로는 백성을 위해서라고 내세우면서도 실제로는 백성들을 개인적인 목적을 위한 도구로 이용해 왔던 것이다.

이에 대해서는 오늘날 우리도 매우 주의깊게 생각해 보아야 한다. 국가의 지도 계층에 있는 불신자들은 그렇다 치고 하나님을 믿는 성도들은 절대로 그러지 말아야 한다. 나아가 지상 교회에서 하나님의 말씀을 가르치는 지도자 직분을 소유한 목사들은 그에 대한 분명한 입장을 정리하지 않으면 안 된다. 즉 어느 누구도 그리스도께서 피로 값 주고 사신 교회와 성도들을 자기의 성공을 위한 도구로 삼아서는 안 된다. 만일 그런 자가 있다면 그것은 하나님 앞에서 무서운 죄를 범하는 행위가 되기 때문이다.

하지만 예루살렘이 함락될 당시 유다 왕국에 속한 대다수 고위 공직자들은 하나님의 율법을 떠난 악한 자들이었다. 그들은 혼자 살아남기 위해 예루살렘 성과 하나님의 성전뿐 아니라 이스라엘 백성을 버렸다. 그리하여 시드기야 왕을 비롯한 모든 지도자들과 군사들은 멀리 도망치기에 급급했다.

그들은 막강한 진용을 갖춘 바벨론 제국의 군대를 보고 한밤중에 '왕의 동산길'을 통과하여 두 성벽을 잇는 통로를 지나 아라바(Araba) 쪽으로 도망쳤다. 지도 계층에 있던 그 사람들은 백성을 버리고 제 목숨을 건지고자 최후의 발악을 했지만 어리석게도 그것이 저들의 생명을 위해 아무런 도움이 되지 않는다는 사실을 깨닫지 못하고 있었다. 그들에게는 살아남고자 하는 욕망만 있었을 뿐 올바른 판단력이 없었던 것이다.

바벨론 군대에 속한 갈대아인 병사들은 도망치는 저들의 뒤를 추격하게 되었다. 결국 시드기야 왕과 그를 따르던 모든 귀족들은 여리고 평원에 이르러 생포되는 신세를 피할 수 없었다. 정복군들은 시드기야 왕을 사로잡아 하맛 땅 립나에 있는 바벨론 군대의 총 지휘소로 올라가 느부갓네살 왕 앞에 세웠다(렘 39:4,5, 참조).

그러자 느부갓네살은 유다 왕국의 시드기야 왕에 대한 엄중한 심문을 했다. 그는 시드기야 왕에게 깊은 배신감을 가지고 있었을 것이 틀림없다. 오래전 느부갓네살 왕은 친히 유다 왕국의 여호야긴 왕을 폐위시키고 그 대신 그의 삼촌인 맛다니야를 왕으로 세워 시드기야라는 다른 이름을 주었다. 이는 바벨론 제국에 충성하기 위한 목적으로 그를 세웠건만 그가 배신했음을 말해주고 있다(왕하 24:20). 따라서 느부갓네살의 입장에서는 그를 응징하고자 하는 강한 마음을 먹고 있었을 것이 분명하다.

그러므로 느부갓네살은 시드기야 왕이 보는 바로 눈앞에서 그의 아들들을 잔인하게 죽였다. 그리고 그를 추종하던 모든 귀족들을 죽였다. 그와 같은 상황은 시드기야 왕에게 엄청난 고통을 안겨주었을 것이 틀림없다. 하지만 그것으로 모든 상황이 끝난 것이 아니었다.

승리에 취한 느부갓네살 왕은 그 자리에서 시드기야의 눈알을 빼라는 명령을 내렸다. 그리고는 이방 지역인 바벨론으로 끌고 가기 위해 쇠사슬로 결박하도록 했다. 그와 같은 일은 역사상 그리 흔하지 않은 일이었다. 패전국의 왕이라 할지라도 승전국으로부터 어느 정도 예우를 받는 것이 일반적이었기 때문이다. 패전으로 인해 모든 권력을 박탈당하고 나라를 송두리째 빼앗겼을지라도 일반 생활에 관련된 문제는 어느 정도 보장받는 것이 보통이었다.

하지만 언약의 왕국이라 자처하던 유다 왕국이 패망할 때는 시드기야 왕이 역사상 그 유래를 찾아보기 어려울 정도로 잔인한 보복을 당했다. 우리는 이를 통해 하나님 앞에서 배도의 길을 가는 행위가 얼마나 무서운 일인가 하는 점을 생각해 보게 된다. 유다 왕국의 종말은 결국 이방 종족을 채찍으로 삼아 하나님이 허용하신 일로서 하나님으로부터 임한 심판으로 볼 수 있기 때문이다.

3. 예루살렘 성의 함락 (렘 39:8-10)

예루살렘이 완전히 함락당하게 되자 그 성은 바벨론 제국 이방인들의 독무대가 되었다. 그들은 하나님의 거룩한 성과 성전을 모독하면서도 승리에 도취되어 있었다. 그것은 유다 왕국의 배도 행위로 인해 하나님께서 허용하신 일임에도 불구하고 바벨론 군대가 그들에게 저지르는 악은 용서받을 수 없는 행위였다.

원래의 주인을 몰아낸 갈대아인들은 이제 예루살렘 성읍의 모든 것들이 자기의 소유가 된 것인 양 만행을 저질렀다. 그들은 왕궁을 비롯한 중요한 시설들을 불살랐으며 백성들이 살던 집들을 파괴했다. 그리고 예루살렘을 둘러싸고 있던 모든 성벽을 허물어버렸다. 따라서 이제는 과거에 견고했던 성으로서 기능을 할 수 없게 되어버렸다.

그리고는 바벨론 제국의 군사령관인 느부사라단의 지휘를 받는 군인들은 성 중에 남아 있던 백성들과 자기에게 항복한 자들을 포로로 사로잡았다. 또한 그 외에 남아 있던 주요 인사들을 생포해 바벨론 지역으로 끌고 갔다. 이는 이스라엘 자손이 수백 년 전 애굽에서 탈출해 오던 것과 정반대의 상황이 전개되었음을 말해주고 있다. 지각 있는 유대인들은 과거와 현재의 모든 상황을 머리에 떠올리고 있었을 것이 분명하다.

하지만 바벨론 군대의 사령관은 유다 왕국의 기득권자들에게 행한 것과는 달리 아무런 소유가 없는 가난한 자들에게는 원래의 지역에 남아서 살아가도록 허락했다. 그들은 아무런 영향력이 없는 평범한 자들에 지나지 않았기 때문이다. 그들을 바벨론 지역으로 끌고 간다는 것은 도리어 짐만 될 뿐 아무런 쓸모가 없는 일이었다.

따라서 바벨론 제국의 지도자들은 저들에게 포도원과 밭을 나누어주었다. 그렇게 남게 된 가난한 자들은 바벨론 제국을 고맙게 여겨 친 바벨론주의자가 되었을 수 있다. 바벨론 제국의 입장에서는 피정복민들로부터 환심을 사는 바로 그점을 노리고 그와 같은 판단과 결정을 내렸을 것이 분명하다.

4. 예레미야의 석방 (렘 39:11-14)

예레미야 선지자는 유다 왕국의 다른 지도자들과 달리 일시적으로나마 바벨론의 느부갓네살 왕으로부터 특별한 대우를 받았던 것처럼 보인다. 그가 군사령관 느부사라단에게 명령하여 예레미야를 선대하고 해치지 말도록 했기 때문이다. 그리고 그가 사령관에게 부탁하는 모든 요구를 들어주라고 했다.

왕의 특별한 명령을 받은 사령관과 바벨론의 궁중 장관 네르갈사레셀을 비롯한 장관들이 공적인 논의를 하며 예레미야에게 사람을 보냈다. 당시 그는 감옥에 갇힌 상태였으므로 그를 감옥에서 빼내 주라고 명했던 것이다. 그리하여 그를 석방한 후 그다랴에게 넘겨 집으로 데려가도록 했다.

예레미야는 느부갓네살 왕으로부터 특별한 대우를 받았으나 다른 유다 백성들에 의해 오해를 받을 소지가 다분했다. 석방된 선지자는 일정 기간 백성들 가운데서 살아가게 된다. 그러나 당시 많은 유다 지도자들이 포로가 되어 바벨론 지역으로 사로잡혀 가는 터에 일시적이나마 그런 대우를 받은 것은 그리 마음 편한 일은 아니었을 것이다.

하지만 예레미야는 나중 다시 체포되어 바벨론 지역으로 끌려가게 된다(렘 40:1). 느부갓네살 왕이 예레미야에게 일시적인 특혜를 베푼 것은 그의 정치적인 목적 때문이었을 것으로 보인다. 즉 그 모든 과정을 통해 당시 유다 왕국의 일반 백성들은 예레미야가 옳았다는 생각과 더불어 시드기야 왕을 비롯한 고위 공직자들에게 분노의 마음을 품도록 했다. 그렇게 함으로써 시드기야의 왕자들과 고위 공직자들이 처형당하고 시드기야 왕의 눈알이 빠지는 처참한 상황에 놓이는 것을 본 백성들의 동요를 막을 수 있었던 것이다.

5. 에디오피아 출신 에벳멜렉에게 허락된 하나님의 특별한 은총 (렘 39:15-18)

선지자 예레미야가 석방되기 전 아직 감옥에 갇혀 있을 때 여호와의 말씀이 그에게 임했다. 이제 곧 출옥하면 에디오피아 출신 에벳멜렉에게 가서 하나님의 말씀을 전하라고 하셨다. 이스라엘의 하나님이신 만

군의 여호와께서 예루살렘 성에 큰 재앙을 내리고 복을 주지 않으시겠
다고 하신 예언이 그가 보는 앞에서 이루어지게 되리라는 것이다.

우리는 에벳멜렉이 하나님의 사람 예레미야 선지자를 구출하고자 애
쓴 사실을 기억하고 있다(렘 38:7-13). 따라서 하나님께서 에벳멜렉에 관
한 특별한 예언의 말씀을 주셨다. 그 위기의 날에 하나님께서 저를 구
원해 주시리라고 약속하셨던 것이다. 즉 하나님의 보호로 인해 그가 포
악한 이방 군인들의 손에 넘겨지지 않으리라는 것이었다. 이는 이방인
출신이면서 하나님을 진정으로 경외하는 자가 정통 유대인이라는 자부
심을 가지고 있던 자들보다 훨씬 낫다는 사실을 말해주고 있다.

그러므로 이 모든 사실을 통해 장차 아무리 심각한 위기가 닥친다고
할지라도 하나님이 원하시면 반드시 그로부터 구출해 주신다는 점을
알게 된다. 그리하여 에벳멜렉은 바벨론 군대의 병기나 칼에 의해 죽지
않을 것이며 극적으로 그 목숨을 보존할 수 있게 된다고 했다. 그와 같
이 되는 것은 그가 여호와 하나님을 진정으로 믿고 의지했기 때문이라
는 것이다.

제40장

체포된 예레미야와 중요한 선택

(렘 40:1-16)

1. 결박당한 예레미야 (렘 40:1-3)

선지자 예레미야는 앞서 느부갓네살 왕에 의해 일시적으로 혜택을 입는 것처럼 보였다(렘 39:11-14). 하지만 나중 그도 결국 바벨론 군대에 의해 체포되는 신세를 면치 못했다. 그는 쇠사슬로 결박당하게 되었으며 그의 형편은 정치적 셈법으로 매우 복잡한 상황에 놓여있었다. 따라서 바벨론 군대는 그를 바벨론 지역으로 끌고 가는 도중에 라마(Ramah)에서 다시 풀어주었다.

그때 하나님의 말씀이 선지자 예레미야에게 임하게 되었다. 그런 상황 가운데 바벨론 제국의 시위대장 느부사라단이 그를 불러 특별한 말을 했다. 그것은 예루살렘이 함락되고 유다 왕국이 패망한 원인은 이스라엘 자손이 믿는 여호와 하나님의 재앙 선포와 직접 연관되어 있다는 것이었다. 즉 그 백성이 여호와 하나님 앞에서 죄악을 저지르고 그의 목소리에 순종하지 않았으므로 그 모든 예언이 저들에게 임했다는 것이다.

이방 왕국의 시위대장은 마치 자기가 하나님의 예언을 전하듯이 말하고 있다. 그렇다면 그가 과연 여호와와 그의 말씀을 믿었다는 말인가? 그의 말을 얼른 들으면 그렇게 여겨질 수 있을 것 같으나 실상은 전혀 그렇지 않다. 그는 이스라엘 민족이 믿는 하나님을 알지 못하는 이방인에 지나지 않았다. 그런 자가 선지자 예레미야를 향해 그 말을 하면서 모든 것은 이스라엘 자손이 믿는 여호와 하나님으로 말미암은 것이니 더 이상 아무런 힘을 쓸 필요가 없다는 사실을 언급하고 있다.

이 말 가운데는 유다 왕국이 패망하게 된 원인이 그들이 믿는 여호와로 말미암은 것이니 더 이상 바벨론에 저항할 마음을 먹지 말라는 의미가 내포되어 있다. 설령 그들이 바벨론 군대에 저항한다고 해도 하나님의 징벌로 인해 왕국의 회복이 불가능하다는 것이었다. 나아가 그 상황을 되돌리려고 억지를 부린다면 그것은 여호와에게 저항하는 것과 마찬가지라는 경고의 뜻을 지니고 있었다.

2. 자유로운 선택권을 부여받은 예레미야 (렘 40:4-6)

바벨론의 시위대장 느부사라단은 그 말과 더불어 예레미야에게 외견상 보기에 큰 호의를 베풀어주었다. 그의 손에 묶인 쇠사슬을 풀어주고 그에게 매우 중요한 선택권을 주었기 때문이다. 그로 하여금 앞으로 살아가고 싶은 지역을 자유롭게 선택해 그곳으로 가도 좋다는 것이었다. 그리하여 예레미야는 많은 유다 백성들이 바벨론 지역으로 사로잡혀 갔을 때 일시적으로나마 약속의 땅 가나안에서 남은 주민들과 함께 살아갈 기회를 얻게 되었다. 즉 그는 바벨론 땅으로 잡혀가는 대신 폐허가 되었으나 가나안 땅에 머물며 살 수 있는 권리를 부여받았던 것이다.

그에 연관된 모든 상황은 바벨론의 권력에 의해 강압적으로 이루어진 것이 아니었다. 어디까지나 모든 것은 바벨론 시위대장이 베풀어준 특별한 혜택으로 말미암아 예레미야 개인이 자유롭게 선택할 수 있었다. 가나안 땅에 남아 살든지 아니면 바벨론 땅으로 가서 그곳에 살든지 전적으로 예레미야 자신의 판단에 따라 결정하면 될 일이었다.

만일 그가 바벨론 지역으로 가기를 원한다면 그곳에서 특별히 선대하리라는 약속을 잊지 않았다. 한편 바벨론 땅에 가서 사는 것이 마음에 내키지 않는다면 가나안 땅에 남아 있어도 된다고 했다. 나아가 바벨론의 시위대장은 예레미야에게 더 나은 호의를 베푸는 듯 하는 구체적인 언급을 했다.

그는 바벨론 제국의 느부갓네살 왕이 유다 지역의 모든 성읍들을 다스리는 총독의 직무를 아히감의 아들 그다랴(Gedaliah)에게 맡긴 사실을 예레미야에게 알려주었다. 그러니 그에게로 가서 유다 백성들 가운데서 평안히 살 수 있으리라는 것이었다. 물론 혹 그에게 더 나은 지역이 있다면 어디든지 선택해 자유롭게 가도 좋다고 했다.

그로부터 모든 말을 듣게 된 예레미야는 그다랴가 총독이 되어 통치하는 본부가 있는 미스바로 가기로 작정했다. 그러자 사령관은 그에게 많은 양식과 선물을 주어서 보냈다. 그리하여 그곳에서 일정기간 동안 남은 백성들과 함께 살았다. 그는 유능하고 영향력을 가진 다수의 유다인들이 바벨론의 포로로 잡혀 간 상태에서 상대적으로 가난하고 무능한 평범한 사람들과 함께 한동안 살게 되었던 것이다.

바벨론 제국의 정치적인 속내가 어떠했든지 예레미야에게 주어진 선택은 매우 중요한 구속사적 성격을 지니고 있었다. 선지자를 특별히 약속의 땅에 남겨 두었다는 사실은 여호와 하나님의 섭리에 밀접하게 연관된 것으로서 여전히 그의 관심이 그곳에 존재한다는 사실을 말해주고 있기 때문이다. 하나님께서는 배도에 빠진 유다 왕국을 바벨론 제국 군대에 의해 패망케 하셨으나 그가 작정하신 구속 사역은 어김없이 진행되고 있었다. 즉 하나님께서 택하신 그 땅과 백성을 통해 장차 보내시기로 작정하신 메시아에 연관된 약속은 전혀 흔들리지 않았던 것이다.

3. 총독직무를 맡은 그다랴 (렘 40:7-12)

바벨론 제국의 느부갓네살 왕은 유다 왕국의 남은 자들에 대한 통치를 위해 아히감의 아들 그다랴를 세웠다. 그는 바벨론에 속한 이방인들 가운데 한 사람을 유다 지역의 총독으로 세우는 것보다 저들의 동족을 그 자리에 앉히는 것이 유리하리라는 정치적 판단을 했을 것이 분명하다. 이제 지배국과 피지배 민족 관계에 놓인 유대인의 정서에 불필요한 갈등을 유발할 필요가 없었기 때문이다.

그리하여 바벨론 왕은 그다랴에게 그 땅에 남은 남녀와 어린아이들, 그리고 바벨론으로 잡혀가지 않은 가난한 사람들을 맡겨 다스리도록 했다. 느부갓네살 왕이 그다랴를 유다 지역의 총독으로 세우게 된 사실을 들판과 산악지대 등에 숨어있던 유다 왕국의 잔존 세력인 유다 군대의 지휘관들도 듣게 되었다. 그러자 지휘관들과 그 부하들이 그다랴가 있는 미스바로 찾아갔다.

그들 가운데는 유다 왕의 장관이었던 이스마엘과 요하난과 요나단 등 주요 인사들이 포함되어 있었다. 그들은 패망한 왕국의 남은 자들로서 향후 유다 왕국에 벌어질 일에 대한 관심이 많을 수밖에 없었다. 따라서 그다랴가 유다 왕국을 배반하고 더러운 영광을 누리고자 하는 것인지 또 어떤 생각을 하고 있는지 확인하고자 했던 것이다.

유대인으로서 바벨론 제국 느부갓네살 왕의 임명을 받아 유다 지역의 총독이 된 그다랴는 미스바로 찾아온 잔존 지도급 인사들을 맞아들였다. 총독 그다랴는 그들을 향해 맹세하며 자기의 심경을 말했다. "너희는 갈대아 사람을 섬기기를 두려워하지 말고 이 땅에 살면서 바벨론의 왕을 섬기라 그리하면 너희에게 유익하리라 나는 미스바에 살면서 우리에게로 오는 갈대아 사람을 섬기리니 너희는 포도주와 여름 과일과 기름을 모아 그릇에 저장하고 너희가 얻은 성읍들에 살라"(렘 40:9,10).

바벨론에 대한 저항을 포기하라고 종용하는 그다랴의 말은 이제 자기는 유다 왕국을 버리고 바벨론 제국의 편에 서겠다는 일방적인 선언을 하는 것과 같았다. 이는 미스바로 찾아간 잔존 유다 인사들로 하여금 큰 실망에 빠지게 할 수밖에 없었다. 그다랴와 그의 정책에 연관된 모든 소문은 바벨론 군대를 피해 모압과 암몬, 에돔 등지로 도망쳤던 유다 사람들에게도 들리게 되었다.

그러자 어떤 사람들은 그로 말미암아 크게 분개했을 것이며 또 다른 어떤 사람들은 그 새로운 환경에 적응하고자 했을 것이 분명하다. 즉 이스라엘 민족주의자들은 그 상황을 받아들이기를 강하게 거부했으나 자신만의 삶을 위하는 현실주의자들은 그에 적극적으로 순응하며 살 길을 찾아 나섰다. 그리하여 아브라함의 육체적 혈통을 지녔으나 언약 밖에 존재하는 이방 지역으로 피신했던 유다인들 가운데 상당수가 각처에서 가나안 본토로 돌아왔다. 그들은 그다랴가 다스리는 중심부인 미스바로 와서 포도와 다양한 과실들을 많이 모아 삶을 영위하고자 했던 것이다.

4. 반대세력의 그다랴 기만 (렘 40:13-16)

바벨론 제국으로부터 유다 지역을 다스리는 총독의 권한을 위임받은 그다랴의 입장을 확인한 유다 지역의 남은 자들의 상황은 더욱 복잡해졌다. 패망한 왕국에서 그로 말미암아 다시금 심각한 분열 양상이 일어났기 때문이다. 어떤 사람들은 그다랴의 편에 섰는가 하면 다른 어떤 사람들은 철저하게 그를 비판했다.

그러던 중 요하난을 비롯한 들판과 산악지대에 숨어서 지내던 유다 왕국의 군대 지휘관들이 미스바에 도착해 그다랴 앞으로 나아갔다. 그들은 특별한 의도를 가지고 그에게 접근했다. 그들은 총독에게 암몬 자손의 왕 바알리스가 그의 생명을 노리고 있다는 말을 했다. 나아가 그를 죽이기 위해 느다냐의 아들 이스마엘을 보낸 줄 알고 있느냐고 물었다.[16] 물론 그다랴는 저들의 말을 순순히 믿지 않았으며 그 상황을 받아들이지 않았다.

그렇지만 요하난은 미스바에서 별도로 총독 그다랴와 비밀스러운 대화를 나누었다. 이제 그다랴의 생명을 빼앗으려고 하는 이스마엘을 죽이도록 자기에게 허락해 달라고 했다. 그는 총독의 재가를 받아 적법한 방법으로 목적을 달성하고자 한다는 것이었다. 만일 이스마엘이 유다 지역 총독인 그다랴를 살해하게 될 경우 그를 중심으로 살아가는 모든 유다 백성이 또다시 흩어지게 될 것이며 그렇게 되면 유다의 남은 자들은 완전히 궤멸당할 것이 분명한데도 그냥 두고 볼 수만은 없다는 것이었다.

하지만 총독 그다랴는 요하난이 하는 말을 전혀 신뢰하지 않았다. 따라서 오히려 그를 죽이지 말도록 명령을 내렸다. 이스마엘에 관한 그의 말에 아무런 진정성이 없다는 판단을 하고 있었기 때문이다. 총독 그다랴는 만일 이스마엘을 살해하는 일이 발생하게 되면 유다 백성들 사이에 더 큰 혼란이 발생할지 모른다는 판단을 했을지도 모른다. 그는 아마도 당시 바벨론 제국의 입장에 따라 그 상황에 순응하는 것이 유다 백성들의 명맥을 유지하기 위한 최선의 방책이 될 것이라 믿었을 것이다.

---

16) 당시 요하난은 암몬 왕 바알리스가 유다 지역의 총독이 된 그다랴를 살해하기 위해 이스마엘을 미스바로 보낼 것이라는 정보를 입수하고 있었다. 하지만 그다랴는 그에 대하여 전혀 알지 못했을 뿐 아니라 요하난이 제공한 첩보를 믿지 않았다.

제41장

패망한 유다 왕국 잔존 세력 간의 갈등과 알력

(렘 41:1-18)

1. 패전국 장관 이스마엘이 중심이 된 십여 명의 암살자들

(렘 41:1-4)

　예루살렘 성읍이 함락된 후 서너 달이 지난 후17) 왕족에 속한 인물이자 장관이었던 이스마엘이 십여 명으로 구성된 암살단을 조직하기에 이르렀다. 그것은 암몬의 왕과 밀접하게 연계되어 있었다. 그리하여 이스마엘 일행은 바벨론 제국이 유다 지역의 총독으로 세운 그다랴를 암살하고자 했다. 그들은 그다랴가 유다 왕국을 배신하고 친 바벨론주의를 지향하는 것으로 간주하고 있었다.

　그들은 작전을 수행하기 위해 총독부가 있는 미스바로 올라가서 그다랴에게 나아갔다. 처음에는 그와 함께 식사를 나누며 우호적인 관계를 유지하는 듯 위장했다. 그러던 중 그 자리에 있던 이스마엘 일행이 갑자기 칼을 빼 그다랴를 살해했다. 그리고 그들은 그다랴의 지휘 아래

---

17) 예레미야 39:2와 41:1을 비교 참조하라.

서 직무를 수행하던 유다 사람들과 거기 있던 바벨론 군대에 속한 갈대아 병사들을 쳐 죽였다. 건물 안에 있던 모든 사람들을 순식간에 살해했던 것이다.

그다랴는 그와 같은 일이 발생하리라는 사실을 전혀 예측하지 못했었다. 그런 상태에서 갑작스레 일어난 쿠데타와 같은 성격을 지닌 사건이었으므로 총독부에서는 그에 관한 아무런 대비책을 강구하지 않고 있었던 것이다. 그와 달리 이스마엘이 이끄는 암살단은 치밀한 작전 계획을 세우고 그에 따라 움직였을 것이 분명하다. 따라서 사건이 발생하는 그 시간에 바깥에 있던 자들은 총독부 내에서 무슨 일이 발생하고 있는지 아무도 알지 못했다.

바벨론에 의해 완전히 패배한 상태였지만 유다 지역을 통치하는 총독 그다랴와 이방 군대의 주둔군과 많은 사람들이 머물고 있는 건물 안에서 그와 같은 일이 발생한다는 것은 상상하기 어려운 일이었다. 이미 패망한 유다 왕국의 남은 사람들이 그런 과감한 행동을 하리라고 예측할 수 없었기 때문이다. 그러므로 그 사건이 발생하고 나서 그 이튿날이 되었을 때도 그에 대한 실상을 아는 사람이 아무도 없었다.

2. 예루살렘 성전을 향해 가는 위장한 팔십 명에 대한 이스마엘의 응징 (렘 41:5-10)

총독부 내에서 그와 같은 살해극이 벌어지고 있는 상황중에 그에 관한 아무것도 감지하지 못하던 팔십 명의 사람들이 예루살렘을 향해 올라가고 있었다. 그들은 세겜과 실로와 사마리아 등 북쪽 지역으로부터 오는 자들로서 미스바 가까운 길을 지나가야만 했다. 원래 그들은 미스바를 방문하거나 그다랴를 만날 계획은 없었던 것으로 보인다.

하지만 그 사람들은 예루살렘 성전이 바벨론 군대에 의해 파괴된 상태였으나 그곳에 가서 하나님께 예물을 바치고자 했다. 그들은 폐허가 된 예루살렘을 향해 올라가면서 얼굴에 난 수염을 밀고 옷을 찢은 채 몸에 상처를 내고 있었다. 당시 이스라엘 자손의 성인 남성이 수염을 깎는다는 것은 모든 현실을 뒤로한 채 심각한 상태에 처해 있다는 사실을 말해주고 있다. 거기다가 입은 옷을 찢은 채 온몸에 상처를 내고 있는 것은 극단적인 상황이 아니면 취할 수 있는 행동이 아니었다.

그처럼 결연한 의지를 보이는 그 무리의 손에는 소제물과 향료 등 예물이 가득 들려 있었다. 예루살렘 성전이 완전히 파괴된 상태였으나 그들은 거기서 여호와 하나님 앞에 그 예물들을 바치고자 했기 때문이다. 그렇게 함으로써 저들이 처한 참혹한 형편을 드러내며 여호와 하나님의 도움을 받고자 했던 것이다.

그 사람들은 약속의 땅에 살아가는 남은 자들로서 총독 그다랴의 관할에 속해 있었다. 그들이 예루살렘으로 올라가고 있다는 소식을 미스바에 머물고 있던 이스마엘이 듣게 되었다. 당시는 그가 총독 그다랴와 그에게 속한 자들은 죽인 직후였다. 이스마엘은 그 사람들을 이스라엘 민족의 배신자 그다랴에게 속한 자들로 판단했다. 따라서 이스마엘은 그들을 도중에 딴 길로 유인해 죽이고자 작정했다.

그리하여 그는 미스바에서 나와 그 사람들 앞으로 나아가 마치 그들을 영접하러 나온 듯이 위장하여 맞이했다. 도중에서 그들을 만난 이스마엘은 울면서 간절히 얘기했다. 이는 자기도 그들과 동일하게 참담한 마음을 가지고 있다는 사실을 보여주기 위해서였다. 하지만 그와 같은 그의 행동은 가증스러운 위선이 아닐 수 없었다.

이스마엘은 그들을 향해 이제 자기와 함께 미스바로 들어가서 총독 그다랴를 만나보자고 설득했다. 당시는 이미 그다랴가 그에 의해 살해된 직후였으나 예루살렘으로 가는 자들은 그 사실을 전혀 알지 못했다. 그들은 가식적인 그의 눈물에 감복했으므로 그 권고를 받아들여 총독 그다랴를 만나기 위해 미스바를 향해 나아갔다. 하지만 그들이 미스바로 가는 길가에는 이스마엘에게 속한 살해조(殺害組)가 아무도 낌새채지 못하도록 숨어 잠복해 있었다.

팔십 명의 사람들이 미스바 총독부를 향해 가까이 가고 있을 때 저들을 총독부로 인도하던 이스마엘이 갑자기 돌변하여 잠복하고 있던 자기 부하들과 함께 그들을 무참히 살해하기에 이르렀다. 속수무책(束手無策)인 그들은 아무런 저항도 하지 못한 채 당할 수밖에 없었다. 결국 그들 가운데 칠십 명은 현장에서 살해되었으며 그들을 죽인 이스마엘 일행은 그 시체를 가까이 있는 구덩이에 던져 넣었다.

그런 중에 열 명의 남은 사람들은 이스마엘에게 생명을 구걸했다. 저들에게 밭에 감추어 둔 밀과 보리와 기름과 꿀을 그에게 바치겠으니 살려달라고 했던 것이다. 그 식량과 저들의 생명을 바꾸자는 것이었다. 더 많은 식량이 필요한 상태에 놓여있던 이스마엘은 그들이 하는 말을 받아들였다. 그리하여 그들의 제안을 받아들여 남은 열 명은 죽이지 않고 저들의 생명을 부지하도록 허락해 주었다. 자기의 생명에 집착하는 그들은 그다랴에게 충성하는 자들이 아니라고 판단했던 것으로 보인다.

이스마엘이 그다랴에게 속한 칠십 명을 죽인 후 그 시체를 던져 넣은 구덩이는 오래전 이스라엘 왕국의 바아사 왕의 침략을 두려워하여 미스바를 건축한 유다 왕국의 아사 왕이 전략적으로 파 둔 것이었다(렘 41:9; 왕상 15:17-22; 대하16:6, 참조). 바벨론 제국의 느부갓네살은 바로 그 성읍에 그다랴를 세워 패망한 유다 지역의 총독 직무를 감당하도록 했다. 이렇게 하여 이스마엘은 바벨론 왕에게 반기를 들고 총독 그다랴와 그에게 속한 충성스러운 자들을 죽여 구덩이에 던져 묻어버리게 되었던 것이다.

그리하여 이스마엘은 바벨론 제국의 느부갓네살 왕과 사령관 느부사라단이 유다 사람인 그다랴에게 위임한 모든 것들을 파괴했다. 그후 그는 전란을 피한 후 미스바에 남아있던 왕족의 가문에 속한 여성들과 많은 백성을 사로잡아 암몬 자손의 지역으로 가고자 했다. 당시 그곳은 아직 바벨론 제국의 손이 미치지 못하고 있었기 때문이다. 하지만 포로가 된 자들에게는 그 상황이 바벨론 지역으로 사로잡혀 가는 것과 버금 가는 끔찍한 일이었다.

3. 패망한 유다 잔병이 이스마엘의 세력을 추격함 (렘 41:11-15)

이스마엘과 그를 추종하는 세력이 유다 지역의 총독인 그다랴와 폐허된 예루살렘 성전을 찾아가던 팔십 명 가운데 칠십 명을 죽여 그 시체를 미스바 인근에 있는 구덩이에 던져 넣은 사실이 소문으로 퍼져나갔다. 그에 관한 소문은 당시 유다 잔병들의 군사령관이었던 요하난과 그와 함께 있던 다른 지휘관들에게도 전해졌다.

그에 관한 실상을 알게 된 그들은 악행을 저지른 이스마엘과 그가 이끌던 추종자들을 치기로 했다. 그리하여 요하난은 자기의 지휘 아래 있던 병사들을 데리고 암몬 땅으로 가고 있는 이스마엘 일행을 추격했다. 양쪽 진영에 속한 자들은 기브온 주변의 큰 물가에서 만나게 되었다.

이스마엘과 그의 추종자들에 의해 포로가 되어 사로잡혀 가던 자들은 요하난과 그 지휘관들이 나아오는 것을 보고 반가워했다. 이제 그들이 해방되어 암몬 자손이 다스리는 지역으로 끌려가지 않아도 된다는 소망이 생겼기 때문이다. 그리하여 그들은 망설이지 않고 요하난의 편으로 돌아서게 되었다.

그렇게 되자 이스마엘은 하는 수 없이 사로잡아 가던 백성들을 요하난의 세력에 넘겨줄 수밖에 없었다. 당시 이스마엘과 그를 따르던 추종자들은 요하난의 병사들과 맞서 싸울 만한 전력을 갖추지 못하고 있었다. 결국 이스마엘은 여덟 명의 측근만 대동한 채 요하난을 피해 도망치듯 암몬 자손의 영역으로 떠나갔다. 이스마엘은 암몬 땅에 이르렀으나 빈손이었으므로 암몬 왕으로부터 크게 대우받지 못했다.

이처럼 유다 왕국이 바벨론 제국에 의해 완전히 패망한 상황에서 뒤에 남은 유다 백성들 가운데서는 심한 갈등과 알력이 생겨나게 되었다.

이는 유다 왕국의 회복이 요원해 보인다는 사실을 말해주고 있다. 대다수 유력한 자들은 바벨론 지역으로 잡혀 간 상태였으며 또 다른 많은 사람들은 처형을 당했다. 그런 형편에서 남은 잔병들이 힘없고 가난한 자들을 일으켜 패망한 왕국을 재건한다는 것은 기대할 수 없는 일이었다.

4. 애굽으로 가려는 요하난과 그의 추종자들 (렘 41:16-18)

사령관 요하난과 그에게 속한 지휘관들은 이처럼 총독 그다랴를 살해하고 많은 백성들을 사로잡아 암몬 땅으로 가는 이스마엘의 세력을 추격하여 응징했다. 요하난은 기브온에 이르러 이스마엘이 미스바에서 잡아간 병사들과 여성들과 유아들과 관료들을 되찾았다. 그는 개인의 목적을 달성하기 위해 유다 백성을 무자비하게 살해한 후 남은 자들을 이방 지역으로 끌고 가는 이스마엘의 악행을 용납하지 않았던 것이다.

우리가 기억해야 할 바는 요하난 역시 이스마엘과 마찬가지로 반 바벨론주의자였다는 사실이다. 그점에 있어서는 이스마엘과 같은 입장이었다고 할 수 있다. 하지만 그가 유다에 속한 동족을 무참히 살해하고 그들을 강제로 암몬 지역으로 끌고 가는 행위는 결코 용납할 수 없는 문제였다.

하지만 요하난의 입장에서는 이스마엘과 그 추종자들을 정당하게 응징했으나 두려운 마음을 떨칠 수 없었다. 요하난과 그의 추종자들 역시 바벨론 군대가 두렵지 않을 수 없었기 때문이다. 따라서 이스마엘의 세력으로부터 포로가 된 백성들을 구출해낸 요하난은 유다 지역에 그대로 남아 있기 어려웠다.

그로 말미암아 요하난은 자기를 추종하는 자들과 이스마엘의 손아귀로부터 구출해낸 백성들을 데리고 애굽 땅으로 가고자 했다. 그것은 하나님의 뜻이 아니라 저들이 처한 형편에 대한 주관적인 판단에 따른 것이었다. 결국 그들은 애굽 땅으로 내려가기 위해 베들레헴 인근에 위치한 '게롯김함'으로 가서 잠시 머물게 되었다.

　바벨론의 느부갓네살 왕에 의해 유다 지역 총독으로 임명받은 그다랴를 죽인 이스마엘이 같은 유다 민족이었을 뿐 아니라 자기도 바벨론 제국에 저항하고 있었으므로 요하난은 자기에게 돌아오게 될 후환(後患)이 두려웠다. 그들이 직접 총독을 살해하지 않았음에도 불구하고 바벨론 군대로부터 의심을 살 만한 형편에 놓여 있었던 것이다. 추궁을 당하게 되면 그에 대한 아무런 변명의 여지가 없었다. 패전국에 속한 남은 군대의 사령관으로서 저들에게 항복하지 않는 것 자체가 중대한 문제가 되었기 때문이다. 이처럼 그들은 또다시 심각한 궁지에 몰리는 형국에 처하게 되었다.

제42장

요하난의 요청과 선지자 예레미야의 예언

(렘 42:1-22)

1. 예레미야의 자문을 구하는 요하난과 백성들 (렘 42:1-3)

요하난을 비롯한 그와 함께 남은 모든 지휘관들은 장래를 염두에 두고 취해야 할 행동에 대한 뚜렷한 확신이 서있지 않았다. 당시 벌어진 사건으로 인해 궁지에 몰린 그들은 애굽으로 내려가고자 했으나 그것이 확실한 보장이 되지 않는다는 사실을 알고 있었다. 따라서 그들이 비록 올바른 신앙을 가진 것은 아니었으나 궁여지책(窮餘之策)으로 애굽으로 가는 것이 하나님이 원하는 방법인지 알아보고자 했다.

그리하여 요하난과 여러 지휘관들을 비롯한 거기 있던 모든 사람들이 선지자 예레미야에게 나아갔다. 그를 통해 여호와 하나님의 뜻이 과연 어떠한지 알아보고자 했기 때문이다. 그들은 예레미야가 선지자라는 사실을 알고 있었으므로 그가 전하는 예언을 통해 자기들의 앞으로 취할 행동에 대한 하나님의 뜻을 들어보고자 했던 것이다.

하지만 그들은 예레미야가 전하는 하나님의 예언을 들은 후 그대로 따라 순종할 자세를 가지고 있지는 않았다. 만일 선지자가 저들이 원하는 바대로 예언하면 그것을 빌미로 삼아 순진한 백성들을 쉽게 애굽으로 데려가고자 했다. 하지만 저들이 원하지 않는 다른 방향으로 예언이 주어진다면 그것을 거부할 마음을 먹고 있었다.

그와 같은 예민한 상황 가운데서 그들은 선지자 예레미야에게 하나님 앞으로 나아가 저들을 위한 기도를 해주도록 요청했다. 힘든 상황에 처해 있으면서 탄원하는 저들의 소리를 듣고 거기 모인 자들을 위해 여호와 하나님께 기도해 달라는 것이다. 그리하여 하나님의 뜻이 어떠한지 알고 싶다는 것이었다. 물론 그 자리에 모여 있던 사람들은 이스라엘의 전역에 흩어진 자들 가운데 지극히 적은 무리에 지나지 않았다.

이 말 가운데는 거기 모인 무리로서는 패망한 유다 왕국을 위해 미래를 열어나갈 만한 여력이 없다는 의미를 내포하고 있다. 즉 여호와 하나님의 절대적인 도우심이 필요하다는 것이다. 따라서 선지자 예레미야가 하나님께 간곡히 기도하여 장차 저들이 마땅히 나아가야 할 길과 행해야 할 바를 알 수 있기 원한다는 말을 했다. 이는 절박한 형편에 처한 저들의 심정을 여실히 보여주고 있다.

2. 선지자 예레미야의 반응과 요하난측 사람들의 태도 (렘 42:4-6)

요하난 일행의 간곡한 요청을 듣게 된 선지자 예레미야는 그들을 향해 말했다. 저들의 형편을 잘 들었으니 그 요구하는 대로 이스라엘의 하나님 여호와께 나아가 기도해보겠노라고 했다. 그리하여 하나님께서 자기에게 응답하시는 모든 내용을 숨김없이 저들에게 전하리라는 약속을 했다.

예레미야의 말을 들은 요하난 일행은 여호와 하나님께서 선지자를 통해 말씀하시는 대로 따라 순종하겠다는 다짐을 해보였다. 하나님이 선지자를 자기 무리에게 보낸 자로 받아들이겠다는 것이다. 나아가 저들이 그렇게 말하는 것은 진심이므로 여호와 하나님께서 친히 진실하고 성실한 증인이 되어달라는 말을 덧붙였다. 이는 하나님과 선지자 앞에서 맹세하는 것이며 스스로 다짐하는 의미를 지니고 있다.

그러므로 요하난 일행이 선지자 예레미야를 특별히 하나님께 보내 간구하도록 요청하는 것은 그의 목소리를 듣고 온전히 청종하기 위해서라고 했다. 그 말이 저들에게 좋게 들리는 내용이든지 혹은 그렇지 않은 내용이든지 상관없이 무조건 그 말씀에 순종하겠다는 다짐을 했던 것이다. 나아가 하나님의 뜻에 온전히 순종하게 되면 저들에게 복이 임하게 되리라는 사실을 언급하기까지 했다.

하지만 그들의 입술을 통해 나온 모든 말은 진심이 아니었다. 단지 종교적 입장을 드러내며 입술로 위선적인 표현을 했을 따름이다. 즉 선지자 예레미야가 듣는 앞에서 그렇게 말하면 여호와 하나님께서 마치 저들이 원하는 방향으로 응답해 주시리라는 생각을 하며 종교적인 약은꾀를 부리고 있었던 것이다. 하지만 하나님께서는 결코 마음에 없는 그와 같은 거짓 입술에 넘어가시는 분이 아니다.

3. 예레미야를 통해 선포된 여호와의 말씀 (렘 42:7-12)

요하난 일행이 선지자 예레미야를 찾아와 하나님께 기도를 부탁한 후 열흘이 지난 뒤 여호와 하나님의 말씀이 선지자 예레미야에게 임했다. 그리하여 그는 요하난과 그를 따르는 모든 군 지휘관과 함께 있던 백성들을 한자리에 모이도록 했다. 이제 저들에게 하나님의 예언을 전달하기 위해서였다.

예레미야는 먼저 저들을 향해, 그들이 자기를 여호와 하나님께 보내 간구하도록 요구한 사실을 상기시켰다. 그래서 하나님께 기도한 결과 응답해 주셨다는 것이다. 이제 요하난 일행은 하나님의 말씀을 듣고 그에 온전히 순종해야만 했다.

그는 여호와 하나님께서 요하난을 비롯한 모든 백성들에게 애굽 땅으로 내려가지 말라고 응답하신 사실을 전했다. 어려운 여건이라 할지라도 약속의 땅 가나안에 눌러앉아 살아가게 되면 하나님께서 저들을 세워주실 것이며 허물어 파멸시키지 않으시리라는 것이었다. 그리고 그들을 그 땅에 깊이 심어 뽑아내지 않으실 것이라고 했다. 하나님께서 뜻을 돌이켜 유다 자손들에게 내린 모든 재앙에 대하여 곧 끝을 내시겠다는 것이다.

이 말씀은 패망한 유다 왕국에 속한 백성들을 원래의 상태로 회복시켜 주시고자 하는 하나님의 뜻을 보여주고 있다. 따라서 하나님께서는 이스라엘 자손이 더 이상 바벨론 왕 느부갓네살을 겁내지 않아도 된다는 점을 언급하셨다. 하나님께서 고통에 빠진 백성들과 함께 계시리라고 약속하셨던 것이다. 그리하여 장차 하나님께서 바벨론의 압제를 받는 언약의 자손을 저들의 손아귀로부터 구출해 내시리라는 것이었다.

선지자 예레미야는 또한 하나님께서 저들을 불쌍히 여기고 계시므로 긍휼을 입게 되리라는 사실을 말했다. 따라서 바벨론 제국의 왕으로 하여금 저들에게 자비를 베풀도록 하여 빼앗긴 땅인 본향으로 돌려보내게 하리라고 했다. 선지자 예레미야가 예언한 이 모든 말씀은 장차 하나님의 섭리와 경륜에 따라 발생하게 될 일에 연관되어 있었다.

4. '애굽으로 가지 말라'는 하나님의 경고 (렘 42:13-17)

하나님의 말씀에 온전히 순종하는 자들에게 임하는 놀라운 은혜와 달리 그에 불순종하는 자들에게는 무서운 심판이 기다리고 있다. 만일 요하난을 비롯한 그의 추종자들이 하나님의 뜻을 거역하고 약속의 땅에 남는 것을 거부한다면 하나님의 무서운 징계가 따르게 된다. 저들의 미래의 소망은 외부적인 삶의 조건이나 환경이 아니라 오직 하나님의 말씀에 순종하는 자세에 연관되어 있다.

그러므로 선지자는 저들을 향해 겉보기에 모든 것이 평온하게 보이는 애굽으로 가고자 하는 어리석은 마음을 먹지 말라고 당부했다. 그들의 눈에는 애굽인들이 사는 땅에는 전쟁도 없고 전쟁을 알리는 나팔소리도 없으며 먹을 양식도 풍부한 것처럼 보였다. 따라서 애굽에 내려가서 살면 모든 것이 안전하리라고 여겼다.

하지만 선지자 예레미야는 저들의 그와 같은 사고가 크게 잘못된 것이라는 사실을 지적했다. 여호와 하나님을 의지하는 마음을 버리고 주변의 환경이나 조건에 의존하는 것은 하나님의 뜻에 반하는 태도로서 무서운 재앙을 몰고 오게 될 따름이었기 때문이다. 언약의 백성이라면 오직 여호와 하나님을 바라보며 그의 뜻에 온전히 순종할 때 진정한 은혜를 입게 되는 것이다.

그러므로 예레미야는 만일 그들이 하나님의 말씀을 귀담아 듣지 않고 애굽 땅에 들어가서 살기로 고집한다면 그들이 피하고자 하는 모든 재앙들이 그 뒤를 따라가리라고 했다. 전쟁이 없는 곳이라 여기고 있지만 저들이 겁내는 날카로운 칼이 저들에게 미칠 것이며 저들이 두려워하는 기근이 애굽에 급속히 임하게 되리라고 했다. 그렇게 되면 생명을 보존하고 살기 위해 애굽 땅으로 피해 가지만 거기서 죽게 되리라는 것이었다.

그러므로 가나안 땅에 머물라고 하신 하나님의 뜻을 멸시한 채 목숨을 부지하고자 애굽으로 내려가 살기로 고집하는 자들은 하나님으로부터 임하는 모든 재앙을 피할 수 없다. 피하고 싶은 전쟁의 칼과 양식이 없어 겪는 기근과 무서운 전염병이 그들에게 임하여 거기서 죽게 된다. 그 모든 재앙은 자연적인 현상으로 말미암아 발생하는 것이 아니라 하나님께서 의도하여 내리는 재앙이므로 그것을 벗어날 자가 없는 것이다.

5. 귀를 막고 불순종하려는 자들을 향한 하나님의 심판 선언
(렘 42:18-22)

하나님께서는 거기 모인 자들의 마음속에 숨겨진 사악한 태도를 잘 알고 계셨다. 그들은 하나님의 말씀을 들어본 후 자기의 생각과 같으면 순종하는 척 행동하겠지만 그렇지 않으면 하나님을 배반하게 된다. 그러므로 하나님께서는 저들을 향해 다시금 자신의 뜻을 강조해 말씀하셨다.

만일 그들이 애굽으로 내려간다면 그곳에 도착할 때 즈음 하나님의 진노로 인한 무서운 재앙이 저들에게 임할 것이라는 경고를 하셨다. 지나간 때 배도에 빠진 예루살렘 주민에게 자신의 노여움과 분노를 쏟아 부었던 것처럼 그와 동일한 재앙을 저들에게 내리시겠다는 것이다. 그렇게 되면 그들은 그곳 이방인들로부터 저주와 증오와 치욕의 대상이 되어 조소거리가 될 것이며, 다시 약속의 땅을 보지 못하도록 하실 것이라고 했다.

그러므로 선지자 예레미야는 요하난과 그와 함께한 모든 남은 자들을 향해 간곡히 말했다. 애굽 땅으로 내려가지 말라는 하나님의 말씀에 온전히 순종하라고 당부했던 것이다. 여호와 하나님께서 자기를 통해 경고하신 그 모든 메시지를 절대로 가볍게 여겨서는 안 된다는 것이다.

예레미야는 거기서 며칠 전 요하난과 그 일행이 자기를 찾아와 여호와께 보내 기도하라고 당부한 사실을 상기시켰다. 그때 자기가 하나님의 응답을 듣고 저들에게 전하면 그대로 따르겠다고 약속하지 않았느냐는 것이다. 하지만 이제 그들은 처음에 하나님의 이름으로 맹세하고 다짐한 모든 것을 버림으로써 여호와 하나님과 선지자뿐 아니라 저들 자신마저 스스로 속였다는 것이다.

선지자는 저들이 이스라엘 민족의 하나님이라고 믿는 여호와께서 자기에게 명령하신 모든 내용을 저들에게 가감 없이 그대로 전했다고 말했다. 그런데 그들은 하나님의 목소리를 듣고도 순종할 마음이 전혀 없다는 사실을 지적했다. 따라서 그들이 고집을 피워 애굽으로 내려가서 머물고자 하는 장소에 이르면 칼과 기근과 전염병이 저들에게 임하게 되어 죽음을 피하지 못하리라는 사실을 분명히 알고 있으라는 경고를 했다.

제43장

애굽으로 내려가는 유다 백성과 선지자 예레미야

(렘 43:1-13)

1. 예레미야가 전한 하나님의 말씀을 거역하는 자들 (렘 43:1-3)

선지자 예레미야는 하나님으로부터 계시받은 모든 말씀을 거기 모인 백성들에게 그대로 전달했다. 하나님께서 저들에게 애굽으로 내려가지 말라고 한다는 것이다. 그것은 그들을 위한 하나님의 간곡한 당부였음에도 불구하고 그들은 그 말씀을 받아들이기를 거부했다.

그와 같은 불신앙적인 태도를 통해 그전에 그들이 여호와 하나님 앞에서 순종하기로 맹세한 모든 것이 거짓이었음이 드러나게 되었다. 또한 선지자 예레미야를 하나님께 보내면서 어떤 내용일지라도 그에 순복하겠다고 한 말도 진심이 아니었음이 판명되었다. 그들은 자신의 왜곡된 신앙을 앞세워 감히 하나님과 종교를 이용하고자 했을 따름이다.

그리하여 당시 그 지도자들은 원래 마음먹고 있던 고집을 꺾으려 하지 않았다. 그들은 자신의 판단에 따라 애굽 땅으로 내려가서 살기를 원했다. 그런 생각을 하고 있던 자들은 자신의 종교적인 감정을 곧 신앙으로 여겼다. 그들은 하나님의 예언을 따르지 않은 채 신앙에 대한 근본적인 오해를 하고 있었다.

그러므로 저들이 애굽 땅으로 내려가기를 하나님께서 허락하시는데 예레미야가 올바르게 예언하지 않았다고 억지를 부렸다. 즉 예레미야가 바벨론 제국의 편에서 저들에게 불리한 말을 하는 것으로 생각했다. 거기다가 참 선지자가 아닌 주변을 배회하던 다른 거짓 예언자들은 정치적으로 저들의 편에 서서 예레미야를 맹렬하게 비난했다.

배도의 길에 들어선 그 사람들은 하나님을 자기가 원하는 대로 모든 것을 들어주는 존재로 만들어가고자 했을 따름이다. 따라서 저들이 원하는 것에 반하거나 불리하다고 판단되는 모든 것들을 배척했다. 그와 같은 상황에서 순진한 백성들을 미혹하여 하나님의 뜻을 호도하기를 되풀이했다. 하지만 그와 같은 태도는 선지자 예레미야뿐 아니라 여호와 하나님께 강하게 저항하는 행동에 지나지 않았다.

이처럼 예레미야의 입술을 통해 선포되는 모든 예언을 들은 요하난을 비롯한 그의 추종자들은 예레미야에게 정면으로 도전하며 책망했다. 그가 저들에게 하나님의 말씀을 그대로 전하지 않고 거짓으로 예언한다고 주장하기를 주저하지 않았다. 여호와 하나님께서는 절대로 저들에게 애굽에 내려가 살려는 마음을 버리라고 말씀하지 않았다는 것이다.

이는 그들이 선지자 예레미야에게 자기들이 원하는 대로 하나님의 예언을 받아오라고 협박하는 것과 마찬가지였다. 그러나 예레미야는 하나님으로부터 응답받은 계시의 말씀을 그대로 전달할 수밖에 없었다. 하나님께서 저들에게 전하라고 명령한 말씀을 마음대로 변개하는 것은 무서운 죄가 되기 때문이다.

그러므로 하나님의 예언을 들은 자들은 오히려 더욱 강력하게 반응하며 예레미야를 유다 민족을 약화시키는 역적으로 몰아세웠다. 그와 함께 머물고 있던 서기관 바룩이 그를 부추겼으므로 그 말을 듣고 거짓을 예언했다는 것이다. 즉 예레미야가 바룩의 말에 속아 애굽으로 가고자 하는 요하난 일행에 대하여 대적하는 말을 하기를 서슴지 않았다는 것이다.

그들은 예레미야와 바룩이 유다 지역의 남은 자들로 하여금 애굽 땅으로 내려가지 못하게 함으로써 저들을 갈대아 군대 병사들의 손에 넘겨주려는 나쁜 의도를 가지고 있다는 주장을 했다. 그렇게 되는 날이면 일부는 죽임을 당하게 될 것이며 나머지는 바벨론 땅으로 사로잡혀 가게 될 것이 아니냐고 몰아붙였다. 이는 선지자를 바벨론 제국의 첩자로 간주하는 의미를 지니고 있었다.

이처럼 요하난은 선지자 예레미야가 저들이 원하지 않는 부정적인 예언을 하자 그를 더욱 의심하기에 이르렀던 것이다. 그들의 입장에서 볼 때는 그가 그때까지 바벨론 땅으로 사로잡혀 가지 않고 약속의 땅 가나안에 남아있게 된 것은 전적으로 바벨론 제국의 느부갓네살 왕의 배려 때문이었다. 저들의 눈에는 그와 같은 모든 정황이 예레미야의 본심을 의심하기에 충분한 것으로 판단되었다. 물론 예레미야에 대한 그들의 일방적인 의심은 전적으로 잘못된 것이었다.

2. 하나님의 뜻에 불순종한 자들과 애굽으로 끌려가는 선지자 예레미야 (렘 43:4-7)

인간들의 종교에 연관된 인식은 자기의 판단이 옳다는 믿음을 가지게 한다. 그 인식에 빠진 자들은 항상 자기가 가장 올바른 신앙을 소유한 것으로 착각하고 있다. 본문에 언급된 그 당시에도 그와 동일한 문제가 표출되었다.

요하난을 비롯한 패망한 유다 왕국의 남은 군 지휘관들과 그와 함께 있던 모든 백성들은 예레미야가 전하는 하나님의 말씀을 받아들이지

않았다. 그들에게 유다 땅을 떠나지 말고 그곳에서 머물러 살도록 요구
하신 여호와 하나님의 명령을 받아들이기를 거부했다. 즉 그들은 하나
님을 진심으로 믿기는커녕 그를 이기적인 욕망 추구와 핑계의 대상으
로 삼았을 뿐 그 이상의 존재로 여기지 않았다.

그리하여 그들은 여호와 하나님의 뜻을 어기고 애굽 땅으로 내려가
고자 실행에 옮겼다. 물론 거기 모여 있던 사람들을 앞에서 인도하는
자들은 요하난과 그를 추종하는 지휘관들이었다. 그리고 그 가운데는
유다 지역에 있는 자들과 그 땅에서 바벨론의 군대를 피해 주변 지역으
로 도망갔다가 되돌아온 백성들이 포함되어 있었다. 그들 중에는 남성
과 여성, 어린이들도 상당수 있었다.

뿐만 아니라 유다의 왕족 혈통에 속한 여성들도 섞여 있었으며 바벨
론 군대의 사령관 느부사라단이 유다 출신 총독 그다랴에게 통치를 맡
겼던 백성들이 많이 있었다. 나아가 선지자 예레미야와 서기관 바룩도
그에 포함되어 있었다. 하나님을 경외하는 선지자였던 예레미야와 서
기관 바룩은 자원하는 마음으로 애굽 땅에 내려간 것이 아니었다.

이는 요하난의 세력이 상당수 유다 백성을 강제로 끌고 애굽에 내려
가게 되었음을 말해주고 있다. 요하난을 비롯한 군 지휘관들은 이렇듯
이 큰 무리를 이끌고 애굽 땅으로 내려갔다. 그렇게 그들은 먼 길을 걸
어 낯선 애굽 땅 다바네스18)에 도착하게 되었다.

그들은 하나님의 말씀을 순종하지 않고 선지자가 전하는 그의 예언
에 반하는 행동을 하면서도 그들은 스스로 애국자라도 되는 양 착각하
고 있었다. 그렇게 하는 것이 바벨론 세력에 저항하는 표시이자 패망한
유다 왕국을 위한 희망의 불씨가 되리라고 여겼던 것이다. 하지만 그것
은 여호와 하나님을 진노케 하는 악한 행위에 지나지 않았다.

---

18) 다바네스(Tahpanhes)는 '흑인의 요새'란 의미를 지니고 있다. 외부 세력의 침
략에 대비하여 높은 성벽으로 둘러쳐진 견고한 요새이다.

3. 애굽 땅 '다바네스'에서 있었던 예레미야의 예언 (렘 43:8-11)

요하난의 총지휘 아래 있던 군 지휘관들과 이스라엘 자손이 애굽의 중요한 전략 요충지인 다바네스에 도착했을 때 선지자 예레미야에게 하나님의 말씀이 임했다. 우리가 여기서 또다시 깨닫게 되는 것은 그 모든 백성들 가운데 하나님 보시기에 가장 중심적인 자리에 있는 중요한 인물은 하나님의 계시를 받는 '선지자'라는 사실이다. 정치 지도자나 군사 지휘관이 그들의 중심적인 지위에 있는 듯 하나 실상은 그렇지 않았다. 나아가 그곳으로 내려간 이스라엘 백성의 집단 공동체가 중심이 되었던 것도 아니었다.

오늘날 우리도 이를 통해 매우 중요한 교훈을 얻을 수 있어야 한다. 세상에 살아가는 인간들 가운데 중심적인 역할을 하는 인물은 정치 지도자들이나 군사 지휘관들이 아니다. 혹은 경제인들이나 과학자들과 기술자들도 아니다. 나아가 일반 종교 지도자들이나 문화인들이 시대의 중심적인 역할을 하는 것도 아니다. 지금도 여전히 인간 역사의 중심적인 역할을 하는 존재는 과거의 선지자들이나 사도들처럼 하나님으로부터 계시된 말씀을 올바르게 전하는 하나님의 일꾼들이다.

유다 백성이 애굽 땅의 다바네스에 도착했을 때 하나님께서는 선지자 예레미야를 불러 그에게 예언의 말씀을 주셨다. 그리하여 예레미야에게 애굽으로 내려온 유다 사람들을 한자리에 모으고 그들 앞에서 하나님께서 지시하시는 특별한 행위예언을 전하도록 요구하셨다. 하나님께서는 예레미야를 향해 직접 밖으로 나가서 큰 돌 여러 개를 가져오라고 말씀하셨다. 그 돌들을 애굽의 바로 왕을 위해 지은 다바네스의 궁전 어귀 벽돌이 깔린 곳으로 가지고 가서 진흙으로 덮어 감추어두라고 명하셨다. 그리고는 그곳에 모인 유다 백성들을 향해 그 행위예언에 연관된 의미를 선포해 전하라고 말씀하셨다. 그 명령을 들은 선지자 예레미야는 만군의 하나님 여호와께서 말씀하신 바를 그대로 행하고 백성들에게 그 예언의 의미를 전하겠노라고 했다. 따라서 그는 거기 모인 자들에게 장차 하나님께서 바벨론 왕 느부갓네살을 애굽 땅으로 불러 오시리라고 하신 예언의 말씀을 전했다.

느부갓네살 왕이 군대를 이끌고 애굽 땅을 침략하게 되면 자기가 감춘 그 돌들 위에 그의 옥좌(玉座)를 차리도록 명하고 그 위에 화려한 큰 천막을 치게 되리라고 했다. 이는 바벨론 제국이 애굽을 침략해 승리를 거두게 되리라는 의미를 지니고 있다. 그가 애굽인들을 굴복시킨 후 죽일 자는 죽이고 일부 인사들은 포로로 사로잡아 바벨론 지역으로 끌고 가리라는 것이었다. 그리고 자기에게 저항하는 자들을 가차 없이 칼로 쳐 죽이게 되리라고 했다. 앞으로 그와 같은 끔찍한 일이 벌어지게 될 바로 그 자리에 어리석은 유다 백성들이 내려와 있다는 것이다. 하나님의 말씀을 거역하고 제 마음대로 판단한 자들이 장차 겪어야만 할 처참한 상황이 눈앞에 놓여 있었던 것이다.

4. 이방 신상들과 신당들에 임할 하나님의 심판 (렘 43:12, 13)

하나님께서는 예레미야를 통해 예언하신 말씀과 더불어 장차 애굽 땅의 신상들을 모신 신당들을 불살라버릴 것이라고 말씀하셨다. 느부갓네살 왕이 그 신당에 불을 지르게 될 것이며 그에 연관된 모든 사람들을 사로잡게 되리라고 하셨다. 이는 바벨론의 왕이 자기의 구체적인 사적인 계획과 상관없이 부지중에 여호와 하나님께서 계획하신 바를 이루어가게 된다는 사실을 말해주고 있다.

또한 바벨론 군대가 태양신의 신전인 벧세메스[19]에 모아둔 석상들

---

[19] 벧세메스(Beth-Shemesh)는 '태양의 집'이라는 의미를 지니고 있다. 이는 '태양신을 섬기는 신전'을 지칭하고 있다. 가나안 땅 여러 곳에도 그와 같은 벧세메스라는 이름을 가진 지명들이 있었다. 예루살렘으로부터 남쪽으로 3km 가량 떨어진 곳에도 있었으며, 북부의 납달리 지역에도 동일한 지명이 나타난다(수 19:38).

을 무자비하게 깨뜨리고 애굽의 모든 종교적인 중심영역을 완전히 파괴할 것이라고 했다. 이는 애굽인들의 종교적이며 신앙적인 모든 것을 완전히 없애버린다는 사실을 말해준다. 이는 저들의 삶에서 가장 밑바탕이 되는 가치의 근거를 허물게 된다는 사실을 의미하고 있다.

결국 바벨론 제국의 느부갓네살 왕은 침략전쟁에서 승리를 거둔 후 양치는 목자가 자기 몸에 옷을 두르는 것처럼 애굽 땅을 자기 몸에 두르고 평안히 그곳을 떠나가게 되리라고 하셨다. 이는 느부갓네살의 일방적인 화려한 승리를 예언하는 의미를 지니고 있다. 바벨론 제국 군대가 침략해 옴에도 불구하고 애굽인들은 그에 대하여 어떤 저항조차 하지 못하리라는 것이었다. 따라서 마치 허수아비처럼 아무런 세력이 없는 애굽으로 피신한 유다 백성들의 어리석음을 그대로 드러내 보여주고 있다.

제44장

애굽 땅에 거하는 유다인들의 배도와
하나님의 심판 예언

(렘 44:1-30)

1. 애굽 땅에 거하는 모든 유다인들에게 주어진 경고의 메시지

(렘 44:1-6)

요하난을 비롯한 사람들과 선지자 예레미야와 서기관 바룩이 애굽으로 내려오기 전 이미 애굽에서 살아가는 유다인들이 상당수 있었다. 그들 가운데 다수는 바벨론 군대의 침공을 피해 온 자들이었다. 그들은 목숨을 부지하고자 애굽의 여러 지역에 흩어져 살아가고 있는 상태였다.

하나님께서는 믹돌과 다바네스와 놉과 바드로스 지방 등 애굽 땅 전역에 흩어져 살아가는 유다 백성들을 향하여 예언의 말씀을 전했다. 그전에 하나님께서 예루살렘과 유다의 모든 성읍에 내린 끔찍한 모든 재난을 저들이 직접 목격하지 않았느냐는 것이다. 이스라엘 자손이 선민(選民)이란 자부심과 더불어 거룩한 곳이란 확신을 가지고 있던 그 가나안 땅이 황무지가 되었으며 이제 그곳에 살아가는 사람들이 없다는 사실을 언급하셨다.

하나님께서 저들을 심판하여 무서운 재앙을 내리신 까닭은 언약의 백성들이 하나님을 버리고 배도했기 때문이라고 말씀하셨다. 그들은 이스라엘 자손과 그들의 조상이 알지 못하던 다른 이방 신들에게 나아가 분향하며 섬기는 사악한 행위를 했다. 그와 같은 이방인들의 신앙을 받아들이는 것은 하나님의 진노를 불러일으킨 사악한 행동에 지나지 않았다.

배도에 빠진 백성들이 그런 악행을 저지를 때도 하나님께서는 인내하며 그들이 돌아오기를 기다리셨다. 그것을 위해 그들에게 끊임없이 자신의 종인 여러 선지자들을 보내 메시지를 전하셨다. 하나님께서 이방의 우상 신들을 섬기는 저들의 사악한 행위를 미워하여 가증하게 여기신다는 사실을 전하며 그로부터 돌아서라고 요구하셨다는 것이다.

그럼에도 불구하고 배도에 빠진 백성들은 하나님께서 보내신 선지자들의 말을 귀담아 듣기를 거부했다. 그들은 하나님의 예언을 무시한 채 이방인들의 우상 신들에게 분향하는 행위를 중단하지 않고 지속했다. 그들은 하나님께서 가증하게 여기는 사악한 우상숭배 행위로부터 돌이키지 않았던 것이다.

그러므로 여호와 하나님께서는 저들에게 무서운 재앙을 내리시기로 작정하고 실행에 옮기셨다. 하나님의 분노와 진노를 예루살렘과 유다의 성읍들 위에 쏟아 부으셨다. 그리하여 모든 건축물과 거리를 불살라 버리셨다. 그로 말미암아 유다 지역의 모든 도시와 집들은 완전히 파괴되어 황폐한 상태가 되어버렸던 것이다.

2. 회개를 촉구하는 하나님의 간곡한 말씀 (렘 44:7-10)

유다 왕국이 패망하기 오래 전부터 이스라엘의 배도자들에게 무서운 재앙을 내리신 하나님께서 이제 애굽 땅에 피신해 온 자들을 향해 말씀하셨다. 그와 같은 끔찍한 일을 겪고 이방에서 살아남기 위해 몸부림치면서도 어떻게 뉘우치는 자세가 전혀 보이지 않느냐고 책망하셨다. 애굽 땅에서 더러운 우상 신을 섬기는 저들의 엄청난 악행은 자신의 영혼을 해하게 될 따름이라는 것이다. 그 악행을 지속한다면 저들 가운데 있는 남자와 여자와 어린이들과 젖먹이들까지 멸절하여 살아남는 자가 없도록 하겠다고 하셨다.

애굽 땅에 내려온 자들은 유다 왕국과 이스라엘 민족이 패망한 상태에서도 저들의 잘못이 무엇인지 전혀 깨닫지 못하고 있었다. 그들은 자기 손으로 조각하여 만든 이방의 우상 신들에게 분향하는 일을 행하기를 주저하지 않았다. 그것은 하나님의 분노를 일으켜 재앙을 몰고 오는 사악한 행동이었다.

그러므로 하나님께서는 애굽 땅으로 내려가 머물러 살면서 다른 이방 신들을 향해 분향하는 자들의 행위를 절대로 용납지 않으실 것이라고 했다. 그들이 그런 악행을 저지름으로써 멸망을 자처하고 있다는 사실을 말씀하셨다. 그로 말미암아 그들은 세상의 여러 나라와 족속들 가운데서 저주와 수치거리가 될 수밖에 없게 된다.

애굽의 이스라엘 자손들은 과거 유다 땅과 예루살렘과 여러 성읍에서 저들의 조상들이 저지른 모든 악행과 유다의 왕과 왕비들의 배도 행위 및 백성들과 그 아내들의 악행을 완전히 잊어버리고 있었다. 따라서 그들은 당시에도 하나님 앞에서 겸손한 마음이 없었으며 하나님을 경외하는 마음도 없었다. 그들은 하나님께서 저들과 그 조상들 앞에 세우신 율법과 법규를 지켜 행하지 않은 채 우상숭배에 깊이 빠져있었다.

언약의 자손이라 주장하면서도 어리석은 사고를 하는 자들은 이방인들의 땅에 가서 살면서 그들의 종교와 문화에 적응하고자 애썼다. 그들은 애굽에 살아가는 동안 애굽의 신들을 섬기며 적응하는 것이 지혜로운 처신인 양 착각하고 있었다. 즉 애굽 땅의 신들을 섬김으로써 그 땅에서 그로부터 복을 받고자 했던 것이다. 그들은 그것이 복을 받는 길이 아니라 패망의 길이란 사실을 전혀 모르고 있었던 것이다

3. 배도를 고집하는 백성들에 대한 하나님의 심판 예언 (렘 44:11-14)

하나님께서는 스스로 언약의 백성이라 여기면서 애굽에 살아가며 더러운 이방 신을 만들어 섬기는 자들을 향해 경고의 말씀을 주셨다. 배도의 길에서 돌이키지 않는 자들을 향해 재앙을 내리고 온 유다를 끊어 버리시리라는 것이었다. 그것은 무서운 심판에 대한 하나님의 예언 선포였다.

또한 하나님께서는 유다를 떠나 애굽 땅에 머물러 살기를 고집하고 그리로 들어간 자들을 엄히 처단하겠다는 말씀을 하셨다. 그들은 바벨론으로 사로잡혀 간 사람들보다 더 악한 자들이었다. 바벨론 포로가 된 자들은 원하지 않았지만 강압적으로 끌려갔다. 그에 반해 애굽으로 내려간 자들은 자발적으로 가나안 본토를 버리고 제 살길을 찾아 이방 땅으로 내려갔다. 거기서 좀 더 나은 삶을 꾸려보고자 했던 것이다.

그러나 하나님께서는 그 배도자들을 절대로 그냥 두시지 않으리라고 했다. 그들을 반드시 처단하실 것이며 애굽 땅에 있는 모든 유다인들이 그곳에서 멸망하여 엎드러지리라고 하셨다. 그들은 전쟁의 칼과 식량의 기근으로 말미암아 멸망당할 것이며 빈부격차나 사회적 지위와 신분에 상관없이 모두가 그렇게 되리라는 것이었다.

그리하여 애굽 땅에 내려가서 새로운 삶을 살고자 꿈꾸던 자들은 다 멸망하게 된다. 그들이 예상치 못하던 하나님의 저주를 받게 되면 놀라지 않을 수 없다. 나아가 그 모든 과정을 지켜보는 애굽 사람들은 피난 온 유다인들을 보면서 조롱할 것이며, 저들로부터 수치의 대상이 될 따름이었다.

하나님께서는 애굽으로 내려온 유다인들을 벌하실 때 예루살렘에서

행했던 것처럼 엄벌을 내리실 것이라고 하셨다. 그리하여 전쟁의 칼을 통해 그 배도자들을 죽음에 내어줄 것이며 음식을 먹지 못해 굶주리는 자들이 심한 고통에 빠지게 된다. 또한 무서운 전염병으로 인해 그 위기를 피할 방법이 없게 된다.

애굽 땅에 들어가서 거기 머물러 살고자 했던 유다인들 가운데 그 재앙을 피할 자는 없다. 그 극한 고통을 겪으며 다시금 가나안 본토로 이주해가고자 할지라도 그 뜻을 이루지 못한다. 단지 목숨을 부지하고자 그곳을 탈출하여 도망하는 소수의 사람들만 가나안 땅으로 되돌아 갈 수 있을 뿐이다.

이는 스스로 약속의 땅을 버리고 애굽 땅으로 내려간 자들에 대한 하나님의 심판 선언이다. 오래전 그들의 조상은 그 애굽 땅에서 종살이하며 살다가 하나님의 인도하심에 따라 모세의 지도를 받아 그곳을 탈출했다. 오랜 세월이 흐른 후 다시금 바로 그 이방지역으로 내려가 살고자 하는 마음을 가지고 하나님의 뜻을 거스르는 것은 무서운 재앙을 불러오게 될 수밖에 없었던 것이다.

4. 참람한 지경에 빠진 배도자들의 저항 (렘 44:15-19)

무지한 자들의 특색은 하나님의 말씀을 들을 생각조차 하지 않고 곧바로 거부하는 행동을 취하는 것이다. 보다 사악한 자들은 자기의 잘못된 종교적인 정당성을 내세우며 도리어 선지자들이나 사도들을 비판하기를 서슴지 않는다. 왜곡된 종교적 인식에 근거한 자신의 주관적인 판단이 옳다고 여기는 것이다. 그런 자들은 하나님의 말씀에 관심을 기울이고 성령의 도우심을 바라는 것이 아니라 현실적 욕망을 추구하기에 급급할 따름이다.

당시 애굽 땅에 내려와 있던 유다인들 역시 마찬가지였다. 그들은 하나님의 예언을 전하는 예레미야를 둘러싸고 공격하기를 서슴지 않았다. 많은 남자들은 자기 아내가 여호와 하나님이 아니라 이방 신들에게 분향하고 있다는 사실을 알고 있었다. 하지만 그들은 악행을 저지르는 아내를 나무라거나 비판하지 않았다.

그와 같은 배도에 빠진 남녀의 큰 무리 곧 애굽 땅 바드로스(Pathros)에 살고 있던 자들이 예레미야를 에워싸고 그에게 강한 저항을 했다. 예레미야가 여호와 하나님의 이름으로 저들에게 전하는 말을 받아들일 수 없다는 것이다. 그들은 지금까지 해왔듯이 반드시 저들이 말하고 주장하는 바대로 실행하여 이방 신들을 섬기겠노라고 했다.

그들은 아마도 저들의 종교행위가 여호와 하나님을 완전히 버린 것이 아니라 애굽의 이방 신들을 동시에 섬긴다는 생각을 하고 있었을 것이 분명하다. 즉 애굽에서 살아가기 위해서는 애굽 땅을 지배하는 그 지역의 신령을 섬기는 것이 지혜롭고 유익하리라는 잘못된 혼합적인 종교사상을 가지고 있었을 것이다. 따라서 그들은 과거 그들과 그 조상들의 시대에 있었던 과거의 상황을 예로 들어 역사적 증거로 제시하기까지 했다.

옛날 그들과 그들의 선조들과 왕들을 비롯한 모든 고위 관료들이 예루살렘과 유다의 여러 성읍들의 거리에서 '하늘의 여왕'(the queen of heaven) 신에게 분향했던 것처럼 저들도 그와 같이 하겠노라는 것이다. 그전에 그렇게 할 때는 백성들에게 먹을 양식이 풍족했으며 많은 복을 받아 재앙을 당하지 않았다고 했다. 그런데 하늘의 여왕 신에게 분향하며 전제를 드리던 것을 중단한 후부터는 모든 것이 궁핍해졌으며 전쟁의 칼과 식량의 기근이 닥쳐 멸망당했다는 것이다.

나아가 이방 신들을 섬기는 일을 주도하던 부인들은 선지자 예레미야를 향해 과거 하늘의 여왕 신에게 분향하고 전제를 드리는 일을 어찌 남편 모르게 했겠느냐고 반문했다. 남편의 허락 없이 하늘의 여왕 신의 형상대로 빵을 굽고 술을 따라 숭배하는 것은 불가능하다는 것이다. 즉 그들이 하늘의 여왕 신에게 예물을 바칠 때 남편의 허락하에 그렇게 했으며 남편들도 그것을 좋게 여겼다는 것이다.

　우리는 여기서 이방 신을 섬기는 자들의 주장이 저들 자신의 종교적인 인식 가운데는 옳은 것일 수 있다는 사실을 기억할 필요가 있다. 그들은 여전히 유다 백성으로 여호와를 완전히 버린 것이 아니라 여호와도 정성껏 섬기고 이방 신들도 열심히 섬기면 될 것 아니냐는 입장을 견지하고 있었다. 그들은 그것이 배도 행위라는 것을 알지 못한 채 그와 같은 종교적인 판단을 하고 있었던 것이다.

　그리고 과거 예루살렘과 유다 여러 성읍에 살던 사람들과 그 조상들이 그와 같은 종교 활동을 할 때 모든 것이 풍요로웠다는 말도 그와 동일한 관점에서 생각해 볼 수 있다. 여호와를 섬기는 동시에 하늘의 여왕 신을 섬기면서 풍성한 복을 받았다는 주장이 그렇게 보일 수도 있음을 말해주고 있다. 하나님의 율법에 철저히 순종하면서 많은 것을 피하며 절제하는 생활보다 적절히 타협하며 이방 사상을 폭넓게 수용하는 것이 저들을 풍요롭게 했을 수도 있을 것이기 때문이다.

　하지만 그와 같은 양상은 일시적인 현상이었을 뿐 하나님에 대한 배도 행위에 지나지 않았다. 그것은 궁극적으로 풍요가 아니라 무서운 진노를 불러일으키게 될 따름이었다. 그러나 어리석은 자들의 눈에는 진노하시는 하나님의 심판이 저들에게 임하는 근본적인 원인을 알지 못했다. 우리는 이와 같은 어리석은 상황이 오늘날 우리 시대에도 실제로 나타나고 있음을 기억해야 한다.

5. 진노하신 하나님의 심판 예언 (렘 44:20-27)

　애굽에 내려온 배도에 빠진 자들을 향해 예레미야가 말했다. 그들은 여호와 하나님을 욕되게 하는 배도의 길을 걷고 있으면서도 마치 아무런 문제가 없는 정의로운 길을 택한 것인 양 여기고 있었다. 선지자는 그런 자들을 향해 저주 아래 놓이게 된 저들의 실상을 선포했다.

유다 왕국이 패망하기 오래 전부터 이스라엘의 선조들은 하나님의
뜻을 버리고 사악한 종교 행위를 일삼았다. 왕들과 고위 관리들과 유다
지역에 살고 있던 백성들이 모세 율법을 버린 채 사악한 욕망을 추구하
기에 급급했다. 그들은 이방 종교를 끌고 들어와 예루살렘 성과 여러
성읍들의 거리에서 이방 신에게 분향했던 것이다.

여호와 하나님께서는 거룩한 땅을 더럽히는 저들의 혼합적인 종교
사상을 지켜보시며 크게 진노하셨다. 입술로는 여호와의 이름을 부르
면서 더러운 이방 신들을 섬기는 그들을 보고 가만히 계실 수 없었다.
하나님께서는 여러 선지자들을 보내 저들에게 경고하며 돌아오기를 원
하셨으나 그들은 끝내 하나님의 음성을 들어 순종하기를 거부했다.

선지자 예레미야는 그와 같은 참람한 상황을 보신 하나님께서 저들
의 악행과 가증한 행위를 도저히 참을 수 없었음을 언급했다. 결국 하
나님의 무서운 진노가 저들에게 내려 모든 것이 황폐하게 되었다고 했
다. 그리하여 이방인들조차 그것을 보고 크게 놀란 사실을 언급하며,
저주의 대상이 되어 그곳에 살아가던 거민들이 여러 지역으로 흩어져
주민이 없게 되었다는 것이다. 약속의 땅에서 살아가던 언약의 백성이
재앙을 받게 된 것은 그들이 이방 신들과 여호와를 겸하여 섬김으로써
하나님을 진노케 했기 때문이다. 그들은 하나님의 음성에 순종하지 않
고 여호와의 율법과 규례에 따라 순종하기를 거부했었다. 그로 말미암
아 그 무서운 재앙이 애굽 땅으로 피신한 배도자들인 저들에게도 임하
게 되었다는 점을 언급했다.

예레미야는 다시금 애굽 땅에 거하는 여인들을 포함한 모든 이스라
엘 자손을 향해 여호와의 말씀을 들으라고 말했다. 그들이 저지른 사악
한 행위를 지적하며 하나님의 진노의 음성을 들으라는 것이었다. 이스
라엘 자손들이 그 여인들과 함께 거짓 신들을 향해 서원한 것이 얼마나
두려운 행위인지 경고했다. 그럼에도 불구하고 그들은 하늘의 여왕 신
에게 분향하고 술을 따라 부으며 제사하는 행위를 강행하겠다는 고집

을 굽히지 않았다.

선지자는 배도에 빠진 저들의 사악한 생각을 아시는 하나님께서 이 방 신들에게 서원한 그 악행을 그대로 갚으실 것이라는 사실을 전했다. 그리하여 저들에게 무서운 재앙이 임하게 되리라는 것이었다. 하나님 께서는 자신의 큰 이름으로 맹세하신 대로 배도에 빠져 자기 이름을 욕 되게 하는 자들을 저주에 빠뜨리기로 작정하셨던 것이다.

그렇게 되면 애굽 땅에 거하는 이스라엘 자손들 가운데 다시는 여호 와의 이름을 부르는 자가 없으리라고 했다. 즉 그들 중에 살아계시는 하나님을 두고 그 앞에서 맹세하는 자들이 존재하지 않게 된다. 따라서 그들은 하나님의 언약에서 잘려나가는 무서운 저주의 자리로 내몰리게 되는 것이다.

그리하여 애굽 땅에 거하며 복을 받아 살기를 원했던 유다 백성들이 도리어 정반대의 상황에 처하게 된다. 하나님께서 복을 허락하시지 않 으면 그들은 멸망을 피할 수 없게 된다. 그들은 이방 지역에서 전쟁을 통해 칼에 의해 죽임을 당하게 될 것이며 심각한 기근으로 말미암아 먹 을 양식이 없어 굶주려 죽게 된다. 그로 인해 그 백성들은 이방 땅에서 멸절당하게 되는 것이다.

6. 분별력이 요구되는 언약의 백성들 (렘 44:28-30)

배도자들은 무서운 재난을 당하면서도 그 의미를 전혀 깨닫지 못할 뿐더러 자기에게 근거하는 악한 원인을 찾지 못한다. 그것이 곧 하나님 의 심판이자 저주이다. 믿음에 관한 모든 사고가 마비된 자들은 끝내 멸망을 당할 수밖에 없다. 애굽에 머물던 대다수 유다인들 역시 마찬가 지였다.

그런데 애굽에서 전쟁의 칼을 피한 소수의 사람들이 애굽 땅에서 나 와 유다 땅으로 돌아올 것이라고 했다. 그들은 그곳으로부터 나와 하나

님의 말씀과 거짓 주장을 펼치는 배도자들의 말 가운데 어느 쪽이 진리
인지 알게 되리라는 것이었다. 애굽에서 탈출하여 오는 자들 가운데는
선지자 예레미야와 서기관 바룩이 포함되어 있었을 것이다.

하나님께서는 그 백성들을 향해 애굽 땅에서 저들을 벌할 표징을 보
여주리라고 하셨다. 앞으로 반드시 재난에 관한 예언이 이루어질 것을
그 징표를 통해 분명히 알게 되리라는 것이었다. 그것은 과거 유다 왕
시드기야 왕의 생명을 찾아 죽이려고 한 바벨론 왕 느부갓네살에게 그
를 넘겼듯이 애굽의 바로 호브라(Pharaoh Hophra)를 그의 대적자들의 손
에 넘겨주리라는 것이었다. 그것이 애굽 땅에 머무는 유다인들을 심판
하시고자 하는 중요한 징표가 되리라는 것이었다.

이는 사실 저들에게 매우 중요한 징표가 될 수 있었다. 바벨론 제국
과 유다 왕국은 그 규모나 세력 면에서 비교가 되지 않는 정도였다. 당
시 바벨론은 세계 최강국이었으나 유다 왕국은 기울어져 가는 약소국
에 지나지 않았기 때문이다. 그런 상황에서 느부갓네살이 시드기야 왕
을 제압하는 것은 그리 어렵지 않은 일이라 할 수 있다.

그에 반해 애굽의 경우는 그와 비교가 될 수 없을 정도로 사정이 달
랐다. 바벨론이 당시 세계에서 최고의 세력을 지니고 있었던 것처럼 애
굽 역시 그와 버금가는 막강한 세력을 지닌 큰 나라였다. 그와 같은 저
력을 지닌 애굽의 최고 통치자인 '호브라'가 바벨론 제국의 손에 넘겨
진다는 것은 상상하기 어려운 일이었다.20)

그런 놀라운 사건이 조만간 일어날 터인데 그것은 곧 하나님의 섭리
에 따라 일어나게 된다고 했다. 그것을 목격하게 되면 유다인들에게 발
생하는 모든 사건들이 자연적인 현상에 의한 것이 아니라 하나님의 심

---

20) 애굽의 바로 호브라(Hophra)는 BC 570년 발생한 내란 때 그의 정적들에 의해
   살해당하게 되었다. 그의 뒤를 이은 아마시스(Amasis, BC 570-526)가 통치하
   던 시기인 BC 567년, 바벨론 군대가 애굽을 공격해 거의 전 지역을 초토화시
   켰다. 이는 선지자 예레미야를 통해 주어진 하나님의 예언이 이루어진 것을
   보여주고 있다.

판에 연관되어 있다는 사실을 알게 되리라는 것이었다. 우리는 여기서 여호와 하나님께서 자신의 구속사를 이루어 가시는 과정에서 모든 역사를 주관하고 계신다는 사실을 깨달아야 한다.

제45장

바룩을 향한 하나님의 특별한 말씀

(렘 45:1-5)

1. 여호야김 시대의 상황 (렘 45:1,2)

예레미야 45장은 역사적 사건 발생의 순서로 볼 때 앞의 내용보다 과거로 거슬러 올라간다. 본문의 예언이 주어지던 때 왕좌에 있던 여호야김(BC 609-598, 재위)은 유다 왕국의 제18대 왕으로서 요시야 왕의 둘째 아들이었다.[21] 그의 이름은 원래 엘리야김이었으나 애굽의 바로에 의해 바뀌게 되었다(왕하 23:34).

애굽의 바로 느고(Pharaoh Neco)는 여호야김이 즉위하기 직전 유다 왕국을 침략하여 당시 왕이었던 엘리야김의 형제 여호아하스를 폐위시켰다. 그리고는 그를 포로로 사로잡아 애굽 땅으로 끌고 갔다. 그 대신 25세의 청년이었던 엘리야김을 강제로 유다의 왕으로 옹립했다(왕하

---

[21] 여호야김 왕은 부왕(父王) 요시야가 선한 왕이었던데 반해 전혀 그렇지 못했다. 그는 배도의 길을 걸었을 뿐 아니라 자기의 마음에 들지 않는다고 해서 감히 예레미야가 기록한 하나님의 말씀인 두루마리 책까지 불태워 버리는 인물이었다(대하 36:5,8; 렘 36:21-26).

23:36). 이는 유다 왕국의 의사와 무관하게 세워진 비자발적 왕위 계승
이라 볼 수 있다. 애굽이 그를 왕으로 세웠던 것은 전적으로 국제 사회
에서 정치적 입지를 구축하기 위한 목적 때문이었다.

여호야김이 유다 왕으로 즉위한 지 사년이 되던 BC 605년 경, 유프
라테스 강가 갈그미스(Carchemish)22) 전투에서 애굽이 바벨론 군대에
의해 크게 패배를 당했다. 그리하여 그동안 애굽의 지배 아래 있던 유
다 왕국은 바벨론의 통제를 받게 되었다.23) 바로 그해 하나님의 말씀
이 예레미야에게 임했다. 서기관 바룩은 그 모든 예언을 책에 기록으로
남겼다. 예레미야는 그것이 하나님께서 바룩에게 주신 특별한 예언이
라는 사실을 언급했다.

2. 바룩의 탄식에 대한 하나님의 말씀 (렘 45:3)

서기관 바룩은 그 예언의 말씀이 임하기 전에 자신의 괴로운 형편을
탄식했었다. 극도로 힘든 상황에 빠져 있는 터에 여호와 하나님께서는
자기에게 평온한 마음을 주시는 대신에 저에게 더욱 큰 고통과 슬픔을
주셨다고 했다. 그리하여 숨쉬기조차 어려울 만큼 고통스러웠다는 것
이다.

이는 바룩 개인의 신상 문제 때문이었다기보다 유다 왕국과 이스라
엘 민족이 처한 상황으로 인한 것이었음이 분명하다. 당시 하나님께서
는 배도에 빠진 언약의 백성에게 무서운 재앙을 내리시겠다는 뜻을 분

22) 갈그미스(Carchemish)는 고대 히타이트 제국의 수도였다. 시리아의 알레포
(Aleppo) 북동쪽 100km 정도 떨어진 지점인 유프라테스 강 서안에 위치한 상
업과 교통의 요충지였다.
23) 여호야김 왕은 바벨론에 저항하여 반란을 일으키지만 결국 성공하지 못하고
느부갓네살에 의해 쇠사슬에 결박된 채 바벨론으로 잡혀가게 된다(대하
36:6). 선지자의 예언을 거부한 그는 처참한 말년을 보내게 된다(왕하 23:34-
37; 24:1-6; 대하 36:4-8).

명히 보여주셨다. 하지만 왕과 신하들 그리고 예루살렘 성전에서 종사
하던 제사장들을 비롯한 모든 어리석은 지도자들은 그 악행으로부터
돌이키고자 하는 마음이 전혀 없었다.

그러므로 유다 왕국에 재앙을 내리시고자 하는 하나님의 뜻을 알고
있던 선지자와 그의 서기관인 바룩은 큰 슬픔에 빠지게 되었다. 하나님
께서는 바룩의 그런 심정을 알고 그에게 특별한 예언의 말씀을 주셨던
것이다. 그 예언의 말씀은 바룩에게 임하는 하나님의 은혜였으며 큰 위
로가 되는 내용이었다.

3. 바룩을 향한 예레미야의 선포 (렘 45:4)

하나님께서는 서기관 바룩을 향해 선지자 예레미야의 입술을 통해
말씀하시는 예언을 들으라고 하셨다. 자기는 전능하신 여호와이시기
때문에 모든 것이 자신의 고유한 뜻에 달려 있다는 것이다. 유다 왕국
과 그에 속한 백성들에게 무서운 재앙이 임하면 사람들이 아무리 발버
둥친다고 해도 그로부터 빠져나갈 수 있는 방법이 없다고 하셨다. 이는
모든 것이 전적인 하나님의 뜻에 달려 있음을 말해주고 있다.

그러므로 하나님께서는 그 예언을 통해 자신의 절대적인 능력을 선
포하셨다. 하나님께서 원하시면 건물을 세우기도 하시며 그 세운 것을
헐어버리기도 하신다. 또한 나무를 심기도 하시며 그 심은 나무를 뽑아
내기도 하시는 분이라는 것이다. 이는 가나안 지경을 언약의 땅으로 만
들어 예루살렘 성읍과 성전을 비롯한 여러 도시들을 건설하셨으나 다
시 헐어버리시겠다는 의미를 담고 있다.

또한 그 약속의 땅에 언약의 백성을 심으셨으나 이제 그들이 배도에
빠진 것을 보고 뽑아내버리시기로 작정하셨음을 말해주고 있다. 이에
대해서는 오래전 선지자 이사야가 예언했던 말씀과 동일한 성격을 지
니고 있다. 배도에 빠진 북 이스라엘 왕국이 앗수르 제국에 의한 패망

을 앞두고 있을 때 하나님의 예언이 선지자에게 임했던 것이다.

> "내가 내 포도원을 위하여 행한 것 외에 무엇을 더할 것이 있었으랴 내가
> 좋은 포도 맺기를 기다렸거늘 들포도를 맺힘은 어찜인고 이제 내가 내
> 포도원에 어떻게 행할 것을 너희에게 이르리라 내가 그 울타리를 걷어
> 먹힘을 당케 하며 그 담을 헐어 짓밟히게 할 것이요 내가 그것으로 황무
> 케 하리니 다시는 가지를 자름이나 북을 돋우지 못하여 질려와 형극이
> 날 것이며 내가 또 구름을 명하여 그 위에 비를 내리지 말라 하리라 하셨
> 으니 대저 만군의 여호와의 포도원은 이스라엘 족속이요 그의 기뻐하시
> 는 나무는 유다 사람이라 그들에게 공평을 바라셨더니 도리어 포학이요
> 그들에게 의로움을 바라셨더니 도리어 부르짖음이었도다"(사 5:4-7)

선지자 예레미야가 하나님의 말씀을 예언할 당시 유다 왕국의 백성
들이 정상적인 신앙생활을 하고 있었더라면 오래전 이사야 선지자가
전한 예언의 말씀을 기억하고 배도의 길에서 돌이키려고 했을 것이다.
하지만 당시 유다 왕국의 통치자와 정치 지도자들 및 종교 지도자들은
하나님의 말씀을 관심 있게 들으려고 하지 않았다. 그들은 굳은 마음을
돌이키려 하지 않고 배도의 길을 걸어가기를 주저하지 않았다.

그런데 예레미야서 본문 가운데는 매우 중요한 글귀가 나타나고 있
다. 그것은 하나님의 예언이 '온 땅'(the whole land)에서 그리하겠다는
말씀이 포함되어 있기 때문이다(렘 45:4). 즉 선지자 예레미야는 이에 대
해서 가나안 땅뿐만 아니라 세상의 온 땅에서 그리하실 것이라고 예언
했다. 이는 장차 하나님으로부터 임하게 될 특별한 예언적 의미를 담고
있다.

다시 말해 이 예언의 말씀 가운데는 조만간 유다 왕국이 완전히 패망
하고 백성들이 이방 지역으로 끌려갈지라도 하나님께서는 또다시 원래
의 왕국을 건축하고 언약의 백성을 그곳에 심을 수 있는 분이라는 사실
을 말해주고 있다. 바벨론의 포로가 되어 사로잡혀 갈지라도 다시금 약

속의 땅을 재건하고 언약의 자손들을 그곳에 심으시게 된다는 것이다. 이는 하나님의 메시아 사역은 역사 가운데 결단코 중단되지 않는다는 사실을 말해주고 있다. 즉 이처럼 예수 그리스도를 통하여 예정한 백성들을 불러 하나님 나라를 세울 것을 말해주고 있다.

4. 여호와 하나님의 뜻 (렘 45:5)

하나님께서는 서기관 바룩을 향해 자기 자신을 위해 어떤 큰일(great things)을 행하고자 시도하느냐고 말씀하셨다. 그리고는 이제 더 이상 그 일을 도모하지 말라고 하셨다. 하나님의 말씀을 통해 알 수 있는 사실은 그가 무엇인가 큰일을 시도하고자 했다는 점이다. 그런데 본문에 언급된 그 큰일이란 과연 무엇이었을까?

그것은 아마도 바룩이 패망해가는 유다 왕국과 언약의 백성들을 구출하기 위해 무언가 중대한 일을 행하고자 했던 것과 연관되는 것으로 보인다. 그 일은 이스라엘 민족을 위한 바룩의 충정으로 말미암은 것이었을 것이 분명하다. 그와 동시에 바룩이 행하고자 했던 그 일은 결국 바룩 자신을 위한 것이기도 했다.

그가 생각하기에 패망을 향해 달음질하는 유다 왕국과 언약의 백성들을 보면서 손 놓고 가만히 앉아 있을 수만은 없는 노릇이었다. 그리하여 왕국을 구하기 위해 무언가 거사(擧事)를 시도하려는 바룩을 향해 하나님께서 그 일을 중단하라고 명하셨던 것이다. 유다 왕국이 패망하는 것은 하나님의 확실한 뜻이므로 지켜보고 있으라는 것이다.

하나님께서는 유다 왕국의 모든 백성들에게 무서운 재앙을 내리실 것이라고 말씀하셨다. 그것은 배도에 빠진 백성들로 말미암아 내려지는 하나님의 심판이었다. 하나님께서 작정하신 일이라면 아무도 그 상황을 막아낼 방도가 없다. 바룩으로 하여금 선지자 예레미야를 통해 그 점을 깨닫게 해주시고자 했던 것이다.

우리가 여기서 알게 되는 사실은 무능한 인간의 판단은 정확하지 않다는 점이다. 설령 아무리 순수하고 스스로 신실한 면이 있다고 할지라도 그것 자체로서 하나님의 뜻과 일치하는 것은 아니다. 바룩의 경우도 순수하게 유다 왕국과 그에 속한 백성들을 위한 것이었으나 하나님의 작정과는 거리가 멀었다. 하나님께서 자신의 뜻에 따라 모든 것을 행하시므로 그에게 맡겨져야만 했던 것이다.

그렇지만 하나님께서는 바룩의 생각을 높이 사셨다. 궁지에 빠진 언약의 백성들을 위한 그의 충정이 드러났기 때문이다. 그는 언약의 백성과 가나안 땅이 지니고 있는 의미를 알고 있었을 것이 분명하다. 즉 그들을 통해 하나님의 메시아가 오시게 된다는 사실을 희미하게나마 깨닫고 있었을 것이기 때문이다.

그러므로 하나님께서는 바룩을 위해서는 보호의 손길을 결코 놓지 않으리라고 말씀하셨다. 장차 그가 처하게 될 형편도 편안하고 안락한 길이 아니다. 하나님께서 내리는 재앙으로 인해 그에게도 여전히 생명의 위협이 따르고 불안한 삶이 닥치게 된다. 하지만 하나님께서 그를 지켜 보호해 주시게 된다. 그가 비록 극단적으로 힘든 상황에 처할지라도 마치 적군으로부터 노략물을 탈취하듯이 하나님께서 그 위기로부터 구출해 주시리라는 것이었다. 그 약속은 하나님으로 말미암은 것이기 때문에 반드시 그렇게 될 수밖에 없다.

제46장

갈그미스(Carchemish) 전투 및 정세 변화와 선지자의 예언

(렘 46:1-28)

1. 갈그미스 전투에서 패한 애굽 군대에 대한 예언 (렘 46:1, 2)

당시는 요시야 왕의 아들 여호야김이 유다의 왕으로 즉위한 후 제4년이 되던 해였다. 그때 유프라테스 강 주변 갈그미스에서 바벨론 제국의 느부갓네살 왕의 군대와 애굽의 왕 바로 느고의 군대 사이에 큰 전투가 벌어졌다. 그 전투에서 바벨론이 대승을 거둠으로써 애굽 군대가 참패를 당하게 되었다.

당시 최강국들이 벌인 갈그미스 전투의 결과로 인해 국제정세에 큰 변화를 가져왔다. 신흥 바벨론 제국이 역사적 저력을 지닌 애굽과 싸워서 대승을 거둔 것은 예사로운 사건이 아니었다. 그로 말미암아 그 전에 앗수르를 멸망시킨(BC 612년) 바벨론 제국은 이제 전 세계의 패권을 장악하여 최정상의 자리를 확보하게 되었다고 해도 과언이 아니다.

그 어간에 하나님의 말씀이 선지자 예레미야에게 임했다. 하나님께서 그를 통해 이방 여러 나라들에 연관된 예언의 말씀을 주셨다. 당시 유다 왕국이 애굽의 지배적 간섭 아래 놓여 있던 형편이었으므로 그 예언은 먼저 애굽을 향해 선포되었다. 거기에는 애굽의 패배에 뒤따르게 될 상황에 대한 내용이 포함되어 있었다. 물론 그 말씀은 이방 왕국 자체를 위해서가 아니라 그들이 언약의 자손들과 연관되어 있었기 때문에 주어지게 된 것이다.

2. 애굽의 참패 예언 (렘 46:3-12)

애굽 군대가 북방을 향해 진군하면서 유다 왕국의 지역을 통과하는 것을 보며 유다의 요시야 왕이 중간에서 길을 막았다. 결국 요시야는 그로 인해 죽게 되었고 애굽 군대는 북쪽 유프라테스 강을 향해 나아갔다. 그때 선지자 예레미야는 애굽 군대를 향해 하나님의 예언을 전했다. 크고 작은 방패를 준비하고 북쪽으로 올라가 바벨론 군대와 맞서 싸우라는 것이다. 그들 가운데 기병(騎兵)들은 말에 안장을 지워 그 위에 올라타라고 했다. 그리고 투구를 쓰고 창을 갈아 준비 태세를 갖추어 갑옷을 입으라고 했다.

하지만 그것은 애굽 군대의 승리를 위해 그렇게 하라는 것이 아니었다. 오히려 그들이 만전의 준비를 갖추고 있을지라도 결국은 참패할 것이라는 예언에 연관되어 있었다. 애굽의 병사들은 바벨론 군대를 향해 공격할지라도 곧 황급히 후퇴할 것이며 그들의 용사들은 패하여 뒤를 돌아보지도 않은 채 도망치게 되리라는 것이었다. 이는 그들 주변의 사방에는 막강한 적군의 병사들이 진을 치고 있기 때문이라고 했다.

선지자는 또한 애굽의 병사들이 그로 인해 아무리 빨리 도망친다고 해도 멀리 갈 수 없어 적군의 손아귀를 벗어나지 못할 것이라는 사실을 언급했다. 그리고 아무리 용맹한 병사들이라 할지라도 그 위기를 피하지 못하리라고 했다. 따라서 그들은 전부 유프라테스 강가에 나뒹굴어 쓰러지게 된다는 것이다. 애굽 군대가 모든 힘을 결집하려고 애쓰지만 결국 성공을 거두지 못한다.

　선지자 예레미야는 비유를 들어 설명하면서 나일 강의 물처럼 불어오르는 것이 무엇이며 홍수처럼 넘쳐 굽이치는 것이 과연 무엇이냐고 말했다. 그는 또한 그 모습이 마치 큰 강물이 불어나고 출렁이는 물과 같다고 했다. 이는 애굽인들이 바벨론 제국의 거대한 군대에 의하여 패배한 상태의 혼란스러운 모습을 보여주고 있다.

　하나님께서는 이제 친히 일어나 애굽을 심판함으로써 애굽의 여러 성읍들과 그 주민을 혼란과 고통에 내어주시겠노라고 하셨다. 이는 그 모든 일들이 여호와 하나님의 특별한 섭리에 연관되어 있음을 말해주고 있다. 이렇듯이 하나님께서는 언약의 백성과 부정적으로 얽힌 애굽을 심판하시고자 했던 것이다.

　하지만 장차 일어나게 될 모든 실상에 대하여 아무것도 모르는 오만한 애굽 군대가 아직 전쟁이 발발하기 전에는 기고만장한 태도를 보이고 있었다. 따라서 지휘관들은 병사들에게 추상(秋霜)같은 명령을 내렸다. 말들과 병거 타는 모든 자들에게 혼신을 다해 달리라고 명했으며 모든 용사들에게 적진을 향한 진군을 지시했다. 애굽 군대에 속한 구스 사람과 붓 사람과 루딤 사람들에게도 동일한 명령을 내렸다.

　그러나 애굽 군대는 바벨론 군대 앞에서 맥없이 무너질 수밖에 없었다. 그것은 여호와 하나님의 작정 속에 들어있는 일이었기 때문이다. 격전이 벌어지는 그 날은 만군의 여호와 하나님께서 언약의 자손들을 괴롭힌 애굽에게 원수를 갚는 '보복의 날'이 된다. 그때가 되면 칼이 사람의 피를 불러 넘치도록 마시게 된다는 것이다.

　하나님께서는 그것을 빗대어 그때가 이르면 유프라테스 강가에서 희생제물을 받으신다는 표현을 하셨다(렘 46:10). 이는 애굽인들이 하나님 앞에서 생명을 내어놓게 된다는 사실을 비유적으로 설명하고 있다. 유다 왕국을 짓밟으며 하나님을 모독하던 자들이 하나님의 분노로 인해 먼 이방 지역에서 패망을 당하게 되는 것이다.

애굽 군대가 패배하는 그 일은 결코 피할 수 없는 일이었다. 그 병사들이 바벨론 군대에 의해 치명상을 입고 낫기를 바라지만 그렇게 되지 않는다. 선지자는 바벨론 군대에 의해 큰 상처를 입은 처녀 딸 애굽을 향해 길르앗으로 가서 효험이 있는 유향을 취하라고 했다(렘 46:11). 그것을 저들을 위한 치료약으로 삼아보라는 것이다.

하지만 치료를 위해 온갖 노력을 기울일지라도 아무런 효력이 없어 낫지 않는다고 했다. 하나님께서 저들에게 회복의 가능성을 허락지 않으신다는 것이다. 따라서 세상의 모든 나라들이 바벨론 군대에 의해 패배한 애굽의 수치스러운 소문을 듣게 되리라고 했다. 나아가 애굽의 병사들은 아군(我軍)끼리 서로 부딪쳐 싸우다가 함께 쓰러질 것이기 때문에 애굽의 울부짖는 소리가 온 땅에 가득하게 되리라고 했다.

3. 느부갓네살의 애굽 침략 예언 (렘 46:13-15)

예레미야는 또한 하나님께서 자신의 뜻을 거역하는 애굽에 대하여 철저한 응징을 가하시고자 한다는 사실을 예언했다. 그들이 갈그미스 전투에서 완전히 패배하지만 그것으로 끝나는 것이 아니다. 바벨론 군대가 기세를 몰아 애굽 땅까지 침략하게 될 것이기 때문이다.

그에 관한 실상을 계시받은 선지자 예레미야는 장차 바벨론의 느부갓네살 왕이 직접 애굽 땅을 침략하게 되리라는 사실을 예언했다. 특히 애굽의 막강한 전략적 요충지였던 믹돌과 놉과 다바네스에 거하는 자들을 향해 선포했다. 장차 사방에서 피 흘리는 격렬한 전투가 벌어질 것이니 속히 방어 태세를 갖추라는 것이다. 그렇게 할지라도 바벨론 군대가 애굽을 삼켜버릴 것이라고 했다.

그런데 막강한 전력을 가진 듯이 보여 온 용맹스러운 애굽의 용사들이 왜 바벨론 군대의 세력 앞에서 힘없이 쓰러지게 되었느냐고 반문했다. 그리고 그들을 보호해준다고 장담하던 애굽의 힘센 황소 신 아피스

(Apis)가 어찌하여 그들을 보호하지 못했느냐고 말했다.24) 그 모든 것은 여호와 하나님께서 저들을 심판하여 몰아내셨기 때문에 발생한 사건이라는 것이다.

하지만 어리석은 애굽인들은 그와 같은 징벌이 여호와 하나님으로부터 온 것이란 사실을 전혀 인식하지 못했다. 나아가 배도에 빠진 이스라엘 자손 역시 그것이 하나님의 징계란 사실을 받아들이지 않았다. 오직 하나님을 알고 그의 언약에 속한 소수의 백성들은 그 모든 과정을 지켜보며 하나님의 뜻과 경륜을 알아갈 수 있었다.

4. 유다 백성들의 귀환 예언 (렘 46:16-19)

여호와 하나님께서 배도에 빠진 유다인들이 머물고 있던 애굽 땅을 심판하시기로 작정하신 후 때가 이르러 실제적인 상황이 발생하게 되었다. 그로 말미암아 애굽의 수많은 병사들이 쓰러지고 사람들이 그 위에 엎드러지게 되는 일이 일어났다. 그렇게 되면 애굽 사람들은 엄청난 고통에 빠질 수밖에 없게 된다. 우리는 그들에 대한 심판의 중심에는 하나님을 떠난 유다인들이 존재한다는 사실을 기억할 필요가 있다.

그러므로 애굽 땅에서 목숨을 부지하면서 잘 살아보겠다고 작정하고 내려왔던 유다인들은 당혹감에 빠지지 않을 수 없었다. 애굽이 멸망하게 되면 모든 기대가 물거품이 될 것이므로 굳이 그곳에 머물 이유가 사라지기 때문이다. 따라서 애굽에 내려온 유다 백성들은 이제 일어나 다시금 가나안 땅으로 되돌아가고자 했다. 바벨론 군대의 포악한 칼날과 멸망하는 애굽의 상황에 휩쓸려 가는 것을 피하여 원래 조상들이 살던 고향 땅으로 돌아가기를 원했던 것이다.

그리하여 애굽 땅에 머물던 유다인들은 자기가 처한 참담한 상태를 보고 스스로 외쳐댔다. 애굽의 왕 바로가 망하여 유복하게 살 기회를

---

24) 한글 공동번역, 새번역, 현대인의 성경의 예레미야 46:15 참조.

망쳐버렸다는 탄식이었다. 따라서 그들은 바로 왕을 향해 기회를 놓친 허풍선에 지나지 않는 자라고 멸시하며 심한 비난을 퍼부었다. 이는 그들이 하나님이 아니라 바로 왕을 의지하고 있었음을 말해주고 있다. 그 것이 곧 하나님에 대한 배도 행위였지만 그런 최악의 상황에서도 그들은 그 실상을 전혀 깨닫지 못하고 있었다.

그런 중에 만군의 왕 여호와께서 선지자 예레미야를 통해 말씀하셨다. 이제 더 어렵고 힘든 상황이 저들을 향해 밀려오고 있다는 것이다. 그것은 바벨론 군대에 관한 비유로서 그 병사들이 마치 산들 가운데 다볼산 같이 높고 바닷가에 높이 솟은 갈멜산처럼 위엄을 갖춘 모습으로 다가올 것이라고 했다. 이는 그들이 더 이상 피할 길이 없다는 사실을 말해주고 있다.

그러므로 선지자는 그 백성을 향해 계시받은 하나님의 말씀을 선포했다. 애굽에 살고 있는 언약의 자손들을 향해 이제 짐을 꾸려 저들의 포로로 잡혀 갈 준비를 하라고 했다. 그들이 동경하던 놉(Noph) 곧 멤피스(Memphis) 25)가 불에 타서 폐허로 변하여 아무도 살 수 없는 황무지가 된다는 것이다. 이 말씀은 저들에게 더 고통스러운 상황이 기다리고 있다는 강력한 경고의 의미를 지니고 있다.

5. 맥없이 무너지게 될 애굽 (렘 46:20-26)

선지자는 애굽이 아무리 아름다운 암송아지 같을지라도 그 모습을 끝까지 유지하지 못하리라는 사실을 예언했다. 북쪽에서 쇠파리 떼가 몰려와 그들을 침공하여 패망에 이르게 할 것이기 때문이라는 것이다.

---

25) 멤피스(Memphis)는 놉(Noph)과 동일한 지역으로 카이로 남쪽 25km 정도 떨어진 나일강 서쪽 강변에 위치해 있다. 그 지역에서는 황소 신 아피스(Apis) 숭배가 성행했으며, 출애굽한 이스라엘 자손이 시내산에서 금송아지를 만든 것도 아피스 신에 연관되어 있었다.

이는 엄청난 규모의 바벨론 군대가 남쪽으로 내려와 침공할 것에 대한 예언에 연관되어 있었다.

또한 외부로부터 침략해 들어오는 바벨론 병사들뿐 아니라 내부에서도 자중지란(自中之亂)이 일어날 것에 대한 사실을 언급했다. 애굽이 군대를 강화시키기 위해 주변국으로부터 많은 용병을 고용했으나 그들은 제 역할을 감당하지 못하게 된다. 그 용병들은 마치 외양간에 갇힌 살진 송아지같이 무기력하게 되어 적군과 싸우지 않고 뒤돌아서서 도망치기에 바쁠 것이라 했다.

그리하여 하나님으로부터 임하는 심판으로 말미암아 애굽의 파멸과 징벌의 시간이 눈앞에 이르게 된다. 마치 벌목하는 자들이 손에 날카로운 도끼를 들고 오듯이 바벨론 군대가 몰려와 침략하게 되면 겁먹은 자들은 생명을 구하기 위해 그곳을 피하지 않을 수 없다. 그들은 마치 삭삭거리는 소리를 내면서 도망치는 뱀처럼 슬그머니 달아나게 된다. 패망의 위기 앞에 놓인 자들은 오직 자기 생명을 지키기에 급급할 뿐 나라의 안위에 신경 쓸 여력이 남아 있지 않기 때문이다.

애굽을 침략하는 바벨론 군대의 병사들은 밭을 덮치기 위해 몰려오는 메뚜기 떼보다 수가 더 많아서 애굽의 숲이 아무리 울창하다고 할지라도 눈에 보이는 대로 모든 수목을 갉아 먹어 황량하게 만들어버린다. 애굽 사람들이 피신할 수 있는 모든 근거를 깡그리 없애버리는 것이다. 그렇게 되면 사람들은 숨을 곳이 없어 바벨론 군대의 손에 정복당하여 말할 수 없는 수치를 당하는 처지에 놓이게 된다.

나아가 만군의 왕이신 여호와께서 선지자의 입술을 통해 그 근본에 관한 선포를 하셨다. 노(No) 곧 테에베(Thebes)의 아몬(Amon) 신에게 무서운 징벌을 내릴 것이며 바로 왕과 애굽 전체와 모든 우상 신들과 왕을 의지하는 모든 신하들과 백성들에게 재앙을 내릴 것이라고 했다. 애굽 땅을 침략하여 애굽인들의 생명을 노리는 바벨론의 느부갓네살 왕과 그의 신하들과 병사들의 손에 우상에 빠진 애굽을 넘겨주시겠다고 했다.

그런데 하나님께서는 추상같은 그 일이 지나가고 세월이 흐른 후에는 다시금 그곳에 사람들이 몰려들어 살게 되리라고 말씀하셨다. 이는 하나님의 섭리 가운데 자연스럽게 그와 같이 되리라는 사실을 말해주고 있다. 애굽 땅의 모든 지역은 약속의 땅 가나안과는 달리 구속사적 의미와 더불어 하나님의 관심이 집중된 곳이 아니었기 때문이다.

6. 이스라엘 민족에 대한 구원 약속 (렘 46:27,28)

하나님께서는 애굽 땅에 머물고 있던 이스라엘 자손을 향해 징계를 선포하시는 가운데 한편으로 격려의 말씀을 주셨다. 당시는 그들이 믿고 의지하던 애굽의 흔들리는 정세와 바로 왕이 처한 열세로 인해 심한 불안에 빠져있는 상태였다. 잔혹한 왕으로 소문난 바벨론 제국의 느부갓네살이 애굽으로 침략해 들어오게 되면 살아남을 자가 없다는 판단을 할 수밖에 없는 형편이었다.

그런 중에 하나님께서는 그들을 향해 불안해하지 말라는 말씀을 하셨다. "내 종 야곱아 두려워하지 말라 이스라엘아 놀라지 말라 보라 내가 너를 먼 곳에서 구원하며 네 자손을 포로된 땅에서 구원하리니 야곱이 돌아와서 평안하며 걱정 없이 살게 될 것이라 그를 두렵게 할 자 없으리라"(렘 46:27). 이 말씀은 언약의 자손들에게 큰 위안이 되었을 것이 분명하다. 한치 앞을 내다볼 수 없는 멸망의 위기에 처한 상태에서 하나님께서 구원해 주시겠다고 말씀하셨기 때문이다.

그런데 문제는 이스라엘 자손들 가운데 과연 얼마나 많은 사람들이 그 말을 그대로 받아들였는가 하는 점이다. 그들 가운데 상당수는 하나님으로부터 계시된 그 예언의 말씀을 액면 그대로 받아들이지 않았을 것이다. 나아가 그 말씀을 받아들이는 자들조차도 그에 포함된 진정한 하나님의 뜻이 아니라 개인의 취향에 따라 주관적으로 이해하는 자들이 많았을 것이 틀림없다. 즉 하나님이 도와주시면 거기서 안락하고 평안한 삶을 제공받게 될 것이라 오해했기 때문이다.

그러나 하나님께서는 그 말씀을 하시면서 구속사와 연관된 중요한 언약의 메시지를 주고 계셨다. 하나님께서 야곱의 자손들과 함께 계실 것이므로 두려워하지 말라고 하시면서 이방의 모든 나라들이 그들을 이용하고자 했으므로 그 이방인들을 멸망시킬 것이라고 하셨다. 하지만 하나님께서 신령한 작정에 의해 세우신 그 언약의 자손들은 절대로 사라지지 않는다는 약속을 하셨다.

그러므로 하나님께서는 배도에 빠진 이스라엘 자손의 악행에 대하여 율법에 따라 징계할 것이라고 말씀하셨다. 즉 그들을 결코 무죄한 자로 여기지 않으시리라는 것이었다(렘 46:28). 이는 하나님께서 보내시는 메시아를 잉태하게 될 민족으로서 정결을 유지해야 한다는 사실에 밀접하게 연관된 의미를 지니고 있다. 구약시대 성도들도 그러했지만 오늘날 신약시대의 모든 성도들도 본문 가운데 나타나는 구속사적 의미를 잘 이해해야만 한다.

제47장

블레셋 족속에 대한 하나님의 작정

(렘 47:1-7)

1. 블레셋을 향한 예언 (렘 47:1)

애굽의 바로 왕은 블레셋을 침략하기 위해 작전을 세우고 있었다. 애굽 군대가 북방으로 진군하기 위해서는 반드시 거쳐야 할 길목에 블레셋이 자리잡고 있었다. 블레셋이 길을 순순히 열어준다고 해도 신경이 상당히 거슬릴 수가 있었다. 언제 저들의 마음이 바뀌게 될지 알 수 없었기 때문이다.

그러므로 바로 왕은 블레셋의 수도격이자 중요한 성읍인 가사(Gaza)를 쳐서 함락시키면 문제가 훨씬 간단해질 수 있다는 판단을 했다. 애굽의 의도와는 별도로 하나님께서 블레셋에 대하여 심판을 내리고자 하셨다. 그 이방인들은 가나안 땅 변방을 차지한 채 언약의 자손들을 괴롭히며 하나님의 의도를 끊임없이 방해하는 역할을 하고 있었다.

블레셋 족속은 출애굽한 이스라엘 자손이 약속의 땅에 들어온 이래 지속적으로 그들을 힘들게 해왔다. 유다 왕국이 패망하는 시점이자 선지자 예레미야가 예언하던 당시에도 블레셋은 하나님의 백성을 끊임없이 흔들어대고 있었다. 하나님께서는 그와 같은 이방 족속이 평탄한 길을 가도록 방관하시지 않았다.

그리하여 하나님께서 애굽 군대를 지휘하는 바로 왕의 마음을 움직여 그로 하여금 블레셋 족속의 가사(Gaza) 지역을 침공하려는 마음을 품게 하셨다. 그 땅은 블레셋뿐 아니라 애굽인들에게도 전략적으로 매우 중요한 곳이었다. 따라서 그 지역은 주변의 여러 나라들로 말미암아 긴장 상태에 놓여 있을 경우가 많았다.

애굽의 바로 왕이 블레셋 침공에 대한 마음을 품고 있을 때 하나님의 말씀이 선지자 예레미야에게 임했다. 블레셋이 외국 군대의 침공으로 인해 곤욕을 치르게 되리라는 것이다. 물론 그 예언의 말씀은 언약의 자손들이 귀담아 들어야 할 내용이었으며 애굽인들과 블레셋 족속들은 그 예언을 관심 있게 들을 리 만무했다.

그럼에도 불구하고 하나님께서 블레셋을 향한 예언의 말씀을 주신 까닭은 그 모든 과정을 통해 언약의 자손들에게 중요한 깨달음을 주시기 위해서였다. 즉 이방 여러 나라들과 블레셋에 관련하여 선지자가 전하는 예언을 듣고 그것이 성취되는 과정을 통해 하나님의 경륜에 관한 깨달음을 가지기를 원하신 것이다. 주변 세계의 변화를 보며 하나님의 뜻을 알아가는 것은 메시아를 기다리는 이스라엘 자손에게 매우 중요한 일이었기 때문이다.

또한 우리가 기억해야 할 바는 블레셋 곧 제삼자에게 주어진 것처럼 보이는 그 예언의 말씀이 곧장 이스라엘 백성에게 전달되었다는 사실이다. 즉 블레셋에 대한 하나님의 예언은 그 이방 족속이 아니라 이스라엘 자손이 들어 깨달아야만 했다. 이땅에 메시아를 보내시고자 하는 하나님의 경륜은 그 모든 과정을 통해 점차적으로 진행되어 갔던 것이다.

2. 바벨론 군대의 침공 예언 (렘 47:2, 3)

선지자 예레미야는 애굽의 바로가 블레셋을 치기 전에 북방으로부터 바벨론 군대가 내려올 것에 대한 예언을 했다. '물이 북쪽에서 일어나 물결치는 시내를 이룬다' 는 것은 바벨론 군대와 연관되어 있다. 그들이 대거 블레셋 지역으로 몰려와 마치 물결을 치듯 시내를 이루어 공격하게 된다는 것이다.

바벨론 군대는 물론 블레셋 족속의 땅을 지나 애굽을 침략하고자 하는 것이 최종 목표였다. 그런데 그 길목에 블레셋 족속의 영역이 있었으므로 그들을 치게 될 수밖에 없었다. 멀리서 내려온 바벨론 군대의 병사들은 블레셋 땅과 거기 있는 모든 것들과 성읍을 비롯하여 그곳에 거하는 백성들을 휩쓸어버릴 것이라고 했다.

그렇게 되면 블레셋 사람들이 큰 고통에 빠질 수밖에 없게 된다. 극한 위기에 처한 그들은 살아남기 위해 아우성을 치며 울부짖는 혼돈의 상황이 전개된다. 바벨론 군대의 날렵한 말들의 발굽 소리와 훈련된 군사들이 모는 병거의 바퀴 소리가 천지를 진동하게 된다. 모든 것이 엄청난 혼란의 소용돌이에 빠지게 되는 것이다.

이처럼 극단적인 어려움에 처하게 되는 블레셋 사람들은 그 위기에 효과적으로 대처할 능력을 갖추고 있지 못했다. 따라서 백성들은 제각기 자기의 생명을 부지하기에 급급한 모습을 보이게 된다. 심지어는 가정을 이끌어야 할 책임이 있는 가장(家長)의 손맥이 풀려 자기의 어린 자녀들조차 돌보지 못하는 지경에 빠진다. 이는 그들이 최악의 상황에 처하게 된다는 사실을 말해주고 있다.

3. 지원군이 없는 무력한 블레셋의 상황 (렘 47:4,5)

선지자 예레미야는 블레셋 족속에 임하게 되는 이 모든 상황이 여호와 하나님으로 말미암은 것이란 사실을 선포하고 있다. 하나님께서 블레셋 족속을 철저히 응징하시게 된다는 것이다. 나아가 그들을 주변에서 지원할 만한 후원군이라 할 수 있는 두로와 시돈에 있는 자들조차 끊어버리시겠다고 하셨다.

뿐만 아니라 그들과 동일한 혈통을 지닌 갑돌 섬 곧 크레테(Crete) 섬에 살고 있는 블레셋 족속까지도 하나님의 심판의 대상이 되리라고 했다. 그 사람들은 가나안 땅으로 이주해 온 블레셋인들을 뒤에서 지원하며 협력관계를 유지하고 있던 자들이다. 그들은 같은 종족으로 인식하여 상호 협력하는 관계였던 것이다.

그러므로 크레테 섬에 거주하고 있던 블레셋 족속도 언약의 자손인 유대인들에게 적대세력이 될 수밖에 없었다. 하나님께서는 이제 그들도 심판의 대상이 된다는 사실을 언급하셨다. 이 말은 바벨론 군대가 지중해 바다 건너 크레테 섬까지 침공하게 될 것에 대한 예언적인 의미를 지니고 있다.

그렇게 되면 블레셋 땅과 거기서 살아가는 모든 백성들은 잠잠해질 수밖에 없다. 그에 관련하여 선지자 예레미야는 가사(Gaza)가 대머리가 되었다고 언급했다. 이는 블레셋 족속이 처절한 슬픔에 빠짐으로 인해 머리털을 밀어버리는 것을 의미하며, 스스로 막강한 세력을 보유한 지역임을 내세워 자랑하던 아스글론마저 패망당하게 된 사실을 말해주고 있다.

선지자 예레미야는 블레셋을 향해 언제까지 저들의 살을 베고 몸에 상처를 내며 슬퍼하겠느냐고 했다. 이는 바벨론 군대의 침공이 단순히 적대국 사이에 발생한 전쟁 이상의 의미를 지니고 있음을 의미하고 있다. 즉 하나님께서 언약의 자손들을 괴롭힌 저들을 심판하시는 상황에서 달리 그에 저항할 능력이 없다는 사실을 선포했던 것이다.

4. 블레셋 족속의 탄식 (렘 47:6)

블레셋 족속은 저들이 처한 상황을 수습하고자 했으나 속수무책(束手無策)이란 사실을 인식하고 있었다. 수많은 전쟁을 경험한 백성으로서 저들이 처한 입장이 예사롭지 않다는 판단을 하게 된 것이다. 일반적인 경우라면 그 위기의 상황을 어느 정도 방어해 낼 만도 했으나 당시는 전혀 그렇지 못했기 때문이다.

그들은 유다 지역으로부터 전해져 온 예언의 말을 들었으므로 그것을 마치 운명처럼 여기고 있었다. 블레셋 사람들이 어떤 과정을 거쳐 선지자의 예언을 듣게 되었는지는 성경에 나타나지 않지만 그와 같은 생각을 했을 것이 분명하다. 물론 그 모든 내용은 유다 백성들이 귀담아 듣고 받아들여야만 했다.

블레셋 사람들은 자기를 치는 칼날이 북방의 바벨론 군대의 세력이라는 사실을 잘 알고 있었다. 하지만 그것이 유다 백성들의 여호와 하나님으로 말미암은 것이라 여겼다. 따라서 그들은 '오호라 여호와의 칼이여 네가 언제까지 쉬지 않겠느냐 네 칼집에 들어가서 가만히 쉴지어다'(렘 47:6)라고 탄식조로 말했다. 그들은 오만한 태도로 유다 민족의 신을 향해 더 이상 공격하지 말고 멈추라는 요구를 했던 것이다.

5. 선지자의 답변 (렘 47:7)

어리석은 블레셋 족속은 극한 위기에 처한 상태에서도 하나님 앞에서 겸허해지기는커녕 오만한 태도를 버리지 않았다. 여호와 하나님을 인격적으로 알지 못하던 자들은 그 앞에 굴복하기를 거절했다. 그러자 선지자 예레미야는 하나님을 두려워하지 않는 이방 족속을 향해 다시금 예언의 말씀을 전했다.

선지자는 하나님께서 저들에 대한 더욱 무서운 심판을 작정하고 계신 사실을 언급했다. 북방의 바벨론 군대가 내려와 블레셋 지역을 휩쓸어버리게 된다는 것이다. 그것은 일반적인 국제 관계에서 발생하는 단순한 충돌이 아니라 그 이면에는 바벨론으로 하여금 블레셋을 치도록 하신 하나님의 명령이 존재하고 있었다. 그들이 먼 북방 지역에서 내려와 그곳을 침공하는 것은 하나님이 작정하신 일이므로 그 칼이 멈추어 잠잠해지지 않는다는 것이다.

그리하여 장차 바벨론 군대가 블레셋 땅에 들어와 저들에게 가장 중요한 성읍들 가운데 하나인 아스글론과 그 해변 지역을 침공하게 되리라는 사실을 언급했다. 아스글론은 상당히 비옥한 땅이었으므로 블레셋에게는 매우 중요한 지역이었다. 이스라엘 민족이 가나안 땅에 들어온 초기에 그곳을 잠시 점령하기도 했으나 유다 왕국과는 심한 분쟁을 유발하는 갈등 관계가 지속되었다.

그러므로 선지자는 바벨론이 블레셋의 아스글론을 치게 될 사실을 예언하면서 그들 가운데 처절한 전투가 일어날 것을 언급했다. 거기에는 블레셋 족속을 향해 여호와 하나님을 두려워하라는 강한 경고의 메시지가 포함되어 있었다. 이는 유다 왕국이 패망의 길에 들어섰을지라도 그 언약의 자손들을 부당하게 대하는 자들의 행위가 여전히 하나님을 진노케 한다는 사실을 말해주고 있다.

제48장

모압에 대한 하나님의 심판 예언

(렘 48:1-47)

1. 임박한 모압의 멸망 (렘 48:1-10)

하나님께서는 모압 족속에 관한 예언의 말씀을 주셨다. 모압은 롯이 자기의 큰딸을 통해 낳은 아들이다(창 19:37). 예레미야가 전한 예언은 모압 사람들을 위해서라기보다 근본적으로 언약의 자손들을 위한 의미를 지니고 있었다. 모압 족속은 이스라엘 자손과 방계 혈통 관계에 있는 종족이었으나 언약의 자손은 아니었다. 그들은 강력한 세력을 가지고 있으면서 이스라엘 백성을 끊임없이 미혹하며 괴롭혔다.

그러므로 만군의 하나님 여호와께서 이제 모압 족속이 지배하던 땅인 느보와 기랴다임과 미스갑 지역이 적군에 의해 유린을 당하고 파괴됨으로써 수치를 당하게 되리라고 하셨다. 그렇게 되면 그들 가운데 울려나던 노래 소리들이 끊어지게 된다. 헤스본을 비롯한 인근 지역에서 그들을 침략하여 멸망에 빠뜨리게 되면, 한때 막강한 세력을 자랑하며 즐거움에 취해 있던 그들이 패망을 향해 나아가 처참한 국면에 접어들게 된다는 것이다.

그리하여 모압 족속의 여러 도시와 산지들에서는 파멸이 눈앞에 이른 것을 알게 된 사람들이 부르짖는 소리가 들린다. 모압이 멸망당함으로써 갈 곳을 잃은 어린아이들의 우는 소리가 여기저기서 들려오게 된다. 많은 사람들이 산악지역을 오르내리며 피난을 가면서도 모든 것을 상실한 채 고통스럽게 울부짖는 소리를 내게 된다.

선지자 예레미야는 그와 같은 처참한 상황에 놓인 모압 족속을 향해 빨리 도망쳐서 사막의 떨기나무 같은 신세가 되라는 말을 했다. 이는 그들이 피난을 가고 도망을 친다고 해도 원래의 상태를 회복할 수 없음을 말해주고 있다. 그들이 권세를 누리며 큰소리치던 시대는 완전히 끝났다는 것이다.

모압 족속은 그동안 스스로 챙긴 자신의 업적과 풍부한 보물을 의지한 채 오만한 태도로 살아왔다. 하지만 그것들은 종족의 위기 앞에서 더 이상 아무런 의미 없는 무익한 것에 지나지 않았다. 결국 그들은 맥없이 이방 군대에 의해 정복당하게 될 것이기 때문이다. 또한 그들이 믿고 의존하던 그모스(Chemosh) 신과 그것을 섬기던 제사장들을 비롯한 높은 지위에 있던 왕국의 관리들도 전부 포로로 잡혀 가게 되리라고 했다.

모압을 파멸시키는 외국 군대가 이르러 각 성읍을 치게 되면 한 성읍도 그 침략으로부터 피할 수 없으리라고 했다. 그리하여 모압 족속이 살아가던 산악지역과 골짜기가 멸망당하고 평지에 자리잡은 모든 성읍들도 파멸을 피하지 못한다. 이 일은 BC 582년 바벨론의 느부갓네살 군대가 그들을 침략함으로써 하나님께서 말씀하신 예언이 그대로 성취되었다.

그런 와중에 선지자 예레미야는 모압에 날개를 주어 날아서 피하도록 하라는 언급을 했다. 이는 저들을 위한 긍정적인 격려의 말이 아니다. 오히려 모압의 모든 성읍들이 완전히 파괴되어 백성들이 더 이상 그곳에서 살아갈 수 없게 될 것이므로 그곳에서 멀리 도망가라는 사실을 말해주고 있다. 모압 사람들은 하나님의 심판을 위해 몰려온 바벨론 군대의 침략을 피할 수 없게 되리라는 것이다.

선지자는 그에 관한 예언과 더불어 근본적인 문제에 해당되는 사실을 선포했다. '여호와의 일을 게을리 하는 자는 저주를 받을 것이요 자기 칼을 금하여 피를 흘리지 아니하는 자도 저주를 받을 것이라'(렘 48:10)는 것이었다. 이 말씀은 배도에 빠져 패망을 당하게 된 언약의 자손들에게 주어진 메시지이다. 즉 하나님의 명령을 적극적으로 순종하지 않고 소홀히 하는 자들은 무서운 저주를 받게 된다는 것이다.

2. 강력한 세력을 가진 모압에 임할 하나님의 심판 (렘 48:11-25)

선지자 예레미야는 모압 족속이 그동안 큰 변동 없이 안전하고 평온하게 지내왔음을 언급했다. 그들은 다른 주변 나라에 의해 포로로 잡혀 간 적이 없었다. 그리하여 모압은 마치 포도주가 이 술통에서 저 술통으로 옮겨 담지 않아 밑술이 곱게 가라앉은 채 말갛게 떠 있어 향기가 변치 않은 포도주같이 안온한 모습을 유지하고 있다는 말을 했다.

그렇지만 하나님께서 이제 모압 족속을 엄하게 심판하시리라는 사실을 선포하면서 그 족속을 술과 술통에 비유하여 설명했다. 곧 때가 이르면 하나님께서 술을 옮겨 담는 자들을 저들에게 보낼 것이라고 하셨다. 그리고 그들이 와서 그 술통을 완전히 비우고 포도주를 담은 병들을 부숴버리도록 하리라는 것이었다. 이는 모압 족속에게 종말이 다가왔음을 선언하는 의미를 지니고 있다.

이와 같은 일이 있기 오래전 여호와 하나님께서는 앗수르 제국의 군대를 보내 배도에 빠져 불순종하던 북 이스라엘 왕국을 심판하여 멸망시키셨다. 솔로몬 왕 이후 여로보암 왕이 부당하게 일으킨 북 왕국에 속한 이스라엘 자손들은 하나님의 도성 예루살렘과 거룩한 성전을 버리고 벧엘과 단에 세운 신전을 통해 금송아지를 섬기게 되었다(왕상 12:29-32; 왕하 10:29, 참조). 그것은 하나님을 모독하는 사악한 배도 행위였으므로 저들에게 엄중한 심판을 내리셨던 것이다.

이처럼 모압 족속은 여호와 하나님의 이름을 더럽히는 그모스 신을 섬기는 사악한 행위를 하는 자들이었다. 따라서 그들은 북 이스라엘 왕국이 앗수르에 의해 패망했듯이 주변 강대국 군대에 의해 멸망당하게 될 것이라고 했다. 그로 말미암아 그동안 강력한 세력을 빌미로 평온한 삶을 누리는 족속이라는 오만한 태도를 보이던 자들이 이제 큰 수치를 당하게 된다는 것이다.

그러므로 하나님께서는 자긍심에 빠진 모압 족속을 향해 어찌하여 스스로 용맹한 군사이자 전쟁에 능한 병사라 자처하느냐고 말씀하셨다. 이제 만군의 왕이신 여호와 하나님께서 저들에게 끔찍한 재앙을 내리신다는 것이다. 그리하여 모압이 통치하는 지경의 모든 성읍들이 파괴될 것이며 용맹한 군인임을 뽐내던 자들이 강한 적군을 만나 싸우다가 처참한 죽임을 당하게 되리라는 것이었다.

하나님의 심판으로 인한 그와 같은 끔찍한 재앙이 몰려오고 있으며 그로 인한 고난이 이제 곧 닥치리라고 했다. 그렇게 되면 주변에 있는 여러 나라들이 세력을 자랑해 오던 그들을 바라보며 놀라는 동시에 크게 비웃게 된다. 모압을 둘러싸고 있는 사면의 백성들과 모압의 강한 면모를 부럽게 여기던 자들이 패망하는 모압인들을 향해 어찌하여 그 막강한 홀(the mighty scepter)과 화려한 지휘봉(a staff of splendor)이 맥없이 부러졌느냐며 비아냥댄다는 것이다.

따라서 결국 그들은 모압의 큰 도성인 디본에 거주하는 자들을 향해 그 영화로운 자리에서 내려와 생존조차 힘든 메마른 땅에 거하라고 외친다. 모압 족속을 침략하는 자들이 몰려와서 그들의 요새를 완전히 파괴해버릴 것이기 때문이라는 것이다. 또한 그들은 그동안 자부심을 가지고 큰 자랑으로 여기던 부유한 아로엘에 사는 여인들을 향해 길가로 나와 주변을 살펴보다가 멀리 도망쳐 피신해 가는 자들에게 어떤 일이 일어났는지 물어보라고 말했다. 그들은 오만한 사고에 취해 있던 모압이 패망하여 수치를 당하게 되었으니 이제까지 사치스러운 삶을 살던 그 여인들에게 모압이 황폐하게 된 것으로 인해 울며 부르짖으라고 말하리라는 것이다.

그들은 외국 군대를 통한 하나님의 심판이 모압의 평지에 있는 여러 성읍들에 미쳤다고 말하게 된다. 그동안 막강한 세력을 자랑하던 보스라를 비롯한 모압 땅 모든 성읍에 그 무서운 재앙이 임하게 되었다. 그리하여 영화로움을 자랑하던 모압의 뿔은 잘려나가고 강력한 세력을 내세우던 그들의 팔은 부러져버리게 된다. 하나님으로 말미암은 그 모든 일은 인간들이 어떻게 할 수 없는 것이었으므로 그 위기를 모면할 방법이 없었던 것이다.

3. 모압 족속의 패망 예언 (렘 48:26-35)

하나님께서는 선지자 예레미야를 향해 모압으로 하여금 취하도록 만들라는 말씀을 하셨다. 이는 그들이 여호와 하나님에 대하여 한없이 교만했기 때문이다. 그리하여 그들은 사람들이 먹고 토해낸 음식물 위에서 뒹굴게 되므로 주변 사람들로 말미암아 큰 조롱거리가 되리라는 것이었다.

이는 모압 족속이 언약의 자손인 이스라엘 백성을 조롱한 것에 대한 하나님의 보응이었다. 그들은 이스라엘 민족을 볼 때마다 마치 도둑질 하다가 들킨 악한 자들을 보듯 말끝마다 머리를 흔들며 조롱하기를 되풀이했다. 아무런 근거 없이 악한 감정을 가지고 이스라엘을 질시하며 빈정대는 태도를 보였던 것이다. 그와 같은 행동은 단순히 이스라엘 백성을 향한 욕이었을 뿐 아니라 여호와 하나님에 대한 오만한 태도를 보이는 것과 마찬가지였다.

그러므로 하나님께서는 모압 족속에 대한 심판을 선포하시면서 이제 그들이 거주하던 안전한 성읍을 떠나 산속 바위 사이에 들어가 살라는 말씀을 하셨다. 낭떠러지 위에 있는 동굴 입구에 불안정하게 둥지를 틀고 살아가는 비둘기처럼 지내라는 것이다. 그것은 하나님의 엄중한 심판에 연관되는 것으로서 장차 그들이 그렇게 살아갈 수밖에 없는 어려운 형편에 맞닥뜨리게 된다는 사실을 말해주고 있다.

선지자 예레미야는 이스라엘 자손이 모압 족속의 심히 교만한 태도와 거만한 자세로 인한 무소불위(無所不爲)의 세력을 자랑하는 소문을 들었다고 했다. 하지만 여호와 하나님께서는 모압이 얼마나 실속 없이 허풍을 치며 거만하게 구는지 분명히 알고 계신다. 그들은 아무것도 성취하지 못하면서도 오만한 자세를 버리지 않고 있었다.

또한 예레미야는 모압 왕국이 패망하는 것을 보며 애곡해 주겠다는 언급을 했다. 그리고 갈 바를 찾지 못해 헤매는 모압 족속을 위해 울어 주리라고 했다. 또한 모압의 중요한 성읍인 길헤레스 사람들을 위해 애도해 주겠다는 말을 했다(렘 48:31). 이 모든 말은 모압인들을 위해 무언가를 해 주겠다는 의미가 아니라 멸망을 향해 나아가는 그들에게 종말의 메시지를 주는 의미를 지니고 있다.

이제 하나님께서 보내시는 적군이 모압 왕국에 들이닥쳐 모압이 패망하면 모든 것이 파괴되어 사라지게 된다. 그렇게 되면 그동안 가장 소중하게 여기던 것들을 잃게 되어 온 모압 지역은 울음바다가 될 수밖에 없다. 그들이 자랑하던 포도나무 과수원이 가득 들어서 있던 비옥한 지역들이 황폐하게 되고 그들이 수확한 포도마저도 약탈당하게 된다. 따라서 그들은 더 이상 술틀에서 포도주를 만들어 낼 수 없는 처지에 놓인다.

모압 족속은 저들의 비옥한 땅과 잘 가꾼 포도원을 적군에게 빼앗기면서 기쁨과 즐거움마저 박탈당하게 된다. 그리하여 모압 사람들이 모여 있는 곳에서는 더 이상 즐거운 웃음소리가 들리지 않는다. 땅이 황폐해지고 나무가 쓰러져 열매를 맺지 못하며 흐르는 물마저도 말라버리게 됨으로써 그들의 입술에서는 신음소리와 애곡하는 소리만 나오게 될 따름이다.

모압 족속이 그렇게 된 가장 근원적인 이유는 여호와 하나님을 욕되게 했기 때문이다. 그들은 모압의 산당에서 더러운 우상 신을 섬기면서 제사하기를 좋아했으며 그 거짓 신을 향해 분향하기를 지속했다. 그런데 그와 같은 악행을 저지르는 자들이 하나님의 언약을 소유한 이스라엘 자손을 조롱하며 멸시했으므로 심판을 자초하게 되었던 것이다.

4. 모압의 패망과 선지자 예레미야 (렘 48:36-44)

선지자 예레미야는 모압의 처참한 형편으로 인해 자신의 마음이 피리로 슬픈 조가를 부르는 것같이 되었다고 했다. 그동안 풍요를 누리던 길헤레스 사람들의 모든 재물이 사라졌기 때문에 슬퍼하지 않을 수 없다는 것이다. 그들은 애지중지(愛之重之)해오던 모든 것을 한꺼번에 갑자기 잃어버리게 되었던 것이다.

또한 모압 왕국에 속한 모든 남자들은 머리카락을 밀어 대머리가 되었으며 수염을 깎아버렸다고 했다. 뿐만 아니라 손에 칼자국을 내고 허리에는 굵은 베로 둘렀다고 했다. 나아가 모압 사람들이 살고 있는 집의 모든 지붕과 거리의 각처에서 슬픈 울음소리가 들리게 된다는 사실을 언급했다. 모압이 그렇게 된 것은 토기장이가 마음에 들지 않는 그릇을 깨뜨려버리는 것처럼 하나님께서 그들을 부숴버렸기 때문이다.

그리하여 그동안 막강한 세력을 자랑하던 모압은 적군의 침략에 의해 완전히 파괴되었다. 그 모든 것을 목격한 주변 나라의 많은 백성들은 모압 족속이 슬픔에 빠져 애곡하는 소리를 들었다. 궁지에 몰린 모압 족속은 수치스럽게도 등을 돌리고 쫓기는 신세가 되었다. 따라서 그들은 주변 나라와 백성들 앞에서 참혹한 모습을 보이며 조롱거리가 될 수밖에 없었다.

또한 하나님께서는 이제 적군의 군대가 마치 독수리처럼 날아와서 모압 족속 위에 내려 덮치게 되리라고 말씀하셨다. 그로 말미암아 모압의 모든 성읍들이 적군에 의해 점령당하게 되며 중요한 요새들이 함락당하게 된다는 것이다. 그날에는 막강한 전투력을 자랑하던 모압 병사들이 마치 아기를 출산하는 산모가 겪는 것과 같은 심한 고통을 당하게 된다.

모압 족속은 여호와 하나님 앞에 저항하며 그의 말씀을 거슬러 자만했던 결과 그와 같은 패망의 자리에 놓이게 되었다. 따라서 그들은 멸망당하게 되어 다시금 나라를 일으켜 세우지 못하리라고 했다. 선지자 예레미야는 모압을 향해 그런 일이 발생하게 될 것을 예언하며 경고의 메시지를 주었다. 이제 곧 저들 앞에 두려움과 함정과 올무가 쳐지는 위기의 상황이 닥치게 된다는 것이다.

이처럼 선지자는 모압이 생존할 수 있는 길이 완전히 막힌 사실을 선포했다. 적군의 침공을 피해 도망하는 자들은 함정에 빠지게 될 것이며 그 함정에서 뛰쳐나오는 자들은 다시 그 앞에 쳐진 올무에 걸리게 될 것이라고 했다. 그들에게는 피할 수 있는 길이 전혀 없게 된다. 이는 그 모든 것이 하나님의 징벌에 의한 것이었기 때문이다.

그런데 우리가 여기서 생각해 보아야 할 점은 앞에서 언급한 것처럼 모압 족속이 처한 비참한 상황으로 인해 선지자 예레미야의 마음이 왜 깊은 슬픔에 빠졌느냐 하는 문제이다(렘 48:36). 그것은 물론 모압에 대한 연민 때문이 아니었음은 분명하다. 따라서 선지자가 그와 같은 슬픔에 빠지게 된 까닭은 그 족속이 재물을 동원해 언약의 자손으로 하여금 범죄케 한 악행에 연관된 것으로 보인다. 즉 그들로 인해 언약의 자손이 패망의 길에 들어섰기 때문인 것으로 이해하는 것이 가장 자연스럽다.

5. 모압의 패망과 하나님의 궁극적인 뜻 (렘 48:45-47)

적군의 침략에 대하여 아무런 대책을 강구하지 못한 채 패망의 길에 들어선 모압 족속은 생명을 건지기 위해 피난길을 택할 수밖에 없었다. 그들은 멀리 도망치면서 기진맥진하여 헤스본의 성벽 그늘 밑에 멈추어 한숨 돌리고자 했다. 하지만 헤스본은 그들이 거기서 쉬는 것을 용납하지 않았다. 도리어 그곳에서 맹렬한 불이 나와 힘이 빠진 상태에 놓인 모압의 난민들을 태워버리려고 했다.

이는 헤스본의 왕 시혼의 궁궐에서 뿜어져 나온 무서운 불이 모압 사람들을 괴롭히는 사실에 연관되어 있다. 그 불이 자신의 생명을 구하고자 도망치는 모압 족속과 그들이 가진 모든 것을 위협하게 되었다. 또한 그 불길이 모압 족속의 얼굴뿐 아니라 시끄럽게 떠들며 소란을 피우는 자들의 정수리를 살라버리게 된다고 했다. 이는 그들이 완전히 패망당할 것에 대한 예언의 말씀이다.

그러므로 선지자 예레미야는 모압 족속을 향해 이제 곧 무서운 화가 미치게 된다는 하나님의 뜻을 선포했다. 더러운 우상인 그모스 신을 섬기며 오만한 자세를 가지고 있던 저들의 종말이 가까이 왔다는 것이다. 그리하여 그 종족의 아들들은 다른 나라가 다스리는 지역으로 사로잡혀 가고 딸들 역시 포로의 신세를 면치 못하리라고 했다. 이는 그들의 상속이 완전히 끊어지게 된다는 사실을 말해주고 있다.

그런데 하나님께서는 나중 때가 이르게 되면 모압의 포로들을 다시금 저들의 본토로 돌아오게 하시겠다는 언급을 하셨다. 이는 그들이 하나님으로부터 사랑을 받게 된다는 의미와 전혀 다르다. 이제 그들은 더 이상 언약의 자손인 이스라엘 자손을 미혹할 만한 위치에 있지 않게 된다는 의미를 지니고 있다. 즉 언약의 자손을 조직적으로 괴롭히는 모든 일은 끝나게 된다. 따라서 하나님께서 모압에 대한 심판은 거기까지라고 말씀하셨다.

제49장

암몬, 에돔, 다메섹, 게달, 하솔, 엘람 등에 대한 예언

(렘 49:1-39)

1. 암몬에 임할 하나님의 심판 (렘 49:1-6)

선지자 예레미야는 하나님께서 암몬 족속에 관하여 하신 예언의 말씀을 전했다. 그들의 조상은 벤암미(Benammi)로서 롯이 자기의 작은딸을 통해 낳게 된 아들이다(창 19:38). 그가 암몬 사람들의 조상이 되었다.

여호와 하나님께서 이제 암몬 자손에 대하여 경고하고 계신다. 이스라엘에 상속자가 없어서 갓(Gad) 지역을 점령하여 살아가느냐는 것이다. 그들은 말감(Malcam) 곧 몰렉(Molech) 신을 끌고 들어와 그 땅을 더럽히고 있었다. 그런 자들이 약속의 땅을 점령하여 산다는 것은 하나님에 대한 모독이 될 수밖에 없었다.

그러므로 하나님께서는 저들에 대한 심판을 선언하셨다. 조만간 하나님께서 작정하신 날이 이르면 무서운 전쟁을 불러일으킬 것이라고 하셨던 것이다. 암몬 자손의 중요한 성읍인 랍바(Rabbah)가 피비린내 나는 전투에 휩싸일 것이며 적군에 의해 자행되는 요란한 파괴의 소리가 들리게 되리라는 것이었다.

그렇게 되면 랍바는 폐허가 되어 삭막해질 것이며 사람들이 거주하던 마을들은 불길에 타버리게 된다고 하셨다. 또한 그때 이스라엘은 자기 땅을 점령하여 괴롭히던 그 종족의 땅을 차지하게 되리라고 하셨다. 즉 암몬은 강력한 힘으로 나약한 이스라엘을 점령했으나 하나님께서 그 상황을 바꾸어 놓게 되리라는 것이었다.

암몬 족속이 하나님의 심판으로 인해 패망하게 되면 그들이 살아가던 영역의 모든 곳에서 처참한 상황이 벌어지게 된다고 했다. 따라서 헤스본(Heshbon)과 아이(Ai)와 랍바(Rabbah)에 살고 있는 거민들을 향해 슬퍼하며 울부짖으라는 말을 했다. 그들이 섬기던 우상 신인 말감과 그 제사장들과 왕국의 모든 고관들이 적군에 의해 사로잡혀 갈 것이므로 몸에 굵은 베옷을 걸치고 애곡하며 울타리 사이로 도망쳐 빠져나가고 했다.

하나님께서는 암몬을 패역하고 방종한 딸로 묘사하시면서 어찌하여 저들이 거하는 비옥한 골짜기를 자랑하느냐고 말씀하셨다. 또한 그 백성은 풍부한 재물을 의지하는 가운데 아무도 자기를 침략하지 못한다며 기고만장해 있었다. 더러운 우상 신을 섬기면서 스스로 자기의 세력을 자랑하던 자들에게 조만간 무서운 일이 발생하게 되리라는 것이었다.

여호와 하나님께서 그들이 두려워할 만한 군대를 사방에서 불러 모아 저들을 침공하도록 할 것이기 때문이다. 그로 인해 강력한 군대가 몰려오는 것을 보는 백성들은 제각기 흩어져 도망칠 수밖에 없게 된다. 그러나 그 위기에 대처하기 위해 백성들을 다시 불러 모아 전열을 재정비할 만한 자가 존재하지 않는다고 말씀하셨다.

그런데 하나님께서는 나중에 때가 이르면 포로가 되어 사로잡혀 간 암몬 자손을 원래의 장소로 되돌아오게 해주시겠노라고 하셨다. 이는 그들이 더 이상 이스라엘 백성들을 괴롭힐 만한 자리에 있지 않게 된다는 의미를 내포하고 있다. 즉 언약의 자손과 완전히 무관하게 된 형편에서는 하나님께서 더 이상 그들을 심판의 대상으로 여기시지 않는다는 것이다.

이처럼 이방인들에 관한 하나님의 뜻은 분명하다. 이방인들로서 하나님의 백성들을 훼방하며 괴롭히거나 그들을 미혹하는 경우에는 하나님께서는 역사 가운데서 그들을 엄히 징벌하신다. 하지만 그와 같은 자리에서 멀어지게 되면 더 이상 직접적인 관여를 하시지 않는다. 그들은 어차피 하나님의 심판 아래 놓인 자들이기 때문이다.

2. 에돔을 향한 예언의 말씀 (렘 49:7-22)

(1) 에돔에 임할 심판(렘 49:7-13)

에돔 족속은 야곱의 쌍둥이 형이자 이삭의 맏아들인 에서의 자손들이다. 에서는 야곱과 등진 관계가 되었으며 그의 자손들 사이에도 항상 그래왔다. 하나님의 언약에 속한 자손과 그렇지 않은 자들 사이에 발생하는 그와 같은 문제는 자연스러운 것으로 이해할 수 있다.

그런데 에서의 자손들은 야곱의 자손들에 비해 매우 빠른 시기에 안정된 에돔 왕국을 세웠다. 야곱의 집안이 애굽에 내려가 우여곡절을 겪으며 오랜 기간 종살이를 하는 동안 에돔 족속은 탄탄한 기반을 구축하고 있었던 것이다. 이스라엘 자손이 출애굽한 후 시내광야를 거쳐 가나안 땅에 들어가 안착하는 과정에서도 에돔 족속은 이스라엘 백성을 괴롭혔다.

그런 일이 있은 후 또다시 오랜 세월이 흘러 유다 왕국이 바벨론 제국에 의해 패망의 길을 가는 형편인데도 에돔 왕국은 일시 동안 건재한 듯 보였다. 그 백성은 오만한 마음을 가지고 있으면서 언약의 자손들을 대적하며 하나님을 욕되게 하면서 살아갔다. 그들은 그것이 여호와 하나님께 저항하는 행위라는 사실조차 알지 못했다.

그와 같은 상황 가운데서 하나님께서는 선지자 예레미야를 통해 에돔 족속에 대한 예언의 말씀을 주셨다. 하나님께서 그들을 심판하여 파멸의 길에 **빠뜨리시리라**는 것이었다. 따라서 그들을 향해 그들의 도성 데만에서 자랑하던 지혜가 사라져버렸느냐고 하셨다. 그리고 명철한 지혜를 내세우던 자들과 지혜로운 듯 행세하던 자들이 다 어디로 갔느냐고 하셨다. 어리석은 자들이 즐겨하던 엉터리 주장들이 모두 쓸모없게 되었다는 것이다.

그러므로 에돔의 드단에 사는 주민들을 향해 이제 도망치라고 말씀하셨다. 남들이 모르는 깊은 곳으로 달아나 피해 숨으라는 것이다. 하나님께서 에돔을 벌할 때가 이르러 저들의 조상 에서에게 내렸던 재난을 그곳에 내리신다는 것이다. 이제 그들이 애써 농사지은 포도를 약탈할 자들이 몰려와서 모든 열매를 탈취해 갈 것이며 밤중에 도둑이 들어와서 다 가져가게 된다고 하셨다.

그런 상황이 발생한다고 해도 하나님께서는 에돔을 위해 은총을 베풀지 않으실 것이라고 했다. 그렇게 되면 에서 자손 곧 에돔의 옷이 완전히 벌거벗겨 숨겨진 모든 것이 그대로 드러나게 된다고 했다. 그 결과 그들 가운데는 몸을 숨길 만한 곳조차 남아 있지 않게 된다. 그리하여 에돔 사람들과 그 형제와 이웃이 완전히 멸망당하여 없어지게 된다는 것이다.

그런데 그들 가운데 어렵고 힘들게 살아가는 약한 자들에 대해서는 하나님께서 달리 대응하실 것이라고 했다. 기득권자들이 자기의 생명을 보존하고자 내친 고아들과 의지할 데 없는 과부들을 살려주시리라는 것이다. 여기에는 약자들에게 베풀어 주시는 하나님으로부터 허락된 은총의 의미보다 오만한 자세로 살아가던 자들에 대한 응징의 의미가 더욱 강하게 드러나고 있다. 즉 그들이 보잘것없는 자들이라고 업신여기던 사람들이 더 나은 형편에 처하는 것을 저들의 두 눈으로 보게 되리라는 것이었다.

그러므로 하나님께서는 에돔 족속을 향해 선포하셨다. 특별한 범죄를 저지르지 않은 자들도 형벌의 잔인 독배를 마시는데 사악한 행위를 한 자들이 어찌 하나님의 징계를 피할 수 있겠느냐는 것이다. 에돔 족속은 반드시 그 형벌의 잔을 마시게 될 것이며 하나님으로부터 임하는 무서운 재앙을 면하지 못하리라고 말씀하셨던 것이다.

하나님께서는 자기 이름을 두고 맹세하신다고 말씀하시면서 그 일은 반드시 이루어진다는 사실을 강조하셨다. 주변의 여러 나라 백성들이 에돔 족속의 도성인 보스라가 황폐하게 된 것을 보고 크게 놀랄 뿐 아니라 치욕거리로 삼아 저주받은 결과라며 비웃을 것이라고 했다. 언약의 자손들을 미혹하며 괴롭히던 그들은 비참한 말로를 겪을 수밖에 없게 되는 것이다.

(2) 궁지에 몰리게 될 에돔 족속(렘 49:14-19)

선지자 예레미야는 자기가 하나님으로부터 받은 계시의 말씀을 에돔 사람들에게 전했다. 그는 하나님께서 많은 사절들을 주변의 나라들에 보내 군대를 모아 일어나 에돔 족속을 쳐서 싸우도록 명하신 예언을 들었다는 것이다. 이는 하나님께서 여러 나라들 가운데 친히 간섭하셔서 에돔 왕국을 침략하기 위한 연합군을 결성하도록 섭리에 따라 주도하신 사실과 연관되는 것으로 보인다.

하나님의 작정에 따라 많은 나라의 연합군이 몰려와서 에돔 왕국을 침공하게 되면 에돔 족속의 세력이 극도로 약화되어 사람들 가운데서 심한 멸시를 받게 될 수밖에 없다. 그동안 그들은 자기의 통치 영역에 살면서 험한 산지와 바위틈에 견고한 진지를 구축했을 뿐 아니라 산꼭대기를 점령하여 막강한 힘을 과시해 왔었다. 그 족속은 자기의 세력은 누구에게도 뒤지지 않는 강력한 힘을 구축하고 있다는 생각을 하며 두려운 것을 몰랐다.

그들의 오만한 판단은 스스로 자기에게 속아 넘어가는 결과를 초래했다. 비록 에돔 족속이 독수리가 높은 곳에 보금자리를 짓듯이 외부의 세력이 쉽게 접근할 수 없는 높은 산지에 진지를 구축했을지라도 하나님께서 친히 저들을 끌어내리고자 하면 속수무책이다. 하나님의 무서운 심판과 응징 앞에서는 아무도 그것을 피하지 못한다.

결국 외국 여러 나라의 연합군이 침공하게 될 경우 에돔 족속은 참혹한 국난을 피할 수 없다. 그것은 궁극적으로 하나님께서 저들에게 내리시는 재앙이기 때문이다. 에돔 족속은 엄청난 고통에 빠지게 될 것이며 그 옆을 지나가는 사람들은 그 황량함을 보고 깜짝 놀라 빈정대며 조롱하게 되리라는 것이었다.

그들은 그로 말미암아 완전한 파멸에 이르게 될 수밖에 없다. 하나님께서는 그들의 모습이 마치 소돔과 고모라 및 그들과 함께 멸망한 상황처럼 되리라고 하셨다. 그렇게 되면 거기에는 사람들이 살지 못해 그곳에서 살고자 하는 자가 아무도 없게 된다. 이는 저들의 성읍과 요새가 철저히 파괴된다는 사실을 말해주고 있다.

이제 곧 요단강 깊은 숲속 가운데 사나운 맹수인 사자가 나타나듯이 하나님께서 보내시는 막강한 군대가 몰려와 에돔의 견고한 성읍을 칠 것이라고 했다. 또한 하나님께서 에돔 족속을 거기서 쫓아내고 하나님의 선택받은 자가 그들 위에서 다스리게 되리라고 말씀하셨다. 이는 하나님의 뜻이 저들 위에 임하게 되면 에돔의 지휘관들 가운데 누가 감히 그에 저항하며 덤벼들겠느냐는 것이다. 이는 에돔 족속이 당할 심판이 임박했음을 말해주고 있다.

(3) 에돔의 멸망(49:20-22)

선지자 예레미야는 에돔 족속에 대한 하나님의 의도와 데만 지역에 살고 있는 주민들을 향한 하나님의 작정과 계획을 들어보라고 했다. 하나님께서는 양 떼 가운데 어린 새끼들까지 다 적군에 의해 끌려가게 하실 것이라고 했다. 이는 비단 양 떼와 어린 새끼들뿐 아니라 그곳의 거민들과 어린아이들까지 모두 그렇게 되리라는 의미를 내포하고 있다. 그렇게 되면 그동안 강력한 세력을 자랑하던 막강한 성읍과 요새들마저 황폐하게 될 수밖에 없다.

선지자는 그로 말미암아 에돔이 패망하여 쓰러지는 소리가 천지를 진동하게 되리라는 사실을 언급했다. 또한 그들이 고통스럽게 울부짖는 소리가 홍해 바다까지 들리게 될 것이라고 했다. 이는 그들이 당하는 재앙으로 인해 모든 성읍들이 파괴되고 에돔 족속에게 닥치는 환난이 엄청날 것이란 사실을 말해주고 있다.

이제 곧 에돔을 향한 여러 나라의 연합군이 원수처럼 되어 그곳을 침공해 들어오게 될 것이라고 했다. 그들은 마치 힘센 독수리가 빠른 속도로 날아오듯이 저들 위를 한꺼번에 덮친다. 그 군대의 날개가 에돔 족속이 다스리는 보스라 위에 펼쳐지는 날이 이르면 에돔 왕국에 속한 용사들은 아무런 힘을 쓸 수 없게 되는 지경이 된다.

그렇게 되면 용맹했던 에돔의 군대는 완전히 패배하여 에돔 왕국의 모든 땅과 성읍들이 황폐하게 될 수밖에 없다. 백성의 지도자들은 저마다 살아남기 위해 멀리 도망을 치고자 하지만 그것도 용이하지 않다. 결국 에돔을 지켜내지 못한 채 완패한 용사들과 모든 백성들은 마치 아기를 출산하는 여인이 진통을 겪듯이 엄청난 고통에 빠져들게 된다. 그것은 하나님을 욕되게 한 자들에게 임한 무서운 재앙이기 때문에 아무도 그 위기에서 벗어나지 못한다.

3. 다메섹에 임할 심판 (렘 49:23-27)

다메섹 도성은 아람 왕국의 수도였으나 BC 732년 앗수르 제국에 의해 멸망당했다. 그 도시는 아브라함을 비롯한 족장 시대부터 이스라엘과 상호 관계를 유지해 왔으며 나중에는 유대인들이 많이 살게 되었다. 그곳에서 살아가던 유대인들은 이방의 추한 문화를 받아들임으로써 하나님의 언약을 멀리하는 경우가 많았다.

선지자 예레미야가 예언하던 바벨론 제국이 통치하던 시기에는 그들이 번영을 회복한 듯 보였다. 하지만 이스라엘 자손과의 관계에서 하나님을 욕되게 하는 양상이 발생하고 있었다. 따라서 하나님께서는 저들을 향해 장차 임하게 될 무서운 심판과 재앙을 선포하셨다. 그 자손들이 살아가던 영역인 하맛과 아르밧이 큰 수치를 당하게 되리라는 것이었다.

그들은 주변 강대국의 군대가 저들을 침략하리라는 불길한 소문으로 인해 심히 두려워하며 낙담하게 될 것이라고 했다. 그렇게 되면 사람들이 바다에서 무서운 파도가 치듯이 우왕좌왕하며 삶의 평안을 잃게 된다. 그들에게 그런 끔찍한 상황이 닥치게 되면 사람들은 어쩔 줄 몰라 크게 당황할 수밖에 없게 되는 것이다.

그와 같은 심각한 일이 발생하는 것을 목격하면서도 다메섹 사람들은 그에 대응할 수 있는 아무런 힘이 없었다. 백성들은 다른 곳으로 달아나 피신하려고 해보지만 그마저도 뜻대로 되지 않는다. 따라서 공포에 휩싸인 저들의 마음은 고통스러울 따름이라고 했다. 그들은 해산하는 여인처럼 심한 고통에 사로잡혀 슬픔에 빠져 있게 될 따름이었다.

선지자 예레미야는 저들을 향해 어찌하여 과거에 흥겨운 노래 소리가 넘치던 성읍이 그렇게 되었느냐며 탄식조로 말했다. 그리고 즐거움을 누리며 모든 것이 흡족한 듯 살아가던 자들이 왜 그렇게 되어버렸느냐고 했다. 그동안 주변의 많은 사람들에게 명성을 날리고 흥청대던 성읍들이 무엇 때문에 일순간에 황량한 곳으로 변했느냐는 것이다.

선지자는 다메섹의 지도자들과 모든 백성을 향해 만군의 하나님 여호와의 말씀을 전했다. 조만간 하나님께서 심판하시는 그 재앙의 날이 저들에게 이르게 되면 젊은 청년들이 성읍의 길거리에 맥없이 쓰러지게 되리라고 했다. 그리고 용맹을 자랑하던 다메섹의 모든 병사들은 다 멸절될 것이라고 했다.

이는 다메섹 사람들에게 더 이상 아무런 소망이 없다는 사실을 선포하는 의미를 지니고 있다. 하나님께서 친히 다메섹의 성벽에 불을 지름으로써 그동안 하나님께 저항한 저들의 악행을 심판하실 것이었기 때문이다. 그로 말미암아 저들이 자랑하던 벤하닷의 궁전이 불타버리게 되면 다메섹은 완전히 패망하게 된다는 것이었다.

4. 게달과 하솔에 임할 심판 (렘 49:28-33)

예레미야 선지자가 예언할 당시 바벨론 제국의 느부갓네살 왕은 세계 최강의 군사력을 가지고 있었다. 그는 주변의 여러 나라들을 침략하여 정복했지만 그의 정복욕은 마치 굶주린 이리 같았다. 그리하여 끊임없이 주변의 여러 나라들을 공격하기를 되풀이했다. 그 가운데는 하나님께서 그를 심판의 도구로 사용한 경우가 상당수 있었다.

게달과 하솔 왕국 역시 느부갓네살의 침공을 받게 되었다. 당시 하나님의 예언이 선지자를 통해 주어졌다. 하나님께서 느부갓네살의 군대를 향해 말씀하시기를 일어나 게달로 올라가서 그곳을 정복하고 동방에 있는 종족들의 영역을 파괴하도록 명하신다는 것이다.

또한 그 종족들에게 가서 저들의 천막과 양 떼를 탈취하라고 했다. 또한 그들의 휘장과 모든 세간 및 도구들과 낙타를 비롯한 동물들도 빼앗아 소유로 삼도록 했다. 그리고 그곳 백성들을 향해 저들의 사방에 강력한 외부 군대가 둘러싸고 있다는 사실을 외쳐 알리라고 했다. 그들이 심한 공포에 휩싸이도록 하라는 것이다.

그러므로 하솔 거민으로 하여금 멀리 도망쳐서 사람들이 내왕하지 않는 깊은 산속으로 들어가 숨어 살도록 하라고 했다. 바벨론의 왕 느부갓네살이 그들의 나라를 칠 작전 계획을 세우고 있다는 것이다. 막강한 병력을 가지고 있을 뿐 아니라 잔인하기로 소문난 느부갓네살이 그곳으로 침공해 들어오게 되면 저들에게 피할 수 있는 방도가 없다.

그리고 하나님께서는 바벨론 군대를 향해 이제 일어나 별문제 없는 듯 평온한 모습을 보이는 하솔을 침공하라고 하셨다. 그곳 사람들은 성읍이 있었으나 성문이 없었으며 각 집들도 문빗장이 없는 상태로 살아가고 있었다. 이는 그들이 외부의 공격이나 도둑을 염려할 필요가 없는 안전한 생활을 하고 있음을 말해주고 있다. 그때까지 그들은 외세의 간섭 없이 독자적으로 편하게 살아가고 있었던 것이다.

선지자는 또한 느부갓네살의 군대가 그 종족들을 공격하면 그들이 소유하고 있던 낙타를 비롯한 많은 가축들을 탈취할 수 있을 것이라고 말했다. 또한 머리카락을 각지게 짧게 깎고 살아가는 문화를 가진 그 백성을 하나님께서 친히 사면에 흩어버리실 것이라고 하셨다. 모든 재난이 그들 주변의 여러 곳에 닥치게 될 경우 그들은 그 위기의 상황을 피하지 못한다.

그렇게 되면 하솔은 사람들이 살지 못하는 황량한 땅으로 변할 수밖에 없다. 따라서 그 지역은 여우를 비롯한 들짐승의 소굴로 변하게 된다. 따라서 그 황폐한 땅에는 더 이상 사람들이 살아가지 못하게 된다는 것이다. 이와 같이 하나님께서는 자기에게 저항하는 자들을 절대로 용납하지 않는다는 사실을 분명히 보여주셨다.

5. 엘람에 임할 심판 (렘 49:34-39)

시드기야 왕이 즉위한 지 그리 오래지 않을 때 하나님의 말씀이 선지자 예레미야에게 임했다. 그 시기는 BC 597 이후의 어느 때에 일어난 일로 이해하는 것이 자연스럽다. 하나님께서는 그 예언 가운데 엘람에 관한 말씀을 하셨다. 그들은 페르시아만 북쪽 곧 바벨론 동부 산악지대를 장악하고 있었다.

엘람인들은 막강한 기마병을 갖추고 있었으며 활을 잘 쏘는 종족이었다. 그들은 과거 앗수르 군대와 동맹을 맺고 예루살렘을 공격한 적이 있었다(사 22:5-7, 참조). 하나님께서 엘람을 심판하시고자 한 이유 가운데는 예레미야 시대에 이르기까지 언약의 백성을 괴롭히는 저들의 악한 태도 때문이었던 것으로 보인다. 그들은 하나님의 백성을 해치기 위해 먼 길을 마다하지 않는 종족이었던 것이다.

그러므로 하나님께서는 엘람 족속이 최고의 자랑거리로 여기는 병기인 화살을 꺾어버릴 것이라고 하셨다. 또한 그가 친히 사방으로부터 막강한 바람을 불러일으켜 엘람으로 몰려가게 하시겠다고 하셨다. 이는 주변의 여러 나라 군대가 엘람 족속의 땅을 침공하게 된다는 사실을 비유적으로 말해주고 있다. 그렇게 되면 패망한 엘람인들은 그곳으로부터 쫓겨나 그 족속이 가지 않는 나라가 없을 만큼 사방으로 뿔뿔이 흩어지게 된다는 것이다.

하나님께서 한때 주변 종족들 가운데 큰 세력을 떨치던 엘람인들로 하여금 저들의 원수와 그 생명을 노리는 자들 앞에서 크게 놀랄거리가 되도록 할 것이라고 했다. 하나님의 진노가 그들 위에 쏟아질 것이며 그 뒤로는 칼을 보내 그들을 완전히 멸망시키리라는 것이었다. 그렇게 되면 엘람은 패망하게 되고 그 백성들은 살아날 길이 없이 쫓겨날 수밖에 없게 된다.

하나님께서는 그와 더불어 엘람의 통치자인 왕과 기득권을 누리던 고관들을 파멸의 길에 내어주겠다고 하셨다. 그 대신 그 자리에는 자기의 보좌를 놓겠다는 말씀을 하셨다. 이 말은 자기가 그 땅에 관여함으로써 다시는 언약의 자손들을 대적하는 자들이 나라를 세우지 못하게 하리라는 의미를 지니고 있다.

그런데 세월이 많이 흘러 나중에는 하나님께서 사로잡혀 떠나간 자들로 하여금 다시금 그곳으로 돌아오게 하시리라는 말씀을 하셨다. 이는 때가 지나면 언약의 자손들을 괴롭히고 훼방하던 모든 일이 끝나게 된다는 사실을 말해주고 있다. 즉 더 이상 언약의 백성을 훼방하지 못할 엘람인들의 후손이 자기 조상들이 살던 땅으로 돌아와 사는 것을 막지 않으시겠다는 것이다. 이는 저들에게 특별한 은총을 베푸시겠다는 뜻이라기보다 그냥 내버려 두시겠다는 의미가 담겨 있는 것으로 이해하는 것이 자연스럽다.

제50장

바벨론에 대한 하나님의 예언(1)

(렘 50:1-46)

1. '이스라엘의 회복'을 약속하신 하나님 (렘 50:1-5)

하나님께서는 선지자 예레미야를 통해 바벨론 지역 갈대아 사람들이 거주하는 땅에 대한 예언의 말씀을 주셨다. 그것은 기본적으로 포로로 잡혀 간 이스라엘 민족을 위한 내용이었다. 따라서 장차 바벨론 제국이 겪게 될 상황에 대하여 세계만방을 향해 선포하라고 하셨다. 즉 바벨론에 미칠 위기를 만백성이 들을 수 있도록 깃발을 높이 세우고 숨김없이 전하라는 것이다.

당시 막강한 세력을 자랑하던 바벨론 제국이 오래지 않아 다른 외부 군대에 의해 함락될 것이라고 했다. 그들이 섬기는 벨(Bel) 신이 큰 수치를 당하게 될 것이며 므로닥(Merodach) 곧 마르둑(Marduk) 신이 치명상을 입게 되리라는 것이었다. 즉 그 더러운 우상들이 바벨론을 위해 도움을 주기는커녕 완전히 파괴될 것이라고 했다. 그것은 바벨론 사람들이 결코 받아들일 수 없는 충격적인 말이었다.

선지자 예레미야는 장차 북방에 있는 강력한 군대가 바벨론을 침공해서 그 땅을 완전히 파괴할 것이라고 했다. 그로 말미암아 그 땅은 사람들이 거주할 수 없는 황무지가 되어 모든 거민이 떠나게 되며 각종 들짐승까지도 그곳을 피해 멀리 달아나게 된다는 것이다. 그동안 잔인한 모습을 보이면서 감히 예루살렘 성전을 파괴하고 언약의 자손들을 괴롭힌 그들을 하나님께서 결코 그냥 두시지 않을 것이었기 때문이다.

장차 때가 이르면 이방 바벨론 왕국에 의해 포로로 잡혀 간 가나안 땅 북부 지역에 살던 이스라엘 자손과 남부 지역의 유다 자손이 본토로 귀환하게 될 것이라고 했다. 그 일은 하나님께서 이방 군대를 움직여 행하시는 일이었으므로 사람들이 보기에는 결코 가능하지 않은 기적적인 일이 아닐 수 없었다. 즉 그들이 본토로 돌아가게 되는 문제는 패망한 유다 왕국 백성들의 힘으로 해결할 수 있는 문제가 아니었다. 그것은 전적인 하나님의 작정과 경륜에 달려 있을 따름이다.

언약의 자손들이 유다 왕국의 배도로 인해 빼앗긴 약속의 땅으로 되돌아가게 되면 벅찬 감격에 싸이게 될 것이 분명하다. 오래전 그 조상들이 포로가 되어 잡혀 왔던 처참한 길을 그 자손들이 기쁨의 눈물을 흘리며 되돌아가게 된다. 나중 본토로 귀환하게 될 언약의 자손들은 대개 이방 바벨론 땅에서 출생한 자들이다. 따라서 그들은 잃어버린 약속의 땅과 예루살렘을 향해 나아가면서 생소한 길을 물어가며 발걸음을 옮기게 된다.

그들이 이제 조상들이 빼앗긴 가나안 땅으로 돌아가면 다시는 하나님과 맺은 영원한 언약을 저버리지 않으리라고 다짐하게 될 것이라고 했다. 그리하여 여호와 하나님과 연합하고자 마음을 다잡게 된다. 이처럼 하나님께서 포로로 잡혀 간 그 백성을 바벨론 땅에서 약속의 땅으로 인도해 들임으로써 이스라엘 자손에게 큰 은혜를 베풀어주시고자 했던 것이다.

이 예언의 말씀은 포로로 잡혀가는 상황에 처한 이스라엘 백성에게 큰 위로가 되었을 것이 틀림없다. 언젠가는 가나안 본토를 회복하게 되리라는 하나님의 약속은 그들이 바벨론 땅에 잡혀가 있는 동안 항상 예루살렘 성을 바라보며 살아가게 하는 원동력이 되었다. 물론 거기에는 장차 이 세상에 메시아를 보내시고자 하는 하나님의 놀라운 뜻이 담겨 있었다.

2. 이스라엘 민족의 귀환과 바벨론 패망 예언 (렘 50:6-10)

하나님께서는 자기 백성이 마치 길을 잃어버린 양 떼와 같다는 말씀을 하셨다. 그런데 그에 대한 모든 책임은 그들을 인도하던 목자들에게 있다는 점을 분명히 밝히셨다. 무책임한 목자들은 양들을 엉뚱한 길로 인도하여 깊은 산속에서 헤매도록 만들었다. 순진한 양들은 길을 잃은 채 여러 언덕을 돌아다니다가 쉴 곳마저 잃어버리게 되었다는 것이다.

그리하여 악한 자들이 길 잃은 양들을 만나면 그대로 잡아먹게 된다고 했다. 그런 자들에게 양들은 자기의 배를 채우기 위한 먹잇감에 지나지 않았다. 그러면서도 그들은 그에 대한 반성은커녕 일말의 양심의 가책조차 없이 오히려 당당한 태도를 취했다.

그 악한 자들은 이스라엘 백성을 집어삼키면서 자기에게는 특별한 잘못이 없다는 식의 변명을 늘어놓게 된다. 이스라엘 자손이 갈 바를 알지 못해 길을 잃게 된 것은, 그들 스스로 여호와 앞에서 죄를 지었기 때문이라는 것이다. 그 백성이 조상 때부터 소망으로 삼아왔던 저들의 하나님께 범죄하여 버림을 받았으므로 이제 그들을 침공하여 먹잇감으로 삼는다고 해도 죄가 되지 않는다는 주장이었다.

그런 형편 가운데서 하나님께서는 바벨론 땅에 사로잡혀 간 언약의 자손들을 향해 바벨론으로부터 도망치라고 말씀하셨다. 즉 갈대아인들의 땅에서 빠져나와 본토로 되돌아가라는 것이다. 마치 양 떼 앞에서 나아가는 숫염소처럼 서로 앞장서듯 그렇게 하라고 했다. 이는 물론 나중에 일어나게 될 일에 대한 예언의 말씀이다.

그러므로 장차 하나님께서 친히 북방에 있는 큰 군대를 바벨론 땅으로 보내 저들을 대항해 싸우게 하실 것이라고 했다. 또한 그 용사들의 탁월한 활 솜씨는 목표물에 정확하게 맞추어 적중하게 된다는 사실을 언급했다. 하나님께서 저들로 하여금 전투를 위한 강한 대열을 갖추어 침공하게 함으로써 바벨론을 정복하게 하리라는 것이었다.

그리하여 북방에서 내려온 그 군대가 갈대아인들의 바벨론 지역을 침략하여 많은 전리품을 약탈해 가게 되리라고 했다. 그들은 전쟁에 승리하여 바벨론 사람들의 많은 귀중품을 노획함으로써 스스로 만족스러워할 것이라고 했다. 이는 예루살렘 성전을 파괴하고 이스라엘 민족을 포로로 잡아가 괴롭힌 바벨론 제국이 하나님의 심판을 받아 패망하게 되리라는 사실을 예언하고 있다.

3. 바벨론을 향한 하나님의 진노 (렘 50:11-16)

여호와 하나님께서는 이방인들이 세운 바벨론에 대하여 크게 진노하시게 된다. 그 악한 자들이 약속의 땅과 그 안에 있는 하나님의 소유를 짓밟고 마음대로 노략했기 때문이다. 기본적으로는 하나님께서 배도에 빠진 유다 왕국과 그에 속한 자들을 심판하시기 위해 바벨론을 도구로 사용하신 것은 분명하다. 하지만 그렇다고 해서 그 이방인들이 하나님으로부터 인정받게 되는 것은 아니었다.

바벨론 군대는 예루살렘을 비롯한 약속의 땅을 유린하면서 결코 여호와 하나님의 명령에 순종한다는 생각을 하지 않았다. 그들은 자기의 욕망을 채우기 위해 언약의 백성들을 괴롭혔을 따름이다. 결국 그들의 군대는 거룩한 성 예루살렘을 침공하여 하나님의 성전을 파괴하고 그 안에 있던 거룩한 기구들을 노획하여 바벨론 땅으로 가지고 갔다.

하나님께서는 그런 악한 행태를 언급하며 그들을 엄하게 응징하고자 하신다는 말씀을 하셨다. 그 이방 군대는 언약의 백성들을 고통에 빠뜨리고 스스로 흥겨워하면서 들뜬 기분에 취해 있었다. 또한 마치 초원 위의 송아지처럼 맘대로 뛰어다니며 전쟁에 익숙한 힘센 말처럼 큰 울음소리를 질러댄다. 즉 그들은 하나님을 욕되게 하는 부당한 악행을 저지르면서도 자기만족에 빠져 있었던 것이다.

언약의 백성을 심하게 유린하는 가운데 귀중품을 노략한 그들은 결코 하나님의 무서운 심판을 면할 수 없다. 따라서 하나님께서는 그들을 향해 저들의 어머니가 끔찍한 수치를 당하게 되리라고 말씀하셨다. 즉 저들을 낳은 자가 치욕을 당하게 된다는 것은 바벨론 사람들의 모국인 바벨론 제국의 패망에 관한 비유적 예언이다.

그렇게 되면 바벨론 왕국은 세상의 모든 나라들 가운데 가장 형편없는 나약한 나라로 전락하게 될 것이며 그 모든 지경은 거친 광야와 메마른 땅과 쓸모없는 사막이 되어버릴 것이라고 했다. 여호와 하나님의 진노로 말미암아 그 거민들이 사라지고 완전한 황무지가 되리라는 것이었다. 그와 같이 패망한 바벨론의 상태를 지켜보는 자들은 그들이 당한 모든 재앙에 놀라며 탄식하게 되리라는 것이다.

그러므로 바벨론을 에워싸고 있는 나라의 군대를 향해 전투대열을 갖추고 그 성읍들을 침공하라고 했다. 또한 활을 사용하는 병사들에게 화살을 아끼지 말고 총공격을 가하라는 말을 했다. 그리하여 바벨론의 모든 지역을 함락하라는 것이다. 그들에게 무서운 재앙이 임하게 되는 것은 언약의 백성을 괴롭힘으로써 여호와 하나님께 사악한 범죄를 저질렀기 때문이라고 했다.

이제 바벨론을 침공하는 병사들을 향해 그 도성을 포위하고 사방에서 큰 함성을 지르라고 했다. 막강했던 바벨론 군대는 항복하고 그들의 요새는 무너져 내릴 것이며 그 성벽은 허물어지게 된다는 것이다. 바벨론이 그렇게 되는 것은 여호와께서 그들이 저지른 악행으로 인해 임하게 되는 형벌 때문이었다. 하나님은 여기서 사악한 자들이 행한 그대로 보응하시는 분임을 보여주고 있다.

하나님께서는 또한 저들을 향해 씨를 뿌리며 파종하는 자와 추수 때가 되어 낫을 잡고 곡식을 거두는 자들을 바벨론에서 끊어버리리라고 말씀하셨다. 이는 식량 공급을 중단시켜 저들을 멸절시키겠다는 의미를 담고 있다. 그렇게 되면 바벨론 제국을 중심으로 모여든 타국의 많은 종족이 그들을 압박하는 다른 나라 병사들의 칼을 두려워하여 제각각 자기의 동족과 고향 땅으로 도망가게 되리라는 것이었다.

4. 사악한 자들에 대한 하나님의 심판과 '남긴 자들'에 대한 약속 (렘 50:17-20)

선지자 예레미야는 이스라엘 민족이 마치 여기저기 흩어진 양들과 같다는 사실을 언급했다. 사나운 사자들이 양 떼를 공격해 뿔뿔이 흩어지도록 만들었다는 것이다. 과거 남북 이스라엘 왕국이 분열된 채 가나안 땅에 존재하던 시기 앗수르 제국이 사마리아를 침략해 북 왕국을 심한 고통에 빠뜨렸다. 결국 북 이스라엘 왕국은 BC 722년 앗수르 군대에 의해 완전히 패망하게 된다.

앗수르 제국은 이스라엘 자손들 가운데 혼혈정책을 펼치면서 하나님께서 허락하신 민족의 정체성을 허물어버리고자 했다. 그것은 여호와 하나님의 사역을 훼방하는 사악한 행위였다. 결국 하나님께서는 그 악한 행동을 일삼는 자들에게 진노하여 그들이 세운 왕국을 심판하여 멸망시키셨다.

그런데 이제 앗수르를 멸망시킨 바벨론 제국의 느부갓네살 왕이 남쪽에 남은 유다 왕국을 심하게 괴롭혔다. 그는 유다를 정복하기 위해 대군을 이끌고 와서 거룩한 성 예루살렘을 침공했다. 뿐만 아니라 많은 언약의 자손들을 포로로 잡아 자기 땅으로 끌고 갔다. 그리하여 이스라엘 민족은 하나님께서 허락하신 약속의 땅으로부터 쫓겨나는 신세가 되었다.

하나님께서는 북 이스라엘 왕국을 정복한 앗수르 왕을 심판하셨듯이 남 유다 왕국의 뼈를 꺾은 바벨론 왕을 엄히 벌하시리라고 말씀하셨다. 그들의 땅을 심판하여 멸망시키시겠다는 것이다. 예레미야가 예언할 당시에는 아직 바벨론이 막강한 세력을 펼치고 있었으므로 그와 같은 말이 저들의 귀에 들어올 리 없었다. 하지만 뿔뿔이 흩어져 이방의 노예 신세가 된 이스라엘 자손에게는 그 말씀이 유일하게 붙잡을 수 있는 소망의 근거가 되었다.

그러므로 하나님께서 친히 흩어진 양들이 자기 목장으로 돌아오듯이 이스라엘 자손을 불러 약속의 땅으로 인도하시리라는 말씀을 하셨다. 그렇게 되면 그들이 원래의 상태를 회복하여 갈멜 산과 바산 땅에서 양들을 기르게 되리라고 하셨다. 또한 그들은 에브라임과 길르앗 산에서 생산되는 양식을 먹으며 풍요로운 삶을 되찾을 것이라는 사실을 말씀하셨다.

또한 하나님께서는 그때가 되면 이스라엘 가운데 죄악을 찾으려 해도 찾을 수 없을 것이라고 하셨다. 그리고 유다의 죄를 더 이상 찾지 못할 것이라고 하셨다. 이는 남북 이스라엘 족속 곧 이스라엘 열두 지파에 속한 사람들이 '완전한 정결'을 회복하게 되리라는 의미를 지니고 있다. 그들이 그렇게 될 수 있는 것은 하나님께서 친히 남긴 자들을 용서하실 것이기 때문이라고 했다.

우리는 이 말씀이 메시아 예언에 밀접하게 연관되어 있다는 점을 기억해야 한다. 언약의 자손들이 죄가 없는 상태에 놓이게 된다는 사실과 그것이 하나님의 전적인 용서에 의해 이루어진다는 말씀은 그에 대한 증거를 제시하고 있다. 또한 하나님께서 친히 '남기신 자'에 대한 언급이 그 사실을 더욱 명확하게 보여준다. 그것은 구원과 용서에 관한 모든 것이 전적으로 여호와 하나님께 달려 있음을 의미하기 때문이다.

5. 하나님의 형벌과 심판 (렘 50:21-28)

하나님께서는 바벨론 제국을 치게 될 북방 군대를 향해 명령을 내리셨다. 바벨론 땅으로 내려가 므라다임을 공격하고 브곳의 주민들을 쳐서 진멸하라고 하셨다. 즉 하나님의 모든 명령을 따라 행하고 저들에 대한 공격을 멈추지 말라는 것이다.

그리하여 바벨론 지역에서는 큰 전투가 벌어지는 무서운 소리와 함께 끔찍한 파멸이 임하게 되리라고 말씀하셨다. 그 모든 과정을 지켜보는 주변 사람들은 급변한 전세로 말미암아 놀라지 않을 수 없을 것이라고 했다. 그들은 온 세계를 쳐부수는 막강한 힘을 가진 쇠망치 행세를 하던 바벨론이 어찌하여 그렇게 꺾여버렸는지 의아하게 생각하리라는 것이었다. 그동안 주변 모든 나라를 공포에 떨게 하던 그 나라가 어쩌다가 아무런 쓸모없는 황무지로 변해버렸는지 이해하기 어려워한다는 것이다.

하나님께서는 자기가 친히 바벨론 군대를 잡고자 하여 정교한 올무를 놓았으나 저들은 그에 대한 짐작조차 하지 못한 채 걸려들었다고 하셨다. 즉 바벨론이 감히 여호와 하나님을 대적하는 행동을 하면서도 오만하기 그지없는 저들의 태도가 스스로 패망의 길을 재촉했을 따름이라는 것이다. 결국 그 악행이 만천하에 드러나 하나님의 무서운 심판을 받아 패망의 길에 들어설 수밖에 없었던 것이다.

여호와 하나님께서는 바벨론을 공격하는 북방 군대로 하여금 무기가 보관되어 있는 병기창을 열고 진노의 무기를 꺼내도록 하셨다. 하나님께서 친히 바벨론 지역 갈대아 사람들의 땅에 행하실 심판 때문이라고 했다. 그것은 하나님 앞에서 반기를 들고 악행을 저지르는 자들에게 무서운 재앙이 임할 것을 예고하고 있다.

하나님께서는 바벨론을 치게 될 북방의 군대를 향해 먼 길을 달려가 그들을 침공하여 곡식 창고를 열어젖히라고 하셨다. 또한 전리품들을 빼앗아 낟가리처럼 높이 쌓아 올리라는 말씀을 하셨다. 그리고 그들의 모든 것을 진멸하여 아무것도 남겨두지 말고 완전히 파괴해버리라고 명하셨다. 뿐만 아니라 그들이 소유한 황소를 비롯한 가축들을 죽이고 도살장으로 끌고 가라고 하셨다.

이제 그들이 받을 형벌의 날이 눈앞에 이르렀으며 곧 그들에게 무서운 재앙과 저주가 임한다는 것이다. 또한 바벨론 제국이 패망함으로써 저들의 땅으로 귀환한 언약의 자손들의 소리를 들어보라고 하셨다. 이는 그들이 약속의 땅으로 돌아가 여호와 하나님과 성전으로부터 나오는 이스라엘의 회복과 바벨론에 대한 심판의 선포가 이루어지는 것에 연관되어 있다. 즉 하나님께 저항한 파괴자들을 응징하기 위하여 예루살렘 성전에서 선포되는 소리를 들어보라는 것이다.

우리가 여기서 주의깊게 생각해 보아야 할 점은 하나님의 모든 심판이 시온으로부터 시작되는 성격을 지닌다는 사실이다. 앗수르에 대한 심판도 그랬으며 바벨론 제국에 대한 심판도 그와 동일하다. 심지어 예루살렘 성전이 파괴되고 없는 상태에서도 그 언약의 장소를 통해 하나님의 심판이 선포되었던 것이다.

이는 오늘날 우리 시대에도 동일하게 적용되어야 할 매우 중요한 의미를 지니고 있다. 하나님께서는 지금도 영원한 성전이신 예수 그리스도를 통해 이 악한 세상을 심판하고 계시기 때문이다. 들을 귀가 있는 지혜로운 자들은 그로부터 선포되는 심판에 연관된 언약의 말씀을 깨달을 수 있어야 한다.

6. 맥없이 무너지게 될 바벨론 제국 (렘 50:29-32)

하나님께서는 바벨론 군대와 맞서 싸울 활 쏘는 병사들을 비롯한 모든 군대를 바벨론 땅에 집결시키라고 말씀하셨다. 그들로 하여금 성읍의 사면을 포위하여 진을 치라는 명령을 내렸던 것이다. 그리하여 활을 당기는 병사들은 그 성에서 뛰쳐나가 도망쳐 피하는 자가 하나도 없도록 하라는 것이다.

하나님은 그렇게 함으로써 바벨론 제국을 철저히 응징하시고자 했다. 이는 그들이 하나님과 언약의 자손들에게 행한 악에 대한 심판이었다. 그리고 하나님의 도성 예루살렘과 거룩한 성전을 더럽히고 파괴한 행위에 대한 징벌이었다. 그들은 감히 이스라엘 민족의 거룩한 하나님이신 여호와 앞에서 오만한 태도로 악행을 저질렀던 것이다.

그러므로 하나님의 무서운 진노와 심판 앞에 바벨론의 젊은 청년들이 성 안의 거리 여기저기서 맥없이 쓰러지게 되리라고 했다. 또한 그동안 용맹을 떨치던 최강의 바벨론 군대의 병사들이 패하여 멸절당하게 될 것이라고 했다. 하나님께서 내리는 재앙이 아니라면 무슨 방법을 써서라도 버텨보려고 할 것이지만 그들은 제대로 힘을 써보지 못한 채 완전히 멸망당할 수밖에 없게 된다.

그와 같은 상황에서 하나님께서는 바벨론을 향해 말씀하셨다. 감히 여호와 하나님을 욕되게 하고 저항하면서 약속의 땅을 짓밟은 교만한 자들에게 하나님께서 직접 대적하시리라는 것이었다. 이는 때가 되면 그들에게 무서운 형벌과 더불어 보응의 날이 이르게 된다는 사실을 말해주고 있다.

그 일이 닥치게 되면 막강한 세력을 자랑하던 교만한 자들이 스스로 제 발에 걸려 넘어지게 되리라고 했다. 하지만 쓰러진 그들을 다시 일으켜 세워줄 자가 없을 것이라고 했다. 세상에 존재하는 여러 나라와 군대 가운데 바벨론의 편에 서서 그들을 도와줄 자가 아무도 없다는 것이다.

그 모든 작정과 계획은 하나님으로 말미암은 것이므로 아무도 그 일을 되돌리지 못한다. 따라서 하나님께서 저들의 모든 성읍에 불을 질러 태워버리게 된다고 했다. 나아가 하나님이 그 주위에 있는 모든 것들을 남김없이 다 삼켜버리실 것이라고 했다. 그렇게 되면 바벨론 제국이 지

탱될 수 있는 방도가 사라지게 된다. 하나님의 철저한 응징이 저들을
패망의 길로 가도록 한다는 것이다.

7. 언약의 자손들을 학대한 바벨론에 대한 엄중한 심판 예고
(렘 50:33-40)

하나님께서는 과거 남북 이스라엘 왕국 지역에 살아가면서 언약의
자손이라 일컫던 모든 백성들이 심한 학대를 받을 것이라고 말씀하셨
다. 그들은 이스라엘 열두 지파에 속한 자들이었다. 그들이 바벨론 군
대에 의해 이방인의 땅으로 사로잡혀 가서 큰 고통을 당하게 된다는
것이다. 그 이방인들은 언약의 자손들을 노예로 삼아 잔인하게 대할
것이다.

하지만 그들이 영원히 저들의 손아귀에 잡혀 노예 생활을 하지는 않
는다. 만군의 하나님 여호와께서 반드시 그들을 위하여 싸우시게 될 것
이기 때문이다. 그로 말미암아 그 땅에서는 바벨론 제국의 강압적인 세
력이 소멸되어 전쟁이 그치는 평화가 찾아오게 될 것이며 바벨론 사람
들은 불안에 떨게 되리라고 했다.

이는 나중에 세계적인 패권을 장악하게 될 페르시아가 저들을 제압
하게 될 것에 대한 예언의 말씀이다. 때가 되어 그 북방의 군대가 바벨
론을 침공하게 되면 그들의 날카로운 칼이 바벨론 지역을 차지하고 있
던 갈대아인을 비롯한 모든 사람들을 치게 된다. 그리고 바벨론 제국에
서 권력을 행사하던 높은 지위에 있던 자들과 지혜로운 자라며 뻐기던
자들도 그 예리한 칼날을 피하지 못한다.

북방에서 내려온 군대 병사들의 칼날이 스스로 자부심을 가지고 살
아가던 바벨론 사람들 위에 떨어지게 되면 이제까지 쌓아왔던 저들의
모든 공적이 일순간에 무너질 수밖에 없다. 그렇게 되면 그들이 자랑하
던 지혜는 사라지게 되고 어리석음만 남게 되리라고 했다. 그들이 공들

여 이룩한 모든 과업들은 아무런 쓸모없는 노력이 되고 마는 것이다.

또한 북방에서 침공해 들어온 병사들의 칼날의 끝이 바벨론 군대의 말들과 병거들과 그들 가운데 있는 외국의 용병들 위에 내리꽂히게 된다. 그로 인해 바벨론 제국에 빌붙어 영화를 누리고자 했던 외국인들은 큰 낭패를 만나게 될 수밖에 없다. 따라서 막강한 전투력을 자랑하던 바벨론 군대는 마치 힘없이 나약한 여성처럼 되리라는 것이었다.

뿐만 아니라 바벨론 사람들이 값진 보물같이 여기던 모든 귀중한 것들이 북방에서 내려온 군대에 의해 약탈당하게 된다. 이제까지 그것들을 간직하고 있으면서 부유한 자가 되어 자부심을 누리며 살아왔는데 그 모든 것이 일순간에 헛것이 되어버리고 마는 것이다. 도리어 그것들은 자기를 위해 아무런 역할을 하지 못하고 도리어 원수들의 것이 되고 만다. 이는 그들이 지금껏 심혈을 기울여 온 모든 노력이 원수들을 위한 것에 지나지 않았다는 사실을 말해주고 있다.

나아가 하나님께서는 바벨론 사람들 위에 자연을 통한 무서운 재앙을 내리실 것이라고 말씀하셨다. 심한 가뭄으로 인해 땅이 메마르고 백성들은 물이 없어 고통에 빠지게 된다는 것이다. 그런데 바벨론 땅에는 칼로 조각하여 만든 온갖 더러운 우상들이 가득 차 있었으므로 바벨론 사람들은 패망해가는 중에도 살아남기 위해 그 우상들을 섬기다가 결국 미쳐버리게 되리라는 것이었다.

그러므로 황량한 광야에 돌아다니는 승냥이를 비롯한 들짐승들이 번식하게 될 것이며 타조와 같은 야생 조류들이 그 가운데 살아가리라고 했다. 그러나 거기에는 사람들이 거주할 수 없는 황폐한 곳이 되어버릴 것이라고 했다. 따라서 그후로는 더 이상 거민들이 살아가지 않는 폐허가 되고 만다는 것이다.

하나님께서는 그 땅이 마치 하나님의 심판을 받은 소돔과 고모라와 같이 되리라고 말씀하셨다. 하나님을 욕되게 하며 사악한 행위를 일삼던 그 성읍들과 주변의 지역은 분노한 하나님에 의해 멸망당하게 되었다. 그처럼 바벨론 사람들이 하나님을 욕되게 하며 악행을 저지르던 그 지역도 그와 같이 심판을 받아 더 이상 사람들이 살지 못하게 되리라는 것이었다.

8. '큰 전쟁'에 관한 예언 (렘 50:41-46)

선지자 예레미야는 장차 바벨론 제국을 중심으로 하여 큰 전쟁이 일어날 것에 대한 예언을 했다. 한 민족이 북쪽에서 바벨론을 향해 내려오고 큰 나라와 여러 왕들이 그에 동조하여 멀리 떨어진 지역에 이르기까지 대대적인 난리가 나게 된다는 것이다. 이는 당시로는 세계적인 전쟁이라 할 만한 대규모의 전쟁에 관한 예고라 할 수 있다.

북방의 여러 나라들은 당시 최강의 바벨론 제국에 대항하여 싸우기 위해 연합군을 결성하게 되리라고 했다. 각 나라의 병사들은 활과 칼을 손에 잡고 있으며 날카로운 창을 가진 자들도 많이 있다. 그들은 매우 잔인하기 때문에 적군에 대하여 긍휼을 베풀지 않는 자들이라고 했다.

그들이 바벨론을 침공하면서 부르짖는 함성은 마치 바다의 큰 파도소리와 같이 대단할 것이라고 했다. 따라서 그 광경을 지켜보는 자들은 공포에 떨지 않을 수 없게 된다는 것이다. 선지자 예레미야는 용맹한 군대로서 막강한 세력을 갖춘 연합군이 힘센 말을 타고 바벨론을 향해 전투대열을 갖추고 있다는 사실을 바벨론 제국의 지도자들에게 선포했다.

바벨론의 왕은 그에 관한 소문을 듣고 어찌할 바를 몰라서 크게 당황하게 되리라고 했다. 그들로서는 그 난국에 대비하여 손을 쓸 수 없을 정도로 사기를 잃게 되리라는 것이다. 그렇게 되면 바벨론 제국의 통치자를 비롯한 모든 지도자들은 패망을 눈앞에 두고 해산하는 여인처럼 큰 고통에 빠지게 된다는 것이다.

선지자 예레미야는 사나운 사자가 요단의 깊은 숲속에서 갑작스럽게 나타나듯이 장차 막강한 세력을 갖춘 적군이 바벨론으로 쳐들어와 견고한 성읍을 칠 것이라고 했다. 하나님께서 그들을 동원하여 즉시 바벨론 사람들을 그 성읍들에서 쫓아내신다는 것이다. 그 대신 하나님께서 택하신 인물이 그 자리에 세워져 막강한 권력을 행사하게 되리라고 했다.

막강한 권력을 소유하게 된 당사자는 구체적인 의미를 알지 못할지라도 하나님에 의해 그 새로운 통치자가 특별히 세워지게 된다는 것이다. 그 권력자는 아무도 자기에게 명령을 내리지 못할 것이며 감히 자기와 더불어 다투거나 자기에게 도전할 자가 없다는 사실을 선포한다는 것이다. 이는 나중에 일어나게 될 페르시아의 고레스 왕에 관한 예언적 의미를 지니는 것으로 이해할 수 있다.

그러므로 선지자 예레미야는 언약의 자손들을 향해 바벨론에 대한 여호와 하나님의 작정과 갈대아인들의 땅에 대한 하나님의 심판 계획을 들으라고 했다. 하나님께서 보내시는 북방의 군대는 바벨론의 양 떼 가운데서 새끼들마저 끌고 감으로써 그들의 초장을 황폐케 하리라는 것이었다. 이는 바벨론을 패망시키는 군대는 저들에게 아무런 긍휼을 베풀지 않아 어린아이들까지 끌고 가기 때문에 바벨론 땅 전체가 황폐하게 된다는 사실에 대한 비유적 의미를 지니고 있다.

그러므로 북방으로부터 적군이 쳐들어와 바벨론 전역을 약탈하는 소리가 온 땅을 진동하게 되리라고 했다. 그들은 과거에 막강한 세력을 떨치며 자기들 위에서 군림하며 괴롭히던 바벨론을 응징하며 저들의 귀중품들을 노획해 가리라는 것이다. 그들의 침략을 방어할 수 있는 자가 아무도 없을 것이기 때문이다.

따라서 적군의 세력에 의해 패망하게 되는 바벨론 사람들의 울부짖는 소리가 주변 여러 나라들까지 퍼져나가게 되리라고 했다. 이는 예루살렘 성전을 파괴함으로써 하나님을 욕되게 하고 그에게 속한 거룩한 성물들과 함께 언약의 자손들을 끌고 와서 노예로 삼아 괴롭힌 자들에 대한 하나님의 심판이 얼마나 무서운지 잘 보여준다. 또한 하나님은 이 모든 과정을 통해 자기가 어떤 분인지 여실히 드러내고 있다.

제51장
바벨론에 대한 하나님의 예언(2)

(렘 51:1-64)

1. 바벨론 제국 심판을 위해 다른 이방 군대를 보내시는 하나님
(렘 51:1-4)

하나님께서는 유다 왕국에 사악한 일을 행한 바벨론 제국을 멸망시
키시기 위해 다른 나라 군대를 선택하여 자기를 위한 심판의 도구로 삼
고자 하셨다. 때가 되면 그들의 마음을 움직여 침략을 부추기시겠다는
것이다. 그 군대가 침공하면 바벨론뿐만 아니라 하나님을 대적하는 모
든 족속을 함께 치실 것이라고 말씀하셨다. 이는 저들에게 하나님의 큰
심판이 임하게 된다는 예언적 의미를 지니고 있다.

하나님께서 그와 더불어 다른 외국 군대를 바벨론으로 보내 그 땅을
키질하여 말끔히 쓸어버리겠다는 말씀을 하셨다. 그날이 이르면 바벨
론 사람들은 저들에게 임한 무서운 재앙으로 인해 떨지 않을 수 없다.
막강한 이방 군대의 병사들이 저들의 주위를 포위하고 어떤 긍휼도 베
풀지 않은 채 그들을 짓밟을 것이기 때문이다.

선지자는 장차 발생하게 될 그 모든 사건은 하나님의 명령에 의한 것이라고 말했다. 바벨론을 침략하는 군대와 병사들이 그에 관하여 전혀 인식하지 못할지라도 하나님의 섭리와 경륜에 따라 그 모든 일이 진행된다는 것이다. 따라서 바벨론 군대는 적군의 세력에 의해 완패할 수밖에 없는 형편에 처하게 된다.

하나님께서는 장차 자기의 도구로 사용하시는 택한 군대를 향해 엄중한 명령을 내리실 것이라고 말씀하셨다. 따라서 그런 상황 중에 바벨론 군대 병사들이 갑옷을 입고 전투를 준비한다고 해도 별 힘을 쓰지 못할 것이라고 했다. 칼과 창으로 맞서 싸우고 활 쏘는 병사들이 화살을 당긴다고 해도 소용이 없으리라는 것이었다.

하나님께서는 도리어 바벨론을 침략하게 될 그 병사들을 향해 바벨론 군대와 젊은이들에게 어떤 긍휼도 베풀지 말라는 명령을 내리실 것이라고 하셨다. 바벨론 제국의 모든 세력을 전멸시키도록 명하시리라는 것이다. 그와 더불어 바벨론에 속한 모든 병사들은 해산하게 되어 패망할 수밖에 없게 된다는 것이었다.

그리하여 바벨론 제국에 속한 사람들이 큰 영화를 누리고자 했으나 결국은 그들이 살아가는 갈대아 땅에서 죽임을 당하게 되어 그 시체들이 사방에 즐비하게 된다. 그리고 생명을 간신히 건진다고 할지라도 큰 부상을 입은 자들이 오갈 데 없이 거리를 배회하게 된다. 그로 말미암아 막강한 세력을 자랑하던 바벨론 제국은 하나님의 심판 아래 놓이게 되어 패망의 길을 가게 되는 것이다.

2. 포로 생활을 청산하고 시온을 향해 가게 될 이스라엘 백성
(렘 51:5-10)

선지자 예레미야는 여기서 남북 이스라엘 지역에 속했던 자들의 배도 행위에 관한 언급을 했다. 그들은 거룩하신 하나님을 거역함으로써 약속의 땅 가나안을 죄악으로 가득 찬 더러운 지역으로 만들어버렸다는 것이다. 그들은 하나님의 율법을 저버리고 제멋대로 살아가면서 하나님을 욕되게 했다.

그는 또한 언약에 신실하신 하나님의 자비에 관한 언급을 했다. 그의 사랑은 무한하시기 때문에 언약의 자손들이 배도를 저질렀음에도 불구하고 그를 완전히 버리시지 않으셨다. 하나님께서는 창세 전에 예정하신 모든 언약을 이루시기 위해 이스라엘 민족을 보존하고자 하셨다. 따라서 선지자 예레미야는 언약의 자손들이 만군의 하나님 여호와로부터 완전히 버림받은 것이 아니란 사실을 말했다.

그러므로 예루살렘과 하나님의 거룩한 성전이 파괴되고 배도에 빠진 이스라엘 자손이 바벨론의 포로가 되어 끌려갈지라도 다시금 그들을 이방인의 땅으로부터 구출해 내실 것이라고 하셨다. 포로가 되어 사로잡혀 간 그 백성이 장차 하나님의 도우심을 받아 바벨론 땅으로부터 도망쳐 나오게 되리라는 것이었다. 그리하여 각기 자기의 생명을 구함으로써 저들의 죄악으로 인해 그 민족이 완전히 끊어지는 것을 면하게 될 것이라고 했다.

하나님께서 이스라엘 자손을 포로가 된 이방 지역으로부터 구출해 내시는 그 시기가 곧 하나님의 보복의 때가 되어 바벨론 제국을 심판하여 응징하게 된다는 것이다. 바벨론은 막강한 세력을 가지고 있었기 때문에 마치 하나님의 손에 들린 금잔과 같아서 거기 담긴 포도주를 마신 온 세상이 취하게 된 사실을 언급했다. 세계 만백성이 그 포도주를 마시고 제정신을 잃어 미쳐버리게 된다는 것이다.

그런데 선지자는 하나님의 땅과 거룩한 성전을 능멸하고 파괴한 채 언약의 백성을 욕보여 포로로 잡아간 바벨론이 절대로 무사할 수 없다는 사실을 말했다. 따라서 하나님의 때가 이르면 예기치 못한 상태에서 갑자기 파멸을 맞게 되리라는 것이었다. 그동안 막강한 세력을 자랑하던 바벨론이 갑자기 넘어지는 것을 본 사람들은 놀라지 않을 수 없게 된다. 그로 말미암아 바벨론 사람들은 통곡하며 울부짖을 것이며 그 패배의 상처를 위해 유향을 구해 와서 환부에 발라보지만 아무런 소용이 없다.

바벨론 땅으로 와서 살아가던 외국인들은 끔찍한 멸망의 상황에 처한 바벨론을 보고 조롱하며 비웃게 된다. 이제 그들에게서 아무런 가능성을 볼 수 없으므로 그 땅을 버리고 고향 나라로 돌아가자고 한다. 그들은 바벨론 땅에 임한 무서운 재앙과 저주가 온 하늘에 사무쳐 궁창에 가득한 것을 보았기 때문이다. 그 외국인들 가운데는 포로로 사로잡혀 온 이스라엘 민족이 있었다.

그러므로 이방인들의 땅에 포로로 사로잡혀 와서 살아오던 언약의 자손들은 바벨론이 그렇게 된 것은 하나님의 공의가 드러났기 때문이라는 사실을 깨닫게 된다. 따라서 이제 그들은 떠나온 약속의 땅 가나안으로 되돌아가고자 하는 마음을 먹게 된다. 그곳으로 돌아가면 하나님의 성전이 있던 시온으로 가서 여호와 하나님께서 행하시고자 하는 모든 일을 선포하자는 말을 하며 소망에 들뜨게 되는 것이다.

3. 바벨론에 대한 하나님의 응징 예언 (렘 51:11-14)

선지자 예레미야는 바벨론 제국을 향한 하나님의 심판을 예언했다. 당시에는 아직 바벨론이 막강한 세력을 가지고 있어서 그런 기미가 전혀 보이지 않은 때였다. 하나님께서는 그와 같은 시기에, 나중 때가 이르면 바벨론에 살아가는 언약의 백성들이 하나님의 뜻을 깨닫고 가나안 본토로 돌아갈 채비를 해야 한다는 사실을 말씀하셨다.

또한 이스라엘 자손은 바벨론 땅으로부터 귀환을 준비하면서 바벨론 군대와 맞서 싸우기 위해 화살을 날카롭게 갈고 방패를 준비해야 한다고 했다. 그 당시 포로가 되어 바벨론으로 끌려가 고된 노예 생활을 하는 자들로서는 그와 같이 준비하는 것이 불가능한 일이었다. 하지만 나

중 하나님께서 본토 귀환을 허락하시는 때가 이르면 그에 온전히 참여
하게 될 날이 오게 된다는 것이다.

장차 바벨론 제국에 대한 하나님의 심판의 때가 가까워지게 되면 하
나님께서 메대 왕국의 통치자들(the kings of Medes)을 불러 사용하실 것
이라고 했다. 그들의 마음을 부추겨 바벨론 제국을 쳐서 멸망시키리라
는 것이었다. 예레미야가 예언할 당시에는 아직 메대 사람들이 세력을
갖추고 있지 못하던 때였다. 그런데 장차 메대가 강대하게 되어 바벨론
을 치게 되리라는 예언이 주어졌던 것이다.

그와 같은 놀라운 일은 전적으로 하나님의 경륜에 의해 발생하게 된
다. 예루살렘에 있던 하나님의 거룩한 성전을 파괴한 바벨론 제국에 대
하여 하나님께서 응징할 것이기 때문이었다. 어떤 이유라 할지라도 하
나님의 성전을 파괴하고 모독하는 자들은 하나님의 무서운 심판을 피
하지 못한다.

바벨론 제국을 심판하시고자 하는 하나님께서는 메대 병사들을 향해
바벨론 성벽을 향해 깃발을 높이 세우라고 명하실 것이라고 했다. 그리
고 초병을 두고 경계를 강화하도록 하리라는 언급을 했다. 그리하여 그
들은 복병을 매복시켜 전투에 대비하게 되리라고 했다. 하나님께서 바
벨론 제국의 백성들을 심판하여 멸망시키기로 작정하셨으니 반드시 그
와 같이 되리라는 것이었다.

선지자 예레미야는 강력한 바벨론 제국이 장차 힘없이 무너지게 될
것에 대한 예언을 했다. 그들은 풍부한 물이 있는 지역에 살아가면서
많은 재물을 모아 부를 자랑하고 있지만 결국 패망의 쓴맛을 보게 될
마지막 순간이 다가오리라는 것이었다. 아무런 아쉬운 것 없이 흥청거
리는 바벨론은 스스로 세력을 키워 세계 최강국의 지위를 누리고자 하
겠지만 그 기대는 한 순간에 허물어지게 된다는 것이다.

선지자는 바벨론에 대한 그 예언이 장차 반드시 이루어지게 될 것이
라고 했다. 바벨론 제국을 공격하는 군대의 세력이 엄청나서 그 병사들

이 마치 메뚜기 떼처럼 많으리란 사실을 언급했다. 그들이 바벨론을 향해 큰 함성을 지르며 공격해 오면 그대로 패망할 수밖에 없게 되리라는 것이었다. 이와 같은 하나님의 특별한 예언은 바벨론의 포로가 되어 이방 지역에서 노예 생활을 하게 되는 이스라엘 자손에게는 큰 희망이 될 것이 분명했다.

바벨론 땅에 살아가는 언약의 백성들 가운데 하나님을 진정으로 아는 자들은 배도에 빠졌던 과거의 민족적 과오를 뉘우치는 경우가 많이 있게 된다. 성숙한 자들은 단순히 본토로 돌아간다는 역사적 상황에 대한 기대에 머물지 않는다. 오히려 여호와 하나님께서 그 언약의 자손들을 통해 이땅에 메시아를 보내시고자 하는 그의 놀라운 뜻으로 인해 더 큰 기쁨을 가지게 될 것이기 때문이다.

4. 창조주 하나님께 속한 언약의 백성 (렘 51:15-19)

선지자 예레미야는 여호와 하나님의 창조 사역의 위대함을 노래했다. 전능하신 하나님께서 자기의 탁월한 능력으로 온 땅을 지으신 사실과 그의 고유한 지혜로 모든 것들을 그 안에 존재케 하신 역사를 언급했다. 그리고 그의 빼어난 명철한 솜씨로 하늘과 온 우주 공간을 펼치셨다고 했다.

그는 또한 하나님께서 말씀으로 하늘 위에 많은 물이 생겨나도록 하셨음을 노래했다. 나아가 지구 이쪽 끝과 저쪽 끝으로부터 구름이 올라오게 하여 하늘에서 비가 내리게 하시며 번개를 치게 하셨다고 했다. 나아가 사람들이 측량할 수 없는 곳에서부터 바람을 불게 하셨음을 언급했다. 이는 세상에 존재하는 모든 것들이 하나님으로 말미암은 사실을 선포하는 의미를 지니고 있다.

그럼에도 불구하고 어리석은 자들은 그에 대한 참된 깨달음이 아예 없다. 그들은 존재하지도 않는 거짓 신들을 만들어 섬기기를 주저하지 않는다. 그것을 위해 눈으로 볼 수 있는 가시적인 우상들을 만들어 숭배하는 것이다. 그것은 살아계신 하나님을 모독하는 악행이지만 죄에 빠진 인간들은 그에 아랑곳하지 않고 엉뚱한 짓들을 하게 된다.

결국 그 어리석은 자들은 금속이나 나무로 우상을 만들어 섬기면서 이 세상에서 복을 받기를 원한다. 하지만 세공업자들이 정교하게 다듬어 만든 생명 없는 우상들은 그로 말미암아 큰 수치를 당하게 될 따름이다. 그것들은 거짓 물체 덩어리로서 무식한 인간들을 더욱 깊은 악의 구렁텅이로 몰아갈 뿐 아무것도 할 수 없기 때문이다.

그럼에도 불구하고 어리석은 인간들은 그에 속아 종교적인 만족감을 얻기도 한다. 그런 자들은 그 가증한 물건들을 통해 일시적인 위안을 받기도 하며 나름대로 상당한 기대감을 가지기도 한다. 하지만 그 우상은 결국 저들로 하여금 더욱 깊은 수렁으로 몰아갈 따름이다. 비웃음과 조롱거리에 지나지 않는 그 거짓 종교들이 인간들에게 남기는 것은 파멸과 저주밖에 없다. 하나님께서 악한 자들을 징벌하실 때가 이르면 그로 인한 사악한 모든 것들이 만천하에 드러나게 된다.

그렇지만 참된 언약의 자손들은 절대로 그와 같은 행위를 하지 않는다. 야곱의 분깃인 하나님의 자녀들은 살아계신 여호와 하나님의 존재와 그의 모든 사역을 알고 있기 때문이다. 그들은 하나님이 우주만물을 창조하신 분이란 사실을 알고 있다. 즉 참 이스라엘 백성은 만군의 하나님 여호와께 속한 자들로서 그로부터 계시된 말씀을 통해 온전한 지식을 소유하고 있는 것이다.

이에 대해서는 오늘날 우리 역시 깊은 주의를 기울여 경계해야 한다. 우리 시대에는 진화론자들과 기독교 내부의 유신 진화론자들이 득세하고 있으므로 정신을 바짝 차리지 않으면 안 된다. 그런 자들은 눈에 보이는 우상을 제작하여 만들어 섬기는 대신, 부패한 정신세계 가운데 지적인 우상을 만들어 섬기며 주변을 혼란스럽게 하기 때문이다.

5. 심판의 도구가 되는 이스라엘 백성 (렘 51:20-24)

하나님께서는 더러운 우상을 섬기는 사악한 자들을 반드시 심판하신다. 그리고 언약의 백성들을 파멸로 몰아가기 위해 거짓 신들과 더러운 우상을 섬기도록 미혹하는 자들을 엄히 심판하시게 된다. 그런데 하나님께서 장차 언약의 자손들이 그들을 심판하는 도구가 되리라는 사실을 언급하셨다.

그러므로 여호와 하나님께서 그들이 자신의 철퇴 곧 무기가 된다고 말씀하셨다. 그가 이스라엘을 파괴하고 그 백성을 미혹하여 범죄케 한 나라들을 언약의 백성들을 동원하여 분쇄하며 멸망시키겠다는 것이다. 그들이 원수들이 타는 말들과 기마병을 물리치며 병거와 그것을 모는 병사들을 완전히 멸절시키게 되리라는 것이었다. 또한 원수들 가운데 젊은 청년과 처녀들 등 남녀노소를 가리지 않고 쳐부수게 될 것이라고 했다. 이는 원수들의 씨를 말려버리게 된다는 의미를 지니고 있다.

나아가 원수들의 양 떼와 그것을 치는 목자들을 쳐부수게 할 것이며 농부와 멍에를 메는 소들을 비롯한 모든 것을 완전히 파괴하도록 하리라고 했다. 이는 저들의 모든 일상생활이 마비된다는 사실을 말해주고 있다. 뿐만 아니라 정치를 하며 행정 책임을 지고 있는 관료들과 지역 장관들을 처형하리라고 했다.

이렇게 함으로써 언약의 자손들을 괴롭히고 하나님의 도성인 예루살렘과 그 안에 있던 거룩한 성전과 왕궁을 파괴한 자들을 철저히 응징하게 된다. 이스라엘 백성을 이방 지역으로 끌고 가서 노예로 삼았던 바벨론과 갈대아 모든 거민들은 처절한 파멸을 맛보아야만 한다. 이는 하나님의 예언이기 때문에 장차 반드시 일어나게 될 일이다. 당시 모든 것을 잃어버린 채 고통스럽게 살아가는 이스라엘 백성들에게는 이 예언이 유일한 소망이 되었을 것이 분명하다.

우리가 여기서 기억해야 할 바는 이 말씀 가운데 메시아 예언적 성격이 들어있다는 사실이다. 하나님께서는 장차 언약의 자손들을 통해 이 땅에 메시아를 보내시게 된다. 메시아가 오게 되면 그의 피로 값 주고 사신 교회에 속한 성도들은 그와 함께 왕 노릇하며 타락한 이 세상을 심판하는 일에 참여하게 되는 것이다(계 20:4, 참조).

6. 완전히 패배하여 황무지가 될 바벨론 (렘 51:25-32)

하나님께서는 바벨론을 두고 마치 온 세상을 멸망시키는 산과 같다는 말씀을 하셨다. 그들이 절대적인 권세를 가지고 주변의 세상을 파괴하면서 온갖 악행을 저질렀다는 것이다. 따라서 바벨론 제국은 주변의 많은 국가들을 정복하여 저들에게 악한 풍조와 사상들을 주입시키는 역할을 하게 되었다.

그런데 이제 여호와 하나님이 바벨론의 적이 되어 치실 것이라고 했다. 저들을 향해 심판의 손을 뻗쳐 높은 산 바위의 절벽 위에서 저들을 던져 굴려버리리라는 것이었다. 그리하여 그들을 불에 타버린 산처럼 만들어버리시겠다는 것이다.

그렇게 되면 그들은 아무런 쓸모없는 존재가 될 수밖에 없다. 불타버린 산에는 집 모퉁잇돌이나 기초석으로 쓸 만한 돌이 없기 때문에 사람들이 찾지 않을 것이라고 했다. 즉 하나님께서 바벨론을 영원한 황무지로 만들어버리시리라는 것이었다.

하나님께서는 그 일을 실행하시기 위해 언약의 자손들을 불러 모으시리라고 말씀하셨다. 그들을 향해 땅에 높은 깃발을 세우고, 여러 나라들 가운데 나팔을 크게 불어 그들의 군대도 동원하여 바벨론 제국을 치게 할 것이라고 하셨다. 이는 하나님께서 바벨론을 심판하시기 위해 이스라엘 민족뿐 아니라 다른 이방 나라들도 심판의 도구로 사용하게 되리라는 사실을 말해주고 있다.

그들로 하여금 아라랏과 민니와 아스그나스 군대를 불러 모아 연합군을 형성하여 지휘관들을 세우고 바벨론을 치게 할 것이라고 하셨다. 그 연합군은 마치 극성스러운 메뚜기 떼와 같이 말들을 몰아 바벨론 제국을 공격하게 되리라는 것이었다. 그들 가운데 메대 왕국의 통치자들이 관할하는 모든 지역에 속한 지휘관들과 모든 관료들을 준비시켜 바벨론을 치게 된다고 말씀하셨다.

그로 말미암아 온 땅이 진동하며 큰 소용돌이를 치게 된다. 이는 여호와 하나님께서 바벨론을 쳐서 그 땅을 황폐하게 만들고자 작정하고 계시기 때문이다. 그렇게 되면 그 지역은 쓸모없는 황무지가 되어 사람들이 살지 못하는 땅으로 변할 수밖에 없다.

그리하여 막강한 세력을 과시하던 바벨론 군대의 병사들은 전투에 임할 엄두조차 내지 못한 채 위축되어 저들의 요새에 머물러 있게 된다. 그들은 모든 기력이 쇠하여 마치 힘없는 여인처럼 되어버린다는 것이다. 그로 인해 저들의 모든 거처는 불타버리고 그들의 성과 집을 지키기 위해 만들었던 문빗장들이 부러져버린다.

그렇게 되면 각 성읍들에서 전령들을 보내 그 처참한 패망의 소식을 바벨론 왕에게 전하게 된다. 바벨론 제국 사방에 있는 성읍들이 완전히 함락되고 그들이 자랑하던 강가의 나루를 전부 빼앗기게 되었다는 것이다. 나아가 그들이 구축한 모든 방어진지와 갈대밭까지 완전히 불타서 병사들은 겁에 질려 아무런 대응을 하지 못하고 있다는 보고를 하게 되리라는 것이었다.

7. 이스라엘 자손을 위한 하나님의 바벨론 심판 (렘 51:33-40)

하나님께서는 장차 바벨론 제국에 임할 엄중한 심판을 예언하셨다. 마치 농부가 타작마당에 널린 곡식을 밟아 떨듯이 여러 나라의 군대들이 바벨론 땅으로 들어가서 그들을 짓밟을 것이라고 말했다. 이처럼 곡식의 열매를 떠는 추수 때가 된 것처럼 바벨론에 대한 심판의 때가 이르게 되리라는 것이었다.

이스라엘 자손은 바벨론의 무자비한 횡포를 기억하며 여호와 하나님께 간구할 것이라고 했다. 바벨론 제국의 느부갓네살 왕이 자기를 삼키고 파멸하여 모든 것들을 다 빼앗아 갔기 때문에 빈 그릇이 되어버린 사실을 고하리라는 것이었다. 그들은 징그러운 뱀처럼 언약의 자손들을 삼키고는 가나안의 좋은 음식을 빼앗아 자기 배를 채웠으며 그곳의 주인인 자기를 내쫓아버렸다고 했다.

이스라엘 백성은 자기가 바벨론으로부터 당한 폭행과 자기 육체에 가해진 학대가 이제 바벨론 사람들에게 되돌아가기를 원한다는 사실을 말하리라고 했다. 예루살렘과 시온에 거하는 자들은 자기가 흘린 피가 갈대아 사람들에게 돌아가기를 원한다고 하리라는 것이다. 하지만 저들 자신에게는 그렇게 할 만한 아무런 힘이 없으므로 여호와 하나님께 간청하게 될 것이라고 했다.

이스라엘 백성의 간청을 들은 여호와 하나님께서는 저들에게 응답하시리라고 했다. 그들의 송사를 듣고 그들을 위하여 바벨론에 무서운 재앙을 내려 주리라는 것이다. 그들 가운데 흐르는 물을 마르게 할 것이며 물 근원을 끊어버릴 것이라고 말씀하셨다. 그것은 생명에 대한 심판과 연관되어 있었다.

그렇게 되면 바벨론 땅은 황폐하게 되어 돌무더기처럼 될 것이며 그곳은 승냥이와 같은 들짐승들의 거처가 될 따름이라고 했다. 그로 말미암아 그 지역은 사람들에게 혐오의 대상과 탄식거리가 될 수밖에 없으리라는 것이다. 따라서 그곳에는 더 이상 사람들이 살고 싶어 하지 않을 뿐더러 살 수 없는 지역이 되어버린다.

그제서야 바벨론 사람들은 마치 사자처럼 크게 울부짖으며 당황스러워 하게 된다. 또한 극한 위기에 처하여 어미 사자에게 매달리는 새끼 사자처럼 살아남고자 발버둥친다. 이는 스스로 생존하기 어렵다고 판단하는 자들이 지푸라기라도 있으면 잡으려고 하는 절박한 심정이 된다는 사실을 말해주고 있다.

그리하여 그들이 목말라 굶주린 상태에서 살기 위해 발버둥칠 때 하나님께서 잠시 동안 먹고 마실 수 있는 음식을 저들 앞에 베풀어 주실 것이라고 했다. 그들이 허겁지겁 몰려들어 음식과 술을 먹고 마시며 취한 상태에서 기절하듯 쓰러지게 되면 영영 그 잠에서 깨어나지 못하게 하실 것이라고 하셨다. 그리하여 하나님께서 그들을 끌어내려 어린 양과 수양과 숫염소가 도살장으로 끌려가는 것처럼 만들어버리실 것이라고 했다.

8. 바벨론 패망으로 인한 이스라엘의 노래 (렘 51:41-49)

선지자 예레미야는 바벨론 제국이 아직 크게 강성하던 시기에 그 멸망에 대한 노래를 불렀다. 본문에 언급된 세삭(Sheshach)은 바벨론의 다른 명칭이다. 바벨론은 그동안 자타가 공인하는 막강한 세력을 소유하고 있었으나 이제 주변 다른 군대의 침략을 받아 패망하게 된 사실에 대하여 슬픔의 노래를 불렀다. 여기서 슬프다고 한 것은 절대로 그런 일이 발생하지 않을 것 같은 나라에 그와 같은 일이 생겼음을 표현하는 말이다.

그때가 이르면 마치 넓은 바다에서 큰 파도가 일렁이며 휘몰아치듯이 적군의 병사들이 바벨론 온 땅을 뒤덮게 되리라고 했다. 그리하여 모든 성읍들이 짓밟혀 황폐하게 되고 사람이 살지 않는 땅으로 변해버린다는 것이다. 그로 말미암아 그곳에는 지나다니는 사람이 없는 황량하고 쓸모없는 땅이 되어버리는 것이다.

하나님께서는, 바벨론 사람들이 공중과 땅을 지배하는 신령으로 믿고 있는 벨(Bel)을 심판하고 그 거짓 신이 삼킨 모든 것들을 그 입에서 끄집어낼 것이라고 말씀하셨다. 이는 바벨론 제국이 주변의 많은 나라들을 정복하고 그들의 것을 집어삼킨 사실에 대한 비유이다. 따라서 다

시는 주변의 민족들이 바벨론으로 끌려가지 않을 것이며 바벨론 성벽
은 완전히 무너지게 될 것이라고 했다.

여호와 하나님께서는 바벨론에 끌려가 노예 생활을 하는 이스라엘
자손을 향해 빨리 그 가운데서 탈출해 하나님의 진노를 피하라고 하셨
다. 아무리 큰 격변이 일어난다고 할지라도 나약한 마음을 먹지 말고
담대하게 대처하라고 하셨다. 그리고 주변의 여러 땅에서 들려오는 다
양한 소문들로 인해 두려워하지 않아도 된다는 사실을 말씀하셨다.

매년 이리저리 떠도는 각종 다양한 형태의 소문들은 그다지 이상한
것이 아니라고 했다. 바벨론 땅에는 폭력이 난무하고 서로 상대방을 치
는 일들이 많을 것이며 그 지역의 통치자들이 서로 공격하는 소문도 들
리게 되리라는 것이다. 이는 장차 바벨론 제국의 정국이 극도로 혼란스
러워질 것에 대한 예언의 말씀이다.

그러므로 장차 때가 이르면 하나님께서 바벨론의 거짓 신령들과 온
땅에 세워진 모든 우상들을 벌할 것이라고 하셨다. 그렇게 되면 온 땅
은 치욕을 당하게 되며 하나님의 심판을 받아 죽임을 당하게 될 자들은
전부 그 가운데 엎드러지게 될 것이라고 했다. 하나님을 모독한 자들이
하나님 앞에서 살아남을 수 없다는 것이다.

한편 바벨론이 당하는 철저한 패망을 보고 즐거워하는 자들이 있다
고 했다. 바벨론을 치기 위해 북쪽에서 내려오는 군대와 병사들이 그들
을 멸망시키면 그들로 인해 큰 고통을 당하던 자들은 기뻐하지 않을 수
없다. 그리고 선지자 예레미야는 바벨론의 패망으로 말미암아 세상에
존재하는 모든 것들이 기쁘게 노래하리라고 했다. 이는 하나님께서 그
놀라운 심판을 행하셨으므로 이해관계가 얽혀 있는 나라나 인간들뿐
아니라 자연 만물까지도 그것을 기뻐한다는 사실을 말해주고 있다.

또한 바벨론 제국이 유다 왕국을 파괴하고 숱하게 많은 백성들을 죽
여 굴복시켰듯이 이제 바벨론 사람들이 죽임을 당해 엎드러질 것이라
고 했다. 즉 바벨론이 이스라엘 백성을 무자비하게 죽였던 것처럼 바벨

론 사람들 역시 그와 같은 형국에 처하게 된다는 것이다. 이 모든 것은 결국 바벨론이 하나님의 영역을 침범하여 언약의 자손들을 죽인 것에 대한 형벌에 연관되어 있는 것이다.

9. 이스라엘의 회복에 대한 예언 (렘 51:50-53)

하나님께서는 포로가 되어 바벨론으로 끌려갔다가 본토로 귀환하게 될 이스라엘 자손을 향해 말씀하셨다. 그들은 낯선 이방 지역에서 노예 생활을 하는 동안 하나님과 자신에 대해 많은 생각을 하게 될 것이 분명하다. 그들 가운데 다수는 조상들이 저지른 죄를 돌아보며 탄식하는 마음을 가질 것이다.

그러므로 하나님께서는 그 언약의 자손들을 향해 말씀하셨다. 이제 바벨론 군대의 칼을 피하여 죽음을 모면한 자들이 그곳에서 서성대지 말고 가나안 땅을 향해 떠나가라는 것이다. 또한 그들이 아주 먼 곳에서 살아가게 된다고 할지라도 여호와 하나님을 잊지 말고 항상 예루살렘을 기억하라고 당부하셨다. 예루살렘은 이 세상에서 이루어지는 하나님의 모든 경륜적 사역에 연관되어 있기 때문이다.

선지자 예레미야는, 여호와 하나님을 알지 못하는 이방인들이 거룩한 성전에 들어가 그곳을 짓밟게 됨으로써 언약의 백성들이 수치와 부끄러움을 당하여 얼굴을 들 수 없게 되었다는 사실을 말한다고 했다. 이는 예루살렘 성읍이 함락되어 거룩한 성전이 파괴되는 것을 목격한 자들에게 이제 정신이 돌아왔다는 의미를 지니고 있다. 하지만 모든 상황은 이미 되돌릴 수 없는 지경이 되고 말았다. 그런 중에도 자비로운 하나님께서는 저들에게 소망의 말씀을 주셨다.

그리하여 낯선 이방 지역인 바벨론 땅으로 끌려간 언약의 자손들은 심한 절망과 고통 중에도 하나님의 말씀과 그의 뜻을 기억하는 가운데 살아갈 수 있게 된다. 그들은 여호와 하나님을 기억하는 가운데 항상

예루살렘을 바라보며 살아갔던 것이다. 우리는 이에 연관하여 다니엘
이 하루 세 번씩 예루살렘을 바라보며 여호와 하나님께 간절히 기도했
던 사실을 기억하고 있다(단 6:10, 참조).

장차 이스라엘 백성이 바벨론 땅에서 고통 중에 하나님을 향해 울부
짖으며 기도하면 하나님께서 그 기도를 들어주시게 된다. 그들이 소망
하며 기다리던 때가 마침내 오게 되는 것이다. 그날이 이르게 되면 하
나님께서 바벨론의 거짓 신과 우상들 위에 벌을 내리실 것이라는 말씀
을 하셨다. 그리고 바벨론 전역에는 칼에 찔려 부상당한 자들의 신음하
는 소리가 온 세상에 퍼져 사무치게 되리라고 하셨다.

하나님께서는 그와 같은 날이 반드시 오게 된다는 사실을 말씀하셨
다. 바벨론 사람들이 비록 하늘까지 높이 치솟은 요새화된 견고한 성읍
을 세울지라도 하나님께서 절대로 그냥 두지 않으신다는 것이다. 장차
그가 바벨론 제국을 침략하는 군대를 보내 저들의 모든 것을 치고 파괴
할 것이라고 하셨던 것이다.

10. 바벨론에 임할 큰 파멸 (렘 51:54-58)

선지자 예레미야는 바벨론으로부터 울부짖는 소리가 들린다고 했다.
갈대아 사람들이 살아가는 땅에 큰 파멸의 소리가 들린다는 것이다. 바
벨론 제국의 통치를 받는 지역에서 그와 같은 소리가 들리게 되는 것은
하나님의 심판에 연관된 것이다. 여호와 하나님께서 바벨론을 심판하
여 황폐케 만드셨으며, 그들이 세력을 자랑하며 큰소리치던 모든 것을
끊으실 것이기 때문이라고 했다. 바벨론을 침공하는 자들의 군대는 마
치 바다를 휘몰아치는 거대한 파도와 같이 사납다고 했다. 그리고 그
물결은 요란한 소리를 내게 되며, 바벨론 사람들은 그로 인해 불안에
빠져 잔뜩 겁을 집어먹게 된다고 했다.

바벨론을 멸망시킬 군대의 세력이 북방으로부터 내려와 바벨론을 치

게 되면 온 나라가 혼란의 소용돌이에 빠지게 된다. 용맹하기로 소문난 바벨론 병사들이 저들에게 사로잡히게 되고 그들의 활이 꺾이게 된다. 이는 자기를 욕되게 하는 악한 자들을 결코 그냥 두지 않는 보복의 하나님이신 여호와께서 반드시 그들을 심판하실 것이기 때문이다.

만군의 하나님 여호와께서 그에 관하여 중요한 예언을 하셨다. 바벨론의 고위 관료들과 스스로 지혜로운 자라고 자랑하는 자들, 그리고 지방 장관들을 비롯한 모든 용사들로 하여금 자기의 세력과 풍요로움에 취하게 하리라고 하셨다. 어리석음에 빠진 그들은 그에 빠져 영원히 잠에서 깨어나지 못하리라는 것이었다. 이처럼 하나님께서는 장차 일어나게 될 일들에 대하여 분명한 선포를 하셨다.

그러므로 바벨론의 막강한 성벽은 장차 반드시 파괴되리라고 말씀하셨다. 또한 성벽에 세워진 높은 문들은 불에 타버릴 것이며 그동안 백성들이 행했던 모든 수고는 헛되게 될 뿐이라고 하셨다. 즉 그 민족이 일시적으로 부강한 나라가 되도록 노력한 모든 것들이 한꺼번에 불타버려 쇠잔하게 된다는 것이다. 이는 아직 먼 장래에 일어나게 될 일이었으나 나라를 잃게 된 이스라엘 자손에게는 큰 소망이 되는 말씀이었다.

11. 바벨론 제국을 향한 하나님의 심판 선포 (렘 51:59-64)

선지자 예레미야는 장차 있게 될 바벨론 제국의 멸망에 관한 내용을 그들에게 전했다. 유다 왕 시드기야가 즉위한 지 제 사년이 되던 해 시드기야 왕의 수석 보좌관이었던 스라야가 왕과 함께 바벨론으로 갈 때 선지자가 그에게 매우 중요한 당부를 했다. 그것은 앞으로 바벨론 제국에 닥칠 멸망에 연관된 것이었다.

예레미야는 하나님께서 계시해 주신 대로 장차 바벨론 제국에 닥치게 될 모든 내용을 책에 기록했다. 그것을 스라야에게 전해주며 바벨론 땅에 도착하면 거기 기록된 모든 말씀을 바벨론의 지도자들 앞에서 읽어주어 듣게 하라는 것이었다. 선지자는 하나님의 요구에 따라 스라야에게 전했던 것이다.

예레미야가 기록하여 전달한 그 책의 모든 내용이 이스라엘 민족의 하나님 여호와께서 바벨론에 대하여 예언하신 말씀이라는 사실을 그들에게 먼저 밝히라고 했다. 그리고 장차 바벨론 땅을 멸망시켜 사람들이나 짐승들이 살지 못하는 폐허가 되게 하리라는 말씀을 전하도록 했다. 당시 피지배국의 사신의 입장에서 강대국인 바벨론의 패망에 관한 예언을 전한다는 것은 매우 위험한 일이었다.

그렇지만 하나님의 예언을 저들 앞에서 읽음으로써 내용을 전달한 후에는 그 책에 돌을 매달아 유프라테스 강에 던져 넣으라고 했다. 그렇게 하는 중에, 바벨론이 여호와 하나님께서 내리는 재앙으로 인해 몰락하여 다시는 일어나지 못하고 피폐하게 되리라는 사실을 전하라고 했다. 예레미야는 바벨론을 향해 가는 스라야에게 그 말을 전하도록 함으로써 그에 관한 자신의 임무를 다하게 되었던 것이다.

제52장

유다 왕국 패망과 예루살렘 성전 파괴

(렘 52:1-34)

1. 바벨론 제국과 시드기야 왕의 최후 (렘 52:1-11)

유다 왕국의 시드기야 왕은 요시야 왕과 하무달 사이에 태어난 셋째 왕자로서 그의 조카이자 선왕(先王)이었던 여호야긴이 체포되어 바벨론으로 끌려간 후 왕위에 오르게 되었다. 그는 21세였던 BC 597년 바벨론 제국의 느부갓네살에 의해 왕으로 세워졌다. 그의 원래 이름은 맛다니아(Mattaniah)였으나 바벨론에 의해 시드기야(Zedekiah)로 강제 개명하게 되었다. 왕의 이름이 그런 식으로 바뀌게 된 사실은 유다가 바벨론의 정치적 관할 아래 놓인다는 것과 동일한 의미를 지니고 있다.

바벨론의 느부갓네살은 그를 마음대로 주무르기 위한 꼭두각시로 삼을 목적으로 왕위에 오르게 했으나 점차 사정이 달라져갔다. 시드기야 왕이 호락호락하게 굴지 않았기 때문이다. 그런 중에 선지자 예레미야는 유다 왕국을 향해 바벨론 제국에 저항하지 말고 느부갓네살 왕을 순순히 섬기는 것이 하나님의 뜻이라고 전했다(렘 27:6-8). 하지만 즉위 3

년이 되던 해 친(親) 애굽파 인사들의 세력이 득세하자 선지자의 경고에
도 불구하고 시드기야 왕은 바벨론을 배반하고 그에 저항하여 반기를
들었다.

시드기야는 왕의 직무를 감당하는 동안 여호야김26) 왕의 악한 행위
를 그대로 본받아 하나님의 율법을 어기며 배도의 길을 걷게 되었다.
여호야김은 하나님의 심판을 외치는 선지자 우리야가 전하는 말씀을
듣고 그대로 순종한 것이 아니라 도리어 무참히 살해했다(렘 26:20-23).
그리고 하나님의 예언을 무시하여 서기관 바룩이 기록한 예레미야의
두루마리를 불에 태워버리기도 했다(렘 36:23). 시드기야 왕은 여호야김
의 본을 받아 하나님 앞에서 악행을 저질렀던 것이다(대하 36:5-8).

또한 시드기야 왕은 애굽의 호브라(Hophra)가 최고 통치자로서 바로
(Pharaoh)의 지위에 오른 후 유다 왕국에 대한 군사적 지원을 약속하자
바벨론 제국에 반기를 들게 되었다. 그러자 바벨론 군대는 배신한 시드
기야를 보고 가만히 좌시하고 있지만은 않았다. 애굽 군대의 병력지원
으로 인해 유다 왕국이 잠시 위기를 모면할 수 있었으나 애굽이 퇴각하
자 시드기야 왕 즉위 제9년인 BC 589년 10월 10일 바벨론 군대가 예루
살렘을 치러 올라와서 성 주변을 완전히 포위하기에 이르렀다.

바벨론 군대는 유다 왕국의 심장부를 공격하기 위해 예루살렘 주변
의 진지를 강화하고 성곽 주변에 토성을 쌓아올렸다. 그리하여 시드기
야 11년인 BC 587년까지 예루살렘은 완전히 포위된 상태에 놓여있었
다. 그해 사월부터는 성 안에 먹을 식량이 거의 바닥이 나서 굶주리는
사람들이 많아지게 되었다. 결국 그로 말미암아 예루살렘 성 전체가 함
락되고 유다 왕국은 완전히 패망당할 수밖에 없었다.

---

26) 여호야김 왕은 시드기야와 달리 바벨론이 아니라 애굽의 바로 왕에 의해 왕
   위에 오르게 된 인물이었다. 즉 여호야김은 애굽의 정략에 의해 왕으로 세워
   졌으며 시드기야는 바벨론 제국의 정략에 따라 왕위에 오르게 되었다. 따라
   서 맛다니아가 바벨론에 의해 시드기야로 개명했듯이 엘리야김이 애굽의 바
   로 느고에 의해 여호야김으로 이름을 바꾸게 되었던 것이다.

예루살렘 성을 둘러싸고 있던 성벽이 파괴되자 유다 왕국의 병사들은 목숨을 건지고자 도망치기에 바빴다. 그들 가운데 왕과 함께 있던 측근들은 시드기야 왕을 데리고 예루살렘 남쪽 성벽 사이에 난 기드론 골짜기 근처에 있던 왕의 동산 곁문 길로 탈출하게 되었다. 바벨론 군대가 예루살렘 주변을 에워싸고 있었으므로 그 눈을 피해 샛길을 통해 아라바 길로 달아나고자 했던 것이다.

그러나 바벨론 군대는 유다 왕이 도망친 사실을 알고 그 뒤를 바짝 추격해 따라갔다. 결국 그들은 여리고 평지에 이르러 시드기야 왕을 체포했다. 그러자 왕과 함께 도망치던 병사들은 왕을 버리고 사방으로 뿔뿔이 흩어지게 되었다. 바벨론 병사들은 체포한 유다 왕을 바벨론 왕 느부갓네살 앞으로 끌고 가서 심문을 받도록 해야만 했다.

결국 시드기야 왕은 바벨론 군대의 야전 사령부가 있는 립나(Ribnah) 곧 리블라(Riblah)로 끌려가 느부갓네살 왕 앞에서 죄수의 신분으로 심문을 받게 되었다. 그때 시드기야 왕은 자기의 왕자들인 두 아들이 비참하게 처형당하는 광경을 두 눈으로 목격해야만 했다. 시드기야에게 있어서 그것은 국가적으로나 가정적으로 보아 그보다 더 고통스럽고 치욕스러울 수 없었다.

또한 느부갓네살의 군대는 리블라(Riblah)에서 유다 왕국의 모든 고위 관료들을 잔인하게 죽였다. 그후 시드기야 왕은 직접 처참한 상황을 겪어야만 했다. 한 나라의 왕인 그가 적군에 의해 두 눈알이 뽑히는 형언할 수 없는 고통과 수욕을 당하게 되었던 것이다.

그리고 시드기야 왕은 더 이상 앞을 보지 못하는 상태에서 쇠사슬에 결박된 채 포로가 되어 바벨론 땅으로 끌려갔다. 그는 낯선 이방인의 땅에서 한평생 감옥에 갇혀 있다가 그곳에서 쓸쓸한 여생을 마치게 되었다(왕하 25:7; 렘 52:11). 이는 유다 왕국이 처참하게 멸망당하는 모습을 여실히 보여주고 있다.

한 나라가 전쟁에서 패하여 완전히 망한다고 할지라도 패전국의 왕이 그처럼 처참한 결말을 맞게 되는 경우는 거의 없다고 해도 과언이 아니다. 대개는 멸망한 적국의 왕이 가진 모든 권력을 완전히 박탈한다고 해도 왕에 대하여는 어느 정도 예우를 하는 것이 일반적이다. 하지만 유다 왕국의 시드기야 왕이 승전국인 바벨론 제국으로부터 상상을 초월하는 최악의 대우를 받는 것을 통해 배도에 빠진 자들에 대한 하나님의 진노가 얼마나 크고 무서운가 하는 점을 여실히 보게 된다.

2. 예루살렘 성과 성전 및 왕궁의 파괴 (렘 52:12-16)

바벨론 왕 느부갓네살은 BC 605년에 즉위했다. 그가 왕위에 오르던 해 유다 왕국의 많은 백성들이 포로로 사로잡혀 바벨론 땅으로 끌려갔다. 그때 같이 그곳으로 잡혀 간 사람들 가운데는 소년 다니엘(Daniel)도 포함되어 있었다.

그로부터 19년이 지난 BC 587년 5월 10일 바벨론 왕의 군대 사령관인 느부사라단이 병사들을 이끌고 예루살렘에 도착했다. 그는 하나님의 거룩한 성전과 왕궁을 불살라버렸다. 성전을 파괴한다는 것은 여호와 하나님을 직접 모독하는 성격을 지니고 있다. 그리고 왕궁을 파괴한 것은 유다 왕국의 완전한 종말을 선언하는 의미를 내포하고 있었다.

바벨론 군대 사령관의 지휘를 받던 병사들은 또한 예루살렘 성에 있는 모든 건축물들과 고위 관료들을 비롯한 민족 지도자들의 집까지 불태웠다. 바벨론의 병사들은 유다 왕국의 씨를 말려버릴 기세로 모든 것을 철저히 파괴했다. 따라서 거룩한 성전과 왕궁을 비롯하여 성읍을 지켜 보호하기 위해 건립된 성벽을 완전히 허물어버림으로써 유다 왕국이 가졌던 모든 기능이 파괴되기에 이르렀다.

느부갓네살 군대의 사령관 느부사라단은 유다 백성들 가운데 많은 사람들을 포로로 사로잡아 갔다. 바벨론 제국의 눈에 거슬리거나 저항하는 기미가 보이는 자들은 처형을 당해 죽음을 면치 못했다. 하지만 바벨론 군대에 순순히 항복한 자들과 성 안에 살면서 상당한 영향력을 행사하는 것으로 간주된 자들은 모조리 잡아가게 되었다.

그와 달리 힘이 없고 가난한 백성들은 파괴된 가나안 지역에 그대로 남겨두었다. 그들은 지도 계층에 속한 인물들이 아니었으며 주변의 다른 사람들에게 특별히 영향을 끼칠 만한 자들이 아니었기 때문이다. 그들 모두를 끌고 가 관리하는 것은 도리어 바벨론에 큰 짐이 될 따름이었다. 따라서 그들을 남겨두어 포도원을 관리하도록 맡겼으며 농부가 되어 살아가도록 허락했던 것이다.

한편 그와 같이 한 배경에는 바벨론 제국의 음흉한 정치적 속내가 존재했을 것으로 보인다. 가난한 백성들을 잡아가지 않고 본토에 남겨둠으로써 마치 그들을 위해 큰 은택이라도 베푼 양 행동할 수 있었다. 즉 바벨론이 힘없는 자들을 학대하는 유다 왕국의 기득권층을 제압하고 그들을 구출해준 것처럼 선전했을 것이다. 바벨론 군대가 가난하고 소외된 자들을 멸시하며 억압하던 유다 왕국의 지도자들을 바벨론으로 잡아가면서 그곳에 남은 백성들에게 자유와 해방을 선물한 듯 하는 태도를 보였을 것이기 때문이다.

3. 바벨론에 의해 약탈당한 성전 기구들 (렘 52:17-23)

느부갓네살 왕에게 속한 바벨론 군대는 예루살렘 성전과 왕궁과 건축물들과 집들과 성곽을 완전히 파괴하고 허물었을 뿐 아니라 많은 유력한 지위에 있던 유다 사람들을 죽였다. 그리고 많은 사람들을 체포해 포로로 잡아갔다. 그러면서 일부 가난하고 힘없는 사람들을 가나안 본토에 남겨두면서 저들의 행위에 대한 당위성을 내세우며 선전했다.

뿐만 아니라 사악한 바벨론 병사들은 예루살렘 성전의 두 놋 기둥과 받침과 놋대야를 깨뜨려 그 놋을 취해 바벨론으로 가져갔다. 또한 가마와 부삽과 부집게와 주발과 숟가락과 제사장들이 하나님을 섬길 때 사용하는 모든 놋그릇을 약탈해갔다. 나아가 하나님께 제사드릴 때 사용하는 잔과 화로와 주발과 솥과 촛대와 숟가락과 음식 그릇을 비롯한 금과 은으로 만든 모든 것들을 빼앗아갔다.

솔로몬 왕이 건축한 예루살렘 성전과 그 안에 설치된 모든 성물들과 기구들은 이스라엘 민족에게 값어치를 따질 수 없는 신령한 보물들이었다. 성전에 세워 만든 두 기둥과 큰 물두멍과 그 받침 아래 놋으로 제작한 소 모양의 열두 개의 모형을 비롯한 놋의 전체 양은 헤아릴 수 없을 정도도 많았다.

속이 비어있게 만든 성전 기둥 하나의 높이는 십팔 규빗이었다. 그 기둥의 둘레는 십이 규빗이었으며 그 두께는 네 손가락 정도의 너비가 된다고 했다. 또한 기둥의 맨 윗부분에는 놋으로 된 기둥머리가 있어서 높이가 다섯 규빗이므로 매우 큰 규모였다.27) 그리고 두 기둥머리 사면에 둘러친 그물 위에는 석류 모양으로 된 놋 장식이 각각 일백 개씩 붙어 있었는데 그 가운데 아흔여섯 개의 석류 장식물은 측면에서 볼 수 있었다고 했다.

바벨론 군대는 예루살렘을 함락한 후 솔로몬이 건축한 그 아름다운 성전과 모든 부속시설과 부착물들을 완전히 파괴했다. 그들은 그 안에 보관되어 있던 각종 기구와 성물들을 부수어 그 원래의 존재 의미를 훼손한 채 자기들이 원하는 것들을 취했다. 그리고는 그것들을 바벨론 땅으로 약탈해가게 되었다.

그와 같은 사악한 행위는 단순히 바벨론 군대가 예루살렘 성전 건물과 그에 연관된 모든 것들을 물리적으로 파괴한 행동 이상의 의미를 지니고 있다. 보다 심각한 점은 그와 같은 파괴가 하나님께서 장차 이땅에 보내시고자 하는 메시아 강림을 훼방하는 끔찍한 행동이었다는 사실이다. 하지만 여호와 하나님을 알지 못하는 이방인들은 그에 대한 인

---

27) 한글 '현대인의 성경'은 기둥 하나의 높이가 8.1m, 둘레 5.4m, 기둥머리의 높이가 2.3m 라고 번역하고 있다.

식이 전혀 없는 상태에서 저급한 힘을 통해 얻은 외적인 승리를 자랑하며 외쳤으나 실제로는 하나님의 저주를 부르는 것과 마찬가지였다.

4. 이스라엘 민족 고위 지도자들의 처형과 포로가 된 백성들
(렘 52:24-30)

바벨론 군대의 사령관이 유다 왕국의 대제사장 스라야와 부제사장 스바냐와 성전 출입을 담당하는 책임을 진 세 사람의 문지기를 사로잡게 되었다. 그리고 군인들을 징집하는 담당 서기관과 왕의 보좌관 일곱 명을 사로잡았다. 또한 성 안에서 살아가는 일반 시민 육십 명이 저들의 포로가 되었다.

그들을 체포한 바벨론의 군사령관 느부사라단은 포로들을 야전 사령부가 있는 립나로 끌고 가서 바벨론 왕 느부갓네살 앞으로 데려갔다. 그들을 심문한 왕은 그곳에서 모든 포로들을 쳐 죽이라는 명령을 내렸다. 그리하여 유다 왕국이 바벨론 제국에 의해 멸망당한 후 많은 사람들이 처형당했으며 목숨을 부지하여 살아남은 자들 가운데 다수는 바벨론 땅으로 사로잡혀 갈 수밖에 없었다.

느부갓네살 왕에 의해 바벨론으로 끌려간 포로들은 엄청나게 많았다. BC 605년에 끌려간 자들 이외에 느부갓네살이 왕으로 즉위한 지제 칠년28)이 되는 BC 598년에는 유다인 삼천이십삼 명이 잡혀갔다. 그리고 즉위 십팔년29)인 BC 587년에는 예루살렘에서 사로잡혀 간 자가 팔백삼십이 명이었다(렘 52:29). 그리고 제 이십삼년(BC 582년)에는 사

---

28) 열왕기하 24:12에는 바벨론 왕 '제 팔 년'으로 기록되어 있다. 연도에 일 년 정도의 차이가 나는 것은 특정한 왕이 즉위한 그해를 첫해로 보는 경우와 즉위한 지 일 년이 되는 그 이듬해를 첫해로 보는 경우가 있기 때문에 발생하는 문제로 이해해야 한다.

29) 예레미야 52:12에는 '즉위 19년'에 시위대장 느부사라단이 예루살렘에 이르러 성전과 왕궁을 불사른 것으로 기록되어 있다.

령관 느부사라단이 포로로 잡아간 유다인들이 칠백사십오 명이었다. 그리하여 바벨론으로 끌려간 포로의 전체 수는 사천육백 명30)이나 되었다.

그들은 대개 유다 왕국의 지도 계층에 속한 사람들이었으며 그 가족들도 상당수 포함되어 있었다. 그 사람들은 유다 왕국에서 기득권을 누리면서 부유하게 살았지만 바벨론으로 끌려가서는 이방인들의 노예가 되어 고생할 수밖에 없었다. 하나님께서는 언약의 백성들 가운데서 배도의 길을 걸으며 악행을 저지르던 자들을 그와 같이 심판하시게 되었던 것이다.

5. 패망한 유다 왕국의 마지막 왕 여호야긴의 위상 회복
(렘 52:31-34)

유다 왕 여호야긴이 바벨론의 포로가 되어 사로잡혀 간 후 삼십칠 년이 되었을 때 괄목할 만한 사건이 발생했다.31) 그 일은 바벨론 왕 에윌므로닥(Evil-Merodach, 562-560 통치)이 즉위한 원년 12월 25일에 일어나게 되었다. BC 562년 느부갓네살이 죽은 후 그를 뒤이어 새로 즉위한 바벨론 제국의 왕이 패망한 유다 왕국의 왕으로서 감옥에 갇혀 있던 여호야긴에게 특별사면(特別赦免)을 선포했기 때문이다.

바벨론 왕은 감옥에 갇힌 여호야긴을 불러내어 그 머리를 들게 하고 감옥으로부터 석방시켜 주었다. 여호야긴은 유다 왕국 여호야김 왕의

---

30) 열왕기하 24:14-16에는 18,000명으로 기록되어 있다. 이렇게 차이를 보이는 것은 예레미야서에는 성인 남자만 계수한 것이며, 열왕기에서 나타나는 수는 여성과 어린아이들을 포함한 수로 이해하는 것이 자연스럽다.

31) 예레미야 52:31-34에 기록된 맨 마지막 부분의 말씀은, 나중 하나님의 선지자적 기능을 담당한 '제사장 회의'에서 계시받은 내용이었을 것으로 보인다. 우리가 주의해야 할 점은 어떤 개인이 이 부분을 임의로 덧붙인 것이 아니란 사실이다. 즉 하나님의 특별한 계시로 말미암은 나중 부분의 말씀과 더불어 예레미야서가 완성된 것으로 이해해야 하는 것이다.

아들로서 BC 598년 18세 32)에 등극해서 불과 삼 개월의 짧은 기간 통치했을 따름이다. 그가 여호와 하나님께서 보시기에 악을 행하며 배도의 길을 걸어간 사실이 성경에 증거되어 기록으로 남아있다(왕하 24:8,9; 대하 36:9).

그와 같은 행동을 하던 여호야긴 왕은 결국 바벨론 군대에 의해 사로잡혀 이방 지역으로 끌려가게 되었다. 바벨론 제국의 느부갓네살 왕은 여호야긴을 왕좌로부터 폐위시킨 대신 시드기야를 왕으로 세워 유다 왕국을 간섭하며 지배하고자 했다. 그로 말미암아 여호야긴은 결국 왕의 자리에서 강제로 퇴위당하게 되었을 뿐 아니라 수십 년간 이방 왕국에서 힘든 감옥생활을 해야만 했다.

그런데 바벨론 왕 느부갓네살의 뒤를 이어 에윌므로닥이 왕으로 즉위하여 삼십칠 년 동안 감옥에서 고생하던 유다의 왕이었던 여호야긴을 특별사면하게 되었다. 그는 아마 바벨론의 강압 정책에 불만을 가진 자들을 염두에 두고 유화정책을 펼치고자 했을 것이다. 그로 말미암아 바벨론 왕을 비롯한 모든 정치 지도자들은 더 이상 그를 죄인으로 취급하지 않고 존귀한 자로 예우하기에 이르렀다. 그리하여 여호야긴은 바벨론 제국 치하에 있던 여러 왕들보다 더욱 높은 대우를 받게 되었다.

에윌므로닥 왕은 감옥에서 나오게 된 여호야긴에게 그동안 입고 있던 죄수복을 벗기고 공적으로 존귀한 자의 신분을 표시하는 의상으로 갈아입혔다. 그후부터 그는 살아 있는 동안 평생 바벨론 왕이 제공한 존귀한 자리에 앉아 좋은 예우를 받으며 살아가게 되었다. 그리고 죽는 날까지 왕이 특별히 공급하는 음식과 생활에 필요한 풍족한 용품들을

32) 역대하 36:9에는 그의 나이가 '8세'로 기록되어 있다. 이는 필사 과정에서의 오류로 보이며, 그가 악을 행했다는 말씀을 생각해 볼 때 열왕기하 24:8에 기록된 '18세'가 타당한 것으로 보인다. 불과 여덟 살인 아이가 하나님 앞에서 악을 행한다는 사실을 받아들이기 쉽지 않기 때문이다. 칠십인역과 알렉산드리아 사본에도 여호야긴이 왕위에 오를 때의 나이를 '18세'로 기록하고 있다 (아가페성경 주해, 참조).

가지고 평안하게 살아갔다.

우리는 여기서 여호야긴의 특별사면 사건과 더불어 받게 된 예우를 통해 장차 이스라엘 민족에게 허락될 하나님의 은총에 관한 예언적 성격이 들어있다는 사실을 기억할 필요가 있다. 패망한 나라의 왕이었던 여호야긴이 바벨론 왕으로부터 존귀한 자로 인정받게 된 것은 예사로운 일이 아니다. 당시 고통스러운 환경 가운데 살아가던 이스라엘 자손에게는 그것이 커다란 소망이 되었을 것이 틀림없다.

그러므로 모든 이스라엘 백성이 바벨론의 노예 신분을 벗어나게 된 것은 아닐지라도 그 사건은 엄청난 소망을 주게 되었다. 포로가 된 언약의 자손들은 여호야긴 왕의 변화된 위상을 보고 본토 귀환을 약속하신 하나님의 말씀을 기억하며 그때를 더욱 절실하게 기다렸을 것이 분명하다. 예레미야서 맨 마지막에 이와 같은 특별한 사건이 기록되어 소개된 것은 이스라엘 민족을 향한 하나님의 뜻과 바벨론 포로로 있으면서 소유하게 된 이스라엘 자손의 커다란 소망을 보여주고 있다.

예레미야애가

〈예레미야 애가〉

서 론

눈물의 선지자 예레미야는 하나님의 뜻을 걷어차 버린 배도자들로 인해 예루살렘과 거룩한 성전이 파괴된 후 언약의 자손들이 당하는 처참한 상황을 보고 깊은 슬픔에 빠지게 되었다. 그런 중에 하나님께서는 특별한 계시를 통해 그로 하여금 슬픈 애가를 부르게 하셨다. 우리는 여기서 이것이 과연 수천 년 전의 과거에 끝난 사건이며 남의 일에 지나지 않는 것인가 하는 점을 되새겨 볼 수 있어야 한다.

역사적 상황은 그때와 다르다 할지라도 현대 기독교의 배도 행위는 예레미야 당시와 그다지 다르지 않다. 배도의 시대가 가지는 특징 가운데 하나는 배도에 빠져 하나님을 욕보이고 있으면서도 그에 대한 인식이 거의 없다는 점이다. 도리어 세속적인 종교 환경을 끌어들여 자기가 마치 매우 훌륭한 신앙인인 양 심각한 착각에 빠져 있는 경우가 태반이다.

바벨론 제국에 의해 거룩한 성 예루살렘이 파괴되고 유다 왕국이 패망한 사건은 이스라엘 자손에게 충격이 아닐 수 없었다. 거기다가 하나님의 성전이 이방인들의 손에 의해 훼파된다는 것은 상상조차 할 수 없는 일이었다. 하나님의 도성과 거룩한 성전은 절대로 파괴될 수 없는 것으로 여겨져 왔다.

그런데 그 모든 것이 부정한 이방 군대에 의해 맥없이 무너져 내리고 말았다. 그것을 목격한 일반 백성들뿐 아니라 배도자들조차도 그 실상을 그대로 받아들이기 어려웠다. 예루살렘이 바벨론 제국에 의해 함락되고 성전이 파괴된 처참한 상황에서 선지자 예레미야가 눈물로 애가를 썼다. 그 슬픈 노래는 선지자가 하나님으로부터 계시받아 기록했으나 패망한 이스라엘 민족의 노래가 되었다.

애가 본문에는 예레미야가 글을 쓴 저자라는 직접적인 언급이 없다. 하지만 알렉산드리아(Alexandria) 사본에는 그의 이름이 명시적으로 나타난다. 거기에는 '예레미야가 예루살렘의 멸망을 슬퍼하며 애가를 불렀다'(애 1:1)고 기록되어 있다. 라틴어 불가타(Vulgata) 역과 아람어 탈굼(Targum) 역은 알렉산드리아 역본을 따르고 있다. 초대 교부들과 종교 개혁자들을 비롯한 다수의 신학자들은 애가를 예레미야의 기록으로 받아들이고 있다.

바벨론 제국에 의해 예루살렘 성읍과 하나님의 거룩한 성전이 파괴되었을 때 모든 백성이 감당할 수 없는 심한 고통에 빠지게 되었다. 선지자 예레미야는 그동안 이스라엘 자손들의 배도 행위를 똑똑히 목격했으며 그들을 향해 강한 경고의 메시지를 선포해 왔다. 하지만 배도에 빠진 자들은 기울어져 가는 나라를 보면서도 회개의 기미를 보이지 않은 채 악행을 지속했다.

총 5장으로 구성된 예레미야 애가의 1-4장은 각 장이 '답관체 형식'으로 기록되어 있다. 즉 각 장의 문장이 히브리어 알파벳의 첫 번째 문자로부터 시작하여 차례로 이어져 마지막 스물 두 번째 문자까지 운율에 맞춰진 형식을 갖추고 있다. 하지만 맨 마지막 제5장은 답관체에서 벗어난 형식을 보이고 있다.

필자는 본서에서 예레미야 애가를 강해하며 답관체 형식에 얽매이지 않고 각 내용에 따라 그 진정한 의미를 설명하고자 했다. 답관체의 특성을 염두에 둔 채 그에 연결지어 한 절 한 절씩 각 문장을 강해하는 것은 여간 어려운 일이 아니다. 따라서 이 책에서는 답관체의 문학적 장르가 가지는 특성에 얽매이지 않고 본문을 통해 하나님의 뜻을 찾는 일에 관심을 기울였다.

하나님의 진노와 심판으로 말미암아 깊은 슬픔에 빠진 선지자는 하나님께서 내팽개치신 백성들과 함께 심한 고통을 받아야만 했다. 하지만 그는 예루살렘이 패망할지라도 하나님의 언약은 절대로 파기되지 않는다는 사실을 잘 알고 있었다. 따라서 여호와 하나님을 향해 긍휼을 베풀어 주시고 언약을 회복해 달라는 간구를 했다.

그러므로 선지자는 애가 마지막 부분에서 하나님의 새 언약에 대한 기대를 버리지 않는다는 사실을 고백적으로 노래하고 있다. 그는 하나님께서 자기 백성을 구원하시기 위해 이땅에 메시아를 보내시리라는 약속을 굳게 믿고 있었다. 따라서 눈앞에 펼쳐진 처참한 상황 가운데서도 하나님께서 베푸실 영원한 회복과 구원의 길에 관한 선포를 지속했다.

우리는 예레미야 애가를 읽고 묵상하며 하나님의 깊은 사랑과 은혜를 깨달아야 한다. 인간의 사악한 배도 행위에도 불구하고 하나님의 신실한 언약은 변함없이 그대로 지속되었기 때문이다. 애가는 구약시대 예루살렘 성전이 파괴된 상황에서 계시된 신령한 노래이지만, 오늘날 우리 시대에도 그 교훈이 그대로 전달되고 있다는 사실을 잊어서는 안 된다.

제1장

예루살렘의 슬픔과 선지자 예레미야의 탄식

(애 1:1-22)

1. 예루살렘 성의 패망과 백성들의 탄식 (애 1:1-4)

선지자 예레미야는 하나님의 도성인 예루살렘을 보며 탄식하고 있다. 과거에는 그 성에 많은 사람들이 거주했는데 왜 그렇게 적막하게 되었느냐는 것이다. 그전에는 예루살렘에 살고 있던 민족의 지도자들이 크게 대우받았다. 하지만 이제 그 상황이 완전히 변하여 몰락하게 되었다는 것이다.

과거에 막강한 힘을 소유하고 있던 자들이 이제는 과부와 같이 아무런 힘이 없는 자로 전락해 버렸다. 전에는 열방 중에서 마치 공주와 같이 존귀한 자로 인정받았으나 지금은 극히 비천한 존재가 되어버렸다고 했다. 그들은 이방인들을 위해 강제 노역을 해야만 하는 처참한 신세로 전락해버린 것이다.

그러므로 패망하게 된 이스라엘 백성들은 조용한 밤이 되면 한탄하

며 우는 신세가 되었다. 과거의 영화를 상실한 자들의 두 뺨에는 눈물
이 하염없이 흘러내려 그 슬픔을 더했다. 하나님의 거룩한 성전이 있는
예루살렘 도성이 파괴되면 더 이상 저들에게 아무런 소망이 없는 듯이
여겨질 수밖에 없었다.

　더구나 과거 그들의 환심을 사려고 애쓰던 주변 왕국의 사람들로부
터도 큰 배신을 당하게 되었다. 예루살렘 성읍이 철저히 파괴되고 유다
백성이 심한 고통을 당하는 것을 보고도 그들을 위로해 주려고 하는 이
웃이 존재하지 않았다. 그들은 오히려 철천지원수와 같이 되어 언약의
자손들을 능멸하며 정면으로 대적하기에 이르렀다.

　선지자는 그와 같은 안타까운 상황을 보며 탄식하지 않을 수 없었다.
유다인들은 심한 환난과 고난을 당하는 가운데 이방인들의 세력에 의
해 포로로 잡혀가는 신세가 되었다. 바벨론 제국은 유다 왕국을 철저히
패망시키고자 했으며 어떤 긍휼의 모습도 보이지 않았다.

　그렇게 되자 이방 군대의 포로가 되어 여러 지역으로 사로잡혀 간 이
스라엘 자손들은 그 땅에서 고통스럽게 살아갈 수밖에 없었다. 그들은
낯선 나라에서 노예가 되어 살아가며 쉴 만한 아무런 조건을 허락받지
못했다. 그들을 핍박하는 자들이 그 뒤를 따라다니며 힘겨운 삶의 궁지
로 몰아갔기 때문이다.

　그리하여 예루살렘을 비롯한 유다 왕국의 모든 지역 가운데는 하나
님을 섬기는 외적인 기능을 완전히 상실해 버리게 되었다. 따라서 시온
곧 예루살렘의 모든 길들은 사람들이 보이지 않는 한적한 곳이 되어 버
렸다. 하나님을 제사하기 위한 직무를 가진 제사장들이 보이지 않았으
며 그 제사에 참여하기 위해 거룩한 도성을 찾는 백성들도 없었다.

　과거에 숱하게 많은 사람들로 붐비던 예루살렘의 성문들이 이제는
적막한 분위기에 휩싸였으며 그로 인해 허락된 원래의 고유한 상황이
완전히 허물어져 버렸다. 따라서 제사장들은 탄식하지 않을 수 없었으
며 처녀들을 비롯한 모든 백성들은 큰 근심에 빠졌다. 시온은 그와 같

이 처량하고 괴로운 처지에 놓이게 되었던 것이다.

2. 영광을 상실한 예루살렘 (애 1:5-9ⓐ)

하나님께서는 배도에 빠진 이스라엘 자손들을 심판하기로 작정하셨다. 따라서 그들을 대적하던 원수들이 세상을 호령하는 통치자가 되고 이방인들의 세력이 형통하게 되는 것은 순전히 언약에 속한 자들이 저지른 배도 행위 때문이었다. 하나님께서는 그들을 심한 고통에 빠뜨려 곤고케 되도록 하셨다. 나아가 그들의 어린 자녀들 역시 이스라엘을 대적하는 원수들에게 사로잡혀 신음할 수밖에 없는 신세가 되었다.

그렇게 되어 여호와 하나님을 섬기며 살아가야 할 시온의 모든 영광은 떠나가 버리게 되었다. 예루살렘의 지도자들은 백성들의 생명을 보호할 능력을 완전히 상실해 버렸다. 그들은 백성들이 먹을 식량뿐 아니라 자기가 먹을 양식조차도 구하지 못한 채 뒤쫓는 자들 앞에서 도망치는 아무런 힘없는 사슴과 같은 신세가 되었다.

하나님의 도성인 예루살렘이 환난과 고통을 당하며 그곳 거민들이 이리저리 쫓겨다니며 헤매는 날이 이르자 그제서야 비로소 옛날의 영화를 떠올리게 되었다. 그들은 옛날에 누리던 모든 즐거움을 기억하며 과거를 그리워했다. 평안하게 살아가던 지나간 날들이 간절히 생각났던 것이다.

하지만 이스라엘 자손들은 이미 이방의 대적들의 손에 완전히 넘겨진 상태가 되었다. 그들은 심한 고통에 빠져 있었으나 그들을 도와주는 자가 아무도 없었다. 그 백성을 궁극적으로 도울 수 있는 유일한 존재인 하나님께서 침묵하시면 어떻게 할 도리가 없다. 나아가 하나님의 채찍이 저들에게 임하게 되면 아무도 그것을 피하지 못한다.

그와 더불어 이방 군대는 이스라엘 자손을 크게 비웃게 된다. 이는 예루살렘이 여호와 하나님 앞에서 크게 범죄했기 때문이다. 그로 말미암아 이스라엘 백성이 부정하다고 여기는 이방인들로부터 조소거리가 되는 부끄러움을 당하게 된다. 과거에 유다 왕국이 부강할 때 그 앞에 머리를 조아리던 자들이 이제는 그 헐벗은 모습을 보고 업신여기게 된 것이다.

그렇게 되자 예루살렘은 큰 한숨을 지으며 얼굴을 가린 채 쩔쩔매게 된다. 이스라엘 민족이 이제 온갖 추하고 더러운 것들로 얼룩진 상태에 놓여 있었기 때문이다. 따라서 그 미래를 전혀 예측할 수 없는 처량한 형편이 되어버렸다. 이처럼 그들이 처참한 상태에 놓여 있음에도 불구하고 그를 진정으로 위로할 만한 자가 아무도 존재하지 않았다.

3. 선지자의 간구와 탄식 (애 1:9ⓑ-11)

선지자는 하나님께 진심을 다해 간구하고 있다. 자기를 괴롭히는 원수가 스스로 큰 체하며 대단한 능력을 갖춘 자로 행세하고 있었기 때문이다. 그들이 자기를 고통에 빠뜨림으로써 심한 환난에 빠져 있게 되었노라고 했다. 그러니 하나님을 향해 자기가 당하는 환난을 감찰해 달라는 간구를 했다.

그는 또한 대적하는 자들의 세력이 손을 펼쳐 예루살렘의 모든 보물들을 약탈해 갔다는 사실을 말했다. 그것은 왕궁과 많은 백성들이 소유하고 있던 보물을 그들이 빼앗아 갔음을 말해주고 있다. 나아가 그들은 하나님의 거룩한 성전에 있는 아름다운 보물들을 빼앗아 갔다는 사실을 언급했다.

부정한 그 이방인들은 하나님의 거룩한 성전에 들어갈 수 없는 자들이었다. 그것은 하나님께서 성전출입을 금하며 출입을 못하도록 명령하셨기 때문이다. 그런데 그 부정한 자들이 하나님의 거룩한 성소에 들어간 것을 예루살렘 거민들이 보았노라고 했다.

하나님께 속한 언약의 자손들은 그런 상황 가운데서도 하나님의 뜻을 기억하기는커녕 자기의 목숨을 부지하기에 급급했다. 그들은 그 악한 세력에 대항하여 싸울 수 있는 용기와 힘이 전혀 없었다. 그들은 이방인들이 이스라엘 민족의 보물을 약탈해 가는 것을 눈앞에서 보고도 모른 척함으로써 자신의 생명을 이어가고자 했다. 나아가 악한 자들은 자기의 보물을 이방인들에게 갖다 바치기까지 했다.

그런 자들은 선지자가 애통해하는 그 순간에도 자기의 생명을 부지하기 위한 양식을 구하고 있었다. 그들에게는 오로지 자신의 생명이 소중했을 뿐 다른 일에는 별다른 관심이 없었다. 따라서 선지자는 자기의 형편을 알고 있으므로 하나님을 향해 처량하고 비천한 신세가 된 자기를 돌아봐 달라는 간구를 했다.

4. 하나님의 진노 앞에 선 선지자 (애 1:12-15)

비천한 처지에 놓인 선지자는 지나가는 모든 사람들을 향해 외쳤다. 자기가 당하는 그 고통이 단지 자기에게만 해당이 되고 저들에게는 아무런 관계가 없느냐고 했다. 여호와 하나님께서는 그의 진노하시는 날에 유독 자기를 심하게 괴롭힌다는 것이었다.

여기에는 억울해하는 선지자의 심정이 드러나고 있다. 그는 여호와 하나님을 경외함으로써 그 뜻에 온전히 순종하고자 하는 자였다. 하지만 절대다수의 언약의 백성들 특히 그 지도 계층에 있는 사람들은 하나님 앞에서 배도 행위를 지속했다. 따라서 그와 같은 고통은 배도자들에게 가해져야 하는 것일 뿐 자기가 감당할 일은 아니라고 생각할 수 있었다.

나아가 여호와 하나님을 전혀 알지 못하는 불신자들은 더욱 심한 하나님의 징벌을 받아야만 했다. 그런데 그가 보기에 의로운 삶을 살고자 애쓰는 자기는 심한 고통을 당하는 데 반해 하나님에 대하여 철저히 무지한 사람들은 그렇지 않게 보였다. 따라서 저들에게는 아무런 고통이 없느냐고 물었던 것이다.

선지자는 자기가 처한 극한 어려움에 대하여 토로했다. 지극히 높은
데 계신 하나님께서 자기에게 불화살을 쏘아서 그것이 자기의 뼛속에
박히게 되었으며 자기 발 앞에는 무서운 덫이 놓여 있어서 그에 걸려
넘어지게 되었노라고 했다. 그로 말미암아 종일토록 피곤하게 되어 피
폐한 상태가 되어버렸다는 것이다.

또한 하나님께서 자기의 죄악을 엮어서 무거운 멍에를 만들어 자기
의 목에 얹어두었다고 했다. 그로 인해 자기는 아무런 힘을 쓸 수 없는
형편이 되었다는 말을 했다. 그는 너무 곤비하여 더 이상 아무것도 할
수 없게 되었다고 했다. 그런 상태에서 자기로서는 도저히 당해낼 재간
이 없는 강한 자의 손에 자기를 넘겨주었다는 것이다.

우리가 여기서 눈여겨보아야 할 점은 선지자가 이스라엘 백성의 배
도 행위에 따른 죄가 자기에게 지워진 사실을 언급하고 있다는 사실이
다. 실상 그는 하나님을 진정으로 경외하는 자로서 그런 악행에 가담하
지 않았다. 그럼에도 불구하고 하나님께서 그에게 모든 고난을 뒤집어
씌우게 되었던 것이다.

우리는 여기서 장차 이땅에 오실 메시아에 연관된 예언적 의미를 보
게 된다. 나중에 이 세상에 오신 예수님께서는 아무런 죄가 없는 분임
에도 불구하고 언약에 속한 인간들의 죄악을 대신 짊어지셨다. 결국 그
는 세상의 권세 있는 자들에게 넘겨짐으로써 모진 고통을 당하시게 되
었던 것이다.

또한 선지자는 자기가 처한 힘든 형편에 대하여 안타까운 심정으로
호소하고 있다. 주님께서 사악한 적군들을 자기의 영토 안으로 불러들
여 자기에게 속한 군대를 쳐부수도록 하셨다고 했다. 그 원수들은 자기
의 영역에는 힘을 쓸 만한 용사들이 아무도 없는 듯이 제멋대로 파괴를
일삼았다는 것이다.

나아가 선지자는 하나님께서 거룩한 성회(聖會)를 회집한 상태에서

자기의 용사들에게 분노하신 사실을 언급했다. 그 분노의 결과로 말미암아 마치 포도주틀에 포도 알맹이를 가득 넣고 짓밟듯이 처녀 딸 유다를 짓밟으셨음을 말했다. 이는 유다와 예루살렘이 완전히 파괴된 상태에 대하여 선지자가 크게 탄식하는 모습을 보여주고 있다.

5. 눈물을 쏟아내는 선지자의 탄식 (애 1:16-19)

선지자는 그와 같은 처참한 상황으로 인해 통곡하며 울지 않을 수 없다는 심경을 밝혔다. 그의 두 눈에서는 눈물이 물같이 하염없이 흘러내린다고 했다. 이는 자기를 진정으로 위로해 주고 자기의 생명을 구원해 주실 분이 멀리 떠나버렸기 때문이라는 것이다. 그는 지금 자기가 당하는 힘겨운 고통 자체보다 억울하게 고난당하는 자기를 구원해 줄 하나님이 멀리 떠나버린 것이 더욱 슬펐다.

그처럼 사악한 원수들이 자기에게 승리를 거두게 되어 자기에게 속한 자녀들은 더욱 큰 외로움에 처하게 되었음을 언급했다. 선지자는 시온이 손을 내밀어 간절한 마음으로 도움을 요청해도 그를 위로해 줄 자가 없다고 했다. 하나님께서 더 이상 예루살렘에 긍휼을 베풀지 않으신다는 것이다.

그는 또한 여호와 하나님께서 야곱 곧 이스라엘의 사방에 진을 치고 있는 자들에게 명령을 내려 야곱의 자손들을 대적하게 하셨으므로 거룩한 예루살렘이 오히려 그들 가운데서 불결한 상태가 되어버렸다고 했다. 이 말은 이스라엘의 배도 행위로 말미암아 이방인들의 풍조가 들어와 진리를 어지럽히게 된 사실을 말해주고 있다. 따라서 그것들이 뒤엉켜 어느 것이 정결한 것인지 불결한 것인지 분별조차 할 수 없게 되었다는 것이다.

그러면서 선지자는 여호와는 의로우신 분이란 사실을 고백했다. 하지만 자기가 부족해서 그의 명령을 제대로 지키지 못하고 거역하게 된 사실을 언급했다. 그는 하나님의 뜻을 거역한 언약 백성들의 모든 허물을 자기에게 돌리기를 주저하지 않았다.

그와 동시에 이스라엘 모든 백성들을 향해 자기의 말을 듣고 자기가 당하고 있는 모든 고통을 보라고 말했다. 그가 겪는 극심한 고통은 언약에 속한 처녀들과 청년들이 부정한 이방 지역으로 사로잡혀 가는데도 아무런 힘을 쓸 수 없는 것에 연관되어 있다는 것이다. 그는 자기가 사랑하는 자들을 향해 하나님께 돌아오라고 간청했으나 그들은 자기의 말을 듣지 않았다고 했다.

배도에 빠진 자들은 오히려 하나님의 선지자를 속이기에 급급했다. 형식적으로 하나님을 섬기는 척했을 때 그에 속아 넘어갈 수밖에 없었다는 것이다. 나아가 하나님을 섬기는 제사장들과 장로들은 자기의 생명을 지키기에 급급했을 따름이었다고 했다. 그들은 생명을 부지하기 위해 먹을 양식을 구하고자 온갖 애를 쓰다가 결국은 예루살렘 성 가운데 쓰러져버렸다는 것이다.

6. 환난과 고통을 당하는 선지자의 간구 (애 1:20-22)

선지자는 그와 같은 어려운 형편 가운데서 여호와 하나님께 간구했다. 자기가 큰 환난을 당하여 애를 태우고 있으므로 마음이 크게 상한다는 것이다. 그런데 그는 그 모든 것이 자기의 반역이 심히 크기 때문이라고 말했다. 그는 이스라엘 자손들의 반역을 자기가 떠맡으려고 했던 것이다.

그는 자기를 괴롭히며 공격하는 무자비한 세력이 이스라엘 백성 안팎에 존재한다는 사실을 언급했다. 유다 왕국 밖에서 공격해 들어오는 이방 군대의 칼날이 어린 자기 자녀들을 겨누고 있다고 했다. 이는 바벨론 군대가 언약의 자녀들을 포로로 잡아 이방 지역으로 끌고 가는 것에 연관되어 있다.

그리고 집안 내부에는 질병과 사망이 존재한다는 사실을 말했다. 이스라엘 민족 가운데 이기적인 자들의 욕망이 그대로 표출되어 다른 이웃을 짓밟고 죽이는 일까지 예사로 발생하고 있다는 것이다. 이 말은 하나님의 언약 가운데 살아가야 할 백성들이 배도에 빠져 더욱 악해진 사실을 말해주고 있다.

선지자는 그와 같은 전반적인 상황을 지켜보며 괴롭지 않을 수 없었다. 그로 인해 크게 탄식했으나 그 내용을 듣고 자기를 위로해 주는 자가 아무도 없다고 했다. 그들은 하나님의 율법과 진리를 버리고 오직 자기 욕망을 추구하는 일에 몰두했을 따름이라는 것이다.

나아가 이방인들의 세력인 모든 원수들은 그와 같은 상태에서 선지자가 고난당한다는 소식을 듣고 오히려 크게 기뻐한다고 했다. 그들은 그것을 이스라엘 백성의 하나님이 내린 징계로 받아들이고 있었기 때문이다. 즉 그 백성에게 임하는 고난은 외부의 힘이 크게 가해지지 않는다고 해도 자멸할 위기에 이르게 되었음을 말해주고 있다.

그러므로 선지자는 이제 그 악한 자들을 엄하게 심판해 주시도록 간구했다. 하나님께서 그들을 징벌하기로 선포한 날이 속히 이르도록 해 달라고 했다. 그리하여 자기와 이스라엘 백성을 비웃고 있는 자들에게 지금 자기가 당하는 고난과 같은 고통이 임하게 해 달라는 것이다.

장차 때가 이르면 저들이 저지른 모든 사악한 행위들을 하나님 앞에 가지고 오도록 하라는 간구를 했다. 이는 그것들이 저들에 대한 심판의 근거가 되기 때문이었다. 하나님께서 자기의 죄악으로 인해 자기에게 행하신 것같이 저들에게도 그와 같이 행해 달라는 간구를 했다. 선지자는 이스라엘 백성의 배도 행위로 말미암아 자기의 탄식이 크고 많아 마음이 심하게 병들었다는 사실을 고백했다. 하나님께서 자기에게 치유의 손길을 펼치지 않는다면 아무런 소망이 없었기 때문이다.

제2장

이스라엘을 향한 여호와의 무서운 진노

(애 2:1-22)

1. 하나님의 진노와 이스라엘의 수치 (애 2:1-5)

선지자 예레미야는 이스라엘 민족이 당한 처참한 형편을 목격하면서 안타깝고 슬픈 마음을 감추지 못했다. 여호와 하나님께서 크게 진노하셔서 시온을 시커먼 먹구름으로 뒤덮어 앞길을 캄캄하게 만들어버리셨다. 그리고 이스라엘의 아름다운 영광을 하늘로부터 땅에 내팽개쳐버리셨다고 했다.

하나님의 발등상으로서 그가 거하시는 성전마저 심하게 더럽혀졌으므로 큰 진노의 날 하나님께서는 그 성전마저 긍휼의 대상으로 여기지 않으셨다. 여호와께서는 이스라엘 자손의 모든 거처들을 집어삼키심으로써 무서운 심판을 내리셨다. 그의 무서운 진노로 말미암아 유다에 세워진 견고한 성채들을 허물어 땅에 엎어버리시게 되었다.

그리하여 이스라엘 민족의 지도자들은 하나님의 심판으로 인하여 치욕을 당하지 않을 수 없었다. 하나님께서는 맹렬한 진노로 말미암아 이스라엘이 영광으로 여기고 자랑삼던 모든 뿔들을 잘라버리셨다. 배도에 빠진 자들이 원수의 세력 앞에서 완전히 멸망당하게 된 원인은 그동안 그들을 보호하기 위해 원수들을 향해 펼치고 계시던 그의 오른손을 거두어들이셨기 때문이다.

그리하여 맹렬한 불길이 일어나 온 사방을 태워버리듯이 원수들의 강력한 공격으로 말미암아 야곱의 자손들이 소유한 모든 것들이 완전히 불살라지게 되었다. 나아가 하나님께서는 이제 이스라엘 백성을 향한 대적자가 된 듯이 그의 날카로운 화살을 당기고 오른손을 들어 건장해 보이는 모든 이스라엘 자손들을 쳐 죽이셨다. 따라서 온 예루살렘에 하나님의 진노가 불길처럼 쏟아지게 되었던 것이다.

이보다 더 슬픈 일은 존재할 수 없다. 이제까지 이스라엘 백성의 보호자로서 모든 것을 지켜주시던 여호와 하나님께서 저들의 대적자가 되셨다는 것은 충격적인 일이었다. 그보다 더욱 심각한 점은 그와 같은 끔찍한 상황 가운데서도 하나님을 욕되게 한 배도자들은 자신의 잘못이 무엇인지 전혀 깨닫지 못하고 있었다는 사실이다. 어리석은 자들은 더러운 죄악에 빠져 무서운 심판을 받는 중에도 무엇 때문에 하나님께서 그토록 진노하시는지 제대로 모르고 있었던 것이다.

결국 여호와 하나님께서는 이스라엘 백성의 원수처럼 되어 그들의 모든 것을 삽시간에 집어 삼켜버리셨다. 그들이 자랑하던 화려한 예루살렘의 왕궁을 무너뜨리셨으며 예루살렘을 비롯한 유다 왕국의 견고한 성들을 파괴하셨다. 그로 말미암아 유다 백성의 근심과 애통은 더욱 커져만 갈 수밖에 없었다.

2. 삶의 터전과 절기의 폐기 (애 2:6,7)

하나님께서는 배도에 빠진 자들이 부정한 상태에서 자기를 향해 형식적으로 경배의 모습을 보이는 것을 증오하신다. 이기적인 욕망과 더불어 거짓으로 가득 차 있으면서 하나님 앞으로 나아가는 것은 도리어 하나님의 무서운 진노를 불러일으킬 따름이다. 하지만 어리석은 자들은 자신의 더러운 종교적인 욕망이 마치 신앙인 것인 양 착각하고 있는 것이다.

유다 왕국이 패망해 가던 시기에도 그와 동일한 문제들이 발생했다. 배도자들은 하나님의 뜻에 순종할 생각은 전혀 하지 않으면서 하나님을 이용해 자기의 욕망과 목적을 추구하고자 했다. 그것은 비록 손으로 잡을 수 있는 물질적인 것뿐 아니라 눈에 보이지 않는 무형의 정신적인 욕망을 포함하고 있다. 그와 같은 사악한 상황이 지속되는 것을 보며 하나님께서 크게 진노하시게 된다.

그러므로 여호와 하나님께서는 견고하게 지어진 돌로 된 성전을 마치 나뭇가지를 엮어 지은 초막이나 자그만 오두막집을 허물어버리듯이 무너뜨려버리셨다. 그와 더불어 그가 친히 이스라엘 민족 가운데 제정하신 모든 절기를 폐기하셨다. 성전이 허물어진 상태에서는 절기들이 율법에 따라 올바르게 지켜지기 어려웠다.

그리하여 유다 백성들과 예루살렘에 살고 있던 거민들로 하여금 절기와 안식일을 잊어버리도록 하셨다. 그것은 이스라엘 자손에게 가장 무서운 징벌이었다. 그들은 그동안 자기의 종교적인 욕망을 채우기 위해 지켜온 안식일을 비롯한 모든 절기들을 더 이상 아무런 유익이 되지 않는 것으로 판단내리기에 이른 것이다. 그로 말미암아 이스라엘 백성을 통치하던 왕과 제사장들은 멸시를 당할 수밖에 없었다.

그와 같은 진노의 상황에서 하나님께서는 자기를 위해 만든 예루살렘 성전에 세워진 제단을 헐어버리셨다. 사악한 인간들이 하나님께서 자신을 위해 만든 제단을 종교적인 욕망을 위한 천박한 장소로 만들어버렸기 때문이다. 그것은 더 이상 하나님의 거룩한 장소가 아니라 인간들의 욕망을 추구하는 더러운 장소로 탈바꿈하게 되었던 것이다.

하나님께서는 이제 거룩했던 자기의 성소를 미워하여 증오의 대상으로 여기기에 이르렀다. 따라서 그는 예루살렘 성전과 화려한 왕궁과 그 성읍을 둘러싸고 있던 성벽들을 원수들의 손에 넘겨주어 파괴하도록 허용하셨다. 그 성벽이 파괴되는 날 엄청난 파괴 소리가 들렸을 것은 두말할 나위 없다.

그런데 성경은 그 파괴의 날이 마치 배도자들이 거룩한 성전에서 떠드는 소리와 같다는 사실을 언급했다. 그들은 여호와 하나님의 성전에 모여 절기를 비롯한 특별한 날들을 지키면서 요란하게 떠들어댔다. 그 배도자들은 그렇게 하는 것이 하나님을 경배하는 것이자 자기에게 종교적인 큰 의미가 있는 것으로 착각했던 것이다.

우리는 여기서 매우 중요한 교훈을 배워야 한다. 그것은 우선 배도를 일삼는 자들이 시끌벅적하게 행하는 종교적인 행사들이 마치 예루살렘 성벽을 파괴하는 굉음과 같다는 사실이다. 그들은 결국 그와 같은 사악한 행동을 하면서도 왜곡된 종교적인 즐거움과 만족에 취해 들떠 있었겠지만 실상은 하나님의 거룩한 성전과 성벽을 파괴하는 원인을 제공하고 있었을 따름이었다.

이와 같은 상황은 오늘날 우리 시대에도 그대로 재현되고 있다는 사실을 기억해야만 한다. 배도에 빠진 인간들은 자기를 남 보기에 그럴듯한 종교인으로 내세우면서 거창한 종교적인 행사를 하겠지만 그것은 실상 자기의 욕망을 채우는 악행에 지나지 않는다. 그런 자들은 기독교 내부에서 하나님을 섬긴다는 거창한 명분을 내세우고 있을지라도 하나님의 진노를 불러일으켜 그의 몸된 교회를 파괴하고 있는 것과 전혀 다르지 않다.

따라서 하나님을 진정으로 경외하는 참된 성도들이라면 그에 쉽게 속아 넘어가지 않도록 최선의 노력을 기울여야 한다. 특히 신앙이 성숙한 성도들은 잠시도 그에 대한 경계의 끈을 늦추지 말아야 한다. 그것은 비록 자기 자신뿐 아니라 교회 내부에 있는 어린 교인들과 순박한 성도들을 지켜 보호하는 중요한 역할을 하기 때문이다.

3. 예루살렘 성벽의 파괴 (애 2:8-10)

여호와 하나님은 사랑과 은혜가 넘치는 분인 동시에 두려운 공의의 하나님이시다. 그는 은혜를 베풀고자 하는 자들에게는 끝까지 무한한 사랑으로 대하시지만 배도에 빠진 악한 자들에 대해서는 엄중한 심판을 내리신다. 하지만 어리석은 인간들은 하나님의 은혜를 자기의 욕망을 위한 도구로 사용하기에 급급하다.

하나님께서는 율법과 자기의 뜻에 아무런 관심이 없고 사악한 배도 행위를 일삼는 자들을 공의로 심판하시고자 결심하셨다. 그것을 위해 예루살렘 성벽을 헐어버리고자 하셨던 것이다. 그 일을 진행해 가시는 과정에서 친히 다림줄을 대시고 완전히 무너질 때까지 손을 떼지 않으셨다.

그렇게 되자 이스라엘 자손들은 무너진 성벽과 망대를 보며 통곡했다. 그들은 무너진 성벽과 함께 쇠망하게 될 수밖에 없었기 때문이다. 그런데 문제는 저들이 통곡하는 것이 자기의 더러운 죄와 배도 행위에 대한 깨달음과 뉘우침 때문이 아니었다. 그들은 단지 저들의 삶의 터전을 잃고 부귀영화를 상실한 것에 대한 미련으로 말미암아 통곡했을 따름이다.

하나님의 무서운 진노의 심판으로 인해 예루살렘 성을 드나들기 위해 제작된 성문은 땅속에 파묻혀 버리게 되었으며 그 빗장들은 완전히 부서져 파괴되었다. 더 이상 성의 안과 밖에 대한 경계가 존재하지 않았다. 즉 성 안의 모든 것들이 완전히 파괴되었으므로 굳이 외부인들의 출입을 막을 필요조차 없어져 버리게 된 것이다.

결국 유다 왕국 가운데서 언약의 백성들을 통치하던 왕은 그 자리를 지킬 수 없었으며 지도자들은 모든 권한을 잃어버리게 되었다. 그들은 결국 여호와 하나님을 모르고 그의 율법을 알지 못하는 이방인들 가운데 내팽개쳐지는 신세가 되어버렸다. 나아가 예루살렘 성에 살던 선지자들은 하나님으로부터 아무런 계시도 받을 수 없었다.

그렇게 되자 예루살렘의 장로들은 머리에 티끌을 덮어쓰고 굵은 베를 허리에 둘러매었다. 그들은 그와 같은 처량한 모습으로 할 말을 잊은 채 땅에 퍼질고 앉아 있었다. 이는 심각한 절망에 다다르게 된 그들의 자포자기 상태를 여실히 보여주고 있다. 또한 예루살렘의 모든 처녀들은 머리를 땅에 떨구고 맥없는 처량한 모습을 띠고 있었다. 이제 그들에게는 아무런 소망이 보이지 않았던 것이다.

4. 선지자의 탄식 (애 2:11-13)

선지자 예레미야는 극도로 처참한 상황에 처한 이스라엘 백성을 보며 엄청난 탄식을 쏟아내지 않을 수 없었다. 그는 자기의 눈에서 눈물이 너무 많이 흘러내려 눈이 상할 지경이 되었으며 창자가 끊어지게 되었노라고 했다. 나아가 간이 땅바닥에 쏟아지는 것 같아 상상을 초월하는 심한 고통에 빠져 있다고 했다.

그와 같은 엄청난 고통에 시달리는 까닭은 이스라엘 백성이 완전히 패망하여 어린 자녀들과 젖 먹는 아기들까지 거룩한 성읍인 예루살렘 거리에서 기절했기 때문이라고 했다. 그들은 성읍의 길거리 한쪽에서 심하게 상한 채 혼절한 상태가 되어버렸노라고 했다. 어린아이들조차 어미의 품에서, 혼이 떠나 죽을 때까지 먹을 수 있는 곡식과 포도주가 어디 있느냐고 말한다는 것이다. 이는 저들에게 먹을 양식이 없어 심한 고통을 당하다가 결국 죽게 되는 처참한 상황을 말해주고 있다.

선지자는 그와 같은 힘든 상황에서 과연 무슨 말을 해야 할지 모르겠다는 말을 했다. 지금의 형편을 무엇에 견주어야 하며 그 고통에 처한 백성들을 무엇에 빗대어 말해야 할지 모르겠다는 것이다. 과거에 그와 같은 수모를 겪은 적이 없는 예루살렘이 지금처럼 끔찍한 꼴을 당하리라고는 미처 생각하지 못했기 때문이었다.

그러므로 이제 어떻게 그 백성을 위로해야 할지 막막할 따름이라고 했다. 그 상처가 너무 심하여 넓은 바다보다 더 크고 위중해서 인간들 가운데 그것을 고칠 수 있는 자가 아무도 없다는 것이다. 하나님께서 진노하여 내리신 심판을 원 상태로 돌려놓을 만한 자가 존재하지 않는 다는 것이다. 여기에는 처참한 이스라엘 백성을 눈앞에서 목격하면서 도 속수무책(束手無策)인 선지자의 안타까운 마음이 그대로 드러나고 있다.

5. 거짓 선지자들의 만행 (애 2:14-16)

당시 가장 심각한 문제는 거짓 선지자들의 거짓 예언이었다. 그런 자들은 거짓을 말하면서도 잘못된 확신으로 가득 찬 경우가 많았다. 신앙이 어린 자들이나 어리석은 자들이 자기가 전하는 감언이설(甘言利說)에 속아 넘어가는 것을 보며 스스로 자기 세뇌에 빠지는 경우가 빈번했기 때문이다.

그런 자들은 사람들이 듣기 좋아하는 거짓 예언을 되풀이하면서 그 것이 마치 참된 것인 양 착각하게 된다. 더구나 틀린 예언을 하는 거짓 선지자들끼리 보이지 않는 하나의 그룹을 형성하여 거짓말을 조직화하게 된다. 그렇게 되면 참 선지자가 전하는 하나님의 예언을 공격하기를 서슴지 않게 되는 것이다.

그러므로 선지자 예레미야는 그에 관한 언급을 하며 백성들에게 각성을 촉구하게 되었다. 그들이 선지자라며 떠받들고 있는 자들이 이스라엘 민족에 대하여 헛되고 어리석은 환상을 보았다고 한다는 것이다. 참된 선지자들이라면 배도에 빠진 이스라엘 백성의 죄를 드러내어 뉘우치고 회개하도록 해야만 했다.

하지만 그들은 그럴듯한 말로써 백성들을 기만하여 이방의 포로로 잡혀가는 상황을 돌이키지 못하게 했다. 배도에 빠진 어리석은 자들은 그들이 전하는 거짓 경고에 관심을 가지고 그에 따랐을 따름이다. 그리고 그들은 거짓 선지자들의 허황한 거짓말을 듣고 그에 미혹되어 멸망의 길을 향해 나아가게 되었던 것이다.

선지자 예레미야는 또한 예루살렘 성읍이 파괴되고 이스라엘이 완전히 멸망하게 되자 그것을 보며 지나가는 이방인들이 보라는 듯이 크게 박수를 치게 된다는 사실을 언급했다. 그들은 예루살렘을 향해 비웃고 조롱한다고 했다. 얼마 전까지만 해도 세상에서 가장 아름다운 도성이라 자랑하며 영광을 뽐내던 예루살렘이 왜 갑자기 그렇게 망했느냐고 비아냥거린다는 것이다.

그리하여 이스라엘을 적대시하던 이방의 모든 원수들이 이스라엘을 향해 그들의 입을 크게 벌리고 비웃는 가운데 이를 갈며 외친다고 했다. 그들이 여호와를 의지한다고 주장하며 오만한 모습을 보이던 유다 왕국과 예루살렘을 집어삼켰다는 것이다. 그것은 이방 왕국의 세력이 그토록 바라며 기대해오던 날이며 이제야 비로소 그 승리의 날을 보고 기쁨을 만끽하게 되었다는 것이다.

6. 하나님의 징계와 원수들로부터 당하는 능멸 (애 2:17-19)

하나님께서는 작정하신 모든 일을 반드시 실행하시는 분이다. 그는 오래전 배도자들을 향해 선포하신 심판의 말씀을 다 이루셨다. 공의의 하나님은 불의를 참고 그냥 넘기시지 않는 분이다. 그는 사랑과 긍휼이 넘치는 분이시지만 사악한 자들의 배도 행위를 결코 그냥 넘기시지 않는다.

하나님은 언약의 백성이라 주장하면서 그의 말씀을 벗어나 사탄의 편에 선 자들을 기어이 벌하여 무너뜨리신다. 그것을 목격하는 원수들인 이방 왕국의 세력은 이스라엘이 멸망당하는 것을 보며 도리어 즐거워하게 된다. 그리하여 그들이 이스라엘이 가졌던 영광의 뿔을 빼앗아

가서 높이 들게 되는 것이다.

그렇게 되면 이스라엘 자손들은 여호와 하나님을 향해 탄식하며 부르짖을 수밖에 없다. 따라서 선지자는 그 백성들 가운데 밤낮으로 예루살렘 성벽을 향해 강물처럼 눈물을 흘리라고 외치는 소리가 퍼져나가게 되리라고 했다. 그리고 잠시도 쉴 겨를 없이 크게 울부짖으며 슬퍼하라고 했다. 그 백성들이 눈 붙일 틈도 없이 끊임없이 눈물을 쏟아내며 심한 괴로움에 빠지게 된다는 것이다.

그러므로 선지자는 패망한 이스라엘 자손들을 향해 초저녁부터 일어나 밤새도록 하나님을 향해 부르짖으라고 했다. 마치 하나님의 얼굴 앞에 물을 붓듯 그 마음을 그대로 쏟아내라고 했다. 길거리 골목마다 굶주려 쓰러져 기진맥진한 상태에 놓인 어린 자식의 생명을 구해 달라고 그에게 빌라는 것이다. 이는 이제 그 방법 외에는 그들이 살아날 수 있는 아무런 길이 없다는 사실을 말해주고 있다.

7. 하나님의 진노 앞에 놓인 이스라엘 자손 (애 2:20-22)

선지자는 여호와 하나님 앞에서 진심어린 간구를 했다. 다시 한번 저들의 형편을 살펴봐 달라는 것이다. 하나님께서 그전에 어느 누구에게도 그와 같이 처참한 벌을 내리신 적이 없다는 사실을 언급했다. 지금 이스라엘 자손들이 당하는 고통은 그전 어떤 경우와도 비교할 수 없는 무서운 징계라는 것이다.

이스라엘 자손들은 이제 인간이기를 포기할 만큼 심각한 지경에 놓이게 되었다. 여인들은 자기가 낳은 아이들을 먹는 일마저 발생한다고 했다. 이는 자기 자식을 죽여서 잡아먹는다는 의미라기보다 죽게 된 아이를 땅에 묻지 않고 그 인육(人肉)을 먹는다는 의미를 담고 있다. 어쨌거나 이는 인간이기를 포기하는 것과 마찬가지다. 이방 문화에서도 절대로 발생할 수 없는 일이 언약의 백성들 가운데 일어난다는 것은 충격적이지 않을 수 없다.

나아가 배도자들이 제사장들과 선지자들을 하나님의 거룩한 성전에서 죽이는 일마저 벌어지게 된다. 정상적인 경우라면 살인 자체가 죄악이며 예루살렘 성읍 안에서 사람을 죽인다는 것은 결코 있을 수 없는 일이다. 하물며 하나님의 거룩한 성전에서 제사장들과 선지자들을 살해하는 행위는 절대로 발생해서는 안 된다. 하지만 예루살렘 성전에서마저 그와 같은 사악한 일이 저질러지게 된다고 했다.

배도에 빠진 이스라엘 자손들은 이제 갈 데까지 간 최악의 상태에 이르게 되었다. 나이가 많이 든 노인들과 젊은이들이 길바닥에 쓰러져 엎어지게 되었으며 처녀와 총각들이 원수들의 칼에 맞아 쓰러져 죽게 되었다. 진노하신 주님께서 작정하신 날 배도자들을 긍휼히 여기는 대신 죽음에 내어주셨기 때문이다.

선지자는 하나님께서 절기 때가 되어 많은 사람들을 불러 모으듯이 진노의 날이 되자 사방에서 무자비한 원수들을 예루살렘으로 불러 모으셨다고 했다. 그날이 되자 하나님의 진노로 인한 심판을 피하여 남은 자가 아무도 없었다. 또한 어른들은 그동안 백성들 가운데 태어난 아이들을 양육해 왔으나 원수들은 그 아이들마저 모조리 죽여 버렸다고 했다. 이는 이스라엘 가운데 상속이 끊어지는 것에 대하여 안타까워하는 선지자의 마음을 여실히 보여주고 있다.

제3장

백성과 함께 고난당하는 선지자 예레미야

(애 3:1-66)

1. 억울하게 고통 받는 선지자 (렘 3:1-9)

선지자는 여호와 하나님의 진노로 말미암아 심한 매를 맞고 견디기 어려운 고난을 당하고 있다는 사실을 말했다. 하나님께서 자기를 어둠 속으로 끌고 들어가 그 길을 걸어가게 하심으로써 빛 가운데로 가지 못하게 하셨다는 것이다. 분노하신 하나님의 손이 종일토록 자기를 치신다고 했다.

그리하여 하나님께서 자기의 살과 피부를 크게 상하게 만들어 쇠하도록 하셨으며 자기 뼈들을 꺾으셨다고 말했다. 그로 인해 심한 고통과 고생이 주변을 에워싸고 있음을 토로했다. 자기는 하나님의 그 무서운 진노로 말미암아 어두움 속에 오래 갇혀 있어서 마치 죽은 자처럼 되어 버렸다고 했다.

하나님께서 자기를 완전히 묶어 두심으로써 그로부터 탈출하지 못하도록 하셨다고 했다. 더구나 자기를 단단히 묶은 쇠사슬이 무거워 움직이기조차 어렵다고 했다. 실상 배도에 빠진 자들의 악행으로 말미암아 하나님께서 진노하셨으므로 자기에게는 아무런 잘못이 없는데도 그런 고통을 감내해야만 했던 것이다.

선지자 예레미야는 그 고통을 견뎌내기 어려워 하나님께 부르짖어 도움을 간구했다. 하지만 하나님께서는 자기의 기도를 물리치시고 받아주시지 않는다고 했다. 오히려 더욱 단단한 돌들을 쌓아 올려서 자기의 앞길을 가로막으셨다고 했다. 그로 인해 자기의 길을 굽게 만들어버리셨음을 말했다. 즉 자기가 원하는 길로 나아가지 못하게 하셨다는 것이다.

우리는 여기서 메시아 예언에 관한 흔적을 엿볼 수 있다. 하나님으로 말미암아 선지자의 살과 피부가 크게 상하고 뼈들이 꺾어졌다는 것은 나중 하나님의 허용에 따라 예수 그리스도께서 십자가 사역을 감당하실 때 당하신 고통을 떠올릴 수 있기 때문이다. 그는 아무런 죄가 없는 의로운 존재였으나 최악의 고통을 감내하셔야만 했던 것이다.

2. 하나님의 의도적인 공격 (애 3:10-18)

하나님은 의로운 선지자인 예레미야를 적극적으로 공격하셨다. 일반적인 상식으로는 도저히 이해하기 어렵다. 사악한 배도자들을 심판해야 할 하나님께서 자기를 경외하며 순종하는 선지자를 표적으로 삼아 공격하고 계시기 때문이다.

선지자는 하나님이 마치 숲속에 가만히 엎드려 먹잇감을 기다리다가 그 대상이 나타나면 무섭게 공격하는 곰이나 아무도 모르는 은밀한 곳에 숨어있는 무서운 사자와 같다고 했다. 그로 말미암아 그는 자신이 원하는 길을 제대로 걸어갈 수 없었다. 그 대신 자기의 몸은 찢겨 상처투성이가 되어 주변에 도와줄 만한 사람이 아무도 없는 외롭고 적막한 상황에 처하게 되었다고 했다.

나아가 하나님께서는 자기를 정조준하여 화살의 과녁으로 삼으셨다고 말했다. 그리하여 화살통의 화살들이 자기를 향해 날아왔으며 결국 자기 허리를 맞추게 되었음을 언급했다. 이는 그의 허리에서 피가 흘러내려 큰 고통에 휩싸인 사실을 말해주고 있다.

그와 같은 상황으로 말미암아 자기는 스스로 언약의 백성이라 주장하는 배도자들에 의해 조롱거리가 되었다고 했다. 또한 종일토록 그 악한 자들로부터 비아냥거림의 대상이 되어버렸음을 말했다. 하나님을 경외하며 살아가야 할 자들로부터 그와 같은 조롱을 당하는 것은 견디기 어려운 일이 아닐 수 없었다.

하나님께서는 그렇게 하심으로써 자기로 하여금 도저히 먹을 수 없는 쓴 것들로 배를 채우게 하셨으며 쑥으로 취하게 만드셨다고 했다. 그는 또한 단단한 조약돌을 취하여 자기의 이를 꺾으시고 자기에게 재를 뒤집어씌워 땅 위에서 짓밟으셨다고 했다. 그 상황은 하나님의 자녀이자 의인이면서도 최악의 고통을 맛보게 하는 상황이 되었다.

선지자 예레미야는 그와 같은 하나님의 무서운 진노로 말미암아 자기의 심령에서 평강이 멀리 떠나가 버렸다는 사실을 언급했다. 자기에게는 사람들이 소유하기를 간절히 원하는 모든 것이 완전히 사라져버렸다고 했다. 따라서 그는 자기의 몸은 극도로 쇠약해졌으며 여호와 하나님에 대한 소망이 끊어지게 되었다는 사실을 말했다.

우리가 여기서 생각해 보아야 할 바는 의로운 자인 선지자가 무엇 때문에 하나님에 의해 그와 같은 심한 고통을 당해야 했던가 하는 점이다. 일반적인 관점에서 본다고 할지라도 선지자에게 가해진 고통은, 이스라엘 백성들에 대한 최고 수준의 징벌로 이해할 수 있다. 만일 그가 태만하여 언약의 백성들을 향해 하나님의 예언을 전달하지 않으면 모든 백성이 비참한 죽음에 직면할 수밖에 없게 된다.

또한 본문 가운데는 메시아 예언에 연관된 언약적 의미가 담겨있다. 의로운 선지자가 뭇 백성의 조롱거리가 되고 종일토록 사람들로부터

비방의 대상이 되어 그들의 입술에 오르내린 것은 메시아 예언적 성격
을 지니고 있기 때문이다. 또한 그가 최악의 상태에서 날카로운 화살에
의해 허리를 찔려 피를 흘리게 된 것은 십자가 위에서 예수님이 허리를
찔려 피를 흘리신 사실과 연관된 것으로 이해할 수 있다. 시편 기자는
메시아 예언에 연관된 고통의 내용을 노래하고 있다.

> "내 하나님이여 내 하나님이여 어찌 나를 버리셨나이까 어찌 나를 멀리
> 하여 돕지 아니하시오며 내 신음 소리를 듣지 아니하시나이까 … 나는
> 벌레요 사람이 아니라 사람의 비방 거리요 백성의 조롱 거리니이다 나를
> 보는 자는 다 나를 비웃으며 입술을 비쭉거리고 머리를 흔들며 말하되
> 그가 여호와께 의탁하니 구원하실 걸, 그를 기뻐하시니 건지실 걸 하나
> 이다"(시 22:1-8)

시편 기자가 노래하고 있듯이 선지자 예레미야 역시 그와 동일한 사
실을 노래하고 있다. 하나님의 자녀들은 타락한 이 세상에서 모든 것을
성취하여 누리는 성공적인 삶을 목표로 삼지 않는다. 오히려 하나님께
서 이땅에 보내시는 메시아와 그의 사역을 기억하며 영원한 삶을 소망
하게 된다.

이처럼 하나님께서는 선지자 예레미야를 불러 특별한 체험을 감당하
게 하심으로써 자신의 심판과 구원에 관한 실제적인 메시지를 전해 주
셨다. 이에 대해서는 오늘날 우리 역시 동일한 관점에서 하나님의 말씀
을 받아들이고 그 구체적인 의미에 참여해야 한다. 그것이 하나님께 속
한 언약의 백성들에게 허락된 궁극적인 소망이 되기 때문이다.

3. 선지자의 간구와 찬양 (애 3:19-23)

도저히 빠져나올 수 없는 궁지에 몰린 듯 하는 선지자가 여호와 하나

님을 향해 간절히 구했다. 쓴 쑥과 쓸개즙을 마신 것과 같이 힘든 고초
와 재난을 당하고 있는 자신을 기억해 달라는 것이다. 견디기 어려운
그와 같은 상황을 경험하면서 가지게 되는 많은 생각으로 인해 낙심에
빠지게 된다는 것이었다.

그런데 선지자는 한편으로 그런 중에도 오히려 진정한 소망을 잃지
않고 있다는 사실을 고백하고 있다. 고통스럽고 힘든 일을 마음속에 담
아두고 있었더니 그것이 오히려 자기에게 소망이 된다는 것이다. 이는
그 고통스러운 과정을 통해 타락한 이 세상에는 아무런 소망이 없으나
영원한 하나님 나라에 참된 소망이 있다는 사실을 알게 되었음을 고백
하는 의미를 지니고 있다.

진정한 소망을 깨닫게 해 주신 분이 인자하고 긍휼이 무한하신 여호
와 하나님이란 사실을 선지자는 잘 알고 있었다. 따라서 자비하신 하나
님의 도우심으로 인해 끝까지 소멸당하지 않게 된다고 했다. 현실적인
삶은 비록 심한 고통에 처해 있을지라도 하나님으로 말미암아 영원한
삶을 회복하게 된다는 것이다.

선지자 예레미야는 자신이 소유한 그와 같은 마음이 날마다 새롭다
는 사실을 언급했다. 따라서 아침마다 여호와 하나님께서 베풀어주시
는 은혜를 기억하며 그에게 찬양을 돌린다고 했다. 그 모든 것은 원래
부터 언약에 신실하실 뿐 아니라 크고 놀라우신 하나님의 은혜에 기인
하고 있다.

4. 여호와에 대한 고백과 순종 (애 3:24-33)

선지자 예레미야는 본문 가운데서 하나님에 대한 자신의 신앙적인
삶을 고백하고 있다. 여호와 하나님은 자기가 영원토록 상속받아야 할
유일한 대상이 된다는 사실을 언급했다. 타락한 이 세상에는 하나님 이
외에 자기가 궁극적으로 추구해서 얻을 만한 몫이 아예 존재하지 않는

다는 것이다.

그러므로 선지자 자신은 오직 여호와만 바라보며 그에게 소망을 두고 살아가겠노라는 고백을 했다. 또한 하나님을 간절히 기다리는 성도들이나 그에게 간구하는 영혼들에게는 하나님이 무서운 존재가 아니라 자비로운 분이란 사실을 말했다. 따라서 이 세상에 살아가는 인간으로서 여호와 하나님의 구원을 간절히 바라보며 잠잠히 기다리는 것이 최고의 지혜라는 사실을 언급하고 있다.

그리고 선지자는 장차 살아갈 날이 많이 남아있는 자들은 젊을 때 멍에를 메는 것이 좋다는 사실을 말했다. 이는 하나님 앞에서 인내를 배우며 인생을 살아가는 방법을 익히는 것의 중요성에 연관된 말씀이다. 젊어서부터 모든 것이 자기가 원하는 대로 순조롭게 진행되어 간다는 것은 전체 인생을 생각할 때 그리 바람직한 것이 될 수 없다는 것이다.

하나님께서 진정으로 사랑하시는 자라면 하나님의 뜻에 관한 올바른 이해를 하는 것이 매우 중요하다. 타락한 이 세상은 인간들이 소망을 둘 만한 영역이 되지 않는다는 점을 깨달아야 한다. 하나님으로 말미암아 주어진 멍에와 연관된 것들은 우연히 생성되는 것이 아니라 하나님께서 특별히 허락하시는 것이다. 따라서 그 힘든 과정을 겪을 때 그것이 주는 소중한 의미를 조용히 생각해 볼 수 있어야 한다.

그러므로 선지자는 그와 같은 심한 고통 중에 있는 자들에게 입을 땅의 티끌에 대라고 했다. 이는 그런 겸손한 삶의 자세를 취할 때 하나님으로 말미암는 진정한 소망이 보일지도 모른다는 사실을 말해주고 있다. 참된 소망은 겸손한 가운데 허락되는 것이며, 모든 것이 형통하여 오만한 상태가 되면 진정한 소망을 바라는 간절한 마음이 무디어질 수밖에 없다.

따라서 누구든지 자기를 치는 자가 있다면 그에게 뺨을 돌려대 맞으라고 했다. 그리하여 많은 치욕을 당하는 것이 오히려 좋을 수 있다고 했다. 그와 같은 상황을 기꺼이 견뎌내며 인내하는 가운데 진정한 깨달음을 가지라는 것이다. 그렇게 할 수 있는 것은 여호와 하나님께서 자기가 사랑하는 자를 끝까지 그 고통 중에 내버려 두지 않을 것이기 때문이다.

하나님께서 신실한 성도들로 하여금 일시적인 고통에 시달리며 심한 근심에 빠지도록 하는 것은 그를 단단하게 단련시키려는 뜻에 기인한다. 결국 하나님의 넘치는 인자함으로 인해 그에게 큰 긍휼을 베푸시게 된다. 따라서 우리는 하나님께서 자기 자녀들에게 심한 고통을 맛보게 하시는 것은 더 큰 신령한 계획에 연관되어 있다는 사실을 마음에 새겨야 한다.

이에 대해서는 우선 당시 고통 중에 신음하던 선지자 예레미야에게 적용될 수 있다. 그는 심한 고생을 하면서도 하나님의 놀라운 뜻이 이루어지기를 간절히 기다리고 있었다. 이와 같은 일은 구약시대와 신약시대에 공히 일어났던 문제이며 오늘날 우리 시대에도 그대로 일어나고 있다. 그 고통을 맛보는 자들이 진정한 소망을 소유하게 되는 것이다.

5. 하나님의 절대적인 권능 (애 3:34-39)

하나님은 자기 자녀들에 대한 사랑이 많으시지만 동시에 공의로운 분이다. 우리가 기억해야 할 바는 하나님께서 사랑하시는 대상을 미워하는 것은 곧 하나님을 미워하는 것과 마찬가지라는 사실이다. 또한 인간들이 자기의 욕망과 기분에 따라 다른 사람을 무시하거나 멸시하는 것을 하나님께서는 용납지 않으신다.

강하고 힘 있는 자라고 해서 억울하게 갇힌 자들을 함부로 대하거나 유린해서는 안 된다. 또한 하나님께서 지켜보시는 가운데 사람들에 대한 재판을 굽게 하지 말아야 한다. 정당한 판단을 받고자 소송한 일에 대하여 재판하는 자가 편파적인 재판을 함으로써 억울한 사람을 만들어 내는 것은 결코 있을 수 없는 일이다.

하나님께서 원하시는 것은 편파적이지 않은 공정한 재판이다. 인간의 사사로운 감정에 따른 주관적인 판단이 아니라 하나님의 율법과 그의 뜻에 따라 옳고 그름이 가려져야 한다. 거기서 벗어나게 되면 하나님께서 요구하시는 진정한 공의가 실천된다고 할 수 없다. 하나님을 진정으로 경외하는 성도들은 이에 대하여 올바른 이해를 하고 있어야만 한다.

선지자는 또한 모든 화(禍)와 복(福)은 지존자이신 여호와 하나님의 입에서 나온다는 사실을 언급하고 있다. 이는 하나님의 판단이 옳고 그름에 대하여 완벽한 정의를 내린다는 사실을 말해주고 있다. 따라서 이땅에 생존해 있으면서 죄악 가운데 살아가는 인간들은 자신의 죄로 인해 내려지는 징벌을 피하지 못한다. 그것은 타락한 인간 스스로 자초한 일이므로 아무도 원망할 수 없다.

6. 의지할 수 있는 유일한 구원자 (애 3:40-48)

선지자는 이제 죄에 빠진 이스라엘 자손들이 취해야 할 자세에 관한 언급을 하고 있다. 따라서 모두가 스스로 자신의 행위들을 조사하여 엄정하게 살펴보자고 했다. 그것들을 깨끗하게 정리함으로써 여호와 하나님께 돌아가자는 것이다. 이는 당시 이스라엘 자손이 하나님으로부터 멀리 떠나있던 상황을 드러내 보여주고 있다.

그러므로 모든 백성들에게 하늘에 계신 여호와 하나님을 향해 마음과 손을 높이 들자는 말을 했다. 이는 하나님 앞에서 모든 죄를 자복하고 그의 긍휼하심을 빌어 구하자는 의미를 지니고 있다. 그들이 스스로 지은 악한 죄를 철저히 드러내고 하나님의 용서를 빌지 않는다면 무서운 형벌을 면할 수 없기 때문이다.

그동안 이스라엘 자손이 사악한 범죄를 되풀이하며 반역했을 때 하나님께서는 그들을 용서해 주시지 않았다. 오히려 진노하신 그는 이스라엘 백성이 자기의 모습을 보지 못하도록 감추었을 뿐 아니라 그 백성을 추격하여 죽이셨다. 그들을 위해 어떤 긍휼도 베풀어주시지 않으셨던 것이다.

나아가 하늘에 계신 하나님께서는 구름으로 자기를 가려 배도에 빠진 자들의 기도가 하늘에까지 이르지 못하도록 하셨다. 그는 그 악행으로 말미암아 죄에 빠진 언약의 자손들을 세상의 여러 나라들 가운데 쓰레기와 폐기물처럼 간주하셨다. 그러자 더러운 것을 탐하는 원수들은 이스라엘을 삼키고자 하여 그들을 향해 입을 크게 벌리며 덤벼들었다.

그렇게 되자 이스라엘 자손은 큰 두려움에 빠지지 않을 수 없게 되었다. 원수들로 말미암아 깊은 함정과 더불어 파멸과 멸망이 저들에게 임했기 때문이다. 그와 같은 위기의 상황을 지켜봐야 했던 선지자는 특별히 세워진 언약의 백성이 파멸을 향해 달음질치는 것을 보며 마치 시냇물처럼 눈물이 흘러내렸다고 했다. 하나님 앞에서 면목이 없었을 뿐 아니라 처참한 상황에 처한 백성들로 말미암아 생겨난 슬픔을 도저히 주체할 수 없다는 것이다.

7. 고통 중에 하나님의 구원을 바라는 선지자 (애 3:49-54)

선지자 예레미야는 흘러내리는 눈물을 멈출 수 없다는 사실을 언급하면서 하나님의 도우심이 없다면 결코 그 눈물이 그치지 않을 것이라고 했다. 하늘에 계신 여호와 하나님께서 자기의 형편을 돌아보시고 긍휼을 베풀어주실 때 비로소 그 눈물이 멈추어질 것이라고 했다. 이는 모든 것이 하나님의 손에 달려 있다는 사실을 말해주고 있다.

한없이 아름다워야 할 예루살렘의 여인들이 그처럼 처참하게 변한 상황을 두 눈으로 똑똑히 목격한 선지자는 자기 마음이 심히 상하게 되었다는 사실을 말했다. 그들을 위해 무언가를 하고자 하면 사악한 원수들이 나와서 아무런 이유 없이 자기를 새처럼 사냥의 대상으로 삼는다

고 했다. 나아가 그들은 자기의 생명을 끊고 죽이기 위해 깊은 물구덩
이에 빠뜨리고 그 위를 돌로 막아 나오지 못하게 한다고 했다.

그리하여 물이 차서 자기 머리 위로 넘쳐나지만 어떻게 대응할 방도
가 없다는 사실을 말했다. 스스로 그곳을 벗어나 보려고 해도 큰 돌로
입구를 막아두었기 때문에 빠져나올 수 없었다. 그는 결국 이제 거기서
죽을 수밖에 없다는 생각을 하게 되었다고 했다. 그렇게 되면 파멸의
위기에 빠져 있는 언약의 자손들을 위해 아무런 도움을 줄 수 없어 더
욱 안타까울 따름이라는 것이다.

8. 원수들에 대한 심판 간청과 언약에 대한 기억 및 기도
(애 3:55-66)

선지자는 스스로는 빠져나올 수 없는 깊은 구덩이에 빠져 있으면서
여호와 하나님의 이름을 간절히 불렀다. 믿음의 사람인 그는 그런 중에
도 하나님께서 자기의 기도하는 음성을 듣고 계신다는 사실을 알고 있
었다. 따라서 탄식하며 부르짖는 자기의 소리를 외면하지 말아 달라는
간구를 했다.

하나님을 온전히 믿고 있는 선지자는 그전부터 존재해 왔던 하나님
의 약속에 관한 언급을 했다. 주님께서 친히 자기에게 가까이 다가와
'두려워하지 말라'고 하신 말씀을 기억하고 있다는 것이다. 그리하여
과거에도 하나님께서 자기의 원통함을 풀어주셨으며 죽음의 위기에 처
한 생명을 구해주셨음을 말했다.

선지자는 지금 또다시 원수들에 의해 죽음의 위기에 처해 있는 자신
의 형편을 하나님께 아뢰었다. 그들이 자기에게 부당한 보복을 가하며
음해하는 악행을 하나님께서 다 보고 계신다는 사실을 알고 있다고 했
다. 그 악한 자들이 하나님을 경외하는 자기를 비방하며 음해하는 행위
와 자기를 치면서 그 입술로부터 나오는 온갖 더러운 거짓말 및 심한

욕과 더불어 행하는 모든 악행을 다 알고 계시지 않느냐는 것이다.

하나님을 멸시하며 악에 빠진 그 배도자들은 앉으나 서나 항상 자기에게 조롱하는 말을 퍼부으면서 마치 즐거운 노래라도 부르는 듯한 오만한 태도로 자기를 괴롭히고 있다고 했다. 하나님을 경외하는 선지자를 괴롭히는 행위는 곧 하나님을 욕되게 하는 것과 마찬가지였다. 따라서 하나님께서 그들의 사악한 행동을 보시고 공의로 판단하여 그대로 보응해 달라는 간구를 했다.

이는 선지자 스스로는 그 악한 자들의 세력에 맞서 싸울 만한 물리적인 힘이 없다는 사실을 말해주고 있다. 단지 엄위하신 하나님께 모든 것을 맡길 수 있을 따름이었다. 따라서 그들의 마음을 강퍅하게 하여 저들에게 저주를 내려달라는 간구를 했다. 하나님의 무서운 진노가 저들에게 임함으로써 하늘 아래서 저들을 멸망시켜 달라고 했던 것이다.

우리는 여기서 선지자가 저들을 이땅에서 멸망시켜 달라고 한 근본적인 이유를 생각해 보아야 한다. 그 가운데 하나는 저들이 더 이상 하나님의 자녀들을 부당하게 괴롭히지 말게 해 달라는 것이다. 그런 자들을 그냥 두시게 되면 하나님의 신실한 백성들이 더 큰 고통을 당하게 될 것이며 저들은 더욱 기고만장해질 것이 분명하다. 따라서 선지자는 하나님의 거룩한 이름이 악한 자들에 의해 모욕당하지 않고 그의 사역이 원만하게 진행되어 가기를 간절히 바라고 있었던 것이다.

제4장

패망 후의 예루살렘과 하나님의 언약

(애 4:1-22)

1. 변질한 백성으로 인한 한탄 (애 4:1, 2)

이스라엘 백성들은 배도의 길에 빠져 완전히 변질해 버렸다. 언약의
자손으로서 하나님의 율법에 순종하며 그 의미 가운데 살아야 할 백성
들이 본질을 버리고 엉뚱한 길로 가게 된 것이다. 그와 같은 상태에서는
그 백성이 더 이상 아무런 값어치 없는 부정한 존재에 지나지 않는다.

선지자 예레미야는 그 형편을 지켜보며 슬픔을 감추지 못했다. 그는
심중으로부터 깊은 한탄의 말을 쏟아냈다. 어찌하여 순금이 빛을 잃고
변질해 버렸느냐는 것이다. 이는 결코 변할 수 없는 값진 존재가 도리
어 사악하게 되어 무익한 것으로 변질되었음을 의미하고 있다. 그렇게
되면 금으로서 귀중한 보물의 역할을 하지 못하게 될 뿐 아니라 도리어
더러운 쓰레기와 같은 존재가 될 따름이다.

뿐만 아니라 거룩한 예루살렘 성전을 위해 사용된 귀한 돌들이 거리
어귀마다 쏟아져 내버려진 사실에 대한 슬픔을 언급하고 있다. 하나님
을 위한 거룩한 성소를 구성하고 있던 돌들이 제멋대로 여기저기 나뒹

굴고 있다는 것이다. 이는 하나님의 성전이 사악한 이방인들의 세력에 의해 완전히 파괴되었음을 말해주고 있다.

우리가 여기서 기억해야 할 심각한 문제는 그 근본적인 원인이 이방 인들이 아니라 언약을 내세우면서 배도에 빠진 자들에게 있다는 사실 이다. 따라서 선지자는 그 형편을 보며 개탄하지 않을 수 없었다. 순금 에 비할 만큼 보배롭고 아름다운 시온의 아들들이 그 본질을 완전히 상 실해버렸기 때문이다. 그들은 토기장이가 흙으로 빚어 만든 질그릇처 럼 보잘것없는 존재로 여겨지게 되었다. 하나님으로 말미암은 진정한 값어치를 상실한 채 아무런 가치 없는 것들에 지나지 않게 된 것이다.

이와 같은 상황은 구약시대뿐 아니라 신약시대의 타락한 기독교 가 운데도 그대로 나타났다. 하나님께서 자신의 피로 값 주고 사신 순결해 야 할 교회가 그 본질을 상실한 채 세속화되어 참된 값어치가 사라지고 인간들의 부정한 종교조직이 되어버린 예가 숱하게 많이 있다. 즉 하나 님과 그의 말씀에 의존하지 않은 세속적인 것에 의해 함몰되면 그와 같 은 처참한 형편이 되는 것이다. 오늘날 우리 시대 교회도 그와 같은 위 기의 상황에 노출되어 있다는 사실을 기억하지 않으면 안 된다.

2. 처참한 상황에 빠진 배도자들 (애 4:3-5)

배도한 사악한 인간들은 극단적 이기주의에 빠지게 된다. 여호와 하 나님과 그의 율법을 버리고 배역한 자들에게는 오로지 자기 자신밖에 없다. 그런 자들은 자기 자식을 사랑한다고 말하지만 실상은 위장된 이 기적인 자기 욕망을 추구할 따름이다. 선지자는 그에 연관된 내용을 예 를 들어 설명하고 있다.

아무데나 떠돌아다니는 거칠고 잔인한 들개들조차도 자기 새끼들에 게 젖을 주어 먹인다. 사랑이 전혀 없을 것 같은 사나운 들짐승도 제 새 끼를 아끼고 위할 줄 알고 있으며 그 들짐승에게도 동물적인 사랑이 남아 있기 때문이다. 그런데 하나님의 언약을 버린 배도자들은 잔인하여 자기 자식이 살아가게 될 삶의 본질에 관한 생각을 하지 않는다.

또한 선지자는 하나님을 버리고 배도에 빠진 자들이 마치 사막의 타조와 같이 잔인하게 행동한다는 사실을 언급하고 있다. 사막에 거하는 암컷 타조는 알을 낳기만 하고 새끼를 보호하거나 기르는 일을 하지 않는다고 한다. 오히려 그 임무를 철저히 거부하는 것으로 알려져 있다. 따라서 수컷이 암컷이 낳은 알을 품게 된다. 배도에 빠진 이스라엘 백성이 마치 암컷 타조와 같이 소중한 임무를 저버린 존재가 되어버렸다는 것이다. 이는 하나님을 배신한 사악한 자들이 날짐승보다 못한 비참한 환경에 처하게 되었다는 사실을 말해주고 있다.

이스라엘의 배도자들이 그렇게 되면 자기가 낳은 젖먹이가 목말라 해도 어미는 자식에게 젖을 먹여주지 않는다. 그리하여 아기가 목말라서 그 혀가 입천장에 붙어버릴 지경이 된다. 또한 굶주린 어린아이들이 배가 고파 음식을 달라고 애절하게 보채지만 그에게 먹을 것을 줄 자가 아무도 없게 된다. 어른들의 배도 행위가 자식에게까지 모든 것을 허물어버리며 처참한 환경으로 몰아가게 되는 것이다.

그전에는 저들의 형편이 전혀 그렇지 않았다. 그들은 맛있는 음식과 더불어 호의호식(好衣好食)하며 살아갔다. 하지만 이제는 하나님을 떠나 배도에 빠진 형편에서 길거리에 버려져 외롭게 자신의 생명을 근근이 영위하게 될 따름이었다. 또한 그들은 어린 시절 붉은 옷을 입고 귀한 자식으로 성장했으나 지금은 더럽고 냄새나는 거름더미에 내팽개쳐져 더러운 쓰레기를 안은 채 살아가고 있다.

3. 소돔과 같은 성읍 (애 4:6-10)

인간 역사 가운데 소돔 성이 멸망한 사건은 모든 사람들에게 매우 중요한 교훈을 주고 있다. 하나님께서는 그 성읍을 멸망시킬 때 인간들의 손을 빌리지 않은 채 엄중한 심판을 행하셨다. 즉 외국 군대의 세력이 나 병기를 전혀 동원하지 않으셨다. 그 대신 하늘에서 유황과 불을 비 같이 내려 그 성읍을 진멸하여 순식간에 파괴해 버리셨다(창 19:24). 그 리하여 그 성에서 살아가며 쾌락을 추구하던 모든 자들이 하나님의 무 서운 심판을 받게 되었던 것이다.

선지자 예레미야는 당시 예루살렘 성읍에 살아가는 배도자들의 죄가 소돔의 죄보다도 더 크고 무겁다는 사실을 언급했다. 하나님께서 자신 의 구속 사역을 위해 특별히 선택하셨던 자들의 원래의 모습은 전혀 그 렇지 않았다. 그 백성은 하나님으로 말미암아 존귀하게 된 모습을 지닌 채 저들의 몸이 눈보다 깨끗했으며 젖보다 희며 산호(珊瑚)보다 붉어 그 들의 윤택하고 아름다운 모습이 마치 청옥(靑玉)과 같다고 했다.

그러나 배도에 빠진 자들의 다음 세대 후손들의 얼굴은 숯보다 더 검 고 그들의 살가죽은 뼈들에 달라붙어 마치 마른 막대기 같이 말라버렸 다고 했다. 그들이 가졌던 원래의 아름다움은 완전히 사라져 버린 채 추하고 더러운 모습만 남아 있다는 것이다. 따라서 어느 길거리에서든 지 그들을 알아보는 사람들이 아무도 없게 되었다고 했다.

이는 처참하게 된 그들의 몸과 정신은 상상을 초월할 정도로 쇠약해 졌음을 말해 주고 있다. 땅과 토지는 하나님의 저주를 받아 농작물을 생산하지 못했으므로 사람들은 고통 가운데 죽어갈 수밖에 없다. 백성 들 가운데는 이방인 군대의 칼에 맞아 죽은 자들보다 음식이 없어 굶어 죽는 자들이 더 많다고 했다. 따라서 그들은 치명적인 공격을 받은 자 들처럼 모든 것이 점점 더 쇠약해져 간다고 했다.

그러므로 유다 왕국이 멸망할 때 이스라엘 민족 가운데 온갖 끔찍한 일들이 발생하게 된 사실을 언급했다. 그동안 자비로운 모습을 보이며 고상한 자태를 보여온 부녀들이 자기 자식들을 삶아 먹는 일마저 발생 한다는 것이다. 이는 물론 살아있는 아기를 죽여 잡아먹었다기보다 굶 어 죽은 자기 자식을 삶아먹은 것으로 이해하는 것이 자연스럽다. 이

는 그 처참함이 이루 형언할 수 없는 정도가 되었다는 사실을 말해주
고 있다.

4. 진노하신 하나님 (애 4:11-13)

하나님에 대한 배도에 빠졌을 뿐 아니라 기본적인 인륜(人倫)마저 버
린 자들에 대한 하나님의 분노는 극도에 달했다. 따라서 그는 맹렬한
진노를 그 백성들에게 쏟아 부으셨다. 시온 곧 예루살렘에 불을 질러
그 터전을 완전히 불살라 버리셨다. 그것은 이방 군대에 의해 행해진
일이지만 궁극적으로는 하나님의 심판이었던 것이다.

그렇게 됨으로서 유다 왕국을 침공하는 이방 군대가 맥없이 무너진
예루살렘 성문 안으로 들어가 거침없이 짓밟게 되었다. 이전에는 예루
살렘에 그와 같은 끔찍한 상황이 벌어지게 되리라는 사실을 생각하는
자들이 아무도 없었다. 세상의 여러 왕들과 이방인들조차도 이스라엘
민족의 여호와 하나님에 관한 소문을 들어 알고 있었기 때문이다. 어쩌
면 이방인들 중에는 과거 오래전 역사 가운데 이스라엘 민족의 하나님
이 저들을 위해 행하신 다양한 기적들에 대한 소문을 들어 기억하고 있
었을지 모른다.

하지만 유다 왕국과 예루살렘이 완전히 패망하게 된 것은 하나님께
저항하는 배도자들의 악행에 연관되어 있었다. 배도에 빠진 거짓 선지
자들과 제사장들은 죄악을 행하는 것을 예사로 여겼다. 그들은 예루살
렘 성읍 안에서 하나님을 경외하는 의인들의 피를 흘려 죽이면서도 양
심의 가책이 없었던 것이다.

우리는 여기서 매우 중요한 생각을 해 볼 수 있어야 한다. 인간들이
저지르는 일반적인 죄보다 훨씬 더 두려운 죄는 하나님께 저항하는 행
위이다. 따라서 하나님의 말씀을 선포하는 사명이 맡겨진 교회의 교사
직분을 맡은 자를 부당하게 괴롭히는 행위는 절대로 용납되지 말아야

한다. 그것은 타락한 인간의 욕망으로 인해 하나님의 거룩한 사역을 훼방하는 악행이 되기 때문이다. 따라서 그런 자들은 대수롭지 않게 보이는 자신의 악행이 하나님의 무서운 진노를 불러일으키게 된다는 사실을 절대로 잊어서는 안 된다.

5. 이방인들보다 못한 배도자들 (애 4:14-16)

하나님의 진노에 의해 무서운 심판을 받은 이스라엘 자손은 비참한 지경에 처할 수밖에 없었다. 그들은 마치 앞을 전혀 보지 못하는 맹인처럼 되어 이곳저곳 거리를 돌아다니며 방황하는 처지에 빠졌다. 그들의 옷은 피로 얼룩져 더러워졌다. 따라서 아무도 그들의 피 묻은 옷을 만지려고 하지 않았다.

나아가 이방인들은 그들이 자기에게 접근하기라도 하면 가까이 오지 못하도록 가로막았다. 피를 묻힌 채 부정하게 된 자들을 멀리 쫓아냈으며 자기의 몸에 닿지 못하게 경계했다. 이는 하나님의 거룩한 자로 부름받은 백성이 더럽고 부정한 이방인들에 의해 도리어 부정한 자로 간주되었다는 사실을 말해준다. 언약의 자손으로 일컬어지던 자들이 그렇게 되었다는 것은 그보다 더 처참할 수 없다는 점을 드러내 보여주고 있다.

그리하여 배도에 빠져 처참한 형편에 처한 자들은 이방인들의 세력에 의해 쫓겨나 도망치게 되었다. 그들은 여기저기 돌아다니며 방황하는 가운데 살아갈 수밖에 없었다. 하나님의 거룩한 성 예루살렘을 점령한 이방인들이 원래의 주인이라 할 수 있는 이스라엘 자손으로 하여금 그곳에 살아가지 못하도록 했기 때문이다.

이는 여호와 하나님께서 크게 진노하여 배도자들이 더 이상 힘을 결집하지 못하도록 흩어버리신 것과 연관되어 있다. 따라서 하나님께서는 다시는 그들을 돌아보지 않으시리라고 말씀하셨다. 배도에 빠져 타락한 자들이 하나님께서 세우신 제사장들을 존경하거나 높이지 않았으며 장로들을 정당하게 대접하지도 않았기 때문이다.

이에 연관된 교훈은 신약시대 교회에도 그대로 적용된다. 참된 하나님의 교회 가운데서 정당한 절차에 따라 세워진 직분자들을 존경하고 예우하는 것은 매우 중요하다. 그것은 개인적인 성격이나 성향의 문제가 아니라 하나님의 몸된 교회를 올바르게 세우기 위한 것에 밀접하게 연관되어 있다. 따라서 그것을 거부하는 행위는 하나님과 그의 몸된 교회에 저항하는 사악한 행위가 되는 것이다.

6. 헛된 기대로 인한 절망과 궁극적인 하나님 언약 (애 4:17-22)

하나님의 진노로 인해 무서운 심판을 받게 된 이스라엘 자손들은 거기에서 벗어나기를 간절히 원했다. 하지만 배도자들은 올바른 판단을 하지 못했다. 그들은 여호와 하나님 앞에서 모든 죄를 회개하는 대신 엉뚱한 곳을 바라보며 도움을 얻고자 기대했다. 그들은 헛된 대상을 향해 도와주기를 간절히 바랐던 것이다. 즉 구원할 능력도 의사도 없는 나라의 세력을 바라보았으나 아무런 성과 없이 눈만 상했을 따름이다.

그 이방인들은 오히려 패망에 빠진 이스라엘 백성이 움직이는 발걸음을 감시하고 있다고 했다. 그로 말미암아 그들은 자유롭게 다니며 행동하는 것조차 힘들 지경이 되어버렸다. 그와 같은 상황에서는 재난을 이기고 재기하는 것이 불가능했으며, 모든 종말의 때가 이르러 세상에서 유지될 수 있는 날이 다한 것으로 판단할 수밖에 없는 지경이 되었다.

배도에 빠진 이스라엘 자손들을 뒤쫓는 이방 군대의 용사들은 마치 하늘의 독수리처럼 빠르고 민첩했다. 그들은 산꼭대기까지 뒤쫓아 가서 도망치는 자를 잡고자 했다. 뿐만 아니라 그 백성을 잡기 위해 광야에 매복해 있으면서 호시탐탐 기회를 엿보고 있었다.

이로 말미암아 이스라엘 자손들에게는 이제 모든 희망이 사라져가고 있었다. 하나님께서 그 백성들 위에 세우신 왕 마저 이방 군대의 함정에 빠져버리고 말았기 때문이다. 이는 모든 백성들이 하나님께서 세우신 그 왕이 세상의 모든 침략자들로부터 자기를 지켜 보호해 줄 것으로 믿었다는 사실을 말해주고 있다.

이제 유다 왕국을 통치하는 왕마저 원수들이 파놓은 함정에 빠져버렸으니 낙심하지 않을 수 없었다. 그동안 배도자들은 어떤 경우에도 하나님이 그 왕을 통해 외부의 공격을 막아 지켜주시리라는 어처구니없는 생각을 하고 있었다. 그들은 그것이 마치 대단한 믿음이라도 되는 양 착각하는 어리석음에 빠져 있었던 것이다.

이스라엘 자손이 그와 같은 곤경에 처했을 때 우스 땅에 자리잡고 있던 에돔 족속은 그 모든 과정을 지켜보며 도리어 기뻐했다. 야곱의 쌍둥이 형인 에서의 후손인 에돔 족속은 그동안 괄시받아온 상태에서 이스라엘의 패망을 보고 조롱하며 즐거워했다. 그것은 이스라엘에 대한 시기와 질투심에 근거하고 있었다.

그와 같은 모든 사정을 잘 알고 있던 이스라엘 자손들은 우스 땅에 거하는 에돔 자손을 향해 실컷 조롱해 보라고 했다. 저들에게도 장차 하나님의 무서운 진노가 임하리라는 것이었다. 그렇게 되면 그들이 하나님이 내리는 진노의 잔을 받아 마시고 취하게 될 것이며 모든 것이 벌거벗겨 부끄러운 자리에 앉게 될 것이라고 했다.

그런 중에 언약의 백성들에게 매우 중요한 소망의 메시지가 주어졌다. 그것은 이제 곧 시온의 딸들에 대한 형벌의 때가 끝나게 되리라는 선포에 연관되어 있다. 그렇게 되면 다시는 그 백성이 이방 지역으로 사로잡혀 가는 일이 발생하지 않으리라는 것이었다.

하지만 에돔 족속에게는 하나님의 무서운 형벌이 임하리라고 했다. 거기에는 저들의 모든 죄악을 만천하에 드러내시고자 하는 하나님의

엄중한 뜻이 담겨 있다. 이 말 가운데는 하나님께서 사악한 자들을 심
판하시되 언약의 자손들에 대해서는 저들의 배도 행위에도 불구하고
자신의 구속 사역을 섭리 가운데 진행하시려는 분명한 의도가 드러나
있다.

515

제5장

하나님의 긍휼과 언약의 회복을 위한 간구

(애 5:1-22)

1. 억울함에 대한 호소 (애 5:1-5)

선지자 예레미야는 신실하게 하나님을 의지하며 살아온 언약의 백성들이 억울하게 고통을 당하고 있다는 사실을 하나님 앞에서 호소했다. 따라서 그동안 악한 자들에 의하여 억울하게 당해 온 심한 치욕을 기억하고 살펴봐 달라는 간구를 했다. 이는 하나님의 은총을 입은 백성으로서 부정한 이방인들에 의해 고통을 당했다는 점을 말해주고 있다.

그리하여 언약의 자손들이 하나님으로부터 얻어 소유했던 모든 상속분을 하나님을 전혀 알지 못하는 이방인들에게 빼앗겼다고 했다. 저들이 거주해 오던 집들도 이방인들의 것이 되어버렸다고 했다. 그로 말미암아 이스라엘 자손은 이제 아비 없는 고아들처럼 내버려진 처지에 놓이게 되었음을 언급했다. 또한 저들의 어미는 의지할 데 없는 외로운 과부 같은 신세가 되었다고 했다. 이는 하나님의 은혜와 더불어 평온하게 살아가야 할 집안이 처절하게 파괴된 지경에 놓이게 되었음을 말해주고 있다.

이처럼 예루살렘 성읍과 거룩한 성전이 파괴되고 유다 왕국이 패망한 가운데 이스라엘 자손은 이제 최악의 상태에 놓이게 되었다. 생존을 위해 먹을 양식과 마실 물마저도 절대로 부족한 형편이 되었다. 귀중한 은을 달아주고 사야 할 만큼 물이 귀했으며, 언약의 자손들은 나무를 옮기는 막일을 해야만 겨우 생명을 부지할 수 있었다. 과거 하나님께서 저들에게 허락하신 고귀한 삶은 완전히 사라져버린 것이다.

또한 이방인들의 군대는 그 처참한 국면을 피하고자 애쓰는 언약의 백성을 뒤따라가며 추격하는 행위를 지속했다. 그들은 하나님의 자녀들의 목을 잔인하게 짓누르면서 숨조차 제대로 쉬지 못하도록 압박했다. 그리하여 그 백성은 기진맥진하여 아무것도 할 수 없는 고통스러운 형편에 놓이게 될 수밖에 없었다.

2. 과거에 대한 반성과 회개 (애 5:6, 7)

스스로는 결코 헤어날 수 없는 심한 고난의 상황에 빠진 후에야 이스라엘 자손은 비로소 자신을 돌아보며 그 잘못을 인정하게 되었다. 그 가운데서 특히 관심을 보이는 부분은 그들이 자기 시대에 저지른 죄악뿐 아니라 오래전 조상들이 지은 죄까지 뉘우치고 있다는 사실이다. 이는 사실 당시 이스라엘 자손들과 마찬가지로 오늘날 우리에게도 여전히 매우 중요한 의미를 지니고 있다.

그들이 알지도 못하는 오래전의 조상들이 여호와 하나님을 떠나 배도에 빠져 범죄한 사건을 왜 직접 잘못한 적이 없는 그 후손들이 그에 관한 회개를 해야만 했을까?[1] 후손들이 조상이 저지른 죄를 회개하면

---

1) 우리는 이에 연관하여 과거 친일청산과 같은 경우와 더불어 생각해 볼 수 있다. 일제 강점기 시대 한국의 대다수 교회들은 배도에 빠져 신사참배와 동방요배를 시행했다. 1938년 9월 9일 조선예수교 장로회 제27회 총회에서 신사참배

그 죄가 소멸되는 것인가? 우리가 기억해야 할 바는 자손들이 조상들을 대신해서 그 죄를 회개하고 용서를 비는 것은 범죄한 조상들을 위해서가 아니라는 사실이다. 그것은 그 당시 조상의 죄를 뉘우치는 당사자들과 그 후손들의 신앙과 교훈을 위한 것으로 이해해야 한다.

즉 과거에 조상들이 저지른 잘못된 악행을 뉘우치고 회개함으로 말미암아 해당 시대의 사람들과 그들의 후손이 분명한 교훈을 얻게 된다. 만일 그 악행을 회개하지 않은 채 그대로 둔다면, 그 자손들은 조상들의 행위가 사악한 불신앙적인 배도 행위였음에도 불구하고 그에 대한 실상을 깨닫지 못할 수 있다. 따라서 자손들이 조상의 죄를 회개하는 까닭은 범죄한 조상들을 위해서가 아니라 그들과 그 후손들을 위한 것이다.

그러므로 선지자 예레미야가 활동할 당시 심한 고난을 당하던 사람들은 과거 애굽 사람과 앗수르 사람과 좋은 관계를 유지함으로써 양식을 얻어 배 불리고자 했던 조상들의 행위를 뉘우치며 회개했다(애 5:6). 이는 바벨론 제국에 의해 예루살렘을 비롯한 유다 왕국이 패망한 시기보다 수백 년 이전에 있었던 일이다. 이스라엘 조상들은 자기의 욕망을 채우며 살아가기 위해 하나님의 뜻을 버린 채 부정한 이방 세력을 택했던 것이다.

그들은 그와 같은 배도에 빠진 조상들의 판단과 행위가 하나님을 진

를 결의하고 거의 모든 교회가 그 결의에 따르고 참여했다. 하지만 그것은 우상을 섬기는 행위로서 절대로 있을 수 없는 일이다. 문제는 그것을 직접 결의한 기독교 지도자들은 당시에 활동하던 자들이었으며 지금은 죽고 없다는 사실이다. 그런데 그것을 두고 지금에 이르기까지 한국의 많은 교회들은 신사참배와 동방요배에 대한 회개를 하고 있다. 금년에도 기독교 대한성결교회 총회에서는 광복 76주년 성명을 발표하며 일제 강점기 시대에 있었던 신사참배를 회개한다고 했다(노컷뉴스, 2021.8.11. 참조). 배도 행위에 따른 조상들의 죄악을 그에 대한 직접적인 책임이 없다고 할 수 있는 그 후손들이 회개하며 뉘우치고 있는 것이다. 우리는 이에 관한 총체적인 의미를 잘 생각해 볼 수 있어야 한다.

노케 하는 죄악이었음을 분명히 언급했다. 그들이 당시 그와 같은 극심한 고통을 당하고 있는 것은 조상들의 배도 행위와 연관되어 있음을 말했던 것이었다. 이는 조상들이 그 자손들에게 하나님의 율법과 규례를 가르치는 일을 소홀히 하고 여호와 하나님을 의존하는 삶의 본을 보이지 않았으므로 그런 불행한 일이 발생했다는 것이다.

3. 종들의 종이 되어 당하는 고통에 대한 하소연 (애 5:8-11)

이스라엘 백성은 대개 개인의 종교적인 감성에 빠져 실제와 무관하게 자기가 마치 여호와 하나님을 믿는 언약의 자손인 양 여기며 살아가는 경향성이 짙었다. 그들은 하나님의 말씀에 불순종하면서도 주관적인 감성에 젖어 신앙의 자부심을 가진 채 모든 것을 사고하기를 좋아했다. 심지어는 심각한 배도의 길에 빠져 있을 동안에도 저들의 종교적인 사고는 여전히 그러했다. 즉 이단 사상에 깊이 빠져 있으면서도 마치 하나님을 잘 알고 섬기는 듯이 행세하기를 그치지 않았던 것이다.

그와 같은 왜곡된 신앙적 사고를 하던 백성들이, 부정하다고 여기는 이방인들의 손에 의해 지배를 받는 신세가 되었다. 그것은 하나님의 진노와 심판으로 인한 것이었다. 이방인들에 의해 모든 것을 빼앗긴 채 그들의 지배를 받는다는 것은 실제적인 고통과 더불어 여간 자존심 상하는 일이 아니었다. 하지만 그와 같은 비참한 형편에 처해 있으면서도 그들이 취할 수 있는 대책은 아무 것도 없었다.

그러므로 그들은 심한 고통 중에 여호와 하나님께 간구했다. 언약의 자손들이 부정한 이방인들의 지배를 받고 있으나 저들을 그 고통으로부터 건져내 줄 자가 아무도 없다는 것이다. 힘겨운 형편 가운데서 먹을 양식을 구하기 위해 광야로 나가 보지만 거기에도 원수들의 칼날이 기다리고 있다고 했다. 따라서 굶어 죽지 않기 위해 양식을 구하고자 밖으로 나가게 되면 죽음을 무릅쓰지 않을 수 없었던 것이다.

먹을 양식조차 없어 굶주림에 시달려야 하는 이스라엘 자손에게는 그 상황이 참아내기 어려운 고통이었다. 그것은 마치 뜨거운 열기가 너무 커서 화덕을 태워버리듯이 그 굶주림의 열기가 너무 크다고 했다. 따라서 그로 인해 저들의 피부가 검게 타버리는 지경이 되었다고 했다. 즉 그 열기를 도저히 감당할 수 없어서 화덕의 아궁이가 검게 타버리듯이 저들의 몸이 그렇게 되었다는 것이다.

뿐만 아니라 사악한 이방인들은 예루살렘에 거하는 순박한 부녀자들을 겁탈하는 것을 예사로 여기고 있다는 사실을 언급했다. 무기를 들고 있는 악한 자들이 예루살렘의 여성들을 괴롭혔다. 뿐만 아니라 유다 지역의 각 성읍들에서도 처녀들을 욕보이는 사악한 일들이 발생하고 있다는 것이다.

이는 물론 이방인들인 가해자의 악독한 행동만 문제가 되는 것이 아니었다. 그보다 더욱 심각한 문제는 언약에 속하여 하나님 앞에서 순결해야 할 여성들이 여호와를 떠나 부정하게 더럽혀지게 된 점이다. 이처럼 여호와 하나님을 섬기며 그의 뜻 가운데 존재해야 할 이스라엘 백성이 최악의 상황에 처하게 되었던 것이다.

4. 참된 권위와 지위를 상실한 자들 (애 5:12, 13)

하나님의 규례에 온전히 순종하며 성실하게 신앙을 지키며 살아가야 할 이스라엘 백성들은 그와 같은 심각한 형편 가운데서도 올바른 깨달음을 가지지 못했다. 그들 가운데는 하나님의 무서운 징계를 받으면서도 그 실상에 대한 원인을 생각하지 않았다. 특히 지도 계층에 있던 자들은 더욱 그러했다. 그들은 순박한 백성들을 속여 거짓을 전하고 가르치면서 자기의 욕망을 채우고자 열중했기 때문이다.

따라서 이스라엘 백성을 하나님의 말씀으로 인도해야 할 민족 지도자들은 손발이 묶여 매달린 것 같은 형편 가운데서 아무것도 실행하지 못했다. 또한 신앙으로 백성을 인도해야 할 장로들도 존경을 받지 못하는 상태가 되어버렸다. 지도 계층에 속해 있던 자들은 이기심으로 가득 차 개인적인 욕망을 추구하기에 급급했을 따름이었다.

그러므로 일반 백성들이 그 땅에서 살아가는 것은 심히 어려울 수밖에 없었다. 부정한 이방인들의 무자비한 압제에 시달릴 뿐 아니라 거짓 지도자들의 횡포를 견뎌내기 어려웠기 때문이다. 따라서 젊은 청년들은 일거리가 없어서 맷돌이나 돌리고 앉아 있었으며 아이들은 나뭇짐을 지고 가다가 비틀거리며 쓰러지게 되는 일들이 발생했다.

또한, 나이가 많은 노인들은 그 전에 일상생활 가운데 한 부분이었던 성문 앞에 모여 앉아 담소를 나누는 일이 지속될 수 없었다. 나아가 젊은 청년들이 한자리에 모여서 즐거운 마음으로 노래 부르는 소리가 더 이상 들리지 않게 되어버렸다. 이처럼 언약의 자손들의 삶은 피폐해졌으며 즐거움을 드러내던 떠들썩한 분위기는 사라졌다고 했다. 더욱 심각한 문제는 육신적으로 어려울지라도 하나님에 대한 믿음과 소망으로 인해 가져야 할 천상을 바라보는 감사한 마음마저 허물어지게 된 것이었다.

5. 고통과 슬픔에 빠진 절박한 현실 (애 5:15-18)

하나님의 언약 가운데 살아가야 할 이스라엘 백성이 배도에 빠진 자들로 말미암아 이땅에서 살아가며 소유해야 할 모든 기쁨을 완전히 상실하게 되었다. 그런 중에도 악한 자들은 오히려 그것을 개인적인 욕망을 위한 기회로 삼으려고 했다. 하지만 참 언약의 백성들은 힘든 형편 가운데서도 하나님을 경외하는 마음이 남아있어서 그렇게 하지 않았다.

예루살렘 성읍이 완전히 훼파되고 하나님의 거룩한 성전이 파괴된 상태에서는 세상에서 누리는 진정한 기쁨과 즐거움을 취할 수 없었다.

선지자 예레미야는 그런 형편 가운데서 탄식하는 마음으로 자신의 심경을 고백하고 있다. 그는 하나님을 진정으로 경외하며 규례에 따라 그를 섬기고자 하는 백성들에게 모든 기쁨이 그쳤다는 사실을 고했다.

그전에 언약의 자손들이 여호와 하나님 앞에서 춤을 추며 즐거워하던 상황은 이제 끝나버리게 되었다. 규례에 따른 제사장들의 제사를 통해 천상의 하나님과 신실한 교제를 이어가도록 허락된 중요한 언약적 매체인 예루살렘 성전이 파괴된 것은 절망적이지 않을 수 없었다. 이는 과거에 지속되었던 신령한 기쁨과 즐거움이 이제 슬픔과 괴로움으로 변해버렸음을 말해주고 있다.

선지자 예레미야는 그동안 하나님의 은혜로 말미암아 언약의 자손들의 머리에 씌워졌던 영광의 면류관이 이제 땅에 떨어져 버렸으므로 탄식하지 않을 수 없다고 했다. 그들에게 그런 끔찍한 고통이 닥치게 된 것은 전적으로 저들의 배도 행위 때문이라는 사실을 잘 알고 있다는 고백을 했다. 또한 배도자들에 의해 저질러진 범죄이지만 모든 백성들이 그에 대한 책임으로부터 자유로울 수 없다는 사실을 언급했다.

그러므로 언약에 속한 백성들의 마음이 소망을 잃어버린 채 신음하고 있으므로 매우 피곤하다는 사실을 말했다. 뿐만 아니라 눈까지 어두워져 앞을 제대로 볼 수 없는 지경에 이르렀다고 했다. 이는 예루살렘과 약속의 땅에 특별히 허락된 하나님의 은혜가 그 백성으로부터 거두어진 상태에서는 정상적인 삶을 살 수 없다는 사실을 말해주고 있다.

즉 선지자 예레미야가 깊이 탄식하는 중심에는 부정한 이방인들에 의해 예루살렘 성읍이 훼파되고 거룩한 성전이 파괴된 사건이 자리잡고 있었다. 그는 이방인들이 그와 같은 사악한 행동을 저지르게 된 근본 배경에는 언약에 속했다고 주장하면서 배도 행위를 일삼은 이스라엘 백성들이 존재한다는 사실을 잘 알고 있었다. 그리하여 시온 산 곧 예루살렘 성읍은 저들에게 맡겨진 고유한 기능을 더 이상 제대로 감당하지 못하게 되었으며 모든 것이 황폐하게 된 그 땅에는 여우를 비롯한 들짐승들이 돌아다닐 따름이었다.

6. 회복을 간청하는 백성 (애 5:19-22)

유다 왕국이 바벨론 제국에 의해 패망하고 예루살렘 성읍과 하나님의 거룩한 성전이 완전히 파괴된 최악의 상태에서도 선지자 예레미야는 하나님께서 약속하신 궁극적인 소망을 버리지 않았다. 그는 계시를 통해 드러나는 하나님의 모든 약속을 굳게 믿고 있었다. 즉 여호와 하나님께서는 영원히 살아계시며 그의 존귀한 보좌는 대대에 이르게 되리라는 사실을 알고 있었던 것이다.

사악한 자들이 하나님의 일을 훼방한다고 할지라도 하나님께서는 전혀 그에 흔들리지 않고 자신의 구속 사역을 진행해 가시게 된다. 선지자는 주님께서 장차 이스라엘을 회복시켜 주시리라는 사실을 분명히 알고 있었다. 따라서 그는 하나님을 향해 언약의 자손들을 영원히 잊지 마시고 오랫동안 내버려두지 말라는 간청을 했다. 이는 하나님의 근원적인 사랑을 깨달아 아는 믿음으로 인해 드러나게 되는 것이다.

그러므로 선지자는 이제 자신들을 주님 앞으로 돌이키게 해달라는 애절한 간구를 했다. 하나님께서 다시금 은혜를 베풀어 주시면 언약의 자손들이 그에게로 돌아가리라는 것이다. 이는 백성들 스스로 하나님께 돌아가겠다는 자발적인 입장을 드러내기 전에 먼저 주님의 용서와 은총이 필요하다는 사실을 말해주고 있다.

선지자는 또한 이스라엘 자손이 배도의 길을 청산하고 주님을 향해 돌아가게 되면 다시금 저들을 새롭게 하여 과거와 같이 해 달라는 간구를 했다. 이 말은 그렇게 하면 이제 하나님을 열심히 섬기는 가운데 자신의 평안한 삶을 이어가겠다는 욕망을 표출하는 것 이상의 의미를 내포하고 있다. 즉 거기에는 그 땅과 백성들 가운데서 하나님의 구속 사역이 진행되어 가기를 간절히 바란다는 염원이 담겨 있다.

　　그러므로 선지자 예레미야는 주님께서 언약의 자손들을 이방인들이 통치하는 극심한 고통에 빠뜨리신 것은 그의 진노하심이 그만큼 컸기 때문이라는 사실을 말했다. 하나님께서 저들에게 아무리 심한 벌을 내리신다고 할지라도 그에 대한 변명이나 할 말이 전혀 없다는 것이다. 그러면서 하나님께서 다시금 언약의 백성을 불러일으켜 세움으로써 하나님의 거룩한 일을 진행해 가시도록 간구했던 것이다.

성구색인

526

〈예레미야 애가〉